YANILMIŞIM TANRI VARMIŞ

Dünyanın En Ünlü Ateisti Fikrini Nasıl Değiştirdi?

YANILMIŞIM

TANRI

VARMIŞ

Dünyanın En Ünlü Ateisti Fikrini Nasıl Değiştirdi?

Antony Flew

Çevirmenler: Hasan Kaya-Zeynep Ertan

PROFİL

Yazarı / Antony Flew-Roy Abraham Varghese'le birlikte

Kitabın Adı / Yanılmışım Tanrı Varmış

Orijinal Adı / How the World's Most Notorius Atheist
Changed His Mind

Genel Koordinatör / Münir Üstün

Genel Yayın Yönetmeni / Cem Küçük

Çevirmenler / Hasan Kaya-Zeynep Ertan

Redaksiyon / Aslı Güneş

Kapak Tasarım / Kenan Özcan

İç Tasarım / Adem Şenel

Baskı-Cilt / Kitap Matbaası
Davutpaşa Cad. No: 123 Kat: 1
Topkapı-İstanbul Tel: 0 212 482 99 10

1. BASKI EYLÜL 2008

978-975-996-171-8

Kültür Bakanlığı Yayıncılık Sertifika No:
1206-34-004350

PROFİL: 120
PRESTİJ KİTAPLAR: 06

PROFİL YAYINCILIK
Çatalçeşme Sk. No: 52 Meriçli Apt. K.3
Cağaloğlu - İSTANBUL
www.profilkitap.com / bilgi@profilkitap.com
Tel. 0212. 514 45 11 Faks. 0212. 514 45 12

Profil Yayıncılık Maviağaç Kültür Sanat Yayıncılık Tic.Ltd.Şti markasıdır.

İÇİNDEKİLER

ÖNSÖZ 5

GİRİŞ 19

BÖLÜM 1: TANRI'YI İNKÂRIM

1 BİR ATEİSTİN YARATILIŞI 25

2 KANITIN GÖTÜRDÜĞÜ YER 43

3 SAKİN BİR YAKLAŞIMLA ATEİZM 71

BÖLÜM II: TANRI'YI KEŞFİM

4 MUHAKEME YOLCULUĞU 87

5 DOĞANIN KANUNLARINI KİM YAZDI? 95

6 EVREN BİZİM GELECEĞİMİZİ BİLİYOR MUYDU? 109

7 YAŞAM NASIL BAŞLADI? 117

8 YOKTAN VAR OLAN BİR ŞEY OLDU MU? 125

9 TANRI'YA YER BULMAK 137

10 HER ŞEYE KADİR GÜCE İNANMAK 145

EKLER 149

NOTLAR 195

OKUYUCUYA NOT

Bu kitabın önsöz bölümünden 6. bölüme kadar olan kısmı
Zeynep Ertan, geri kalan bölümler ise
Hasan Kaya tarafından tercüme edilmiştir.

YANILMIŞIM TANRI VARMIŞ *için Övgüler*

"Ateist Antony Flew gençliğinde, 'kanıtın götürdüğü yere gitmesini' söyleyen Sokratik ilkeye bağlandı. Yıllar süren felsefi sorgulamanın ardından bu güçlü ve cesur fikir adamı şimdi kanıtın kesin olarak Tanrı'ya götürdüğü sonucuna vardı. Aşırı tutucu ateist cemaatten arkadaşları onun açıklamasıyla mahcup olacaklar, ancak inananlar çok cesaretlenecek ve gerçekten arayış içinde olanlar, Flew'nun yolculuğunda, gerçeğe uzanan yolu aydınlatacak çok şey bulacaklar."

-Francis S. Collins, *New York Times, The Language of God* adlı çok satan kitabın yazarı

"Yıldız bir felsefi zihin, elde edilen son bilimsel sonuçları düşünüp tartıyor. Vardığı sonuç: Doğanın rasyonelliğinin arkasında bir Tanrı duruyor."

-Michael Behe, *Darwin's Black Box* ve *The Edge of Evolution* kitaplarının yazarı

"Antony Flew'nun ateizmden Tanrı inancına geçmesine yol açan 'muhakeme yolculuğu' ile ilgili sunacağı açık ve ulaşılabilir bu açıklamaya büyük ilgi olacaktır."

-John Polkinghorne, *Belief in God in an Age of Science* kitabının yazarı

"Antony Flew yaşamının büyük bir bölümünde ateizmin bilinen bir felsefi savunucusu olmuştur. Şimdi ise yeni rasyonel iddialarla ilgili tüm açıklığını ortaya koyan, teizme dönüş yolunu takip eden çok açık ve okunmaya değer bir kitap yazdı."

-Richard Swinburne, *The Existence of God* kitabının yazarı

"Bu kitap birçok yönden okunmaya değer. Önemli bir düşünürün yanıldığını kabul ettiğini görmek her zaman ilginç olmuştur. Ama bundan daha fazlası var. Bu kitap başı boşluk etmeden geniş bir alanda geziniyor. 'Yeni Ateizm' bölümü Dawkins ve Dennett'i, kendilerinden aşağı olduğunu iddia ederek göz ardı edemeyecekleri bir düşünür tarafından hak ettikleri yere koyuyor."

-Huston Smith, *The World's Religions* kitabının yazarı

"Bu, çalışma hayatının büyük bir bölümünde ateşli bir ateist olan ünlü bir filozofun evrenin zekice tasarımına ve dolayısıyla deizme inanmaya başlamasının ilgi çekici ve okunmaya değer bir hikâyesi. Bu kitap, önceki ateist yazıları kadar çok tartışmaya neden olacak."

-Profesör John Hick, Birmingham Üniversitesi, Sanat ve Sosyal Bilimler İleri Araştırma Enstitüsü Üyesi

"Antony Flew yalnızca felsefi meziyetlere değil, aynı zamanda bir filozofun meziyetlerine de sahip. Tartışırken medeni, amansız derecede makul olan ve yaşam boyu süren gerçeklik arayışı aslında dolaylı olarak, tüm gerçekliğin Teminatçısı için bir arayıştı. Bu kitap sadece, bu gerçeğin sonunda açıkça ortaya koyulmasıdır."

-Ralph McInerny, Notre Dame Üniversitesi, Felsefe Profesörü

"Çok az dinî hikâye bu tür bir etki yaratır. Bu şaşırtıcı kitap, Tony'nin geçirdiği değişimin nedenlerini belgeliyor... ve bu kitabın zevkle okunmasını sağlıyor."

-Gary Habermas, Liberty Üniversitesi, Felsefe ve Teoloji Bölümü, Seçkin Araştırma Profesörü ve Kürsü Başkanı

"Antony Flew'nun *Yanılmışım, Tanrı Varmış* kitabı, en ünlü çağdaş ateistlerimizden birinin Tanrı'nın var olduğuna inanmaya başlamasının ilgi çekici bir kaydıdır. Bu hikâye, Flew'nun açık fikirli oluşu, dürüstlüğü ve zihinsel bütünlüğünün etkili bir şahididir. Bir zamanlar arkadaşı olan ateistler için çok rahatsız edici bir sarsıntı olacak."

-Nicholas Wolterstorff, Yale Üniversitesi,
Felsefi Teoloji Noah Porter Emeritüs Profesörü

"Antony Flew özgür düşünce yoluyla kanıtın götürdüğünü düşündüğü yere, yani teizme gittiğinde, sözde özgür düşünürler tarafından en sert biçimde açıkça itham edildi. Sanki en affedilmez günahı işlemiş gibiydi. Şimdi elimizde anti-teizmden teizme yolculuğunun kişisel hikâyesi bulunuyor. Bu kitabı gerçeğin peşinde olan, gerçekten açık fikirli herkese öneriyorum."

-Dr. William Lane Craig, Talbet Teoloji Fakültesi,
Araştırma Profesörü

"Antony Flew'nun kitabı, bilimin Tanrı'nın olmadığını kanıtladığını (yanlış bir biçimde) varsayan ateistleri kızdıracaktır. Flew, bilimsel keşiflerin önemine dair iddianın gücü ile konumu değişen seçkin bir filozof. Flew'nun felsefi yolculuğuna yapılan bu kişisel geriye dönüş, bir ateist için dinî kararı hakkında çok fazla düşünmesinin tehlikeli olduğunu gösteriyor - her an vazgeçebilir."

-Ian H. Hutchinson, MIT, Nükleer Bilim ve Mühendislik Bölümü
Başkanı ve Profesörü

"*Yanılmışım Tanrı Varmış* adlı kitapta, yirminci yüzyılın önde gelen analitik filozoflarından birisi, sağlıklı ve ilkeli bir septisizmle başlayıp rasyonel nedenler ve kanıtları sunuldukları gibi kabul etme isteğine dayanarak teizmle sonuçlanan entelektüel bir yolculuğu okuyucularla paylaşıyor. Belki de bu felsefi yazıyı okumanın verdiği en büyük tatmin, Aristotle'ın "huy" diye tabir edeceği, üretken bir yaşam boyunca yazarın alışkanlık haline gelen şeffaf dürüstlüğüdür. Buna kıyasla Dawkins ve Dennett'in karşıt eserleri ne kadar kulak tırmalayıcı ve kendiyle meşgul kalıyor. Metafiziksel kaydında Newman'ın *Apologia* eserinden farklı bir bölümde yazılmakla birlikte Profesör Flew'nun açıklaması uzun yıllar boyunca, düşünerek sorgulamanın kaynağı olacaktır. Gençliğinde cesur Socrates'in peşinden gidiyordu. Şimdi geldiği yaşta, başkaları için bir model oluşturacak."

-Daniel N. Robinson, Oxford Üniversitesi, Felsefe Bölümü

ÖNSÖZ

"*Ünlü Ateist Artık Tanrı'ya İnanıyor: Dünyanın Önde Gelen Ateistlerinden Biri Artık, Büyük Ölçüde, Bilimsel Kanıtlara Dayanarak Tanrı'ya İnanıyor.*" 9 Aralık 2004 tarihli bir Associated Press haberinin başlığı böyleydi ve şu şekilde devam ediyordu: "Yarım yüzyıldan fazla bir süredir ateizmin önde gelen savunucusu olan bir İngiliz felsefe profesörü fikrini değiştirdi. Perşembe günü yayınlanan bir programda artık büyük ölçüde bilimsel kanıtlara dayanarak Tanrı'ya inandığını söyledi." Bu duyuru, neredeyse hiç zaman kaybetmeden radyo ve televizyonda, gazetelerde ve İnternet sitelerinde dünya genelinde haber ve yorumlara neden olan bir basın olayı haline geldi. Bu açıklama o kadar büyük bir hız kazandı ki AP, orijinal duyuru ile ilgili daha sonra iki yayın daha yaptı. Bu açıklama ve takip eden spekülasyonun konusu, yarım yüzyıl boyunca ateizmin gündemini belirlemeye yardım eden otuzdan fazla profesyonel felsefi çalışmanın yazarı Antony Flew'du. Aslında ilk olarak, C. S. Lewis'in başkanlığında düzenlenen Oxford Üniversitesi Sokratik Kulüp'ün 1950 yılındaki bir toplantısında sunulan makalesi "Teoloji ve Yanlışlama", son yüzyılın en çok basılan felsefi yayını oldu. Şimdi ilk defa, fikrini değiştirmesine neden olan iddia ve kanıtların bir açıklamasını yapıyor. Bu kitap bir anlamda, hikâyenin geri kalanını tamamlıyor.

Tony Flew'nun daha sonra esprili bir biçimde "geçiş" olarak bahsettiği bu durumu duyurduğu sempozyum ve sonuçta ortaya çıkan video görüntüsünü düzenlemeye yardım ettiğim için bu AP hikâyesinde ben de küçük bir rol oynadım. Aslında 1985 yılından beri, ateizmi savunduğu birçok konferans düzenlemesine yardım ettim. O nedenle bu çalışma, yirmi yıl kadar önce başlamış bir yolculuğun sonucudur.

İşin ilginç yanı, Flew'nun ateist arkadaşlarının AP açıklamasına cevabı isterik bir biçimde oldu. Ateist bir Web sitesi bir muhabirini, Flew'nun doğru inançtan uzaklaşmasıyla ilgili aylık güncel haberler vermekle görevlendirdi. Özgür düşünen blog dünyasında ise budalaca hakaretler ve acemice karikatürlere sıkça rastlamak mümkündü. Engizisyon ve cadıların kazığa bağlanarak yakılmasından şikayet edenler, şimdi aykırılık yapan kendi avlarıyla eğleniyorlardı. Hoşgörü savunucularının kendileri de pek hoşgörülü sayılmazdı. Ayrıca dinî fanatiklerin, dogmatizm, kabalık, fanatiklik ve paranoya alanlarının tek sahibi olmadığı görülüyordu.

Ancak öfkeli kalabalıklar tarihi yeniden yazamaz. Ve Flew'nun ateizmin tarihindeki konumu, günümüz ateistlerinin ortaya atacakları her şeyin ötesinde bulunuyor.

ATEİZMİN TARİHİNDE FLEW'NUN ÖNEMİ

Son yüz yıl içinde hiçbir anaakım filozofunun, Antony Flew'nun elli yıllık antiteolojik yazılarında bulunabileceği kadar sistematik, kapsamlı, orijinal ve etkili bir ateizm açıklaması geliştirmediğini söylemek yanlış olmaz. Flew'dan önceki başlıca ateizm savunmaları David Hume gibi Aydınlanma Çağı düşünürleri ve

Arthur Schopenhauer, Ludwig Feuerbach ve Friedrich Nietzche gibi on dokuzuncu yüzyıl Alman filozoflara aitti.

Peki ya Flew yazmaya başlamadan çok önce yirminci yüzyıl ateistleri olan (inanması zor bir biçimde pratikte ateist olsa da teknik olarak agnostik olduğunu iddia eden) Bertrand Russell, Sir Alfred Ayer, Jean-Paul Sartre, Albert Camus ve Martin Heidegger? Russell'ın , septik görüşleriyle ilgili birkaç tartışmalı kitapçık ve cemaat dinini küçük görmesi dışında bir şey üretmediği açıkça ortadadır. *Religion and Science* (*Din ve Bilim*) ve *Why I Am Not a Christian* (Neden Hıristiyan Değilim) adlı çalışmaları yalnızca makale seçkilerinden ibaretti - dinle ilgili sistematik bir felsefe oluşturmadı. En fazla, kötülük problemine dikkati çekti ve kendine ait yeni bir iddia oluşturmadan, Tanrı'nın varlığına dair geleneksel iddiaları çürütmenin yollarını aradı. Ayer, Sartre, Camus ve Heidegger'in de ortak noktası bu: yoğunlaştıkları nokta, felsefi tartışmaya girmenin bir yolunu üretmekti; bunun sonucu olarak da Tanrı'yı inkâr etmişlerdi. Ateizmin bir yan ürün olduğu kendi düşünce sistemlerine sahiplerdi. Richard Rorty ve Jacques Derrida gibi daha sonraki nihilistler için de aynı şey söylenebilir.

Elbette ki Flew'nun kuşağından ateist olan önemli filozoflar da vardı: W. V. O. Quine ve Gilbert Ryle ilk akla gelen örneklerdir. Ama hiçbiri kişisel inançlarını destekleyecek kitap dolusu iddialar geliştirmek gibi bir adım atmadı. Peki neden? Çoğu durumda, o günlerdeki profesyonel filozoflar narin ellerini bu tür popüler, hatta aşağılık tartışmalara bulaştırarak kirletmek istemiyordu. Diğer durumlarda ise bunun nedeni ihtiyatlılıktı.

Daha sonraki yıllarda elbette, Tanrı'nın varlığına dair geleneksel iddiaları eleştirel biçimde inceleyip reddeden ateist filozoflar da oldu. Bunların arasında Paul Edwards, Wallace Matson, Kai Nielsen ve Paul Kurtz ile J. L. Mackie, Richard Gale ve Michael Martin gibi isimler yer alıyordu. Ancak onların eserleri hiçbir zaman, Flew'nun yenilikçi yayınları gibi gündemi ve tartışma çerçevesini değiştirmedi.

Flew'nun ateizminin orijinalliği nerede yatıyor? "Teoloji ve Yanlışlama," *God and Philosophy* (Tanrı ve Felsefe) ve *The Presumption of Atheism*'de (Ateizm Varsayımı) teizme karşı bazı açılardan, takip eden din felsefesi için bir yol haritası çizecek yeni iddialar geliştirdi. "Teoloji ve Yanlışlama"da dinî ifadelerin nasıl olup da anlamlı iddialar oluşturabileceği sorusunu sordu (en çok alıntılanan "binlerce nitelik ile bunların son bulması" ifadesi, vurgulamak istediği noktayı çok iyi ortaya çıkarıyor); *God and Philosophy*'de, her an her yerde olan, her şeyi bilen bir ruh kavramının tutarlılığı oluşturulana kadar Tanrı'nın varlığıyla ilgili bir tartışmanın başlayamayacağını savundu; *The Presumption of Atheism*'de ise kanıt sorumluluğunun teizmde olduğunu ve ateizmin kanıt sorumluluğu olmayan taraf olduğunu ileri sürdü. Bu sırada da elbette Tanrı'nın varlığına dair geleneksel iddiaları inceledi. Ancak tartışmanın bütün yapısını değiştiren şey düşünce çerçevelerini yenilemesi oldu.

Yukarda anlatılan her şey düşünüldüğünde Flew'nun kısa süre önce ateizmi reddedişinin tarihî bir olay olduğu açıktır. Ancak çok az bilinen bir şey var ki, ateist günlerinde bile Flew bir bakıma, yeni ve güçlendirilen bir teizmin kapısını açıyordu.

FLEW, MANTIKSAL POZİTİVİZM VE RASYONEL TEİZMİN YENİDEN DOĞUŞU

İşte paradoks tam burada yatıyor. Teolojik iddiaları tartışmanın uygunluğunu savunan ve din filozoflarını kendi iddialarını açıklamaya zorlayan Flew, mantıksal pozitivizmle geçen karanlık günlerden sonra analitik felsefede rasyonel teizmin yeniden doğuşunu kolaylaştırmış oldu. Bu noktada biraz arka plan bilgisi yararlı olacaktır.

Bazılarının hatırlayacağı gibi mantıksal pozitivizm, 1920'li yılların başlarında Viyana Çevresi denen Avrupalı bir grup tarafından ortaya konan ve 1936 tarihli *Language, Truth and Logic* (Dil, Hakikat ve Mantık) eseriyle İngilize konuşulan dünyada A. J. Ayer tarafından popülerleştirilen bir felsefeydi. Mantıksal pozitivistlere göre, yalnızca duyu deneyimi veya tam olarak kendi biçimleri nedeniyle ve kullanılan kelimelerin anlamıyla doğrulanabilen ifadeler anlamlıydı. Bu nedenle bir ifade, doğruluğu ya da yanlışlığı deneysel gözlemle (örn. bilimsel çalışma) doğrulanabiliyorsa anlamlıydı. Mantık ve saf matematik ifadeleri lüzumsuz tekrarlardan ibaretti; yani, kendi içlerinde doğrulardı ve dünyayla ilgili hiçbir gerçeği ifade etmeyen sembolleri kullanma şekillerinden başka bir şey değillerdi. Bunun dışında bilinebilecek ya da tutarlı biçimde tartışılabilecek bir şey yoktu. Mantıksal pozitivizmin merkezinde, bir önermenin anlamının doğrulamasında yattığı iddiası olan doğrulama prensibi vardı. Bunun sonucuna göre, anlamlı ifadeler yalnızca bilim, mantık veya matematikte kullanılanlardı. Metafizik, din, estetik ve etikteki ifadeler genel anlamıyla anlamsızdı; çünkü deneysel yöntemlerle doğrulanamazlardı. Ne geçerli ne de geçersizdiler. Ayer, ateist olmanın da teist olmak kadar saçma olduğunu söylüyordu, çünkü "Tanrı vardır" ifadesinin bir anlamı yoktu.

Bugün birçok tanıtıcı felsefe çalışması Flew'nun "Teoloji ve Yanlışlama"daki yaklaşımını, her ikisi de dinî açıklamaların anlamlılığını sorguladığı için Ayer'in dinle ilgili mantıksal pozitivist saldırısıyla ilişkilendiriyor. Bu tablodaki sorun ise, bunun hiçbir şekilde Flew'nun konuyu o zaman ya da şimdiki anlama şeklini yansıtıyor olmaması. Aslında, pozitivist bir din görüşünü desteklemekten ziyade Flew makalesinin, bu şekilde yapılan felsefenin tabutuna son bir çivi çaktığını düşünüyordu.

"Teoloji ve Yanlışlama"nın yayımlanmasının kırkıncı yıl dönümünde düzenlediğim 1990 tarihli bir sunumda Flew şöyle dedi:

> Bir üniversite öğrencisi olduğum sıralarda felsefi tartışmaların tekrar tekrar, en parlak şekilde *Language, Truth and Logic*'te açıklanan mantıksal pozitivizme dönmesi ve bundan ileriye gidememesi karşısında gittikçe öfkeleniyor ve çıldırıyordum. Bu iki makalede de amacım ["Teoloji ve Yanlışlama"nın ilk olarak Sokratik Kulüp'te, daha sonra da *University*'de yayımlanan versiyonları] aynıydı. İnanç sahibi birinin söylemeyi tercih edebileceği her şeyin, sözde dokunulmaz doğrulama prensibini - burası özellikle dünyevi bir açıklama olarak korunur - ihlal ediyor olduğu iddiası ile saf dışı bırakmak gibi ukalaca bir açıklama yerine, daha sade bir meydan okumada bulunmayı tercih ettim. Bırakın inananlar, birey olarak ve tek tek, kendi fikirlerini sunsunlar.

Bu hikâyenin devamı, Flew'nun yine ünlü makalesinin kaynağıyla ilgili görüşlerini açıkladığı bu çalışmada yer alıyor:

> Oxford Üniversitesi'ndeki son dönemimde A. J. Ayer'in *Language, Truth and Logic* (Dil, Hakikat ve Mantık) kitabının yayımlanması Sokratik Kulüp'ün birçok üyesini, Ayer'in mantıksal pozitivizm - hiçbir dinî önermenin bilişsel anlam içermediği iddiası - denen aykırı görüşünün çürütülmesi gerektiğine ikna etti. Sokratik Kulüp'e okuduğum ilk ve tek yazım olan "Teoloji ve Yanlışlama", o zaman yeterli olduğunu düşündüğüm çürütmeyi sağladı. Mutlak bir zafer kazandığımı ve daha fazla tartışmaya gerek olmadığını düşünüyordum.

Felsefe tarihinin de göstereceği gibi, mantıksal pozitivizm kendi içindeki tutarsızlıklar nedeniyle 1950'li yıllara gelinceye kadar başarısızlıkla sonuçlanmıştı. Aslında Sir Alfred Ayer'in kendisi de, düzeltmesini benim yaptığım bir seçkideki makalesinde şöyle diyordu: "Mantıksal pozitivizm uzun zaman önce öldü. Artık *Language, Truth and Logic*'in doğru olduğunu düşünmüyorum. Bence hatalarla dolu. Zamanına göre önemli bir kitaptı, çünkü bir çeşit katartik etki yapmıştı... Ancak ayrıntılara indiğiniz zaman, geçtiğimiz elli yılı düzelterek ya da düzeltmeye çalışarak geçirdiğim hatalarla dolu."

Her neyse, mantıksal pozitivizmin ortamı terk edişi ve Flew'nun yeni tartışma kuralları felsefi teizme tazelik kazandırdı. O zamandan bu yana Richard Swinburne, Alvin Plantinga, Peter Geach, William P. Alston, George Mavrodes, Norman Kretzmann, James F. Ross, Peter Van Inwagen, Eleonore Stump, Brian Leftow, John Haldane ve diğer birçok kişi tarafından son otuz yılda teizmle ilgili analitik geleneğe sahip çok sayıda önemli eser yazıldı. Bunlardan azımsanamayacak kadarı, Tanrı ile ilgili iddiaların anlamlılığı, ilahî niteliklerin mantıksal tutarlılığı ve Tanrı inancının temel bir durum olup olmadığı sorusu gibi konulara hitap ediyor - bunlar tam olarak Flew'nun teşvik etmeye çalıştığı tartışma türünde ortaya atılan konulardır. Teizme dönüşü ise Nisan 1980 tarihinde bir *Time* dergisi kapak hikâyesinde verildi: "Düşünce ve iddiada yirmi yıl önce kimsenin tahmin edemeyeceği kadar sessiz bir evrimle, Tanrı geri dönüyor. Şaşırtıcı ama bu, akademik filozoflardan oluşan entelektüel bir çevrede oluyor."[2]

"YENİ ATEİZM" YA DA POZİTİVİZMİN DÖNÜŞÜ

Bu tarihî gelişimin ışığında, "yeni ateizm" denen kavramın ani çıkışı özellikle ilginçtir. "Yeni ateizm"in ortaya çıktığı yıl 2006'dır (bu ifade ilk olarak *Wired* dergisi tarafından Kasım 2006'da kullanılmıştır). Daniel Dennett'in *Breaking the Spell* (Büyü Bozumu) ve Richard Dawkins'in *The God Delusion* (Tanrı Yanılgısı) çalışmasından Lewis Wolpert'in *Six Impossible Things Before Breakfast*, (Kahvaltıdan Önceki Altı Olasılık) Victor Stenger'ın *The Comprehensible Cosmos* (Kavranabilir Evren) ve Sam Harris'in *The End of Faith (İnancın Sonu)* (2004 yılında yayımlanmış ancak devamı olan *Letter to a Christian Nation (Hıristiyan Bir Ulusa Mektup)* 2006'da basılmıştır) çalışmasına kadar, geçmişe öfkeyle bakan, amacına giden yolda her yolu mübah sayan türde ateizm örnekleri ortalıktaydı. Bu kitaplarla ilgili önemli nokta ise, iddia düzeyleri değil - kibarca yaklaşacak olursak oldukça ılımlıydı - hem en çok satanlar hem de medyanın keşfettiği "yeni" bir hikâye olarak elde ettikleri görünürlük düzeyiydi. Bu "hikâye"ye yazarların, kitaplarındaki ateş kadar coşku ve renge sahip olmaları da katkı sağlıyordu.

Bu kitapların başlıca hedefi hiç kuşkusuz, her türde, zamanda ve yerdeki cemaat dinleriydi. Bununla çelişkili biçimde, kitapların kendisi tutucu vaazlar gibi yazılmıştı. Çoğu bölümde yazarlar, eğer aksi inançlarımızdan ve bununla ilgili olarak yaptıklarımızdan vazgeçmezsek bizi korkunç bir ceza, hatta kıyamet gününe dair uyaran cehennem ateşi ve kükürt vaizleri gibi konuşuyorlardı. Belirsizlik veya inceliğe yer yoktu. Her şey siyah ve beyazdı. Diğer taraf için en ufak bir sempati besleyen tanınmış düşünürler bile hain ilan ediliyordu. Evangelistlerin kendisi de, yakında gerçekleşmesi beklenen şehitliğe rağmen mesajlarını ileten cesur ruhlardı.

Peki nasıl oluyordu da bu eserler ve yazarları, son birkaç yıldır süregelen Tanrı üzerine geniş kapsamlı felsefi tartışmaya dahil oluyordu? Bu sorunun cevabı, aslında dahil olmamalarıydı.

İlk olarak, Tanrı'nın varlığı sorusunun içerdiği gerçek meseleleri ele almıyorlardı. Hiçbiri ilahî bir gerçekliği varsaymak için gerekli temel gerekçelere bile hitap etmiyordu, (Dennett Tanrı'nın varlığıyla ilgili iddialara yedi sayfasını ayırırken Harris hiç yer vermiyor). Evrenin yapısında bulunan rasyonelliğin kaynağı, özerk bir faaliyet olarak anlaşılan hayat ve bilinç, kavramsal düşünce ve öz hakkındaki soruları da ele almıyorlardı. Dawkins, hayatın kaynağından ve bilinçten "başlangıçtaki talih"in neden olduğu "özel" olaylar olarak bahsediyor.[3] Wolpert ise şöyle yazıyor: "Hâlâ yeterince anlaşılamamış olan bilinç tartışmasından bilerek [!] kaçındım."[4] Bilincin kaynağı hakkında, sonuna kadar fizikselliğin savunucusu olan Dennett, bir defasında şöyle yazıyor: "ve sonra bir mucize gerçekleşiyor."[5] Bu yazarlardan hiçbirisi, "kanunlara uyan", yaşamı destekleyen ve rasyonel anlamda erişilebilir bir evrenin varlığını açılayacak akla yatkın bir dünya görüşü sunmuyor.

İkinci olarak, mantıksal pozitivizmin yükselişine ve düşüşüne neden olan yanlış düşünce ve şaşkınlıklara dair bir farkındalık da sergilemiyorlar. Tarihteki hataları görmezden gelenler bunları bir noktada mutlaka tekrar edeceklerdir. Üçüncü olarak da, felsefi teizm içinde oluşturulan gelişmiş yeni iddialar ya da analitik din felsefesine dair biriken eser yığınından tamamen habersiz gibi görünüyorlardı.

"Yeni ateizm"in, en ateşli savunucularının bile bıraktığı mantıksal pozitivist felsefeye doğru bir gerilemeden başka bir şey olmadığını söylemek haksızlık olmaz. Aslında "yeni ateistler"in, mantıksal pozitivizme kadar bile ilerleyemedikleri söylenebilir. Pozitivisitler hiçbir zaman, Tanrı'nın bilimsel bir hipotez olabileceğini öne sürecek kadar saf olmamışlardı -Tanrı kavramının, bilimsel bir hipotez olmadığı için anlamsız olduğunu söylemişlerdi. Diğer yandan Dawkins, "yaratıcı nitelikte bir süper zekânın varlığı veya yokluğu, su götürmez bir biçimde bilimsel bir meseledir"[6] düşüncesini savunmaktadır. Bu bizim, yanlış bile olmadığını söylediğimiz türden bir görüştür! Ek A'da, rasyonellik, hayat, bilinç, düşünce ve özle ilgili doğrudan deneyimimizin en yenisi dahil olmak üzere ateizmin hiçbir çeşidine izin vermediğini göstermeye çalışıyorum.

Ancak bu noktada, bu kitapla doğrudan ilgisi bulunan Dawkins'in bazı düşünceleriyle ilgili iki şey söylemeliyim. Bertrand Russell'ın "mantık bunu gerektirdiği takdirde fikir değiştirmeye bile istekli olan fazlasıyla önyargısız bir ateist" olduğunu yazdıktan sonra bir dipnotta şunu ekliyor: "Günümüzde, yaşlılığında bir çeşit tanrısal varlığa inanışa geçtiğini bildiren filozof Antony Flew'nun fazlasıyla tanıtımı yapılan değişkenliğinde de benzer bir şey görmek mümkündür (Tüm İnternette çılgınca bir tekrara yol açmıştır). Diğer yandan Russell büyük bir filozoftu. Russell, Nobel Ödülü'nü kazanmıştı."[7] "Büyük filozof" Russell ile Flew'nun "yaşlılığı"na yapılan aşağılayıcı gönderme arasındaki can sıkıcı zıtlık, Dawkins'in aydınlara mektuplarından da beklenenle aynıdır. Ancak burada ilginç olan nokta, Dawkins'in farkında olmadan zihninin çalışma şeklini ortaya koyduğu sözcük seçimidir.

Değişkenlik, "dininden dönme" anlamına gelir. Yani Flew'nun başlıca günahı, atalarının inancından dönmekti. Dawkins'in kendisi de başka bir yerde, evrenle ilgili ateistik görüşünün inanca dayandığını itiraf etmişti. Edge Foundation, "Kanıtlayamadığınız halde doğru olduğuna inandığınız şey nedir?" diye sorduğunda Dawkins'in cevabı şöyle olmuştur: "Evrendeki bütün hayatın, zekânın, yaratıcılığın ve 'tasarım'ın, Darwinci doğal seleksiyonun doğrudan ya da dolaylı bir sonucu olduğuna inanıyorum. Buna göre de tasarım evrende, belli bir

Darwinci evrim döneminden sonra geliyor. Tasarım evrimden önce gelemez ve bu nedenle de evrenin temelini oluşturamaz."[8] O zaman aslında, Dawkins'in üstün bir Zekâyı reddedişi, kanıtsız bir inanç meselesidir. Ve inanışları kör bir inanca dayalı olan diğer birçok kişi gibi, düşünce ayrılığı ya da taraf değiştirmeyi hoşgörüyle karşılayamıyor.

Dawkins'in evrenin temelini oluşturan rasyonelliğe yaklaşımıyla ilgili olarak fizikçi John Barrow bir tartışmada şunu ileri sürmüştür: "Bu fikirlerle ilgili bir problemin var Richards, çünkü sen gerçekten bir bilim adamı değilsin. Sen bir biyologsun." Julia Vitullo-Martin, Barrow için biyolojinin doğal tarih dalından biraz fazlası olduğuna dikkati çekiyor. "Biyologlar," diyor Barrow, "karmaşıklığa dair kısıtlı, sezgisel bir anlayışa sahipler. On dokuzuncu yüzyıldan kalma bir çatışmaya saplanmışlar ve yalnızca sonuçlarla, neyin diğerlerine galip geldiğiyle ilgileniyorlar. Ancak sonuçlar size, evreni yöneten kurallarla ilgili hemen hemen hiçbir şey söylemez."[9]

Dawkins'in zihinsel babasının Bertrand Russell olduğu görülüyor. Russell'ın 1925 yılına ait makalesi "Neye İnanıyorum"dan "on altı yaşında ne kadar ilham aldığından"[10] bahsediyor. Russell cemaat dininin kararlı bir karşıtıydı ve bu da onu, Harris ve Dawkins için bir rol model yapıyor; biçimsel olarak da Russell'ın istihza, karikatür, uçarılık ve abartma eğilimini taklit ediyorlar. Ancak Russell'ın Tanrı'yı inkârına neden olan yalnızca zihinsel unsurlar değildi. *My Father, Bertrand Russell* (Babam Bertrand Russell) adlı kitabında kızı Katharine Tait, Russell'ın Tanrı'nın varlığıyla ilgili hiçbir ciddi tartışmaya açık olmadığını yazıyor: "Onunla din hakkında konuşamazdım bile." Russell görünüşe göre karşılaştığı dinî inanç sahiplerinden sıkılmıştı. "Babamı onun aradığı şeyi, bütün hayatı boyunca çok istediği tanımlanamaz şeyi bulduğuma inandırmayı çok isterdim. Tanrı arayışının boşuna olmak zorunda olmadığına onu ikna etmeyi isterdim.

Ancak durum ümitsizdi. Hayattan keyfi tamamen çıkarmış ve karşıtlarına eziyet eden, can sıkacak kadar ahlakçı, kör inançlı çok fazla Hıristiyan tanıyordu; onların gizledikleri gerçeği asla göremeyecekti."

Tait yine de Russell'ın "bütün yaşamının Tanrı arayışıyla geçtiğine" inanıyor. "Babamın zihninin arkalarında bir yerlerde, kalbinin en altında, ruhunun derinliklerinde, bir zamanlar Tanrı'nın doldurduğu bir boşluk vardı ve hiçbir zaman bunu dolduracak başka bir şey bulamadı." "Bu dünyaya ait olmama, bu dünyada evinin olmaması gibi, sanki bir hayaletmiş hissini taşıyordu." Dokunaklı bir pasajda Russell bir keresinde şöyle demişti: "Din öğretmenlerinin öğütlediği türde en yüksek yoğunluktaki sevgi dışında insan kalbinin yalnızlığını hiçbir şey dolduramaz."[12] Dawkins'te bu pasaja uzaktan yakından benzeyen hiçbir pasaj bulamazsınız.

Flew'nun "değişkenliğinin" açıklamasına dönecek olursak, belki de Dawkins'in aklına hiçbir zaman, daha çok ya da daha az tanınsın, genç ya da yaşlı olsun, filozofların kanıta dayanarak fikir değiştirdikleri gelmemiştir. "Mantık bunu gerektirdiği takdirde fikir değiştirmeye bile istekli" olmalarından dolayı hayal kırıklığı içinde olabilir ancak yine, onları yönlendiren değişkenlik korkusu değil mantıktır.

Özellikle Russell, değişkenlikten o kadar hoşlanıyordu ki, bir başka ünlü İngiliz filozof C. D. Broad bir defasında şöyle demişti: "Hepimizin bildiği gibi Bay Russell her birkaç yılda bir farklı bir felsefe sistemi oluşturuyor."[13] Filozofların kanıta dayanarak fikirlerini değiştirdikleri başka örnekler de olmuştur. Ayer'in gençliğindeki pozitivizm inancını reddettiğini az önce belirttik. Bu tür radikal bir değişimden geçen bir başka örnek de, Flew'nun 1955 yılına ait kitabı *New Essays in Philosophical Theology*'de[14] Tanrı'nın varlığının aksinin kanıtlanabileceğini savunan, ancak sonra 1970 yılında çıkan kendi kitabı *Ascent to the Absolute*'ta kendine ters düşen J. N. Findlay'dir. Daha sonra takip eden kitaplarında Findlay, zihin, mantık, zekâ ve iradenin, kendiliğinden var olan ve kendisine tapınma ve koşulsuz kendini adamanın borçlu olunduğu Tanrı ile sonuçlanacağını savunuyor.

Dawkins'in "yaşlılık" iddiası (eğer böyle denebilirse) medeni bir konuşmada hiç yeri olmayan tuhaf bir şahsi aldatmaca şeklidir. Gerçek düşünürler iddiaları değerlendirir ve kanıtları tartarken savunucunun ırkı, cinsiyeti ya da yaşıyla ilgilenmezler.

Dawkins'in ve diğer "yeni ateistler"den bazılarının kitaplarındaki süregelen başka bir konu da, işinin ehli hiçbir bilim adamının Tanrı'ya inanmadığı iddiasıdır. Örneğin Dawkins, Einstein'ın Tanrı ile ilgili açıklamalarını doğaya mecazi göndermeler olarak mazur görür. Dediğine göre Einstein'ın kendisi en iyi ihtimalle bir ateist (Dawkins gibi) ve en kötü ihtimalle de bir panteisttir. Ancak Einstein'ın bu şekilde yorumlanması hiç de dürüstçe olmaz. Dawkins yalnızca Einstein'ın cemaat ve vahiy dinlerine karşı hoşnutsuzluğunu belirten ifadelerinden söz ediyor. Einstein'ın sadece doğa kanunları üzerinde çalışırken "üstün zekâ" ve "üstün muhakeme gücü"ne inancıyla ilgili görüşlerini değil, aynı zamanda Einstein'ın bir panteist ya da ateist olduğunu özellikle inkâr edişini de göz ardı ediyor. (Bu kasti çarpıtma bu kitapta düzeltiliyor.)

Daha yakın bir zamanda, Kudüs'e yaptığı bir ziyaret sırasında Tanrı'nın varlığına inanıp inanmadığı sorulduğunda ünlü teorik fizikçi Stephen Hawking'in "Tanrı'nın varlığına inandığı, ancak bu İlahî gücün doğanın ve fiziğin kanunlarını belirledikten sonra dünyayı kontrol etmeye çalışmadığı"[15] şeklinde cevap verdiği söyleniyor. Elbette, Heisenberg ve Planck gibi modern zamanın pek çok büyük bilim adamı rasyonel gerekçelerle ilahî bir Zihne inanıyordu. Ancak bu da, Dawkins'in bilimsel tarih açıklamasında örtbas ediliyor.

Dawkins aslında, daha önceki bir kuşaktan olan Carl Sagan ve Isaac Asimov gibi popüler bilim yazarlarıyla aynı kulübe ait. Bu popülerleştiriciler kendilerini yalnızca yazar olarak değil, aynı zamanda başrahip olarak da görüyorlardı. Dawkins gibi bunlar da halkı yalnızca bilimin bulgularıyla eğitme görevini değil, aynı zamanda bilime inananların fizik ötesi konularda nelere inanabileceğine karar verme görevini de üstlenmişlerdi. Ancak burada net olmalıyız. Büyük bilim adamlarının çoğu, bilimsel çalışmaları ve "üstün zekâ", yani Tanrı Zihni'ni doğrulamaları arasında doğrudan bir bağ gördüler. Nasıl isterseniz öyle açıklayın, ancak bu, popülerleştiricilerin kendi oluşturdukları gündemle gizlemesine izin verilemeyecek açık bir gerçek. Pozitivizmle ilgili olarak Einstein şöyle demişti: "Ben bir pozitivist değilim. Pozitivizm, gözlemlenemeyen şeyin var olmadığını iddia ediyor. Bu kavram bilimsel olarak savunulamaz, çünkü insanların neyi 'gözlemleyebildikleri' ya da 'gözlemleyemedikleri'ni geçerli biçimde doğrulamak imkânsızdır. Birinin çıkıp 'sadece bizim gözlemlediklerimiz vardır' demesi gerekirdi ki, bu da tamamen yanlıştır."[16]

Eğer insanları Tanrı inanışından vazgeçirmek istiyorlarsa, bu popülerleştiricilerin iddialarını kendi ateist görüşlerini destekleyecek biçimde sunmaları gerekir. Bugünün ateist evangelistleri bu anlamda iddialarını savunmaya çalışmıyorlar bile. Bunun yerine, silahlarını başlıca dünya dinlerinin tarihindeki bilinen suistimallere yöneltiyorlar. Ancak nükleer çoğalmanın $E=mc^2$ midir sorusuna etkisi olmadığı gibi, cemaat dininin aşırılıkları ve zulümlerinin de Tanrı'nın varlığına bir etkisi yoktur.

Öyleyse Tanrı var mıdır? Peki ya eski ve yeni ateistlerin iddiaları? Ve modern bilimin konuyla ilgisi nedir? İlginç bir tesadüfle, eski pozitivizmin tekrar rağbet gördüğü zihinsel tarihteki bu dönemde, yarım yüzyıl önce bu kavramın saltanat sürmesini sağlayan düşünür, şimdi de bu sorulara cevap vermek için fikirlerin savaş alanına geri dönüyor.

GİRİŞ

Deizme "geçişim"in duyurulmasından bu yana pek çok kez, fikrimi değiştirmeme neden olan unsurları anlatmam istendi. Bunu takip eden birkaç makalede ve *God and Philosophy* (Tanrı ve Felsefe) adlı çalışmamın 2005 baskısının yenilenen girişinde Tanrı üzerine devam eden tartışmayla ilgili yakın zamanda çıkan eserlere dikkati çekmiş, ancak kendi görüşlerimle ilgili fazla ayrıntı vermemiştim. Şimdi ise burada son arzum ve vasiyetim sayılabilecek nitelikte şeyler anlatmaya ikna oldum. Kısacası, başlığın da ifade ettiği gibi, artık bir Tanrı olduğuna inanıyorum!

"Dünyanın En Ünlü Ateisti Fikrini Nasıl Değiştirdi" alt başlığını bulan ben değilim. Ama kullanmaktan mutluluk duyduğumu söyleyebilirim, çünkü Flew'lar için hem yerinde hem de dikkat çekici başlıkların kullanımı bir aile geleneği gibidir. Din bilimci babam bir zamanlar kendisi ve bazı eski öğrencilerine ait denemelerin bir derlemesini düzenlemiş ve bu tartışmalı çalışmaya, paradoksal ama yine de çok uygun ve doğru yönde bilgilendirici olan *The Catholicity of Protestantism* (Protestanlığın Katolikliği) başlığını vermişti. Büyük önem taşıyan öğreti değil de sunuş biçimi açısından bakacak olursak, onun örneğinden giderek, ben de kendi dönemimde "İyilikseverler Hiç İyilik Yapmıyor mu?" ve "Tek Güvenli Bahis Pascal'ınki mi?" türünden başlıklar taşıyan makaleler yayımladım.

En başta şunu açıklığa kavuşturmalıyım. Fikir değişikliğime dair haberler basın ve her an her yerde bulunan İnternet tarafından yayılmaya başladığında bazı eleştirmenler ilerleyen yaşımın "değişimim" ile ilgisi olduğunu iddia etmek konusunda oldukça acele ettiler. Korkunun, zihni güçlü bir biçimde yoğunlaştırdığı söylendi ve bu eleştirmenler yakın zamanda ahirete girme beklentimin, ölüm döşeğinde bir dönüşü tetiklemiş olduğu sonucuna vardılar. Açıkça görülüyor ki bu insanlar ne ahiret hayatının olmadığına dair yazılarımla ne de konuyla ilgili şu anki görüşlerim hakkında bir fikre sahipti. Elli yıldan fazla bir süredir sadece Tanrı'nın varlığını değil, aynı zamanda ahiret hayatının varlığını da reddettim. *The Logic of Mortality* (Ölümlülüğün Mantığı) adıyla yayımlanan Gifford Konferanslarım bu düşünce sürecinin sonucunu temsil eder. Bu, fikrimi değiştirmediğim bir alan. Bu kitapta N. T. Wright'ın katkılarıyla çok iyi bir biçimde aktarılan bir olasılık olan, özel vahyin olmadığı durumda, ölümden "sağ kurtulacağımı" düşünmüyorum. O zaman kayıtlara geçmesi için, beni Pascal bahislerine sokan diğer bütün söylentileri ebedî uykularına yatırmak istiyorum.

Ayrıca temel bir konuda ilk defa "fikir değiştirmediğime" de dikkati çekmek istiyorum. Çalışmalarımın arasında, serbest piyasaları güçlü bir biçimde savunduğum yazılarımı bilen okuyucularım bir zamanlar bir Marksist olduğumu duyunca şaşırabilirler (ayrıntılar için bu kitabın ikinci bölümüne bakınız). Ek olarak, yirmi yıl kadar önce, insanların bütün seçimlerinin tamamen fiziksel nedenler tarafından belirlendiğine dair önceki görüşümden de vazgeçtim.

Bu kitap Tanrı'nın varlığına dair fikrimi neden değiştirdiğim hakkında olduğu için, ilk akla gelen soru bu "değişim"den önce neye ve neden inandığım olacaktır. İlk üç bölümde bu sorunun cevabını ararken, son yedi bölümde Tanrı'yı keşfedişimi anlatıyorum. Son yedi bölümün hazırlanmasında, Oxford'daki

Nolloth profesörlük makamının önceki ve şimdiki sahipleri Profesör Richard Swinburne ve Profesör Brian Leftow ile yaptığımız görüşmelerin büyük yardımı oldu.

Kitabın iki ek bölümü bulunuyor. Bunlardan ilki, Richard Dawkins ve diğerlerinin yeni ateizm olarak bilinen görüşüne dair Roy Abraham Varghese'in analizi. İkincisi ise çoğu dinî inanç sahibinin ilgisini çeken bir başlık üzerine açık uçlu bir diyalog -Nasıralı İsa ile ilgili öne sürülen iddialar üzerinde duran, insan tarihinde gerçekten ilahî bir vahiy gerçekleşip gerçekleşmediği konusu. Diyalogu daha da ileriye götürmek için, şu anda Durham piskoposu olan *Yeni Ahit* bilgini N. T. Wright büyük bir nezaketle, Hıristiyan teistlerin İsa'ya inancının altında yatan tarihî bilgi topluluğuna dair kendi değerlendirmesini sundu. İşin aslı, Piskopos Wright'ın Hıristiyan inanışını kabul etmek için şimdiye kadar gördüğüm en iyi iddiayı sunduğunu söylemem gerek.

Alt başlıkta geçen "ünlü" bir ateist olmamla ilgili de bir şeyler söylesem iyi olur. Antiteolojik çalışmalarımın ilki, 1950 yılına ait "Theology and Falsification" (Teoloji ve Yanlışlama) başlıklı makalemdi. Bu makale daha sonra, Alasdair MacIntyre ile birlikte düzenlediğimiz bir antoloji olan *New Essays in Philosophical Theology* (1955) (Felsefi Teoloji Üzerine Yeni Makaleler) çalışmamızda yeniden basıldı. *New Essays,* o zamanlar "felsefede devrim" olarak nitelendirilen teolojik konular üzerindeki etkiyi ölçme girişimiydi. Sonraki önemli eserim, ilk olarak 1966 yılında yayımlandıktan sonra 1975, 1984 ve 2005 yıllarında yeniden basılan *God and Philosophy* (Tanrı ve Felsefe) oldu. 2005 basımı için yazdığı giriş bölümünde, çağımızın önde gelen ateistlerinden ve "Hümanist Manifesto II"nin yazarı olan Paul Kurtz, "Promotheus Books, din felsefesinde bir klasik olmuş bu kitabı sunmaktan mutluluk duyar" diye yazmıştı. *God and Philosophy*'nin ardından 1976 yılında basılan *The Presumption of Atheism* (Ateizm Varsayımı), Birleşik Devletler'de 1984 yılında *God, Freedom and Immortality* (Tanrı, Özgürlük ve Ölümsüzlük) olarak yayımlandı. Konuyla ilgili diğer çalışmalarım *Hume's Philosophy of Belief* (Hume'un İnanç Felsefesi) ve *Logic and Language* (Mantık ve Dil) (birinci ve ikinci seri), *An Introduction to Western Philosophy: Ideas and Arguments from Plato to Sartre* (Batı Felsefesine Giriş: Plato'dan Sartre'a Fikirler ve İddialar), *Darwinian Evolution* (Darwinci Evrim) ve *The Logic of Mortality* (Ölümlülüğün Mantığı) oldu.

Aslında, ateizmle ilgili yayımlanan ilk iddiamın ilk olarak, son yüzyılın en büyük Hıristiyan savunucusunun başkanlık ettiği bir forumda -C. S. Lewis başkanlığındaki Sokratik Kulüp- sunulması büyük bir çelişki içeriyor. Bir başka çelişki de, babamın İngiltere'de önde gelen Metodist yazarlar ve vaizlerden biri olduğu gerçeğidir. Ayrıca meslek hayatımın başlangıcında, profesyonel bir filozof olma yönünde özel bir ilgim hiç olmadı.

Herkesin bildiği gibi, istisnasız her şey olmasa da bütün iyi şeylerin bir sonu olması gerektiği için, giriş niteliğindeki sözlerime burada son veriyorum. Tanrı sorusuyla ilgili fikrimi değiştirme nedenlerimden çıkaracakları anlam konusundaki kararı da okuyuculara bırakıyorum.

BÖLÜM 1

TANRI'YI İNKÂRIM

I

BİR ATEİSTİN YARATILIŞI

Ben bir ateist olarak doğmadım. Hayata oldukça dindar biri olarak başladım. Hıristiyan bir ailede dünyaya geldim ve özel bir Hıristiyan okuluna gittim. Aslında ben bir vaizin oğluyum.

Babam Oxford, Merton Koleji mezunu ve yerleşik İngiltere Kilisesi yerine Wesleyan Metodist Kilisesi'nde din başkanıydı. Yüreği hep Evangelizm ve Anglikanların söylediği gibi, papaz yönetimindeki bölgelerde yapılan işlerde kalmakla birlikte, onunla ilgili ilk anılarım Cambridge'teki Metodist teoloji kolejinde *Yeni Ahit* çalışmalarında öğretmenlik yaptığı şeklindedir. Daha sonra o kolejin müdürünün yerini aldı ve sonuçta Cambridge'tan emekli oldu ve orada vefat etti. Bu görevlerin içerdiği temel bilim ve öğretim görevlerinin yanı sıra babam kiliseler arasındaki çeşitli organizasyonlarda da Metodist bir temsilci olarak pek çok iş yaptı. Ayrıca Metodist Konferansı ve Serbest Kilise Federal Konseyi başkanı olarak da bir yıl görev gördü.

Daha sonraki ateist inançlarıma dair çocukluk dönemimden herhangi bir işaret bulup çıkarmak istesem güçlük çekerdim. Gençliğimde, aramızda K.S. dediğimiz Bath'teki Kingswood

Okulu'na gittim. O zamanlar, ve neyse ki hâlâ öyle, bir devlet yatılı okuluydu (çelişkili bir biçimde, İngilizce konuşulan başka her yerde *özel* yatılı okul olarak açıklanacak türden bir kurum). Metodist Kilisesi'nin kurucusu John Wesley tarafından, vaizlerinin oğullarının eğitimi için kurulmuştu. (Kingswood Okulu'nun kuruluşundan yüz yıl veya daha sonrasında Metodist vaizlerin kızlarını da eşit şekilde barındırmak amacıyla Queenswood Okulu kuruldu.)

Kingswood Okulu'na, konuya karşı ilgisiz olmakla birlikte dinine bağlı ve vicdan sahibi bir Hıristiyan olarak girdim. İbadet etmekteki amacı hiçbir zaman anlayamadım ve ilahi okumaktan zevk almayacak ve hatta buna katılmayacak kadar müzikten uzak olmuştum her zaman. Din kitaplarına hiçbir zaman, politika, tarih, bilim ve hemen hemen diğer bütün konularla ilgili kitapları tükettiğim o önüne geçemediğim şevkle yaklaşmadım. Şapel ya da kiliseye gitmek, dualar okumak ve diğer bütün dinî uygulamalar benim için sadece sıkıcı bir görevden ibaretti. Tanrı ile konuşmak için içimde en ufak bir istek bile taşımıyordum.

Babamın dünyasını bu denli şekillendiren dinî uygulamalar ve konulara genel olarak -en eski anılarımdan itibaren- neden bu kadar ilgisiz kaldığımı açıklayamıyorum. Sadece bu tür uygulamalara karşı herhangi bir ilgi veya istek duyduğumu hatırlamıyorum. Ayrıca Hıristiyan eğitimi veya ibadetleri sırasında, Wesley'in ünlü deyimiyle ifade ettiği gibi, "kalbimin garip bir şekilde ısındığını"ya da zihnimin mest olduğunu hiçbir zaman hissetmedim. Dine karşı isteksiz geçen gençliğimin bir neden mi yoksa sonuç mu -ya da her ikisi mi- olduğunu kim bilebilir? Ama şunu biliyorum ki, K.S.'ye girdiğimde sahip olduğum inanç her ne ise, okulu bitirdiğimde kaybolmuştu.

TERSİNE EVRİM TEORİSİ

Ünlü bir Hıristiyan demografik oy kuruluşu olan Barna Grubu'nun yaptığı anketlerden, gerçekte, on üç yaşına kadar inandığınız şeyin ölürken de inanacağınız şey olduğu sonucuna vardığını duydum. Bu bulgu doğru olsun ya da olmasın, ergenlik çağımın başlarında oluşan inançlarımın yetişkin hayatımın büyük bölümünde benimle olduğunu biliyorum.

Değişimin nasıl ve ne zaman başladığını tam olarak anımsamıyorum. Ama kesinlikle, düşünen her insanda olduğu gibi, inançlarımın oluşmasında birden fazla unsur bir araya geldi. Bu unsurların arasında, babamla paylaştığıma inandığım Immanuel Kant'ın "zihnin, bilgeliğe aykırı olmayan şevki" dediği unsurun da etkisi az olmadı. İkimiz de, Kant'ın açıkladığı "bilgelik" yolundan gitmeye istekliydik: "Bilgelik, kendilerini ortaya koyan ve sonuçları insanlık için önem taşıyan sayısız sorundan seçim yapma meziyetine sahip olmaktır." Babamın Hıristiyan inançları, "insanlık için", *Yeni Ahit* öğretisi gerçekte her neyse bunun açıklanması, yayılması ve uygulanmasından daha önemli hiçbir şeyin olmadığına onu ikna etmişti. Benim zihinsel yolculuğumsa beni başka bir yöne götürmüştü, ama bu yol da onunla paylaştığım zihnin şevkinin izini daha az taşımıyordu.

Ayrıca babamın benim için faydalı olacak biçimde birkaç defa, Kutsal Kitap bilginlerinin bazı alışılmamış *Eski Ahit* kavramlarını öğrenmek istediklerinde, sadece kendi kendilerine düşünerek bir cevap bulmaya çalışmadıklarını hatırlattığını anımsıyorum. Bunun yerine, bulabildikleri en çok bağlam içinde, ilgili İbranice sözcüğün kullanıldığı bütün çağdaş örnekleri toplayıp inceliyorlardı. Bu ilmî yaklaşım birçok yönden en eski zihinsel araştırmalarımın, belirli bir konu hakkında bağlam içindeki bütün bilgileri topladığım ve incelediğim -ve henüz vazgeçmediğim- temelini oluşturdu. Belki de içinde büyüdüğüm evin, beni sonunda babamın inancını reddetmeye götürecek kritik araştırma merakını bana aşılamış olma ihtimali de ironik bir durumdur.

KÖTÜLÜĞÜN YÜZÜ

Son zamanlardaki ateist yazılarımın bazılarında Tanrı'nın var olmadığı sonucuna çok çabuk, çok kolay ve daha sonra bana yanlış gelen nedenlerle vardığımı söyledim. Vardığım bu olumsuz sonuç üzerine uzun uzadıya ve sık sık yeniden düşündüm; ancak, ondan sonraki yaklaşık yetmiş yıl boyunca temelden tersine dönmemi gerektirmeye yetecek nedenleri bulamadım. Ateizme dönüşümün ilk nedenlerinden birisi kötülük meselesiydi.

Babam beni ve annemi her yıl yurt dışına tatile götürürdü. Bunlar bir din görevlisinin maaşının yetmeyeceği tatiller olmakla birlikte, babam yazın ilk kısmını Yüksek Okul Sertifika Sınavları Kurulu (şimdi A seviye sınavları deniyor) için sınav yaparak geçirdiği ve bu iş için para aldığından dolayı mümkün olabiliyordu. Ayrıca babam Birinci Dünya Savaşı'ndan önce Marburg Üniversitesi'nde iki yıl teolojik çalışmadan sonra Almancayı akıcı bir biçimde konuşabildiği için de yurtdışında daha ucuza seyahat edebiliyorduk. Böylelikle seyahat acentelerine para vermek zorunda kalmadan bizi Almanya'ya ve bir ya da iki defa da Fransa'ya tatile götürebilmişti. Babam aynı zamanda pek çok uluslararası teoloji konferansında Metodizmin temsilcisi olarak görev yapmak üzere atanıyordu. Bunlara tek çocuğu olarak beni ve annemi, katılımcı olmayan konuk olarak götürürdü.

İkinci Dünya Savaşı'ndan önce gerçekleştirdiğimiz bu yurt dışı seyahatlerinden çok etkilenmiştim. Küçük kasabaların girişinde yer alan "Burada Yahudiler istenmiyor" yazılı bayrak ve tabelaları dün gibi hatırlıyorum. Bir halk kütüphanesinin girişinin hemen dışında, "Bu kurumun düzenlemelerine göre Yahudilere kitap vermek yasaktır" yazılı tabelaları anımsıyorum. Baverya'da bir yaz gecesinde kahverengi gömlekli on bin kişilik fırtına birliğinin yürüyüşünü izledim. Aile seyahatlerim, siyah üniformaları ve kafatası ve çapraz kemikli başlıklarıyla Waffen-SS mangalarının geçişine şahit olmama neden olmuştu.

Bu tür deneyimler gençlik hayatımın zeminini şekillendiriyordu ve diğer birçok insan için olduğu gibi, benim için de her şeye gücü yeten, sevgi dolu bir Tanrı'nın varlığına karşı kaçınılmaz bir meydan okuma sunuyordu. Düşüncelerimi ne derecede etkilediklerini ölçemem. Ama en azından, bu deneyimler benim içimde anti-Semitizm ve totalitarizmden oluşan kötülük çiftine dair yaşam boyu sürecek bir bilinç uyandırdı.

HAYAT DOLU BİR YER

1930 ve 1940'lı yıllarda bizimki gibi -Metodist mezhebine göre uyarlanmış- bir ailede yetişmek demek Cambridge'te olmak demekti, ama hepsi bu kadar değildi. Öncelikle teoloji, diğer kurumlardaki gibi orada "bilimlerin kraliçesi" olarak hemen kabul görmedi. Ayrıca herhangi bir anaakım üniversitesinin papaz eğitim koleji de değildi. Sonuç olarak, babam orada kendini evindeymiş gibi hissetse de ben hiçbir zaman Cambridge ile kendimi özdeşleştiremedim. Zaten 1936'da yatılı okula gitmeye başladıktan sonra, okul zamanı Cambridge'te hemen hemen hiç bulunmuyordum.

Yine de Kingswood benim zamanımda hayat dolu bir yerdi; kesinlikle en iyi okul müdürlerinden biri seçilmeyi hak eden bir adam tarafından yönetiliyordu. Benim başladığım yıldan önceki yıl bu okul, diğer bütün Müdürlerin Konferans okuluna göre Oxford ve Cambridge'te daha fazla ödül almıştı. Bizim canlılığımız da sınıf ve laboratuarla sınırlı kalmıyordu.

Bu heyecan verici ortamda olduğum sırada, hiçbir zaman güçlü, duygusal bir bağ hissetmediğim bir inanç olan atalarımın sağlam inancını sorgulamaya başlamış olmam kimseyi şaşırtmasın. K.S.'de yedinci sınıfa geçtiğimde (altıncı sınıf Amerika'da on birinci sınıfa ve yedinci sınıf da on ikinci sınıfa denk geliyor) sınıf arkadaşlarımla düzenli olarak, hem her şeye gücü yeten hem de mükemmel derecede iyi bir Tanrı fikrinin dünyada açıkça görülen kötülükler ve kusurlarla uyuşmadığını tartışıyordum. K.S.'de geçirdiğim dönem boyunca düzenli Pazar vaazında hiçbir zaman cennet veya cehennemdeki gelecek hayattan bahsedilmedi. Okul müdürü A. B. Sackett, pek sık olmamakla birlikte, vaaz verdiği zaman mesajı hep doğanın harikaları ve güzellikleriyle ilgili olurdu. Sonuçta on beşinci yaş günüme kadar, evrenin sınırsız iyiliğe sahip, her şeye gücü yeten bir Tanrı tarafından yaratıldığı tezini reddetmiştim.

Tanrı'nın varlığıyla ilgili şüphelerimi papaz olan babama danışmanın hiç aklıma gelip gelmediğini soranlar olabilir. Böyle bir şeyi hiç yapmadım. Evin huzuru ve özellikle babamın canını sıkmamak için, dinsizliğe dönüşümü evdeki herkesten mümkün olduğunca uzun bir zaman gizlemeye çalıştım. Bildiğim kadarıyla da bunu uzun yıllar boyunca başardım.

Ancak 1946 yılı Ocak ayında yirmi üç yaşıma yaklaştığımda, hem ateist hem de mortalist (ölümden sonra hayata inanmayan kişi) olduğumu ifade eden cümle ağzımdan çıkarak aileme ulaştığında artık geri dönme ihtimali yoktu. Değişimim o kadar toptan ve sağlam olmuştu ki, evde bu konu üzerine herhangi bir tartışmaya girmenin boşuna olacağı düşünüldü. Ama bugün, yaklaşık yarım yüzyıl sonra, Tanrı'nın varlığına dair mevcut görüşüme babamın, tek neden bu olmasa da Hıristiyan kilisesinin davasına büyük yardımı olacağını düşündüğü için çok sevineceğini söyleyebilirim.

FARKLI BİR OXFORD

Kingswood'dan sonra Oxford Üniversitesi'ne gittim. Oxford'a 1942 yılının Hilary (Ocak'tan Mart'a kadar) döneminde başladım. İkinci Dünya Savaşı devam ediyordu ve on sekiz yaşında bir üniversite öğrencisi olarak geçirdiğim ilk günlerimden birinde tıbbi muayeneden geçerek resmî olarak Kraliyet Hava Kuvvetleri'ne alındım. O savaş günlerinde, fiziksel olarak sağlıklı hemen hemen bütün erkek üniversite öğrencileri, okulun her haftasının bir gününü uygun hizmet kuruluşunda geçiriyordu. Benim durumumda bu, Oxford Üniversitesi Hava Filosu'ydu.

Bir yıl yarı zamanlı ve daha sonra tam zamanlı olan bu askerlik hizmeti, tamamen bir geri hizmetti. Londra Üniversitesi'nde Doğu ve Afrika Araştırmaları Okulu'nda biraz Japonca öğrenmek ve sonra da Bletchley Park'ta Japon ordusunun ele geçirilen şifreli hava kuvvetleri sinyallerini tercüme etmekten ibaretti. Japonya teslim olduktan sonra (ve ben terhis için sıramı beklerken) o zamanlar Batı Almanya olan bölgede yeni kurulmuş Fransız işgal ordusundan elde edilen sinyalleri tercüme etmek için çalışıyordum.

1946 Ocak ayının başlarında Oxford Üniversitesi'ndeki tam zamanlı çalışmalarıma döndüğümde ve final sınavımı 1947 yaz mevsiminde vermem gerektiğinde karşılaştığım Oxford çok farklı bir yerdi. Neredeyse üç yıl önce bıraktığım yerden çok daha heyecan verici bir kurum gibi görünüyordu. Aynı zamanda Birinci Dünya Savaşı'ndan sonrakilere göre çok daha çeşitli barış zamanı mesleği ve artık güvenle yerine getirilen gerçek askerî meslekler bulunuyordu. Edebiyat Fakültesi'nden mezun olmak için okuyordum ve klasik Yunan tarihi ile ilgili derslerimden bazılarını Girit veya Yunan ana karasındaki Yunan direncine aktif olarak yardım eden gaziler veriyordu; bu durum dersleri, üniversite öğrencilerinden oluşan bir kitle için daha coşkulu ve teşvik edici hale getiriyordu.

Final sınavlarımı 1947 yılının yaz döneminde verdim. Beni şaşırtacak ve aynı zamanda memnun edecek bir biçimde, birincilikle ödüllendirildim (İngiltere'de üniversite sınavlarınızı birincilikle geçtiğinizde kullanılan ifade). Bu ödülden sonra St. John Koleji'nde rehber öğretmenim olan John Mabbott'a gittim. O zamanlar yeni kurulmuş olan Felsefe ve Psikoloji Okulu'nda ikinci bir üniversite diploması alma hedefimden vazgeçtiğimi söyledim. Şimdi felsefede daha yüksek bir derece almak için çalışmaya başlamak istiyordum.

FELSEFE DÖKTÜRMEK

Mabbott benim, o zamanlar Oxford Üniversitesi'nde Metafiziksel Felsefe Waynflete Profesörü olan Gilbert Ryle danışmanlığında lisansüstü felsefi öğrenim görmem için gerekli ayarlamaları yaptı. 1947-48 akademik yılının ikinci döneminde Ryle, Oxford'un üç felsefe kürsüsünün en kıdemli başkanıydı.

Yıllar sonra Mabbott'un *Oxford Memories* (Oxford Anıları) adlı büyüleyici kitabından, Mabbott ve Ryle'ın Oxford'da tanışmalarından itibaren arkadaş olduklarını öğrendim. Eğer farklı bir kolejde olsaydım ve olası üç mesleki danışmandan hangisini seçeceğimi başka bir kolej öğretmeni sormuş olsaydı, günümüzde parapsikoloji olarak bilinen, ancak o zaman hâlâ psişik araştırma olarak adlandırılan konuya duyduğumuz ortak ilgiden dolayı kesinlikle Henry Price'ı seçerdim. Zaten ilk kitabımın adı da *A New Approach to Psychical Research* (Psişik Araştırmaya Yeni Bir Yaklaşım) olup Price ve ben psişik araştırmayla ilgili konferanslarda konuşmacı olarak yer aldık. Ama eminim ki lisansüstü çalışmalarımı Henry Price danışmanlığında gerçekleştirmiş olsaydım, olağanüstü zor bir yılda felsefede üniversite ödülünü kazanamazdım. Zamanımızın çoğunu ortak ilgi alanlarımızla ilgili konuşarak geçirirdik.

1948 akademik yılını Ryle'ın danışmanlığında felsefede lisansüstü diploma almak için okuyarak geçirdikten sonra Zihinsel Felsefe'de yukarıda bahsettiğim üniversite ödülü olan John Locke Bursu'nu kazandım. Bunun üzerine İsa Kilisesi hariç diğer bütün Oxford kolejlerinde (geçici) akademi üyesi olarak adlandırılacak bir mevkiye atandım - yani tam zamanlı bir öğretim görevi. Ancak İsa Kilisesi'nin lügatine göre (geçici) bir öğrenci olduğum söylenebilirdi.

Oxford'da eğitim verdiğim yıl boyunca, felsefeye yaklaşımı benimkini de etkileyecek olan ünlü filozof Ludwig Wittgenstein'ın öğretileri Oxford'a girdi. Ancak daha sonra *Blue Book, Brown Book* ve *Lectures on Mathematics* olarak yayımlanan bu öğretiler, tek derslik daktilo yazıları biçiminde geldi -ve yanlarında Wittgenstein'ın yazdığı, bazı derslerin kimlere gösterilip gösterilmeyeceğini belirten mektuplar bulunuyordu. Bir meslektaşımla birlikte, isteyen herkes bu dersleri okuyabilsin diye, Wittgenstein'a verilen hiçbir sözü bozmadan bir yolunu bulup o zaman Oxford'da bulunabilen bütün Wittgenstein derslerinin kopyalarını oluşturduk.

Bu iyi sonuca -o dönemin ahlak felsefecilerinin sözcük seçimiyle yazıyorum- öncelikle o zamanlar Oxford'da aktif olarak felsefe yaptığını bildiğimiz herkese Wittgenstein derslerinin herhangi bir daktilo kopyasına sahip olup olmadıklarını ve sahiplerse hangilerine sahip olduklarını sorarak vardık. Sonra da, o zamanlar fotokopiciler henüz piyasada olmadığı için, talebi karşılamaya yetecek kadar kopyayı oluşturacak bir daktilocu bulduk ve tuttuk. (Henüz tohum halindeki bu daktilo yazılarını yalnızca bir grubun üyeleri arasında ve yalnızca gizlilik sözü alarak dağıtmanın grubun dışındakilerin, dâhi bir filozof olduğu şüphe götürmeyen Wittgenstein'ı dâhi biriymiş gibi görünmeye çalışan bir şarlatan gibi davrandığı yorumlarında bulunmalarına neden olacağını nereden bilebilirdik!)

Ryle, Wittgenstein'la Avusturyalı filozof Cambridge'i ziyaret ettiğinde tanışmıştı. Ryle daha sonra onunla dostluk kurarak 1930 ya da 1931 yılında English Lake Bölgesi'nde bir yürüyüşte kendisine katılması için ikna etmişti Wittgenstein'ı. Ryle bu gezi ya da bu gezi sırasında Wittgenstein'dan ya da onunla ilgili öğrendikleri hakkında hiçbir şey yayımlamadı. Ama bu geziden sonra ve her zaman Ryle, Wittgenstein ile filozofların "dış dünya" dedikleri şey arasında bir aracı görevi gördü.

Aracılığın bazen ne kadar gerekli olduğu, bir Yahudi olan Wittgenstein ve kız kardeşleri arasında, Hitler'in askerlerinin Avusturya'yı kontrol altına aldıktan hemen sonra geçen bir konuşmanın kaydıyla gözler önüne serilebilir. Wittgenstein kız kardeşlerine, eski rejimin "önemli kişi ve aileleriyle" yakın ilişkide oldukları için kendilerinin tehlikede olmadığına dair güvence vermişti. Daha sonra profesyonel bir felsefe öğretmeni olduğumda öğrencilerime, ben ve birçok meslektaşımın felsefi bir deha olduğunu düşündüğü Wittgenstein'ın pratik meselelerde ne kadar yanılmış olduğunu istemeyerek açıklamıştım.

Wittgenstein'ı görev başında en azından bir defa görme şansım oldu. Wittgenstein'ın Jowett Topluluğu'nu ziyaret ettiği üniversite dönemim sırasındaydı. Duyurulan konuşma konusu, elbette Fransız filozof Rene Descartes'ın ünlü cümlesi "Düşünüyorum, öyleyse varım"dan alınan "*Cogito ergo sum*" idi. Salon tıklım tıklım doluydu. Dinleyenler bu büyük adamın ağzından çıkacak her sözcüğü sabırsızlıkla bekliyordu. Ancak söyledikleriyle ilgili şu anda hatırlayabildiğim tek şey, duyurulan başlıkla fark edilebilir hiçbir bağlantısının bulunmamasıydı. Wittgenstein sözlerini bitirdiğinde Emeritüs Profesörü H. A. Prichard ayağa kalktı. Gözle görünen bir kızgınlıkla "Sayın Wittgenstein"ın - görünüşe göre Cambridge felsefe doktorluğu ünvanı Oxford'da tanınmıyordu! - "*Cogito ergo sum* ile ilgili ne düşündüğünü" sordu. Wittgenstein buna, işaret parmağıyla alnına işaret ederek sadece "*Cogito ergo sum*. Bu çok alışılmadık bir cümle,"diyerek karşılık verdi. O zaman ve hâlâ, Wittgenstein'ın söylediğine karşı verilebilecek en uygun cevabın James Thur-ber'ın *Men, Women and Dogs* (Erkekler, Kadınlar ve Köpekler) başlıklı karikatürünün bir uyarlaması olacağını düşünmüşümdür: "Bir caziben olmayabilir Lily, ama çok gizemlisin."

LEWIS'LE ATIŞMALAR

Gilbert Ryle'ın danışmanlığında lisansüstü eğitimimi sürdürdüğüm sırada, onun felsefi tartışmalarının herhangi birine bir itirazda bulunulduğu zaman prensip olarak edindiği açık uygulamasının mutlaka doğrudan, yüz yüze cevap vermek olduğunu fark ettim. Benim tahminim, aslında Ryle bunu bana ya da bildiğim kadarıyla bir başkasına kesinlikle açıklamış olmasa da, Plato'nun *Republic* (Cumhuriyet) eserinde Socrates'e yönelttiği buyruğu uyguladığı yönündeydi: "Öne sürülen iddianın bizi götürdüğü yere gitmeliyiz." Her şeyden önce bu prensip, yüz yüze yapılan bütün itirazların yine yüz yüze karşılanmasını gerektirir. Bu, benim de uzun ve tartışmalarla dolu hayatım boyunca uygulamaya çalıştığım bir prensiptir.

Bu Sokratik prensip aynı zamanda, savaş dönemi Oxford'unda bulunduğu kadarıyla, entelektüel hayatın merkezindeki bir grup olan Sokratik Kulüp'ün de ilham kaynağını oluşturdu. Sokratik Kulüp, ateistler ve Hıristiyanlar arasındaki tartışmalar için canlı bir forumdu ve toplantılarına düzenli olarak katılırdım. 1942 ile 1954 yılları arasında büyük saygı gören başkanı ünlü Hıristiyan yazar C. S. Lewis'ti. Kulüp sömestr tatili boyunca her Pazartesi akşamı, St. Hilda Koleji'nin yeraltındaki Öğrenci Dinlenme Odasında toplanıyordu. *Socratic Digest* eserinin ilk baskısında yer alan önsözünde Lewis, Socrates'in "öne sürülen iddianın sizi götürdüğü yere gidin" diyen tavsiyesine yer vermişti. "Özel olarak Hıristiyanlar ve inanmayanlar arasındaki anlaşmazlığa ayrılan bu platformun bir yenilik" olduğunu belirtmişti.

Oxford'da önde gelen ateistlerin pek çoğu Lewis ve onun Hıristiyan arkadaşlarıyla karşılıklı atışmıştı. Bilinen en iyi yüzleşme Lewis ve Elizabeth Anscombe arasındaki ünlü Şubat 1948 tartışması oldu; bunun sonucunda Lewis, *Miracles* (Mucizeler) adlı kitabının üçüncü bölümünü yeniden gözden geçirdi. O büyük tartışmadan birlikte dönen küçük bir arkadaş grubunun bir üyesi olduğumu, Elizabeth Anscombe ve onun tarafının hemen arkasında yürüdüğümüzü hâlâ hatırlıyorum. O ve arkadaşları çok sevinçli görünüyordu. Bu grubun hemen önünde C. S. Lewis tek başına, hepimizin üzerinden geçtiği köprüden Magdalen Koleji'nde yaşadığı güvenli sığınağına ulaşabilmek için mümkün olduğunca hızla yürüyordu.

Çoğu insan Lewis'in bu tartışmanın sonucunda kalıcı bir biçimde cesaretinin kırıldığını söylese de Anscombe böyle düşünmüyordu. "Yazımı okuduğum Sokratik Kulüp toplantısı," diye yazmıştı daha sonra, "birçok arkadaşı tarafından onu çok üzen korkunç ve şaşırtıcı bir deneyim olarak anlatıldı. Ne Dr. Havard (birkaç hafta sonra Lewis ve beni akşam yemeğine çağırdı) ne de Profesör Jack Bennett, Lewis açısından bu tür duygular anımsıyordu... Bazı arkadaşlarının konuyla ilgili tuhaf açıklamalarını... 'izdüşüm' denen olgunun ilginç bir örneği olarak yorumluyorum."[1]

Lewis muhakkak ki, yirminci yüzyılın son kısmında en etkili Hıristiyan savunucusuydu. BBC yakın bir zamanda bana Lewis'in Hıristiyan savunmasını tamamen reddedip etmediğimi sorduğunda şöyle cevap verdim: "Hayır. Sadece buna inanmak için yeterli neden olduğuna inanmadım. Ama elbette daha sonra teolojik konularla ilgili düşünmeye başladığım zaman, herhangi bir dinî vahye inanıyorsanız eğer, Hıristiyanlık vahyi bana göre çok güçlü."

OLDUKÇA POZİTİF GELİŞMELER

Oxford Üniversitesi'ndeki son dönemimde A. J. Ayer'in *Language, Truth and Logic* (Dil, Gerçek ve Mantık) kitabının yayımlanması Sokratik Kulüp'ün birçok üyesini, Ayer'in mantıksal pozitivizm -hiçbir dinî önermenin bilişsel anlam içermediği iddiası- denen aykırı görüşünün çürütülmesi gerektiğine ikna etti. Sokratik Kulüp'e okuduğum ilk ve tek yazım olan "Teoloji ve Yanlışlama", o zaman yeterli olduğunu düşündüğüm çürütmeyi sağladı. Mutlak bir zafer kazandığımı ve daha fazla tartışmaya gerek olmadığını düşünüyordum.

Müstakbel karım Annis Donnison'la tanışmam da Oxford'da oldu. Oxford'daki bir İşçi Kulüp'ü toplantısında, Annis'in müstakbel görümcesi tarafından tanıştırıldık. Annis'le tanıştıktan sonra o toplantıdaki başka hiç kimseye dikkat etmedim. O toplantının sonunda Annis'le bir sonraki buluşmamızı ayarladığım zaman, aslında bir kızla hayatımda ilk defa flört ediyordum. İlk buluşmamızın yaşandığı dönemdeki sosyal koşullar çok farklıydı. Ben yalnızca erkeklerin olduğu bir İsa Kilisesi'nde *ders veriyordum* ve Annis, bir kızlar koleji olan Somerville'de birinci sınıf *öğrencisiydi*. Ve bu kolej, o zamanlar ve sonraki bir on yıl boyunca Oxford'daki diğer bütün kız kolejleri gibi "evlenmeye kalkan" öğrencileri okuldan atıyordu.

Müstakbel kayınvalidem anlaşılabilir bir şekilde, benim gibi akademik olarak daha kıdemli birinin kendisinin çok daha genç olan kızıyla flört etmesinden endişe duyuyordu. Bu yüzden oğluna, yani müstakbel kayınbiraderime danıştı. O da benim, kayınvalidemin kendi kelimeleriyle aktaracağı gibi, "âşık ya da öyle bir şey" olduğum ve bu flört ilişkisine devam etmem engellenirse kalbimin kırılacağı konusunda onu ikna etmişti. Onun sadece kız kardeşinin kendi hayatını sürdürmesi için yalnız bırakılmasını istediğini, çünkü onun acele karar vermeyecek kadar mantıklı bir kız olduğunu düşünmüşümdür hep.

Babamın inancından ayrılalı çok zaman geçmesine rağmen, yine de Metodist ebeveynlerimin bana öğretmiş olduklarını yansıtıyordum; bu tür bir davranışın ahlaki açıdan yanlış olduğuna inanarak Annis'i düğünümüzden önce baştan çıkarmaya çalışmadım. Ve bir akademisyenin oğlu olarak, Annis mezun olup diplomasını almadan önce onu benimle evlenmeye ikna etme düşüncesiyle de hiç ilgilenmedim.

1950 yılının Eylül ayı sonunda Oxford, İsa Kilisesi'nde geçici öğretmen olarak görevimi resmen bıraktım ve aynı yılın 1 Ekim tarihinde İskoçya'da bulunan Aberdeen Üniversitesi'nde ahlak felsefesi alanında öğretim görevlisi olarak çalışmaya başladım.

OXFORD'DAN SONRA

Aberdeen'de geçirdiğim yıllar boyunca birçok radyo sohbetine; o zaman yeni kurulmuş, faal bir entelektüel program olan BBC Third Programme'in sponsorluğunu yaptığı üç-dört radyo tartışmasına katıldım ve birçok psikolojik deneyde denek olarak yer aldım. Bize göre Aberdeen'in en çekici gelen yönleri tanıştığımız hemen hemen herkesin samimiyeti; yetişkin eğitimi hareketinin gücü ve çeşitliliği; Aberdeen'in İngiltere değil de bizim için yeni olan İskoçya'nın bir şehri olması ve bize sahilde ve Cairngorms'da yürüyüş yapmak gibi çeşitli fırsatlar sunmasıydı. Cairngorm Kulübü'nün o tepelere yaptığı aylık düzenli gezilerden birini bile kaçırdığımızı sanmıyorum.

1954 yazında Kuzey Amerika yoluyla, daha sonra ismi Keele Üniversitesi olarak değişen Kuzey Staffordshire Üniversite Koleji'nde felsefe profesörü olmak üzere Aberdeen'den ayrıldım. Orada geçirdiğim on yedi yıl boyunca Keele, İngiltere'nin sahip olduğu, Oberlin ve Swarthmore gibi ABD liberal sanat kolejlerine en yakın kurum olarak kaldı. Kendimi bu kuruma adadım ve ancak, yavaşça ama karşı konulamaz biçimde, ayrıcalığını kaybetmeye başladığında oradan ayrıldım.

1970-71 öğretim yılını ABD'de konuk profesör olarak geçirdikten sonra o zamana kadar adı Keele Üniversitesi olmuş bu okuldan 1971 yılının sonunda istifa ettim (Keele'de benden sonra yerimi Richard Swinburne aldı). 1972 yılının Ocak ayında Kanada, Alberta'da bulunan Calgary Üniversitesi'nde göreve başladım. Başlangıçta amacım oraya yerleşmekti. Ancak 1973 Mayıs ayında, Calgary'de sadece üç sömestr geçirdikten sonra, 1982 yılının sonuna kadar kaldığım Reading Üniversitesi'ne geçtim.

Reading'ten erken emekliliğimi talep ederek bunu elde etmeden önce, normal akademik hayatımın geri kalan altı yılı boyunca Toronto'daki York Üniversitesi'nde her yıl bir sömestr ders vermek üzere sözleşme yaptım. Ancak bu dönemin yarısı gelmişken, sonraki üç yılı Ayrıcalıklı Araştırma Görevlisi olarak çalışmak üzere Ohio, Bowling Green Eyalet Üniversitesi'nde Sosyal Felsefe ve Politika Merkezi'nden gelen bir daveti kabul etmek için York Üniversitesi'nden istifa ettim. Davet daha sonra üç yıl daha uzatıldı. Bundan sonra son olarak ve tamamen -ve hâlâ orada yaşıyorum- Reading'e çekildim.

Meslek hayatımın bu özeti neden bir filozof olduğum sorusuna cevap değildir. Kingswood'daki felsefeye ilgim düşünüldüğünde, Oxford'a gitmeden çok önce profesyonel bir filozof olmak için zaten hazırmışım gibi görünebilir. Aslında o zamanlar böyle bir varlığın bulunduğundan bile haberdar değildim. RAF'a katılmadan önce Oxford'da geçirdiğim iki sömestrde bile, felsefeye en yakın olduğum zamanlar Sokratik Kulüp'ün toplantılarıydı. Çalışmalarım dışındaki başlıca ilgi alanım politikaydı. Çalıştığım konuların felsefeyi de içermeye başladığı Ocak 1946 tarihinden sonra bu durum hâlâ geçerliydi.

Felsefede kariyer yapmayı uzak bir ihtimal olarak ancak 1947 Aralık ayında finallerimi vermeden birkaç ay önce görmeye başladım. II. Sınıfa yerleştirilme korkularım gerçek olsaydı, yeni Felsefe, Psikoloji ve Fizyoloji Okulu'nda psikolojiye yoğunlaşarak ikinci final sınavları için çalışacaktım. Onun yerine doğrudan, Gilbert Ryle'ın danışmanlığında aynı şekilde yeni olan Felsefe Diploması için çalışmaya başladım. Aberdeen'den teklif alana kadar pişmanlık duyduğum bir seçim olan - Ülke Sivil Servisi'nin İdari Sınıfı'na katılma teklifini reddederek yolumu çizmem (ve aslında köprüleri yakmam) İsa Kilisesi'nden geçici burs almamdan sonra, 1949 yılının son haftalarında oldu.

Önümüzdeki iki bölümde, yıllar içinde Tanrı'nın varlığına karşı oluşturduğum iddianın ayrıntılarını vermeye çalışacağım. Öncelikle toplayıp geliştirdiğim ateist iddialardan oluşan yarım yüzyıllık bir döneme derinlemesine girdikten sonra Bölüm III'te ateizm konusunda sık sık yaptığım tartışmalarla bir grafik çizilebilecek olan felsefemin geçtiği dönemeçli yolu izleyeceğim.

Bütün bunların içinde umarım ki, daha önce de söylediğim gibi, dinle ilgili uzun süreli ilgimin sadece sağduyu, ahlak ve basit bir meraktan başka bir şey olmadığı anlaşılacaktır. Sağduyu diyorum, çünkü eğer insanların işlerine karışan bir Tanrı veya tanrılar varsa, mümkün olduğunca onların tarafında olmaya çalışmamak delice bir ihtiyatsızlık olur. İlgimin ahlaki olduğunu söylüyorum, çünkü Matthew Arnold'ın bir zamanlar "erdemliliğe giden ve *bizim için olmayan* ebedî ve ezelî" dediği şeyin ne olduğu bulmaktan mutluluk duyarım. Ve ilgimin meraktan olduğunu söyledim, çünkü bilimsel zihne sahip herkes, eğer varsa, bu konularla ilgili bilinmesi mümkün olan her şeyi keşfetmek istemelidir. Yine de, muhtemelen, bunca yıldan sonra İlahiyat incelemem beni inkârdan keşfe götürdüğü için kimse benim kadar şaşırmamıştır.

2

KANITIN GÖTÜRDÜĞÜ YER

Lewis Carroll'un ünlü hikâyesinde Alice aynanın içinden yolculuk ettiğinde "yüz bir yıl beş ay ve bir günlük" olduğunu iddia eden bir kraliçe ile tanışır:

> "Buna inanmıyorum!" der Alice.
>
> "Öyle mi?" der Kraliçe acıyan bir ses tonuyla. "Bir daha dene: derin bir nefes al ve gözlerini kapat."
>
> Alice güler. "Bunu denemenin faydası yok," der: "insan imkânsız şeylere *inanamaz*."
>
> "Sanırım yeterince pratiğin yok," der Kraliçe. "Ben senin yaşındayken, bunu her gün yarım saat mutlaka yapardım. Ve de, kahvaltıdan önce bazen imkânsız altı şeye inandığım olurdu."

Sanırım ben de Alice'in duygularını paylaşıyorum. Hayatımın ve çalışmalarımın aldığı yolu hayal etmeye kalksaydım - Gilbert Ryle'ın danışmanlığında felsefe alanındaki çalışmalarıma başladıktan sonra bile - imkânsız olmasa bile ihtimal dışı oldukları için hepsini reddetmem gerekirdi.

"Teoloji ve Yanlışlama"yı ilk yayımladığımda, sonraki yarım yüzyıl boyunca çok çeşitli felsefi konularda otuz beş kadar cilt yayımlayacağımı hayal bile edemezdim. Daha çok Tanrı'nın varlığı sorusuna yönelik yazılarımla bilinmemle birlikte bu, kesinlikle tek ilgi alanım değildi. Yıllar içinde dil bilimsel felsefeden mantığa; ahlaki, sosyal ve politik felsefeden bilim felsefesine ve parapsikoloji ve eğitimden özgür irade-determinizm tartışması ile ahret hayatı fikrine kadar değişen pek çok konuda yazılar yazdım.

Ancak on beş yaşımda ateist olmama ve Kingswood Okulu'nda öğrenciyken başka birçok felsefi ve kısmen felsefi ilgiler geliştirmeme rağmen, felsefi görüşlerimin olgunlaşıp sağlamlaşması yıllar aldı. Bu gerçekleşene kadar da, sadece yazı ve muhakeme yaşamımı yönlendirmekle kalmayıp aynı zamanda sonuçta çarpıcı bir değişimi, ateizmden teizme geçişimi gerektiren rehber ilkelere ulaşmıştım.

İLK KEŞİFLER... VE UTANÇLAR

Felsefi görüşlerimden bazıları, Kingswood Okulu'na başlamadan önce zaten şekillenmişti. Oraya yazıldığımda bir Komünist'tim ve Britanya'nın solcu hareketi İşçi Partisi'nden ayrıldığım 1950'li yılların başlarına kadar da çok faal bir sol kanat sosyalisti olarak kaldım.

Beni Kingswood'daki çoğu akranımın yaptığı gibi Komünist Parti'ye katılmaktan alıkoyan şey, 1939 yılındaki Alman-Sovyet Paktı'ndan sonra (hâlâ ergenlik çağındaydım) İngiliz Komünist Partisi'nin davranışı oldu. Moskova'dan gelen talimatlara uyan bu gurursuz ve hain örgüt, Nasyonel Sosyalist (Nazi) Almanya'ya karşı açılan savaşı "emperyalist" olarak ve bu nedenle de

İngilizleri ilgilendirmediği şeklinde duyurdu. Bu açıklamalar, ülkenin istila tehlikesi altında olduğu 1940'a kadar devam etti. Ancak emperyalist olduğu söylenen bu savaş birden, Alman kuvvetleri SSCB'yi istila ettiğinde (Komünistlerin bakıç açısından) "ilerici, halkın savaşı" oluverdi. İlerleyen yıllarda, tarihi fizik bilimlerine benzer kanunların yönlendirdiği tezini savunan Komünizm teorisini ve uygulamasını gittikçe daha fazla eleştirdim.

Bu dönemde, Kingswood'daki pek çok akranım gibi, C. E. M. Joad'un açıklayıcı yazılarını keşfettim. O sıralar Joad, felsefi konularda yayımlanan tartışmaları ve popüler yazı stili nedeniyle (toplamda yetmiş beş kadar kitap yazmıştı) İngiliz halkının en iyi bildiği filozoftu. Kısmen Joad'u okuyarak, günümüzde genellikle parapsikoloji olarak bilinen psişik araştırma ile ilgili çok satan ancak, çok önceden öğrendiğim gibi, acınacak derecede güvenilmez birçok kitap keşfettim.

Sanırım çoğumuz yaşımız ilerledikçe, gençliğimize özlem ve utanç karışımı bir duyguyla bakıyoruz. Bu tür duyguların hemen hemen herkes tarafından paylaşıldığına eminim. Ancak hepimiz bu utançların bazılarını kaydetmiş - ve yayımlamış - olma talihsizliğini üstüne eklememişizdir. Benim durumumda ise bu böyle.

Parapsikolojiye duyduğum ilgi, ilk ve çok kötü yazılmış kitabımın 1953'te yayımlanmasına neden oldu. Öne sürülen parapsikolojik fenomenlerin popülerleşen yanlış açıklamalarına saldırdığım 1951'deki birkaç radyo konuşmamı yazıya döktüm. Bu konuşmalar bir yayımcının konu ile ilgili bir kitap yazmamı istemesine neden oldu ve gençliğin verdiği acemice bir gururla kitaba *A New Approach to Psychical Research* (Psişik Araştırmaya Yeni Bir Yaklaşım) başlığını verdim.

Kitap parapsikolojiye dair hem iddia edilen gerçekleri hem de felsefi sorunları ele alıyordu. Bu çalışmadaki üsluba ilişkin bazı kusurları umarım affedersiniz, çünkü bunların nedeni kısmen yayımcıların bunun önemsiz bir makale havasında yazılmasını istemesinden kaynaklanmıştı. Ancak daha önemli hatalar içeriyordu. Deneysel yönden, Londra Üniversitesi matematikçi ve araştırmacısı olan S. G. Soal'ün o zamandan sonra itibardan düşen deneysel eserini kabul etmiştim. Felsefi yönden ise parapsikoloji için, ilk *Inquiry* eserinin X. bölümünde İskoç filozof David Hume'un çizdiği türde bir iddianın önemini henüz kavrayamamıştım. Yıllar sonra, *Readings in the Philosophical Problems of Parapsychology* (Parapsikolojinin Felsefi Sorunlarına Dair Okumalar) başlıklı, konuyla ilgili daha önce yazılan bütün yazılardan daha tatmin edici olduğunu düşündüğüm, okuma parçalarından oluşan bir kitap derledim. Aradan geçen yıllarda yazı düzeltmesiyle ilgili yaptığım katkılarda, bu sorunlara dair öğrenmiş olduğum çözümleri de ekledim.

YENİ İLGİLERİ KEŞFEDERKEN

Diğer iki felsefi ilgi alanım, gençliğimde okuduğum popüler bilimsel yazılardan doğdu. Bunlardan ilki, evrimsel biyolojinin bir ilerleme garantisi sağlayabileceği önermesiydi. Bu önerme, Julian Huxley'in *Essays of a Biologist* (Bir Biyoloğun Makaleleri) çalışmasındaki ilk makalelerden birinde güçlü bir şekilde öne sürülüyordu. Yaşamının geri kalanı boyunca da artan bir çaresizlikle bunun peşinden gitti. *Time, the Refreshing River* (Zaman, Yenilenen Nehir) ve *History Is on Our Side* (Tarih Bizim Yanımızda) adlı çalışmalarında Joseph Needham bu önermeyi bir Marksist tarih felsefesi ile, yani değiştirilemez tarihî gelişimin doğa kanunlarını öne süren bir öğreti ile birleştirdi. Marksistler, toplumların gelişimini yönlendiren sınıf mücadelesinin kaçınılmazlığı gibi evrensel kanunların olduğuna inanıyordu. 1960'lı yılların ortalarında Ahlak Bilimde Yeni Çalışmalar serisine katkıda bulunmam istendiği zaman, bir kitap uzunluğundaki makalem, *Evolutionary Ethics* (Evrimsel Etik)'i yazmaya girişmem kısmen bu literatürü çürütmek içindi. (Bu ayrıca, 1980'li yılların başlarındaki hareket ve fikirlere dair seriye katkıda bulunmam istendiğinde *Darwinian Evolution*'u yazmamın da kısmi nedeni oldu. Bu kitapta Darwinizmin saygınlığının, Darwin'in teorisinin insanın ilerlemesinin bir garantisi olduğu fikri gibi sağlam bir temeli olmayan diğer fikir ve inançları sürdürmek için istendiğini göstermeye çalıştım.)

Popüler bilimsel literatürü okumamla doğan ikinci felsefi ilgi alanım ise, fizik alanındaki yirminci yüzyıl gelişmelerinden neo-Berkeleyan sonuçlar çıkarma denemelerim sırasında oluştu. Neo-Berkeleyanlar, idealizm denen felsefe okuluna bağlıdır. İdealistler, bütün fiziksel gerçekliğin tamamen zihinsel olduğuna ve sadece zihinlerin ve zihinlerin içerdiğinin var olduğuna inanırlar. Bununla ilgili başlıca kaynak kitaplar Sir James Jeans ve Sir Arthur Eddington'ın çalışmalarıydı. Bu balta girmemiş ormandan çıkış yolunu bulmaya nasıl başlayacağımı bana öğretense *Philosophy and the Physicists* (Felsefe ve Fizikçiler) eseriyle Susan Stebbing oldu.

Yıllar sonra, *An Introduction to Western Philosophy* (Batı Felsefesine Giriş) adlı çalışmamda, bu tür bir idealizm fikrinin bilim adına ölümcül olduğunu göstermeye çalışacaktım. Nörologların genellikle, bir nesneyi algılamanın sadece öznenin beynindeki bir olay olduğuna inanan idealistler olduğunu ifade eden, çok yerinde bir biçimde Lord Brain adını almış (W. Russell Brain) ünlü bir İngiliz nöroloğun *Mind, Perception and Science* (Zihin, Algı ve Bilim) adlı eserinden bir alıntı yaptım. Ayrıca Bertrand Russell'ın, "algının fiziksel bir nesneye dair hazır bir bilgi vermediği" iddasını da alıntıladım. Eğer bu doğruysa, o zaman algı diye bir şeyin olmadığını söyledim. Ve bilim adamları doğrudan yaptıkları gözlemler üzerine bulundukları keşiflerin nihai kanıtına dayandıkları ve dayanmaları gerektiği için, bu sonuç ister istemez geldiği yerdeki bulguların temelini çürütüyor. Kısacası bu görüş, bütün bilimsel etkileşimin temellerini ortadan kaldırıyor. Buna karşı olarak, normal bilinçli algıda uygun duyusal bir deneyime sahip olmam gerektiğini (örneğin bir çiviyi çakan çekicin görüntüsü ve sesi) ve gerçekten bir şeyin algılanmış olduğu söyleniyorsa, o zaman o şeyin (çekiç ve çivi) o deneyimi yaşama nedenimin parçası olması gerektiğini savundum.

FELSEFEYE YENİ BAKIŞ AÇILARI

Oxford'da geçirdiğim dönem sırasında (1946-50), zaman zaman "felsefede devrim" olarak nitelendirilen yeni bir felsefe yapma şekli gelişmişti. Oxford'da olduğum sırada kendimi (üniversite öğrencisi olarak iki yıl, lisansüstü öğrencisi olarak iki yıl daha ve İsa Kilisesi'nde kıdemsiz öğretmen olarak on sekiz ay), birçok düşmanının "dilbilimsel" ya da "sıradan dil" olarak tanımladıkları bu "yeni felsefe"ye verdim. O zamanlar Oxford'da felsefe alanında hâkim isimler Gilbert Ryle ve John Austin'di. Daha önce söylediğim gibi Ryle, benim Felsefe Fakültesi çalışmalarımın danışmanıydı. Austin'i daha sık görmem ise, İsa Kilisesi'ndeki atamamdan sonra, şimdi ünlü olan "Cumartesi sabahları"nın - bilimin ilerleyişini tartışmak üzere Cumartesi sabahları Oxford salonlarında düzenlenen tartışmalar- düzenli bir katılımcısı olabildiğimde gerçekleşti.

1940'lı ve 1950'li yılların Oxford felsefesi hâlâ doğru olduğunu düşündüğüm pek çok değerli bakış açısı sundu. Belki de bunların içinde en önemli ve kapsamlısı, felsefenin tümünün (felsefe kavramsal bir sorgulama olduğu için) doğru sözel yaklaşımla ele alınması gerektiği konusunda nasıl sürekli ve kesin olarak bilinçli olmamız gerektiğidir. Kavramlara dil bilimsel kullanımı ve dolayısıyla da, bu kavramların ifade edildiği sözcüklerin kullanımını incelemeden asla ulaşamayız. Bu bakış açısı bana, daha önce bahsetmiş olduğum (babamın örneklendirdiği) ve alışılmamış Eski Ahit kavramlarını, ilgili İbranice sözcüğün mevcut bütün kullanımlarını bulabildikleri kadar bağlam içinde toplayıp inceleyerek çalışan kutsal kitap bilginlerini hatırlattı.

Seçtiğim felsefe doğrultusunun gelişiminde o günler kadar etkili ve çarpıcı olan bu "yeni felsefe" ne o kadar yeni ne de bazen göründüğü kadar dar kapsamlıydı. Bu "devrim", felsefede göze çarpan pek çok sorunun ortadan kalkmasına yardım edecek bir çalışma olan, kavramların günlük dilde kullanımı, kavramsal dil bilgisine yoğunlaşmayı içeriyordu. Bu tür sorunlardan biri, "dış" (mantıksal olarak aleni) dünyayı tanıyarak bilgi sahibi olup olamayacağımızdı. Bu sorun ilk olarak on yedinci yüzyılda Descartes tarafından kesin olarak ifade edildi ve daha sonra onun çoğu takipçisi tarafından da kesin olarak kabul edildi - Locke, Berkeley, Hume ve Kant da bunların arasındaydı. Ancak bu "yeni felsefe", başlangıç noktasını reddederek şu Kartezyen şüphecilik sorununu reddediyordu: insanın yalnızca şahsi deneyime sahip tinsel bir özne olduğu sorununu. Bu inanış, normal konuşmamızda hem fiziksel dünyayı hem de diğer insanları tanıyarak bildiğimiz varsayımıyla tutarsızdı. Ama dediğim gibi, bu tamamen yeni bir şey değildi; *Theaetetus*'u yazan Plato ve *Nicomachean Ethics*'i yazan Aristotle muhakkak, Ryle ve Austin'in yürüttüğü seminerlerde kendilerini evlerinde gibi hissederlerdi.

FELSEFEDE İLERLEME

Oxford'dan ayrılmadan önce yayımcıya, *Logic and Language*, I. Seri başlıklı derleme çalışması için gerekli malzemeyi sundum. Kısa süre sonra ikinci seri bunu takip etti. İlki 1951 ve ikincisi 1953 yılında olmak üzere iki cilt de benim tarafımdan yazılan kısa bir girişle yayına hazırlandı. Böylelikle, Aberdeen Üniversitesi'nde öğretim görevlisi olarak görevime başladıktan sonra kendimi, İskoçya'da "Oxford dil bilim felsefesi" için atanmamış ama yine de tanınan bir sözcü olarak buldum. İskoçya'da felsefe öğreten herkesin toplandığı İskoç Felsefe Kulübü yeni bir *The Philosophical Quarterly* dergisini çıkardığında, ilk sayılardan biri bu Oxford ekolüne karşı bir saldırıyı içeriyordu. Editör benden buna cevap vermemi istedi. Bunun sonucu olan "Felsefe ve Dil" daha sonra, değiştirilmiş bir biçimde, *Essays in Conceptual Analysis* (Kavramsal Analiz Üzerine Makaleler) başlıklı üçüncü bir makale derlemesinin giriş bölümünü oluşturdu. İngiliz Michael Dummett, bu hareketi "günlük dil modası"olarak tanımladı ve ilginç bir biçimde bu ekole "üyeliğin", "görünüşe göre Profesör Flew tarafından atanmaya bağlı olduğunu"iddia etti.

Sayıları çok az bile olsa bu yeni felsefenin uygulayıcılarından bazıları kendilerini önemsiz, kısıtlı ve amaçsız sorgulamalara verdi. Kendi yazdığım ve "Söz Konusu Konu" başlığıyla Felsefe Fakültesi Kulübü'ne okuduğum bir yazımla saçmalık ve amaçsızlığı ortada olan bu tavra karşı tepkimi gösterdim. Felsefi alanda hayalî bir düşmanla savaşarak zaman ve emeği boşa harcamak yerine felsefi alanda eğitim görmemiş halktan insanların bile ilginç ve önemli olarak algılayabilecekleri sorunlara odaklanmanın hem arzu edilir hem de mümkün olduğunu savundum (ve bunu Oxford'da edinilen bakış açılarından vazgeçmeden - aslında, hâlâ olumlu anlamda faydalanırken - söyledim).

An Introduction to Western Philosophy'de yazacağım gibi, genel bir fikir birliği olmamasına rağmen felsefede ilerlenebileceğini anladım. Felsefede fikir birliğinin olmaması tek başına, konunun ilerlemeyeceğinin yeterli bir göstergesi değildir. Sadece mutlaka ikna olmayan birinin kalacağını öne sürerek felsefi bir bilginin olmadığını göstermeye çalışmak, Bertrand Russell gibi seçkin bir filozofun bile düştüğü genel bir yanlışlıktır. Ben buna Asla-uzlaşmayacak-biri-mutlaka-vardır Sapması adını verdim. Ayrıca felsefede birine senin haklı olduğunu ve onun yanıldığını kanıtlamanın asla mümkün olmadığı iddiası vardır. Ancak bu iddiadaki eksik parça, bir kanıt üretmekle bir insanı ikna etmek arasındaki ayrımdır. Bir insan kötü bir iddiayla ikna edilebilirken, kabul edilmesi gereken bir iddiayla da ikna edilemeyebilir.

Felsefedeki ilerleme bilimdeki ilerlemeden farklıdır, ancak bu nedenle imkânsız olduğu anlamına gelmez. Felsefede çıkarsama yapılacak iddianın esas yapısına dikkati çekersiniz; iddiaların geçerli olup olmadığı ve nedenleri ve sonuçlarının doğruluğu ya da yanlışlığına dair soruların arasından seçim yaparsınız; *yanlışlık* terimini titizlikle kullanırsınız ve bu tür yanlışlıkları Asla-uzlaşmayacak-biri-mutlaka-vardır Sapması olarak tanımlar ve açıklarsınız. Bunlar daha iyi muhakeme ile ve daha etkili biçimde gerçekleştirildiği sürece ilerleme kaydedilecektir - fikir birliği ve ikna zor ve eksik kalmaya devam etse bile.

ATEİZME DAHA FAZLA İLGİ

C. S. Lewis'in Sokratik Kulüp'ü, yeni felsefenin en parlak döneminde açıktı ve orada örneklendiğini gördüğüm Sokratik prensip - kanıtın götürdüğü yere gitme - kendi felsefi görüşlerimin gelişmesi, şekillenmesi ve bazen de tersine dönmesinde gittikçe daha büyük ölçüde yönlendirici bir prensip haline geliyordu. Zamanında çok derin olan bir disiplini önemsizleştirmekle suçlanan "dilbilim" felsefecilerinin, bilindiği şekilde Kant'ın felsefenin üç önemli sorusu olarak seçtiği konuları keşfetmeye başlaması da Sokratik Kulüp'ün toplantılarında gerçekleşti - Tanrı, özgürlük ve ölümsüzlük. Bu forumdaki tartışmalara benim sunduğum katkı ise "Teoloji ve Yanlışlama" başlıklı makalem oldu.

Daha önce bahsettiğim gibi, on beş yaşında ateizmi kabul etme nedenlerimin yetersiz olduğu açıktı. Daha sonra "gençliğe özgü bir ısrar" olarak tanımladığım iki şeye dayanıyordu: (1) kötülük sorunu, sınırsız iyiliğe sahip, her şeye gücü yeten bir Tanrı'nın varlığının aksini ispatlayan kesin bir kanıttı; ve (2) "özgür irade savunması" Tanrı'yı kötü olduğu açık yaratı sorumluluğundan kurtarmıyordu. Ama okul günlerimden beri, ateist sonuçlara varmanın lehine ya da aleyhine olan nedenlere daha fazla ilgi gösterdim. Bu araştırmamdaki ilk girişimim "Teoloji ve Yanlışlama" oldu.

"Teoloji ve Yanlışlama" ilk olarak 1950 yılının yaz mevsiminde Oxford'daki Sokratik Kulüp'e sunulduktan sonra Ekim ayında *University* adında kısa ömürlü bir üniversite dergisinde yayımlandı. Bundan sonraki ilk yeniden basım 1955 yılında, Alasdair MacIntyre ve benim tarafımdan ortaklaşa düzenlenen bir derlemede, *New Essays in Philosophical Theology* (Felsefi Teoloji Üzerine Yeni Makaleler) adlı çalışmada yer aldı. *New Essays*, yeni felsefenin bakış açısından din felsefesine yapılan katkıların önemli bir derlemesiydi. O zamanki *Times Literary Supplement* (Times Edebiyat Eki) bunu "yepyeni bir tazeliğe sahip" şeklinde tanımladı.

"Teoloji ve Yanlışlama"daki başlıca hedefim, dinî inanç sahiplerinin öne sürdükleri iddiaların yapısını açıklamaktı. Şunu sordum: Teolojik ifadeleri çevreleyen çok sayıda nitelendirme, binlerce nitelik ile bunların son bulmasına mı neden oluyor? Bir iddiada bulunduğunuzda, bu bazı şeyleri ihtimal dışı bırakıyorsa anlamlıdır. Örneğin, dünyanın yuvarlak olduğu iddiası, onun düz olma ihtimalini ortadan kaldırır. Ve düz görünüyor bile olsa, bu açık çelişki dünyanın büyüklüğü, onu görüş açımız ve benzeri ifadelerle açıklanabilir. Yani, uygun nitelikleri eklediğiniz zaman iddia, ona aykırı görünen olgu ile tatmin edici biçimde bağdaştırılabilir. Ancak çelişkili olgular ve ilgili nitelikler çoğalmaya devam ederse, o zaman iddianın kendisi şüpheli hale gelir.

Eğer Tanrı'nın bizi sevdiğini söylersek, bu iddianın hangi olguları ihtimal dışı bıraktığını sormalıyız. Belli ki, acının ve ıstırabın varlığı bu tür bir iddia için sorun teşkil eder. Teistler, uygun nitelendirmelerle birlikte, bu olguların Tanrı'nın varlığı ve sevgisiyle bağdaştırılabileceğini söyler. O zaman da neden basit bir biçimde Tanrı'nın bizi sevmediği sonucuna varamadığımız sorusu ortaya çıkar. Teistler, görünüşe göre, hiçbir olgunun Tanrı'nın bizi sevdiği iddiasına karşı olmasına izin vermiyor. Bu aynı zamanda hiçbir şeyin buna karşı olmadığı anlamına da gelecektir. Böylelikle içi tamamen boşalır. "İyi, cüretli bir hipotezin binlerce nitelendirme ile yavaş yavaş öldürülebileceği" sonucuna vardım.

Bu soruları ortaya atmamdaki amacım açık olmakla birlikte, dinî dilin anlamı - ya da daha çok *anlamsızlığı* - ile ilgili görüşlerimi açıkladığım iddialarıyla sık sık karşılaştım. Aynı derecede yaygın bir biçimde, sadece bilimin yöntemleri kullanılarak doğrulanabilen ifadelerin anlamlı olduğunu söyleyen, mantıksal pozitivistlerin eski orijinal Viyana Çevresi'nin ünlü doğrulama prensibine açıkça başvurduğum (en azından doğru kabul ettiğim) ve ona güvendiğim konusunda da iddialar oluştu.

Aslında dinî dilin anlamı *ya da* anlamsızlığı ile ilgili olarak hiçbir zaman kapsamlı bir tez savunmadım. "Teoloji ve Yanlışlama"daki başlıca amacım mantıksal pozitivizm ve Hıristiyan dini arasında yumuşak bir diyalog geliştirmek ve inanç ve inançsızlık arasındaki tartışmayı farklı ve daha verimli çizgiler üzerine oturtmaktı. Dinî inanış ya da dinî dille ilgili kapsamlı bir öğreti sunmuyordum. Dinî inanış ifadelerinin anlamsız olduğunu söylemiyordum. Sadece dinî inanç sahiplerini açıklamalarının, özellikle aykırı düşen verilerin ışığında nasıl anlaşılmasını istedikleri konusunda açıklama yapmaya zorluyordum.

ANLAŞMAZLIKTAN DERS ALMAK

Makale, bazıları yıllar sonra olmak üzere birçoğu görüşlerimi güçlendirmeme - ve bazen de düzeltmeme- yardım eden çok sayıda cevabın ortaya çıkmasına neden oldu. Belki de en radikal cevap ilk olarak, daha sonra Oxford'da White Ahlak Felsefe Profesörlüğü yapacak olan R. M. Hare'den geldi. Hare dinî ifadelerin, açıklamalarda bulunmak şeklinde değil de "blik" adını verdiği - genel bir yaklaşım ya da genel bir tutum gibi bir şeyin ifade edilişi olarak yorumlanması gerektiğini öne sürüyordu. Onun tanımladığı şekliyle bir "blik", deneyimimizin doğrulanamayan ya da yanlışlanamayan bir yorumlamasından ibaretti. Bildiğim kadarıyla Hare, bu fikri basılı olarak daha fazla geliştirmedi, ancak inancın rasyonel bir temeli olduğunu reddettiği için bu, dinî inanç sahiplerini memnun edecek bir fikir değildi.

Esas tartışmada, Sokratik Kulüp'ün C. S. Lewis'ten sonraki başkanı Basil Mitchell, teologların iddiasını sunuşumla ilgili bir tuhaflık olduğunu söyledi. Teolojik ifadelerin öne sürülen iddialar olması gerekiyordu ve iddia olması için onların gerçekliklerine karşı gelecek bir şey olmalıydı. Teologların bunu inkâr etmediğini ancak teolojideki kötülük sorununun kesinlikle acının varlığının Tanrı'nın insanları sevdiği gerçeğine karşı görünmesinden kaynaklandığına işaret etti. Onların cevabı özgür irade savunmasıydı. Ancak Mitchell, inanç sahiplerinin genellikle iddialarını anlam içermeyen formüllere dönüştürme tehlikesi altında olduklarını kabul ediyordu.

Mitchell'in *Faith and Logic* (İnanç ve Mantık) çalışmasında, Plato üzerine yaptığı çalışmasıyla bilinen bir filozof, I. M. Crombie, konuyu çok daha kapsamlı bir biçimde ele aldı. Crombie'ye göre teistler deneyimin ötesinde bir gizeme inanıyorlardı ancak Crombie, bu gizemin izlerini deneyimde bulmayı talep ediyordu. Ayrıca teistler, inançlarını ifade etmek için çelişkili kuralların yönettiği dili kullanmak zorunda olduklarını iddia ediyorlar.[2]

Crombie, teolojik ifadeleri ancak şu üç önermeye adil davrandığınız zaman anlayabileceğinizi söylüyor: teistler Tanrı'nın üstün bir varlık olduğuna ve Tanrı ile ilgili ifadelerin dünya için değil Tanrı için geçerli olduğuna inanıyorlar; teistler Tanrı'nın üstün bir varlık ve bu nedenle de kavrayışın ötesinde olduğuna inanıyorlar; Tanrı bir gizem olduğu ve dikkati çekmek için anlaşılır konuşmamız gerektiğine göre, Tanrı ile ilgili olarak yalnızca imgelerle konuşabiliriz. Teolojik ifadeler, meseller olarak ifade edilebilen ilahî gerçeklerin beşerî imgeleridir.[3]

"Teoloji ve Yanlışlama"ya cevap veren diğer kişiler arasında Raeburne Heimbeck ve Anglikan teolog Eric Mascall da yer alıyordu. *Theology and Meaning* (Teoloji ve Anlam) adlı eserinde Heimbeck, felsefe ve dinî çalışmalar Merkezî Washington Üniversitesi emeritüs profesörü, "Teoloji ve Yanlışlama"nın üç önemli hata yaptığını öne sürdü. İlk olarak, herhangi bir cümlenin anlamının, iddia ettiği deneysel imalarla aynı olduğunu varsayıyordu. İkincisi, bir inanca karşı olmanın onunla uyuşmamakla aynı şey olduğu gibi yanlış bir düşünceyi ima ediyordu. Son olarak da, Tanrı'nın varlığı veya sevgisini ifade eden

Tanrı ile ilgili açıklamaların prensipte yanlışlanamaz olduğunu varsayıyordu. Ona göre temel hata, bir ifadenin doğru ya da yanlış olduğuna inanmak için nedenlerin, onu doğru ya da yanlış yapacak koşullarla ilgili olduğunu düşünmekti.[4] Mascall, Wittgensteincılardan bir sayfa alıntılayarak bir ifadenin anlamlı olup olmadığını ancak insanların onu kullanıldığı dil bilimsel bağlamda ve toplum içinde anlayıp anlayamadığına göre bulabileceğimize dikkati çekti.[5]

Bu cevaplara yer vermemin bir nedeni de, "Teoloji ve Yanlışlama"nın durgun teolojik söylem havuzunu hareketlendirmeye yardım edecek yeni düşünce dalgaları oluşturmaktaki rolünü açıklamaktı. Bu tartışma günümüzde de devam ediyor. Aslında *Richmond Journal of Philosophy*'nin bahar 2005 sayısı, 1950'den kalma iddialarımın özelliklerini ele alan bir başka makaleye daha yer verdi.

"Teoloji ve Yanlışlama"ya verilen cevaplardan bahsetmemin bir başka nedeni de, oluşturduğu tartışmanın benim ve felsefi görüşlerimin üzerinde de etki yapmış olmasıdır. Kanıtın beni götürdüğü yere gitme niyetimde bu kadar istikrarlıyken nasıl olmasın? Aslında, makalenin yirmi beşinci yıl baskısında, eleştirmenlerin yaptığı iki suçlamanın geçerliliğini kabul ettim. Basil Mitchell teologların iddiasını ele alışımdaki tuhaflık yüzünden beni eleştirmişti. Mitchell, teologların acının Tanrı'nın insanları sevdiği iddiasına karşı olduğu gerçeğini inkâr etmediğini ve teolojide kötülük sorununu oluşturanın da tam olarak bu olduğunu gösterdi. Bunda haklı olduğunu düşünüyorum. Heimbeck'in eleştirisinin gücünü de kabul ettim ve "karşı olmak" ve "bağdaşmamak" arasındaki ayrımı göz ardı etmekte haksız olduğumu söyledim. Benim asıl iddiam doğrudan sadece ikincisine yönelikti.

TANRI VE FELSEFE

New Essays'ten on bir yıl sonra *God and Philosophy*'yi yayımladım. Bu, Hıristiyan teizmi için öne sürülen iddiayı sunma ve inceleme girişimiydi. Konuyla ilgili daha önce, çağdaş inanç sahipleri tarafından yeterli veya standart olarak yaygın şekilde kabul edilen bir sunum bulamadım. Hıristiyan arkadaşlarıma ve meslektaşlarıma önerilerini sormayı denedim ancak sundukları listeler birbiriyle çok az örtüşüyor ya da hiç örtüşmüyordu. Böylece birçok kaynaktan elimden gelen en iyi savunmayı toplayarak, durumdan memnun olmayanları, kendilerinin ve onlarla aynı şeye inananların daha tatmin edici bulabileceği bir şeye yönelmeye ve bu tür şeyler üretmeye teşvik ettim.

God and Philosophy ilk olarak 1966'da yayımlandı. Kitap 1984 yılında *God: A Critical Enquiry* (Tanrı: Eleştirel Bir Sorgulama) olarak yeniden basıldı. Yayıncının önsözünü ve benim tarafımdan yazılan yeni ve yetersiz bir girişi içeren son bir baskı 2005 yılında Prometheus tarafından gerçekleştirildi.

God and Philosophy'de ateizm için sistematik bir iddiada bulundum. İlk kısmında, başlangıç noktamızın Tanrı kavramının tutarlılığı, uygulanabilirliği ve akla yatkınlığı sorusunun olması gerektiğini ileri sürdüm. Sonraki bölümlerde hem doğal teoloji hem de ilahî vahiy iddialarını ele alırken açıklama, düzen ve amaç kavramlarını inceledim. David Hume ve onun gibi düşünen diğer düşünürlerden faydalanarak, Tanrı'nın varlığı için tasarım, kozmolojik ve ahlaki iddiaların geçersiz olduğunu savundum. Ayrıca belirli bir dinî deneyimden mantık yoluyla, buradaki nesnenin üstün, ilahî bir varlık olduğu sonucunu çıkarmanın imkânsız olduğunu da göstermeye çalıştım.

Ancak kitabın en önemli katkısı "Baştan Başlamak" bölümü oldu. Tanrı'nın varlığı ile ilgili özellikle üç konunun cevaplanması gerektiğini ifade ettim:

> Tanrı'nın nasıl tanımlanması gerektiği.
>
> *Cisimsiz* gibi negatif terimlere karşı pozitif terimlerin Tanrı için nasıl uygulanabileceği.
>
> Tanrı'nın tanımlanan özelliklerinin inkâr edilmeyen gerçeklerle tutarsızlığının nasıl açıklanabileceği (yani, evrendeki kötülüklerin her şeye gücü yeten bir Tanrı'nın varlığıyla nasıl bağdaştırılacağı).

Bu sorulardan ikincisi ve üçüncüsü teistler tarafından, Tanrı'nın niteliklerinden bahsederken benzerlik teorisiyle ve kötülük sorununu ele alırken özgür irade savunmasıyla savunulmuştu. Ama daha önce yeterince vurgulanmayan soru ilkiydi.

Tanımlama ve bireyselleştirme, kabul edilen, tanınan ve sabit bir söylem öznesi seçmekle ilgilidir. Tabii Musa'nın Tanrısı gibi tekil bir özün "yaratılan" bütün evrenden nasıl ayrılabilir ve ayrı şeklinde tanımlanabileceği hiç de açık değildi. Ayrıca bu Varlığın her zaman tek ve aynı olduğu, yine de zaman içinde ya da - daha da şaşırtıcısı - bir şekilde zamanın "dışında" etkin olduğuna dair ısrara, eğer böyle bir anlam varsa, hangi anlam yüklenebilir? Gerçek, tutarlı ve uygun bir kavram bulana kadar ve bulamadığımız takdirde, bu tür bir varlığın var olup olmadığı sorusu tam anlamıyla ortaya atılamaz. Diğer bir deyişle, tartışmak istediğimiz Tanrı'yı nasıl tanımlayacağımızı belirleyene kadar, belirli bir Tanrı tipine inanmak için nedenleri tartışmaya başlayamayız. Aynı bireyin zaman içinde nasıl yeniden tanımlanabileceğini anlamamız da bundan daha mümkün değildir. Yani, örneğin, "her yerde bulunan bedensiz bir kişi (yani bir ruh)" nasıl tanımlanabilir ve yeniden tanımlanabilir - ve böylece çeşitli tanımlamalar için muhtemel bir özne niteliği kazanabilir?

Teistler bu düşünce şekline birkaç yoldan cevap verdiler. Bunların içinde en dikkate değer olanı *The Coherence of Theism* (Teizmin Tutarlılığı) kitabıyla Richard Swinburne oldu (Keele Üniversitesi'nde benden sonra görev almış ve daha sonra Oxford'da Hıristiyan Dini Felsefesi'nin Nolloth Profesörü olmuştur). Yaptığı muhakeme ile, yalnızca gördüğümüz O'ların X olması gerçeğinin, X olmayan O'lar bulunduğunu varsaymamızın tutarlı olmadığı anlamına gelmediği sonucuna vardı. Bütün bilmem nelerin tanınmalarını sağlayan şey falanca şeyler diye, bu falanca şeylerin uygun şekilde bilmem ne olarak sınıflandırılacak her şeyin temel bir özelliği olması gerektiğini savunmanın bir anlamı olmadığını söyledi. Kimlikle ilgili olarak, bir insanın kimliğinin nihai olduğunu ve beden, bellek ya da karakterin devamlılığı açısından analiz edilemeyeceğini savundu. Ateist bir filozof olan J. L. Mackie, Swinburne'ün her yerde var olan, her şeye gücü yeten ve her şeyi bilen bir ruh olarak Tanrı tanımını kabul ederek sıra tanımlama ve bireyselleştirmeye geldiğinde "gerçekten bir sorun olmadığını" öne sürdü.[6]

Bir felsefe tarihçisi olan Frederick Copleston, Tanrı kavramının tutarlılığıyla ilgili ortaya attığım sorunun gücünü kabul etti ve farklı şekilde bir cevap sundu. "İnsan zihninden, Tanrı'yı çerçevedeki bir kelebek gibi sabitlemesini istemenin haklı bir istek olacağını sanmıyorum,"dedi. Ona göre:

> Tanrı insan zihni için, üstünlüğün kişisel hareketinde bir gerçeklik haline gelir. Bu harekette Tanrı, hareketin görünmeyen hedefi olarak ortaya çıkar. Ve Üstün olan kendi içinde kavranamayacağı ve, tabir caizse, kavramsal ağımızın dışında olduğu için şüphe, kaçınılmaz bir şekilde uyanma eğilimi gösterir. Ancak üstünlüğün hareketi içinde şüphe hemen,

> hareketin kendi içinde yer alan doğrulama ile dengelenir. Tanrı'nın insan için bir gerçeklik haline gelmesi, insan ruhunun bu kişisel hareketi bağlamı dahilindedir.[7]

God and Philosophy'de sunduğum iddialarla ilgili bugün ne düşünüyorum? *Philosophy Now*'a yazdığım 2004 tarihli bir mektupta, *God and Philosophy*'yi artık tarihî bir kalıntı olarak kabul ettiğimi gözlemledim (ama elbette, başkalarına tam olarak düşünmediğiniz yeni bakış açılarını size gösterme şansı vermeden kanıtın sizi götürdüğü yere gidemezsiniz). Ve kitapta ele alınan konularla ilgili şu anki görüşlerim bu kitabın "Tanrı'yı Keşfim" başlıklı II. Bölümü'nde sunuluyor.

ATEİZM VARSAYIMI

God and Philosophy'den on yıl sonra *The Presumption of Atheism* (Ateizm Varsayımı) kitabını (Birleşik Devletler'de *God, Freedom and Immortality* [Tanrı, Özgürlük ve Ölümsüzlük] olarak yayımlandı) yazdım. Bu kitapta, Tanrı'nın varlığıyla ilgili bir tartışmanın ateizm varsayımıyla başlaması gerektiğini ve kanıtlama sorumluluğunun teistlerde kalması gerektiğini savundum. Bu yeni yaklaşımın, Tanrı'nın varlığına dair bütün soruyu yepyeni bir bakış açısına yerleştirdiğine dikkati çektim. Bu tür bir yaklaşım, teizmle ilgili diğer türlü gözden kaçabilecek kavramsal sorunların ortaya çıkmasına yardımcı oluyor ve teistleri en baştan başlamaya zorluyordu. Teistlerin *Tanrı* sözcüğünü kullanımına, gerçek bir varlığın bu şekilde tanımlanmasını teorik olarak mümkün kılan bir anlam yüklenmeliydi. Sonuç olarak, bu yeni bakış açısıyla bütün teizm girişiminin her zamankinden daha şüpheli göründüğünü ileri sürdüm.

Ateizm varsayımı, kaçınılmaz gerekçe talebiyle haklı çıkarılabilir. Bir Tanrı olduğuna inanmak için, bu inanca dair sağlam nedenlerimiz olmalı. Ancak bu tür nedenler sunulmuyorsa, Tanrı'ya inanmak için yeterli neden yoktur ve makul olan tek konum negatif ateist ya da agnostik olmaktır (negatif ateist derken, *tipik olmayan* ve *ahlaki olmayan* ifadelerindeki gibi "teist olmayan" demek istedim).

Burada bu "varsayımın" ne olmadığına dikkat çekmeliyim. Bu varsayım, kanıtlanması gereken sonucun son derece önyargılı bir varsayımı değildi. Bundan ziyade, daha çok İngiliz Yazısız Hukuku'nu destekleyen masumiyet karinesi gibi, kanıt sorumluluğunun hangi tarafta olması gerektiğini seçen, usule dair bir ilkeydi.

Herhangi bir sistematik savunmada bir Tanrı hipotezini ileri süren kişinin, varlığa dair bir hipotezi ileri süren herkesin yapacağı gibi, öncelikle kullanılacak belirli Tanrı kavramını açıklayarak başlaması ve sonra da karşılık gelen nesnenin nasıl tanımlanacağını göstermesi gereklidir. Ancak bu iki esas öncü görev tatmin edici biçimde yerine getirildiğinde bu kavramın uygun olduğunu gösterecek kanıtı aramaya başlamak mantıklı olabilir.

Bu iddia çok sayıda ve çeşitli yanıtlar topladı. Bir agnostik olarak yazılar yazan İngiliz filozof Anthony Kenny, agnostisizm için bir varsayım olabileceğini ancak pozitif veya negatif ateizm için olamayacağını iddia etti. Bir şeyi bildiğinizi göstermek için harcadığınız çabanın, bilmediğinizi göstermek için harcanandan daha fazla olduğunu ileri sürdü (bu, Tanrı kavramının tutarlı olmadığı iddiasını bile içeriyor). Ancak bu durumun agnostikleri kurtarmadığını söyledi; sınava girecek bir kişi, sorulardan birinin cevabını bilmediği iddiasını haklı gösterebilir ancak bu onun sınavı geçmesini sağlamaz.[8]

Bir ateist ve aynı zamanda eski meslektaşlarımdan biri olan Kai Nielsen, ahlaki açıdan üstün olan durumun yeterli nedenler sağlanana kadar tamamen bağımsız kalması gerektiğini iddia eden bir eleştirmenin görüşüne yer verdi. Nielsen daha sonra, sundukları farklı iddiaların esasını değerlendirmek için inanç sahipleri ve septiklerin ortak bir rasyonellik kavramına sahip olduklarını gerekli kriterlerle göstermem gerektiğini söyledi. Ayrıca eğer evrensel olarak kabul edilen bir rasyonellik kavramı oluşturamazsam, "ateizm varsayımımın önünde büyük bir soru işareti" olduğunu da ekledi.[9]

İddiayla ilgili hepsinden daha çarpıcı olan bir meydan okuma Amerika'dan geldi. Tipik bir mantıkçı olan Alvin Plantinga, teizmin aslında temel bir inanç olduğu fikrini sundu. Tanrı'ya inanmanın, diğer zihinlere veya algılara (bir ağacı görmek) ya da hafızaya (geçmişe inanmak) inanmak gibi diğer temel gerçeklere inanmakla aynı olduğunu savundu. Bütün bu durumlarda, söz konusu inancın gerçekliğini kanıtlayamasanız da, bilişsel yeteneklerinize güvenirsiniz. Aynı şekilde, insanlar bazı önermeleri (örneğin dünyanın varoluşu) temel olarak, diğerlerini de bu temel önermelerden türetilenler olarak kabul eder. Burada iddia edilen, inanç sahiplerinin Tanrı'nın varlığını temel bir önerme olarak kabul ettiğidir.

Thomist filozof Ralph McInerny yaptığı muhakeme ile insanların doğal olayların düzeni ve yasaya benzer karakterleri nedeniyle Tanrı'ya inanmalarının doğal olduğu sonucuna vardı. O kadar ki, ateizme karşı aksi ispatlanıncaya kadar geçerli gibi görünen bir iddia olarak, Tanrı'nın varlığının neredeyse doğuştan gelen bir inanç olduğunu söyledi. Yani, Plantinga teistlerin ispatlama sorumluluğunu taşımadığını savunurken McInerny daha da ileriye giderek ispatlama sorumluluğunun ateistlerde olması gerektiğini iddia etti!

Burada, diğer antiteolojik iddialarımın tersine, ateizm varsayımına dair iddianın teistler tarafından tutarlı bir biçimde kabul edilebileceğine işaret etmeliyim. Bir Tanrı'ya inanmak için yeterli neden sunulduğunda, teistler buna inanarak felsefi bir günah işlemiyorlar! Ateizm varsayımı olsa olsa metodolojik bir başlangıç noktasıdır, varlıksal bir sonuç değil.

FİKRİMİ DEĞİŞTİRİRKEN

Profesyonel bir filozof olarak tartışmalı konularda fikrimi değiştirmem bir kereden fazla olmuştur. Elbette ki, felsefede ilerleme imkânı ile ilgili fikirlerim ve iddianın beni götürdüğü yere gitme ilkem düşünüldüğünde bu durum şaşırtıcı olmamalıdır.

1961'de Keele Üniversitesi'nde ders verirken Hume'un *Inquiry Concerning Human Understanding* (İnsanın Anlama Yetisi Üzerine Bir Soruşturma) kitabıyla ilgili, *Hume's Philosophy of Belief* (Hume'un İnanç Felsefesi) başlıklı bir kitap yazdım. O zamana kadar, Hume'un *Inquiry* çalışması (daha sonra basılan *Inquiry Concerning the Principles of Morals* [Ahlak İlkeleri Üzerine Bir Soruşturma] ile ayırt etmek için genellikle ilk *Inquiry* olarak anılır) genellikle, yazarın kendisinin kitapla ilgili düşüncesinin aksine, sonradan akla gelen makalelerin basit bir derlemesi olarak ele alındı. Bugünse Hume'un en büyük çalışması olduğu düşünülüyor. Hume ile ilgili kitabım hakkında Gilbert Ryle, "Kitabı çok beğendim. İçinde bilgelik ve heyecan var. Neredeyse imkânsız," derken, John Passmore da, "Hume'un dünyeviliği ile ilgili bundan sonraki bütün tartışmalar Flew'la başlamak zorunda kalacaktır" diye yazıyordu.

Bu övgülere rağmen çok uzun zamandır, *Hume's Philosophy of Belief* kitabımda önemli değişiklikler yapmak istiyordum.

Özellikle bir konu, kapsamlı bir düzeltme gerektiriyor. "Gerekli Bağlantı Fikri", "Özgürlük ve Gereklilik" ve "Mucizeler ve Metodoloji" başlıklı üç bölümün hepsi de, Hume'un bir şeylerin olmasını sağlamak, bir şeylerin olmasını önlemek, fiziksel gereklilik ve fiziksel imkânsızlık gibi konularda deneyimimiz ve dolayısıyla da gerçek fikirlerimiz olmayacağını savunmakta tamamen haksız olduğunu fark edişimin ışığında yeniden yazılması gerekiyor. Hume savunucuları sonuç olarak, neden-sonuç ya da doğa kanunlarının varlığını kabul etmek için hiçbir temele sahip olmadıklarından nedensellik ve doğa kanununun çok zayıf analizlerini sunma yönünde yanlış yönlendirilmişlerdir. Bu arada, "Özgürlük ve Gerekliliğe Dair" ve "Mucizelere Dair" çalışmasında Hume'un kendisi, mantıklı olduğunu kabul etmeye hazır olduğu bütün sonuçlardan daha güçlü etki yaratacak neden kavramlarının peşindeydi (gerçekten kullanıyor olmasa bile).

Hume ilk *Inquiry*'de nedenselliği reddederek dış dünyanın gerçekte bütün içerdiğinin düzenli birliktelikler olduğunu iddia etti; yani, bu tür olayları düzenli olarak yine o tür olaylar takip eder. Bu düzenli birliktelikleri fark eder ve bu fikirleri şu fikirlerle ilişkilendirerek güçlü alışkanlıklar oluştururuz. Isıtıldığı zaman suyun kaynadığını görür ve bu ikisini ilişkilendiririz. Ancak oradaki gerçek birliktelikleri düşünürken, yanlış bir şekilde kendi iç psikolojik ilişkilerimizi yansıtırız. Hume'un neden ve sonuçla ilgili septisizmi ve dış dünyayla ilgili agnostisizmi elbette çalışmasını bıraktığı anda boşa çıkar. Aslında Hume, en radikal septisizmini çalışmasını bırakmadan önce boşa çıkartır. Örneğin, ilk *Inquiry*'nin "Mucizelere Dair" başlıklı ünlü bölümünde nedensel bağlantıların ve gerekliliklerin doğadaki izdüşümlerden başka bir şey olmadığı tezine dair bir iz bile yoktur. Yine *History of England* (İngiltere'nin Tarihi) çalışmasında Hume, dış dünyayla veya nedensellikle ilgili septisizme dair hiçbir ipucu vermemiştir. Bununla Hume, bazı sosyolojik veya felsefik nedenlere dayanarak tarafsız bilgi ihtimalini reddeden bazı çağdaşlarımızı hatırlatabilir. Sonra da kendi politik nutuklarını, kendi daha az verimli araştırma çalışmalarını ve hepsinden önemlisi tarafsız bilgi olamayacağına dair kendi birincil keşiflerini bu çürümüş evrensel öznellikten ayrı tutarlar.

Fikir değiştirdiğim diğer bir konu ise özgür irade, insan özgürlüğü oldu. Özgür olup olmadığımız sorusu çoğu önemli dinin kalbinde yattığı için bu soru önemlidir. İlk antiteolojik yazılarımda, her şeye gücü yeten ve sınırsız iyiliğe sahip bir Varlık tarafından yaratılan bir evrende kötülüğün uyuşmazlığına dikkati çekmiştim. Bu algılanan uyuşmazlığa teistlerin verdiği cevap, Tanrı'nın insanlara özgür irade verdiği ve açıkça görülen, utanç verici kötülüklerin tamamı ya da çoğunun tamamen bu tehlikeli armağanın kötüye kullanılmasından kaynaklandığı ancak ortaya çıkan sonuçların, diğer türlü mümkün olacak sonuçlara göre herkesin daha fazla iyiliği için olacağı iddiasıdır. Aslında bunu özgür irade savunması olarak etiketleyen ilk kişi ben oldum.

İster özgür irade ve alın yazısı arasında ister dünyevi ortamda, özgür irade ve determinizm arasında bir tartışma olarak ifade edilsin, özgür iradeye sahip olup olmadığımız esaslı bir öneme sahiptir. Bu konuyu iki yönden ele almaya çalışarak cevap verdim ve günümüzde uyumculuk olarak bilinen bir konum sundum. Uyumsuzlukçular, tam determinizmin özgür iradeyle uyuşmadığını söyler. Diğer taraftan uyumcular şunu iddia eder: birinin serbest bir seçim yapacağı ve bu gelecekteki seçim hissinin önceden gelecekteki bir tarafça bilindiğini söylemenin yanı sıra, yapıldıkları anlamlarda yapılmalarına fiziksel olarak neden olunmuşsa ve bu anlamlarda yapılmaları bazı kanun veya doğa kanunlarıyla belirlense bile serbest seçimlerin hem serbest hem de seçim olabileceklerini söylemek tutarlıdır.

Hâlâ insanların serbest seçimler yaptıklarını savunmakla birlikte daha sonraki yıllarda aynı anda da bu serbest seçimlerin fiziksel nedenlerden kaynaklandığına tutarlı bir biçimde inanmanın mümkün olmadığı sonucuna vardım. Diğer bir deyişle, uyumculuk işlemiyor. Bir doğa kanunu, belirli bir türde olayın, tesadüfen, başka türde bir olayı takip edeceği veya ona eşlik edeceği gibi keskin bir gerçeğin açıklaması değildir. Onun yerine, belirli türde bir olayın başka türde bir olayın olmasını fiziksel olarak gerektirerek olayın olmamasını fiziksel olarak imkânsız hale getirdiğine dair bir iddiadır. Serbest seçimdeki durum da kesinlikle bu değildir.

Ayrıca *neden* sözcüğünün oldukça farklı iki anlamıyla birlikte, *determinizmin* de buna karşılık gelen anlamları arasındaki ayrımı yapmamız gerekir. İnsan eylemlerinin nedenleri esasen, ve uygun biçimde, insan eylemi olmayan bütün olayların nedenlerinden farklıdır. Diyelim ki bir patlamanın bütün nedeni düşünüldüğünde, evrendeki herhangi bir gücün bu patlamayı önlemesi imkânsız hale gelir. Ancak kutlamanıza yetecek bir neden verecek olursam bu sizin "Oley!" demenizi gerektirmiyor. Bunu takip edince, insan organizmalarının her hareketinin tamamen bunu gerekli kılan fiziksel nedenlerle belirlenemeyeceği sonucu çıkıyor.

Neden sözcüğünün iki anlamı Hume'un ahlaki ve fiziksel nedenler terminolojisi kullanılarak ayırt edilebilir. Bütünüyle insan dışı bir olaydan bahsederken -örneğin güneş tutulması- o zaman *neden* sözcüğünü hem fiziksel gereklilik hem de fiziksel imkânsızlığa işaret eden bir anlamda kullanırız: olan şey fiziksel olarak gereklidir ve bu şartlar altında başka her şey fiziksel olarak imkânsızdır.

Ancak kesinlikle, insan eylemleri için nedenlerden (sebep veya dürtü) bahsederken kullandığımız *neden* sözcüğünün diğer anlamında durum bu değildir. Yukarıdaki örneği kullanacak olursak, size iyi bir haber verdiğimi farz edin. Eğer bu habere kutlama ile cevap vermeyi seçerseniz, yaptığım eylemi doğru sayılacak bir biçimde kutlamanızın nedeni olarak tanımlayabilirsiniz. Aslında tam olarak sizin kutlamanıza neden olan ben değildim; bu gerekli ya da kaçınılmaz değildi. Farz edelim ki, o an bir kütüphanede olduğumuz için kutlamamayı seçebilirdiniz. Başka bir deyişle, verdiğim haber sizin "Oley!" diye bağırmanıza sebep olmuş olabilir. Ancak "Oley!" diye bağırmanıza kaçınılmaz biçimde neden olmadım. Bunun yerine "Yaşasın!" da diyebilirdiniz. Filozof-matematikçi Gottfried Leibniz'in ünlü bir deyişini uyarlayacak olursam, bu ikinci örnekteki nedenler, motive edici biçimde *yönlendirir* ama *gerekli kılmaz*.

Hume, fiziksel gereklilik kavramının akla yatkınlığını reddettiği için kendisi bu ayrımı, tam olarak burada yapıldığı gibi yapmayı başaramadı. Yine de nitelendirme seçimi, bir taraftan doğa bilimleri ve diğer taraftan da sosyal ve psikolojik bilimler arasındaki temel farklılığa işaret ediyordu.

Neden sözcüğünün temel olarak farklı bu iki anlamı dikkate alındığında, en azından insanların davranışını ele alırken, *determinizmin* karşılık gelen iki farklı anlamı arasında da bir ayrım yapmamız gerektiği açıkça görülüyor: *fiziksel* nedenlerle belirleme ve *ahlaki* nedenlerle belirleme. Bir davranış parçası (davranışçılar buna *davranış* diyor) tamamen fiziksel nedenlerle belirleniyorsa, o zaman davranışı gerçekleştiren kişi o şekilde davranmayı seçmemiştir. Ya da o davranış gerçekleştiği zaman, bunun olmasını engelleyemezdi. Ancak ahlaki nedenlerle belirlenme başka bir konu. Bireylerin eylemini bu eylemlerini yaptıkları şekilde yapma nedenlerine - yani, ahlaki nedenlerine - göre açıklamak, farklı bir şekilde hareket edebilirlerdi varsayımında bulunmak demektir. Dilekler ve istekler kesinlikle o kadar da karşı konulamaz sonuçlar değildir. Birçoğumuz, yapmayı çok istediğimiz halde bazen bazı şeyleri yapmaktan sakınacak kadar disiplin almışızdır.

Birçok insanın, fiziksel ya da ahlaki, her türlü neden açısından eylemin tüm açıklamalarının, evrensel bir *fiziksel* gereklilik gibi her şeyi mazur gören bir öğretiyi desteklediği sonucuna vararak yanılması, muhakkak bu temel ve çok önemli ayrımları yapamamaktan ileri geliyor. Bu herkes için, gerçekleştirdikleri davranıştan başka bir davranışta bulunmalarının fiziksel olarak imkânsız olduğu anlamına gelecektir.

Bu tür hataları önlemek için gerekli olan; etmen olmak, seçeneğin olması ve gerçekte yaptığımız şeyden başka bir şey yapabilmek gibi çok yakından ilişkili üç kavramın mantıksal bir analizidir (*Social Life and Moral Judgment* [Sosyal Yaşam ve Ahlaki Değerlendirme] kitabımda yaptığım gibi). *Hareket* ve *devinim* arasında temel bir ayrım yaparken, eşit şekilde temel olan eylem kavramını da açılayabilir hale geliriz. Bir hareket, isteğe göre başlatılabilen ya da bastırılabilen bir harekettir; bir devinim ise bunun yapılamayacağı bir harekettir. Hareketin gücü insana özel bir nitelikken bilinç veya niyetten yoksun varlıklar yalnızca devinim sergileyebilir. Etmenler, kesinlikle ve yalnızca etmen olabildikleri kadar, seçim yapabilen varlıklardır: bu seçimler eylem ya da eylemsizliğin alternatif yönleri arasındaki, zaman zaman bireyler olarak kendilerine açık seçimlerdir -gerçek alternatif ihtimaller arasındaki gerçek seçimler. Etmenler etmen rolleriyle kaçınılmaz biçimde- hiçbir şekilde bundan kaçamazlar - belirli bir durumda onlar için hazır ve açık bulunan iki veya genellikle daha fazla seçenekten birini seçmelidir.

Bir *eylemde* yer alan *hareketler* ve gerekli davranışı oluşturan *devinim* arasındaki ayrımın hassasiyeti, bunlardan sonuncusu fiziksel olarak gerekirken, *eylemlerin* anlamı, yönü ve özelliği, mantık bakımından, muhakkak fiziksel olarak gerekli olmayabilecekleri şeklindedir (ve kaba bir gerçeklik olarak, gerekli de değillerdir). Bu nedenle evrensel olarak fiziksel açıdan gerekli kılan determinizm öğretisini, yani insanın bütün beden hareketini, *hareketlerinin* yanı sıra *devinimlerini* de içeren evrendeki bütün hareketlerin fiziksel olarak gerekli kılınan fiziksel nedenler tarafından belirlendiğini söyleyen öğretiyi savunmak imkânsız oluyor.

Tam uyumculuktan vazgeçmem sonucunda, hem dinî hem de dünyevi bağlamlarda özgür irade ve seçimle ilgili yayımladıklarımın çoğu, gözden geçirme ve düzeltme gerektiriyor. Buradaki konunun Kant'ın felsefesinin üç ana sorusu diye tanımladığı sorulardan ikincisiyle ilgili olduğu düşünüldüğünde -Tanrı, özgürlük ve ölümsüzlük- konuyla ilgili fikir değişikliğim, Tanrı sorusuyla ilgili fikir değişikliğim kadar radikaldir.

3

SAKİN BİR YAKLAŞIMLA ATEİZM

Önce atıcı, sonra da yirmi dokuz sayı turu yapan bir tutucu olarak ve 1919 yılında on yedi oyunda atış yaparak ligin önde gelen oyuncusu olmuştu. Ve sonra, kimilerine göre bir Broadway oyununu finanse etmek için nakde ihtiyacı olan Boston Red Sox sahibi Harry Fraze, George Herman "Babe" Ruth'u $125,000 ve başka şartlar karşılığında New York Yankee'lere sattı. Ruth, Yankee'leri yedi Amerika Ligi bayrağı zaferine ve dört dünya şampiyonluğuna taşıdı. Red Sox bir daha Dünya Serisi'ni seksen beş yıl sonra, 2004 yılına kadar kazanamayacaktı.

İlginç olan, 2004 yılının aynı zamanda New York'ta kendi "geçişimi" de halka duyurduğum yıl olmasıdır: ateizmle geçirdiğim altmış yılı aşkın bir süreden sonra, tabiri caizse, takım değiştirdiğimi duyurdum. Ama başka bir yönden, her şeyi farklı bir bakış açısından görmeye başlasam da, oyunu hâlâ eskisi gibi aynı tutku ve prensiple oynuyordum.

BİR DİYALOG GÖREVİ

Ateizm iddiam, *The Presumption of Atheism* eserimle doruk noktasına vardı. Daha sonraki yazılarımda tamamen farklı konuları ve başlıkları ele aldım. Aslında, *British Philosophy Today* başlıklı 1986 tarihli bir kitap için yazdığım bir makalede, yeterli yerim ve zamanım olsaydı mutlaka yapmak istediğim başka şeyler olduğunu ifade ettim. Örneğin, Teslis inancının yapısı hakkında ve İsa'nın son akşam yemeğinde olanlarla ilgili büyük tarihî anlaşmazlıkları araştırmak isterdim. Ancak 1960'lı yılların sonunda, hizmetlerime başka bir alanda daha acil ihtiyaç duyulduğunu gördüm. Çalışma hayatımın geri kalanı boyunca enerjimi sosyal bilim felsefesi ve sosyal felsefenin geniş dünyevi alanlarına yoğunlaştırmam gerektiğini biliyordum.

Ancak bir şartım vardı. Yıllar içinde din felsefesi hakkında pek çok şey söylemiş olduğum için, bir entelektüel olarak kendimi mümkün olan her zaman meydan okuma veya eleştiriye, yanıldığımı kabul ederek ya da beni eleştirenleri neden onaylamadığımı açıklayarak cevap vermeye zorunlu hissettiğimi itiraf ettim. Bu şartım, diğer felsefi uğraşların peşine düşsem bile teizm iddiamda bana meydan okuyan teizm savunucularıyla meşgul olmama neden oldu.

Bu tür bir meşguliyet benim için yeni sayılmazdı; aslında bütün felsefi kariyerim sosyal felsefeden beden-zihin sorununa, özgür irade-determinizm tartışmasından Tanrı sorununa kadar değişen çeşitli sorularda benden ayrılan düşünürlerle hararetli diyalog ve kamu önünde tartışmalarla geçti. Tanrı'nın varlığına dair düşüncelerimde tartışma konusu konular, aktif entelektüel yaşamımın yarım yüzyılı içinde değişim gösterdi. 1950 yılında "Tanrı sizi seviyor"un anlamını çözmeye çalışırken 1976'da Tanrı kavramının tutarlı olup olmadığını anlamaya çalışıyorduk; 1985'te kanıt sorumluluğun kime ait olduğunu belirlemeye çalışırken 1998'de büyük patlama kozmolojisinin anlamını tartışıyorduk.

Ancak bütün bunlar olurken teolojik konularla meşguliyetim kendi diyalektiğimi sağlamlaştırmakla kalmayıp aynı zamanda beni birçok meslektaşıma ve saygımı ve itirazımı kazanan rakiplerime de tanıtmış oldu.

SİLAHLARIMA SADIK KALIRKEN

Bütün münazaralar içinde katıldığım en iyi iki münazara 1976 ve 1998 yıllarında gerçekleşti. Denton, Teksas'ta Thomas Warren'le yaptığım 1976 münazarası farklı günlerde, beş ila yedi bin kadar bir kitleye hitap etti. Madison, Wisconsin'de William Lane Craig'le yaptığım 1998 münazarası ise yaklaşık dört bin kişilik bir kalabalığın ilgisini çekti. Bu iki münazara, hayatımda halka açık resmî bir münazarada iki başrolden biri olarak görev gördüğüm tek olaydır.

İngiltere'deki münazaralar genellikle küçük akademik kitlelerin önünde gerçekleşirdi. Bu nedenle bir münazara bağlamında büyük bir kitlenin önüne ilk çıkışım, Hıristiyan bir filozof olan rahmetli Profesör Thomas B. Warren'la karşılaşmam oldu. Tartışma şu anda Denton'daki North Texas Üniversitesi olan North Texas Eyalet Üniversitesi'nin kampusunda, o yıl Jimmy Carter ve Gerald Ford arasındaki ABD cumhurbaşkanlığı müzakerelerinin ilkiyle çakışan 20 Eylül 1976 tarihinde başlayarak art arda dört gün gerçekleşti. İlgili bir dinleyici kitlesinin karşısında Dr. Warren, çizelgeler ve slaytlardan oluşan etkileyici bir düzenden faydalandı.

İlginç bir biçimde iddiasının önemli bir bölümü, o zamanlar bana yenilikçi bir girişim gibi gelen evrim teorisine saldırı şeklindeydi. Dr. Warren bana, yarı maymun yarı insan olan bir varlığın olabileceğine inanıp inanmadığımı sorduğunda, bunun birinin kel olup olmadığına karar vermeye benzediği şeklinde cevap verdim. Danışmanım Gilbert Ryle'ın kafası yumurtaya benziyordu ve şüphesiz ki herkesin buna kel demesi gerekirdi. Ama tek tek ele alacak olursak, kimin kel olup kimin olmadığını belirlemek kolay olmayacaktır.

Ancak şu anki görüşlerime göre, o münazarada gerçekleştirdiğim açıklamalardan birkaçı, o noktada ateist inançlarımın şiddetini tanımlamak açısından ilgi çekici olabilir:

> "Bir Tanrı olmadığını biliyorum."
>
> "Tanrı ile ilgili bir inanç sistemi", "bekâr kocalar ya da yuvarlak kareler" ile aynı "zıtlığı" içerir.
>
> "Evrenin bir başlangıcının ve sonunun olmadığına inanma eğilimindeyim. Aslında, bu önermelerin herhangi birini tartışmak için gerekli bir neden göremiyorum."
>
> "Yaşayan organizmalarn, yaşamayan materyallerden ölçülemeyecek derecede uzun bir dönem içinde evrim geçirdiğine inanıyorum."

Ev sahiplerimin misafirperverliğinden etkilenmiştim ancak münazara, Warren ve benim silahlarımıza sadık kalmamızla sona erdi.

O.K. CORRAL'DA SİLAHLI ÇATIŞMA

Bir sonraki münazaram yaklaşık on yıl sonra ve yine Teksas'ta gerçekleşti. 1985 yılında Dallas'ta düzenlendi ve O.K. Corral'daki ünlü silahlı çatışmayı andırıyordu. Ben de diğer üç ateist silahşöre katıldım: Wallace Matson, Kai Nielsen ve Paul Kurtz. Önde gelen teist filozoflardan oluşan bir gruba karşı savaşıyorduk: Alvin Plantinga, William P. Alston, George Mavrodes ve Ralph McInerny.

Ancak ünlü silahlı çatışmanın tersine, bu münazarada fişekler yoktu, çünkü iki grup da bir diğeriyle çarpışmak istemiyordu. İki taraf da kanıt sorumluluğunun karşı tarafta olduğu fikrine sıkıca bağlı kaldı. "Kanıt sorumluluğu reddedende değil, kabul edendedir" diyen eski hukuki deyişten uyarladığım ateizm varsayımını savunuyordum. Teist tarafındaki Plantinga, Tanrı'ya inanışın tam anlamıyla temel olduğunu, yani teistlerin inanışları için, nasıl dünyanın varlığı gibi diğer temel inanışları desteklemek için iddialar öne süremiyorlar ya da sürmek zorunda değillerse, aynı şekilde iddialar öne sürmek zorunda olmadıklarında ısrar ediyordu. Benim ateist arkadaşlarıma gelince, Nielsen din felsefesinin sıkıcı olduğunu ve Matson da Tanrı'yla ilgili geleneksel iddiaların kusurlu olduğunu savundu; Kurtz ise ilahî vahiy iddialarından ilahî bir Vahiy Sahibi olduğu sonucuna varılamayacağını iddia etti.

Dallas'ta bulunduğum sırada iki evangelik Hıristiyan filozofla tanıştım; bunlardan birisi Oxford Çalışma Merkezi'nden Terry Miethe, diğeri de Virginia'daki Lynchburg Koleji'nden Gary Habermas'tı ve uzun zamandır arkadaşlardı. Sonraki yıllarda, Habermas'la İsa'nın dirilişi ve Miethe ile de Tanrı'nın varlığıyla ilgili yayımlanan iki münazaram oldu.

Miethe ile yaptığım münazarada benim savunduğum taraf, ateizm varsayımı ve Tanrı'nın varlığının tutarlılığıyla ilgili yıllar içinde geliştirmiş olduğum birçok fikrimin yeniden ifade edilmesiydi. Miethe ise şu varsayımlara dayanan kozmolojik iddianın zorlu bir biçimini sundu:

Bazı kısıtlı, değişen varlık(lar) mevcuttur.

Her kısıtlı, değişen varlığın mevcut varlığının nedeni bir başkasıdır.

Sonlu varlıkların sonsuz geri dönüşü, hiçbir şeyin varlığına *neden* olamayacağı için varlığın nedenlerinin sonsuz geri dönüşü söz konusu olamaz.

Bu nedenle, bu varlıkların mevcut varlığının bir ilk Nedeni vardır.

İlk Neden sonsuz, gerekli, ebedî ve tek olmalıdır.

İlk nedensiz Neden, Musevi-Hıristiyan geleneğinin Tanrısı ile aynıdır.

Bu iddia benim reddettiğim yeterli neden prensibine değil, varoluşsal nedensellik prensibine dayanıyordu. Bu iddiayı evrendeki etkili nedenlerin, nedensiz bir ilk etkili Neden ihtiyacı olmaksızın tek başlarına etkili olmaları temeline dayanarak reddettim. Ancak "dışardan bir açıklama gerektirenin yalnızca fiziksel evrenin devam eden varlığı olduğu görüşüyle inancı sağlamak daha zor olmakla birlikte," yine de, "ilk büyük patlamanın bir çeşit İlk (başlatıcı) Neden gerektirdiğine halkı inandırmanın kolay olduğunu" söyledim.

SIKICA TUTUNURKEN

1980'li yıllarda Ohio'daki Bowling Green Üniversitesi'nde ders vererek geçirdiğim sürede, daha önce belirttiğim gibi Keele Üniversitesi'nde benden sonra göreve gelen ve sonra Oxford'da Nolloth Profesörlüğü yapan filozof Richard Swinburne'le oldukça uzun bir münazaram oldu. Swinburne, İngilizce konuşulan dünyada teizmin en iyi bilinen savunucusu olarak ortaya çıktı. Ünlü bir septik ve eski bir iş arkadaşım olan Terence Penelhum, Swinburne'ün *The Coherence of Theism* eseriyle ilgili olarak şöyle demişti: "Muhakeme kalitesi ya da düşünce netliği bakımından çağdaş felsefi eleştiriye karşı bununla kıyaslanabilecek başka hiçbir savunma görmedim."

Swinburne'ün güçlü bir biçimde savunduğu bir kavram, benim *God and Philosophy* eserimin öncelikli hedeflerinden biri olan, her yerde var olan cisimsiz bir ruh kavramıydı. Plantinga ile münazaramda olduğu gibi Swinburne ile yaptığım münazara da sonuçsuz kaldı; ikimiz de başlangıç noktalarımıza sıkıca tutunmuştuk. Cisimsiz bir ruh kavramını anlamsız buluyordum ve Swinburne bunda ne gibi bir problem olduğunu anlayamıyordu. Swinburne ile diyaloğum bu noktada bitmedi ve, bu kitabın ilerleyen kısımlarında daha iyi anlaşılacağı gibi, hâlâ devam etmekte. (Bu arada, Tanrı ile ilgili fikir değişikliğime dair haberler üzerine Plantinga şöyle dedi: "Bu durum Profesör Flew'un dürüstlüğünü açıkça gösteriyor. Bir Yaratan fikrine karşı çıktığı bunca yıldan sonra, kanıta dayanarak fikrini tersine çeviriyor.")

Swinburne münazarasını, 1998 yılında Wisconsin, Madison'da William Lane Craig'le yaptığım münazara takip etti. Bu münazara, Bertrand Russell ve Frederick Copleston arasında Tanrı'nın varlığıyla ilgili ünlü BBC münazarasının ellinci yıl dönümüne izini bıraktı. Craig, evrenin kaynağının ve evrendeki karmaşık düzenin en iyi şekilde bir Tanrı'nın varlığıyla açıklanabileceğini savundu. Ben de evrenle ilgili bilgimize, son gerçek olarak görülmesi gereken büyük patlama ile bir nokta koyulması gerektiği şeklinde cevap verdim. Tasarımla ilgili iddiaya gelince, evrendeki en karmaşık varlıkların - insanların - bile bilinçsiz fiziksel ve mekanik kuvvetlerin ürünü olduğunu belirttim.

Bu münazarada, her şeye gücü yeten bir Tanrı'nın özgür bir şekilde kendisine itaat etmeyi seçecek insanlar yaratabileceği fikrimi tekrar ettim. Bu da geleneksel özgür irade savunmasının, Tanrı'nın serbest seçimler dahil olmak üzere her şeyi önceden tayin ettiği sonucunu bertaraf edemeyeceği anlamına gelir. Tanrı'nın çoğu insanın lanetlendiğini önceden tayin ettiğini öne süren takdiri ilahî öğretisi bana her zaman itici gelmiştir. Bu münazaranın önemli bir özelliği, Craig'in geleneksel takdiri ilahî fikirlerini reddetmesi ve özgürlükçü özgür iradeyi savunması oldu. Craig, Tanrı'nın ikincil etmenler değil de doğrudan sonuçlar üzerinde hareket ettiğini ve bu nedenle Tanrı'nın her zaman doğru şeyi yapan gerçekten özgürlükçü varlıklardan oluşan bir dünya yaratmasının imkânsız olduğunu savundu. *İncil*'de Tanrı'nın "bütün insanların kurtarılmasını" istediğini vurgulayan ayetleri alıntıladı (örn. 2 Peter 3:9). Kısa bir süre önce, ülkemin büyük insanlarından biri olduğunu düşündüğüm John Wesley'in, özellikle "Sakin Bir Yaklaşımla Takdiri İlahî" adlı en önemli makalesinde, takdiri ilahî fikrine karşı ve "Arminian" alternatifi lehine büyük bir tartışmaya öncülük ettiğini gördüm. Ayrıca günümüzde birçok tefsircinin de takdiri ilahîyle ilgili St. Paul'ün yazılarını, kilisenin çalışmalarında belirli kişilerin kurtarılmasını ya da lanetlenmesini değil, rollerini belirttiği şeklinde gördüklerini de anlıyorum.

NEW YORK İLE TANIŞMAM

Halka açık münazaralarımdan sonuncusu olan New York Üniversitesi'ndeki sempozyum Mayıs 2004'te gerçekleşti. Diğer katılımcılar İsrailli bilim adamı ve başta *The Science of God* olmak üzere bilim ve dinle ilgili çok satan kitapların yazarı Gerald Schroeder ile *Theism and Atheism* adlı eseri arkadaşım Jack Smart ile Tanrı'nın varlığı üzerine bir münazara niteliğinde olan İskoç filozof John Haldane'di.

Konuyla ilgili herkesi şaşırtacak biçimde, tartışmanın en başında bir Tanrı'nın varlığını artık kabul ettiğimi ilan ettim. Karşıt görüşlerin karşılıklı olarak yoğun bir değişimi olabilecek bu münazara, daha yüksek bir Zekâ'ya işaret ettiği görülen modern bilimdeki gelişmelerin beraberce keşfine dönüştü. Sempozyum gösteriminde, spiker modern bilimdeki bütün büyük keşiflerin içinde en büyüğünün Tanrı olduğunu öne sürdü.

Bu sempozyumda bana, hayatın kaynağına dair son çalışmaların yaratıcı bir Zekâ'nın etkinliğine işaret edip etmediği sorulduğunda şöyle dedim:

> Evet, artık ettiğini düşünüyorum... neredeyse tamamen DNA araştırmaları nedeniyle. DNA materyalinin yapmış olduğunu düşündüğüm şey, (hayatı) üretmek için gerekli düzenlemelerin neredeyse inanılmaz karmaşıklığıyla, bu kadar akıl almaz çeşitlilikteki öğelerin bir arada çalışmasını sağlamak için işin içinde mutlaka zekâ olması gerektiğini göstermiş olmasıdır. Söz konusu olan birçok öğenin korkunç karmaşıklığı ve bunların birlikte çalışma şekillerinin korkunç inceliği. Bu iki şeyin doğru zamanda şans eseri bir araya gelmesi çok düşük bir ihtimal. Bunların hepsi, bana zekânın eseriymiş gibi görünen, ortaya çıkan sonuçların elde edilmesini sağlayan bu müthiş karmaşıklık meselesidir.

Bu açıklama benim için önemli bir yön değişikliğini temsil ediyordu ancak yine de, felsefi hayatımın başından beri benimsediğim prensiple de tutarlıydı - iddianın götürdüğü yere gitmek.

Gerry Schroeder'in "maymun teoremi" adını verdiğim ayrıntılı çürütmesinden çok etkilenmiştim. Birçok biçim ve çeşit halinde sunulan bu fikir, birçok maymunun bilgisayar klavyelerine rastgele vurarak sonunda bir Shakespear sonesini elde ettikleri analojisini kullanarak şans eseri ortaya çıkan hayat ihtimalini savunuyordu.

Schroeder önce İngiliz Ulusal Sanat Konseyi'nin gerçekleştirdiği bir deneyden bahsetti. Altı maymunun bulunduğu bir kafese bir bilgisayar konuyor. Bilgisayara bir ay boyunca rastgele vurduktan (ve aynı zamanda onu bir tuvalet olarak kullandıktan!) sonra maymunlar yazılı elli kâğıt çıkardılar. Ama bunların hiçbirinde tek bir kelime yoktu. Schroeder, İngilizcedeki en kısa kelimenin bir harf olmasına (bir anlamına gelen "a" ve ben anlamına gelen "I") rağmen durumun bu olduğunu kaydetti. "A", iki tarafında da boşluk varsa bir kelime oluyordu. Klavyede otuz karakter olduğunu düşünürsek (yirmi altı harf ve diğer semboller) tek harfli bir kelime elde etme ihtimali 30 çarpı 30 çarpı 30, yani 27,000'dir. Tek harfli bir kelime elde etme ihtimali 27,000'de birdir.

Schroeder daha sonra olasılıkları sone analojisine uyguladı. "Bir Shakespeare sonesi elde etme şansı nedir?" diye sordu. Şöyle devam etti:

> Bütün soneler aynı uzunluktadır. Yapı itibariyle on dört mısra olurlar. Açılış mısrasının, "Seni bir yaz gününe benzetebilir miyim?" olduğunu bildiğim soneyi seçtim. Harfleri saydım; bu sonede 488 harf bulunuyor. Klavyeyi tuşlayarak 488 harfi "Seni Bir Yaz Gününe Benzetebilir miyim?"deki gerçek sırada dizme ihtimali nedir? Elde edeceğiniz sonuç 26'nın kendisiyle 488 defa çarpılmasıdır - ya da 26 üzeri 488'dir. Veya başka bir deyişle, 10 tabanında, 10 üzeri 690'dır.
>
> [Şimdi] evrendeki partiküllerin sayısı - kum taneleri değil, protonlar, elektronlar ve nötronlardan bahsediyorum - 10 üzeri 80'dir. On üzeri 80, 1'den sonra 80 sıfır gelmesi demektir. On üzeri 690 ise 1'den sonra 690 sıfır gelmesi demektir.

> Evrende denemeleri yazmaya yetecek kadar partikül yoktur; 10 üzeri 600 katta bitersiniz.
>
> Bütün evreni alıp onu bilgisayar çiplerine çevirirseniz -maymunları unutun- ve bunların her biri bir gramın milyonda biri ağırlığında olur ve her bir çip, farz edelim, bir saniyenin bir milyon katında 488 deneme gerçekleştirebilirse; bütün evreni bu mikrobilgisayar çiplerine dönüştürürseniz ve bu çipler bir saniyenin bir milyon katında rastgele harfler oluşturuyorsa [üretiyorsa], sürenin başından itibaren elde edeceğiniz deneme sayısı 10 üzeri 90 deneme olacaktır. Ve yine 10 üzeri 600 katta bitersiniz. Şans eseri bir sone elde etmeniz imkânsızdır. Evrenin 10 üzeri 600 kat daha büyük olması gerekir. Buna rağmen dünya maymunların bunu her seferinde yapabileceğini düşünüyor.[1]

Schroeder'in sunumunu dinledikten sonra ona, "maymun teoremi"nin bir yığın saçmalık olduğunu çok tatmin edici ve kesin bir biçimde gösterdiğini ve bunu bir soneyle yapmasının özellikle çok başarılı olduğunu söyledim; teorem bazen Shakespeare'in eserleri ya da *Hamlet* gibi tek bir oyunu kullanılarak öneriliyor. Teorem eğer tek bir sone için işlemeyecekse, o zaman hayatın kaynağı gibi daha karmaşık bir işin şans eseri gerçekleştiğini öne sürmek de saçma olacaktır.

DAWKİNS'LE DÜELLO

Halka açık münazaraların yanı sıra, yazı yoluyla da çeşitli tartışmalara dahil oldum. Bu tür tartışmalara önemli bir örnek, bilim adamı Richard Dawkins ile gerçekleştirdiğim fikir alışverişleri olabilir. Ateist çalışmalarını takdirle karşılasam da, bencil gen düşünce ekolünü her zaman eleştirmişimdir.

Darwinian Evolution adlı kitabımda, doğal seleksiyonun pozitif anlamda bir şey üretmediğine işaret ettim. Yalnızca rekabetçi olmayan her şeyi elimine ediyor ya da elimine etme eğiliminde oluyordu. Bir varyasyonun, eliminasyondan kurtulmak için gerçekten rekabetçi bir avantaj sunması gerekmez; yalnızca sahibine rekabetçi bir *dez*avantaj yüklememesi yeterlidir. Oldukça aptalca bir örnek seçecek olursam, diyelim ki paltomun altına tıkıştırılmış faydasız kanatlarım var, bedenimi yerden kaldıramayacak kadar zayıf kanatlar. Faydasız oldukları gibi bu kanatlar avcılardan kaçmama ya da yiyecek bulmama da yardım etmiyor. Ama beni avcılara karşı daha korunmasız hale getirmedikçe, muhtemelen üremek ve kanatlarımı çocuklarıma geçirmek üzere hayatta kalacağım. Darwin'in doğal seleksiyonun bir şey ürettiğine dair önerisinde fazla olumlu bir çıkarımda bulunmasındaki hata, belki de sonuçta kendi tercih ettiği alternatif "doğal koruma" terimi yerine "doğal seleksiyon" ya da "en güçlü olanın hayatta kalması" ifadelerini kullanmasından kaynaklanıyordu.

Devam ederek Richard Dawkins'in *The Selfish Gene* eserinin popüler şaşırtmada önemli bir uygulama olduğunu belirttim. Ateist bir filozof olarak bu tür popülerleştirme çalışmasının Desmond Morris'in *The Naked Ape* veya *The Human Zoo* eserleri gibi kendi içlerinde yıkıcı olduğunu düşünüyordum. Çalışmalarında Morris, zoolojik bir açıklamanın sonuçları olarak, biyolojik bir fenomen olarak düşünülen kendi türümüze özgü olan her şeyin sistematik bir inkârını sunuyor. İnsanlarla diğer türler arasındaki belirgin farklılıkları göz ardı ediyor veya bahanelerle mazur gösteriyor.

Diğer yandan Dawkins, genetikteki elli veya daha fazla yıllık çalışmanın neticesine, yani organizmaların gözlemlenebilir özelliklerinin büyük çoğunlukla birçok genin etkileşimleriyle koşullandığını ve çoğu genin bu tür birçok özellik üzerinde çeşitli etkilerinin olduğu keşfine inanmamaya ya da bunu küçümsemeye çalıştı. Dawkins için insan davranışını üretmenin başlıca yolu, genlere yalnızca insanlara atfedilebilecek özellikleri atfetmekti. Sonra, hepimizin genlerimizin oluşturduğu başka seçim şansı olmayan yaratıkları olduğunda ısrar ederek, her şeyi kontrol eden monatların nahoş kişisel özelliklerini paylaşmaktan başka çaremiz olmadığı sonucuna varıyor.

Genler elbette, bunlar veya diğer bilinçsiz varlıkların rekabete dahil olabilecekleri ya da seleksiyon gerçekleştirebileceklerinden daha fazla bencil ya da cömert olamazlar. (Doğal seleksiyon, bilindiği gibi, seleksiyon değildir; ve insan seviyesinin altında, varlık için verilen mücadelenin kelimenin gerçek anlamında "rekabetçi" olmadığı da, daha az bilinen mantıksal bir gerçektir.) Ama bu Dawkins'i, kitabının "bilim kurgu değil, bilim" olduğunu duyurmaktan alıkoymadı. Şöyle diyordu, "Biz hayatta kalma makineleriyiz - genler olarak bilinen bencil molekülleri korumak için gözümüz bağlı programlanan robot araçlar."[2] Daha sonra zaman zaman inkârlarda bulunmakla birlikte Dawkins, kitabında onu harfi harfine ele almamamız için hiçbir uyarıda bulunmuyordu. İlginç bir biçimde, "kitabının iddiasının biz ve diğer bütün hayvanların genlerimiz tarafından yaratılan makineler olduğunu" da ekledi.

Bunlardan herhangi biri doğru olsaydı, Dawkins'in yaptığı gibi, şu vaaz ile devam etmeye hiç gerek olmazdı: "Cömertliği ve fedakârlığı öğretmeye çalışalım, çünkü biz bencil doğduk." Hiçbir etkili ve güzel söz programlanmış robotları hareket ettiremez. Ama aslında bunların hiçbiri doğru değil - birazcık olsun mantıklı bile değil. Gördüğümüz gibi genler, davranışımızı gerekli kılmaz ve kılamaz. Ayrıca acımasız bir bencillik ya da fedakâr bir merhamet duygusunu oluşturmak için gerekli anlayış ve hesaplama kapasitesine de sahip değiller.

TUTKULU VE İLKELİ OYUN

Babe Ruth beyzboldan kırk yaşında emekli oldu. Ben şu anda bu yaşın iki katından daha büyüğüm ve Tanrı'nın varlığıyla ilgili fikrimi değiştirsem de, ateizm savunmam ve teistler ve diğerleriyle yaptığım tartışmaların teoloji sorularına devam eden ilgimi ve çeşitli cevapları ortaya çıkarmaya devam etme isteğimi gösterdiğini umuyorum. Analistler ve psikologlar bundan istedikleri anlamı çıkarabilirler ama benim içimdeki dürtü hâlâ aynı: gerçek sonuçlara ulaşan geçerli iddiaların peşinden gitmek.

Mevcut fikrimi ve beni bunu kabul etmeye iten kanıtları sunduğum kitabın sonraki bölümünde de umarım her zamanki tutkum ve ilkelerimle oynayabilirim.

BÖLÜM II

TANRI'YI KEŞFİM

4

MUHAKEME YOLCULUĞU

Konuya bir öyküyle başlamak istiyorum. Denizin bir uydu telefonunu, daha önce modern toplumla hiç temas etmemiş bir kabilenin yaşadığı uzak bir adaya sürüklediğini düşünün. Yerliler arama tuşlarıyla oynar ve belirli sıralarda bastıklarında farklı sesler duyarlar. İlk önce bu sesleri çıkaranın cihazın kendisi olduğunu düşünürler. Daha zeki yerlilerden bazıları, yani kabilenin bilim adamları, bir kopyasını oluşturarak yeniden tuşlara basarlar. Sesleri tekrar duyarlar. Sonuç onlar için ortadadır. Kristaller ve metaller ve kimyasallardan oluşan bu kombinasyon insan sesine benzeyen sesler oluşturur ve bunun anlamı seslerin cihazın bir özelliği olmasıdır.

Ancak kabilenin bilgesi bir toplantı için bilim adamlarını bir araya getirir. Konu üzerine uzun zaman düşünmüş ve şu sonuca varmıştır: cihazın içinden gelen sesler kendileri gibi yaşayan ve bilinç sahibi olan ancak başka bir dilde konuşan insanlardan geliyor olmalıdır. Seslerin telefon cihazının özelliği olduğunu varsaymak yerine, gizemli bir iletişim ağı yoluyla diğer insanlarla "irtibat" halinde olma ihtimallerini araştırmaları gereklidir. Belki de bu yöndeki daha fazla araştırma sonucunda, bu adanın ötesindeki dünyayı daha iyi anlayacaklardır. Ancak bilim adamları bilgeye gülmekle yetinirler ve şöyle derler: "Bak, cihaza zarar verdiğimizde sesler gelmeyi kesiyor. Yani açıkça görülüyor ki bunlar, lityum ve basılı devre levhaları ve ışık emici diyotların eşsiz bir kombinasyonunun ürettiği seslerden başka bir şey değil."

Bu öyküde, kanıtın teorilerimizi şekillendirmesi yerine yerleşmiş teorilerin, kanıtı görüş şeklimizi değiştirmesine ne kadar kolay izin verdiğimizi görüyoruz. Copernicus'un girişimi, Ptolemy'nin bin tane ikincil çemberiyle engellenebilir. (Ptolemy'nin güneş sistemiyle ilgili dünya merkezli modelini savunanlar, modelleriyle çatışan gezegen hareketine dair gözlemleri bahanelerle mazur göstermek için ikincil çember kavramını kullanarak Copernicus'un güneş merkezli modeline direnmişlerdir.) Ve bunda bana göre, dogmatik ateizmin kendine has tehlikesi, kötülüğü yatmaktadır. "Dünyanın nasıl var olduğuna dair bir açıklama aramamalıyız; o burada ve hepsi bu kadar" ya da "Her şeyden üstün bir hayat kaynağını kabul edemeyeceğimize göre, imkânsız olana, yani hayatın kendiliğinden şans eseri maddeden kaynaklandığına inanmayı seçiyoruz" veya "Fizik kanunları, boşluktan kaynaklanan 'kanunsuz kanunlar'dır - tartışma bitmiştir" gibi ifadeleri ele alalım. İlk bakışta etraflarında saçma bir hava olmadığı için özel bir güce sahip mantıklı iddialar gibi görünüyorlar. Elbette ki bu, onların mantıklı ya da iddia olduklarına dair bir işaret sayılamaz.

Artık bir durumun öyle veya böyle olduğuna dair mantıklı bir iddia öne sürmek için, bu durumu destekleyecek nedenler sunmak gereklidir. Farz edelim ki bu türden bir ifadede bulan birinin neyi iddia ettiği konusunda şüphedeyiz, ya da daha radikal bir biçimde, gerçekten bir şey iddia edip etmediklerinden bile emin değiliz; ifadelerini anlamaya çalışmanın bir yolu, iddialarının gerçekliğini desteklemek için sundukları, varsa, kanıtları bulmaya çalışmaktır. Eğer sunulan ifade gerçekten mantıklı ve bir iddia niteliğindeyse, bilim veya felsefeden kendi lehine nedenler sunmalıdır. Ve bu ifadenin aleyhine sayılabilecek her şey, ya da konuşmacının bundan vazgeçmesine ya da hatalı olduğunu kabul etmesine neden olacak her şey ortaya serilmelidir. Ancak bunun lehine sunulan hiçbir neden ya da kanıt yoksa, o zaman bunun mantıklı bir iddia olduğuna dair bir neden veya kanıt da yoktur.

Öyküdeki Bilge, bilim adamlarına kanıtın bütün boyutlarını araştırmalarını söylediği zaman, ilk bakışta mantıklı ve durum gereği umut verici görünen bir şeyi araştırmamanın, kabilenin yaşadığı adanın ötesindeki dünyayı daha iyi anlama ihtimalini ortadan kaldırdığını söylemek istiyordu.

Şimdi ateist olmayan insanlara genellikle, bilimsel zihniyete sahip dogmatik ateistlerin "Yine de bir Tanrı olabilir" ifadesini kabul etmeleri için yeterli olduğunu kabul edecekleri bir nedene dair akla gelecek bir kanıt yokmuş gibi geliyor. Bu nedenle eski ateist arkadaşlarıma şu temel soruyu soruyorum: "En azından üstün bir Zihnin varlığını düşünmeniz için bir neden oluşturmak üzere ne olması ya da ne olmuş olması gerekir?"

KARTLARI MASAYA DİZERKEN

Öyküyü bir kenara bırakacak olursak, şimdi kartlarımı, yani kendi görüşlerimi ve bunları destekleyecek nedenlerimi masaya dizme sıram geldi. Artık evrenin sonsuz bir Zekâ tarafından var edildiğine inanıyorum. Bu evrenin karmaşık kanunlarının bilim adamlarının Tanrı'nın Zihni dedikleri şeyi ortaya koyduğuna inanıyorum. Hayatın ve çoğalmanın, ilahî bir Kaynaktan başladığına inanıyorum.

Yarım yüzyıldan fazla bir süre boyunca ateizmi açıklayıp savunduktan sonra neden buna inanıyorum? Buna kısaca şöyle cevap verebilirim: modern bilimin ortaya çıkardığı dünya resmi, benim gördüğüm şekliyle böyle. Bilim, doğanın Tanrı'ya işaret eden üç boyutuna ışık tutuyor. Bunlardan ilki doğanın kanunlara uyduğu gerçeği. İkincisi, hayat boyutu; maddeden kaynaklanan ve zekice organize edilip amaca yönelik hareket eden varlık boyutu. Üçüncüsü ise doğanın varlığı. Ancak bana rehberlik eden yalnızca bilim olmadı. Aynı zamanda klasik felsefi iddiaların yenilenen incelemesi de bana yardımcı oldu.

Ateizmden vazgeçmem, yeni bir fenomen ya da iddia nedeniyle olmadı. Son yirmi yıldır, bütün düşünce çerçevem hareket halindeydi sürekli. Bu da, doğayla ilgili kanıtları sürekli olarak değerlendirmemin bir sonucuydu. Sonunda bir Tanrı'nın var olduğunu kabul ettiğimde, bu bir paradigma değişimi değildi, çünkü *Republic* adlı eserinde Plato'nun Socrates için yazdığı gibi benim paradigmam hâlâ aynı yerde: "İddianın götürdüğü yere gitmeliyiz".

Bir filozof olarak benim nasıl olup da bilim adamlarının ele aldığı konularla ilgili konuşabildiğimi sorabilirsiniz. Buna cevap vermenin en iyi yolu bir başka soru olacaktır. Burada bilimle ya da felsefeyle mi uğraşıyoruz? İki fiziksel bedenin, örneğin, iki subatomik partikülün etkileşimini incelerken bilimle uğraşıyorsunuzdur. Bu subatomik partiküllerin - ya da fiziksel olan *herhangi bir şeyin* - nasıl ve neden var olabildiğini sorduğunuz zaman, felsefeyle uğraşıyorsunuz demektir. Bilimsel verilerden felsefi sonuçlar çıkarıyorsanız, bir filozof gibi düşünüyorsunuzdur.

BİR FİLOZOF GİBİ DÜŞÜNMEK

Şimdi yukarıdaki bakış açısını uygulayalım. 2004 yılında işe tek başına madde ile başlarsanız hayatın kaynağının açıklanamayacağını söyledim. Beni eleştirenler bunun üzerine muzafferane bir tavırla, abiyojenezle (hayatın cansız materyalden kendiliğinden oluşumu) ilgili olarak bilimsel bir dergide tek bir makale okumadığımı ya da bununla ilgili son gelişmeleri takip etmediğimi ilan ederek cevap verdiler. Bunu yaparak asıl noktayı kaçırdılar. Ben kimya ya da genetiğin o ya da bu gerçeğiyle değil, bir şeyin canlı olmasının ne anlama geldiği ve bunun bir bütün olarak bakıldığında kimya ve genetik gerçeklerle nasıl ilişkili olduğuna dair temel soruyla ilgileniyordum. Bu seviyede düşünmek, bir filozof gibi düşünmektir. Ve kulağa kendini beğenmiş gibi gelme riskini alarak bunun, bilim adamı olarak bilim adamlarının değil tam olarak filozofların işi olduğunu söylemeliyim; bilim adamlarına özgü uzmanlık, iş bu soruyu düşünmeye geldiğinde onlara hiçbir avantaj vermiyor; tıpkı yıldız bir beyzbol oyuncusunun belirli bir diş macununun dişe faydaları üzerine özel bir uzmanlığının olmadığı gibi.

Elbette ki bilim adamları da herkes kadar filozof gibi düşünmekte serbest. Ve elbette bütün bilim adamları elde ettikleri gerçeklere dair benim yorumuma katılmayacaktır. Ama buna katılmamaları onların kendi felsefi düşüncelerine kalmalıdır. Diğer bir deyişle, felsefi analize giriyorlarsa, bilim adamı olarak ne yetkileri ne de uzmanlıkları konuyla ilgilidir. Bunu anlamak kolay olmalı. Bilim ve teknolojinin oluşturduğu iş sayısına dair iddialarda bulunmak gibi bilim ekonomisi üzerinde görüşlerini bildirirlerse, iddialarını ekonomik analiz dahilinde öne sürmek zorundalar. Bunun gibi, bir filozof olarak konuşan bir bilim adamı, felsefi bir iddia sunmalıdır. Albert Einstein'ın da söylediği gibi: "Bilim adamı, kötü bir filozoftur."

Neyse ki durum her zaman böyle değildir. Son yüz yıl içinde bilimin önderleri, günümüzün en etkili bilim adamlarından bazılarıyla birlikte, ilahî bir Zihinden kaynaklanan rasyonel bir evrene dair felsefi anlamda ikna edici bir görüş oluşturdular.

Sonuç olarak artık, bilim adamları ve halktan insanların benzer şekilde karşılaştıkları birçok fenomenin en sağlam felsefi açıklaması olarak gördüğüm dünya görüşü budur.

Üç bilimsel araştırma alanı benim için özellikle önemlidir ve bugünün kanıtları ışığında ilerlerken de bunları dikkate alacağım. Bunlardan ilki en derin düşünen bilim adamlarının bile kafasını karıştıran ve karıştırmaya devam eden sorudur: Doğanın kanunları nasıl oluştu? İkincisi de herkesin bildiği şu soru: Bir fenomen olarak hayat, nasıl hayatın yokluğundan çıkıyor? Üçüncüsü ise filozofların kozmologlara devrettiği problemdir: Evren, yani fiziksel olan her şey, nasıl var oldu?

BİLGELİĞİN YENİDEN KEŞFİ

Tanrı ile ilgili klasik felsefi tartışmalardaki yeni konumuma gelecek olursam, bu alanda beni ikna eden her şeyden önce David Conway'in *The Recovery of Wisdom: From Here to Antiquity in Quest of Sophia* (Bilgeliğin Yeniden Keşfi: Sophia'nın Peşinde Günümüzden Antik Çağlara) adlı kitabında Tanrı'nın varlığına dair iddiası olmuştur. Conway, hem klasik hem de modern felsefede eşit yere sahip, Middlesex Üniversitesi'nde çalışan seçkin bir İngiliz filozoftur.

Varlığı Conway ve benim tarafından savunulan Tanrı, Aristotle'ın Tanrı'sıdır. Conway şöyle yazar:

Özet olarak, dünyanın ve daha geniş halinin açıklaması olduğunu düşündüğü Varlığa Aristotle şu nitelikleri atfetmiştir: değişmezlik, maddi olmama, her şeye gücü yetme, her şeyi bilme, birlik ya da bölünememe, mükemmel iyilik ve gerekli varlık. Bu niteliklerle Musevi-Hıristiyan geleneğinde Tanrı'ya geleneksel olarak atfedilen nitelikler arasında etkileyici bir benzerlik bulunmaktadır. Bu iki dinin ibadet hedefi olan dünyanın nedeni olarak Aristotle'ın zihninde aynı İlahî Varlığın bulunduğuna dair görüşümüzü tam olarak haklı gösteren de budur.[2]

Conway'in de anladığı gibi, tek tanrılı dinlerin Tanrı'sı, Aristotle'ın Tanrı'sıyla aynı niteliklere sahiptir.

Conway kitabında, "klasik felsefe görüşü" olarak tanımladığı şeyi savunmaya çalışmaktadır. Bu düşünce, "dünya ve daha geniş halinin açıklamasının, onu var etmek ve rasyonel varlıkları devam ettirmek amacıyla yaratan ve daha çok Tanrı denen üstün, her şeye gücü yeten ve her şeyi bilen bir zekânın yaratısı olduğuna dair görüş"tür. Tanrı dünyayı, rasyonel varlıklardan oluşan bir ırkı var etmek için yarattı. Conway, tek başına insan muhakemesinin uygulanması ile Aristotle'ın savunduğu Tanrı'nın varlığı ve doğasını öğrenmenin mümkün olduğuna inanıyor ve ben de bunu onaylıyorum.

Tanrı'yı keşfimin, doğaüstü fenomenden hiç bahsetmeden tamamen doğal bir düzeyde geliştiğinin altını çizmeliyim. Geleneksel olarak doğal teoloji denen bir uygulamaydı. Bilinen dinlerin hiçbiriyle bir bağlantısı olmadı. Ayrıca Tanrı'yla ilgili kişisel bir deneyimim ya da doğaüstü veya mucizevî denecek türden bir deneyim yaşadığımı da iddia etmiyorum. Kısacası, Tanrı'yı keşfedişim inancın değil, muhakemenin bir yolculuğudur.

5

DOĞANIN KANUNLARINI KİM YAZDI?

Tanrı'nın varlığına ilişkin muhtemelen en popüler ve akla en yatkın argüman, sözde tasarım argümanıdır. Bu argümana göre doğada açık biçimde görünen tasarım, kozmik bir Tasarımcının varlığını göstermektedir. Genellikle bunun aslında bir düzen içerisinde tasarım yapılmasına yönelik bir argüman olduğunu vurgulamışımdır; zira doğadaki algılanan düzenden kaynaklanan argümanlar bir tasarımın, dolayısıyla bir Tasarımcının varlığını kanıtlamaktadır. Bir zamanlar bu tasarım argümanını sert biçimde eleştirmiş olsam da artık şunu anladım ki, bu argüman doğru biçimde formüle edildiğinde Tanrı'nın varlığına ilişkin inandırıcı bir ifade teşkil etmektedir. Bu sonuca varmama özellikle iki alandaki gelişmeler yol açmıştır. Bunların ilki doğanın kanunlarının kaynağı sorusu ve günümüzün saygın bilim adamlarının bu konuyla ilgili görüşleridir. İkincisi ise yaşamın kaynağı ve üreme sorusudur.

Doğanın kanunları diyerek neyi mi kastediyorum? *Kanun* kelimesiyle anlatmak istediğim şey doğadaki düzen veya simetridir. Ders kitaplarında sık sık yer alan bazı örnekler ne demek istediğimi gösterebilir:

Boyle Kanunu: Sıcaklığın sabit kalması koşuluyla, bir miktar gazın basıncı ile hacminin çarpımı daima sabittir.

Newton'un Birinci Hareket Kanunu: Herhangi bir cisim üzerine bir kuvvet etki ediyorsa ya da etki eden kuvvetlerin bileşkesi sıfırsa, cisim durumunu değiştirmez; yani duruyorsa durur, hareket ediyorsa hareketini bir doğru boyunca devam ettirir.

Enerjinin korunumu kanununa göre, kapalı bir sistemin içerisindeki toplam enerji miktarı sabittir.

Önemli nokta yalnızca doğada düzenlerin olması değil, bu düzenlerin matematiksel olarak kesin, evrensel ve "birbirine bağlı" olmasıdır. Einstein bunlara "somut mantık" diyordu. Bizim sormamız gereken soru, doğanın bu şekilde bir bütün haline nasıl geldiğidir. Bu kesinlikle Newton, Einstein ve Heisenberg gibi bilim adamlarının sordukları – ve cevapladıkları – sorudur. Bu kişilerin buldukları cevap Tanrı'nın Aklı olmuştu.

Bu düşünme biçimi yalnızca Isaac Newton ve James Maxwell gibi modern çağ öncesindeki teistik bilim adamlarında rastlanan bir şey değildi. Aksine modern çağın çok sayıda önemli bilim adamı, doğanın kanunlarını Tanrı'nın Aklı'nın düşünceleri olarak görmüştür. Stephen Hawking en çok satılan kitaplar listesinde yer alan *Zamanın Kısa Tarihi* kitabını şu paragrafla bitiriyor:

> Eksiksiz bir kuram keşfedecek olursak, bu kuram zamanı geldiğinde yalnızca birkaç bilim adamınca değil, herkes tarafından anlaşılabilir olmalıdır. Ardından filozoflar, bilim adamları, sıradan insanlar, yani hepimiz, bizlerin ve kâinatın neden var olduğu sorusuna ilişkin tartışmaya katılmalıyız. Bu sorunun cevabını bulacak olursak, bu, insan aklının

en büyük zaferi olacaktır –çünkü ancak o zaman Tanrı'nın aklının ne olduğunu öğrenebiliriz.

Hawking, bu paragraftan bir önceki sayfada şöyle bir soru sormuştu: "Olası tek bir ortak kuram olsa bile, bu kuram yalnızca bir kurallar ve denklemler kümesidir. Bu denklemlere can veren ve bu denklemlerin tanımlayacağı bir evreni yaratan şey nedir?"[1]

Hawking kendisiyle daha sonra yapılan röportajlarda bu konu hakkında şunları söylemişti: "En büyük kanıt evrendeki düzendir. Evren hakkında daha fazla şey keşfettikçe evrenin mantıklı kanunlarca yönetilmekte olduğuna dair daha fazla şey keşfederiz. Ve aklınızda hâlâ şu soru olur: Evrenin var olma nedeni nedir? İsterseniz Tanrı'yı bu denklemin cevabı olarak tanımlayabilirsiniz."[2]

TÜM BU KİTAPLARI KİM YAZDI?

Hawking'den çok önce Einstein da benzer ifadeler kullanmıştı: "Tanrı'nın bu dünyayı nasıl yarattığını merak ediyorum... O'nun dünyayı yaratırken düşündüklerini bilmek istiyorum, gerisi teferruattır."[3] *Tanrı ve Felsefe* kitabımda, Einstein'ın Spinoza'nın Tanrısına inandığını söylemiş olması nedeniyle aslında bu tür ifadelerden pek bir anlam çıkartamayacağımızı söylemiştim.[4] Baruch, Spinoza için *Tanrı* ve *doğa* kelimelerinin eşanlamlı olması nedeniyle Einstein'ın Museviler, Hıristiyanlar ve Müslümanların gözünde mutlak bir ateist olduğu ve onun "bütün ateistlerin ruhani babası" olduğu söylenebilir.

Fakat Einstein'ın arkadaşı Max Jammer'ın yazdığı *Einstein ve Din* adlı kitap, Spinoza'nın Einstein üzerindeki etkisi ve

Einstein'ın kendi inançları hakkında ortaya oldukça farklı bir resim koymaktadır. Jammer, Einstein'ın Spinoza hakkında bildiklerinin oldukça sınırlı olduğunu; Spinoza'nın yalnızca *Etik* kitabını okuduğunu ve Spinoza'nın felsefesi hakkında yazı yazmasına yönelik yapılan ısrarlı talepleri geri çevirdiğini anlatmaktadır. Einstein, bu taleplerden birine cevaben, "Spinoza hakkında bilimsel bir makale yazabilecek kadar bilgiye sahip değilim," demişti.[5] Her ne kadar Einstein, Spinoza'nın determinizme olan inancını paylaşmış olsa da Jammer, Spinoza'nın düşüncesinin Einstein'ın bilimini etkilemiş olduğunu varsaymanın "gerçek dışı ve haksız" bir yaklaşım olacağına inanmaktadır.[6] Jammer ayrıca "Einstein'ın Spinoza'ya yakınlık hissettiğini, çünkü ikisinin de yalnızlığa ihtiyaç duyduyduklarını ve Yahudi kültürünün içinde büyüme ve sonradan bu kültürün dinsel mirasından dışlanma kaderini paylaştıklarını fark etmişti."[7]

Einstein, Spinoza'nın panteist olmasına dikkat çekerken aslında kendisinin ne ateist ne de panteist olduğunu açık biçimde dile getiriyordu:

> *Ben ateist değilim ve kendime panteist diyebileceğimi de düşünmüyorum.* Aslında çok sayıda farklı dilde yazılmış yüzlerce kitapla dolu bir kütüphaneye giren küçük bir çocuğa benziyoruz. Çocuk bu kitapları mutlaka birisinin yazmış olduğunu biliyordur ama bu kitapların nasıl yazıldığını bilmez. Bu kitapların yazıldığı dilleri anlamaz. Çocukta kitapların gizemli bir düzene göre yerleştirildiğine dair belli belirsiz bir kuşku uyanır ama bu gizemin ne olduğunu bilemez. Bence en akıllı insanın bile kafasındaki Tanrı düşüncesi bu çocuğun haline benzemektedir. Evrenin muazzam bir düzen ve belirli kurallar çerçevesinde işlediğini görür ama bu kuralları pek anlamayız. Belirli sınırları olan aklımız, takımyıldızlarını hareket ettiren gizemli gücü kavramaktadır. [8]

Richard Dawkins, *Tanrı Yanılgısı* adlı kitabında Einstein'ın ateist olduğu yönündeki eski görüşümü ileri sürmektedir. Dawkins böyle yaparak Einstein'ın ne ateist ne de panteist olduğu yönünde yukarıdaki kesin ifadelerini göz ardı etmiş oluyor. Bu oldukça şaşırtıcıdır, çünkü Dawkins, Jammer'dan sık sık alıntı yaparken, Jammer ve Einstein'ın kendi iddiasını çürütecek türden sayısız ifadesini atlamaktadır. Örneğin Jammer kitabında şöyle diyor: "Einstein ateist olarak anılmaya sürekli karşı çıkmıştı. Mesela Prens Hubertus ile yaptığı bir sohbette 'Beni asıl sinirlendiren şey, [Tanrı diye bir şey olmadığını söyleyen] insanların görüşlerini desteklemek için benden alıntı yapmalarıdır,' demişti. Einstein ateizmi reddediyordu, çünkü bireysel bir Tanrı anlayışını kabul etmeyişini Tanrı'yı inkâr etmek olarak görmüyordu."[9]

Einstein elbette bireysel bir Tanrı anlayışına inanmıyordu. Fakat şunları söylüyordu:

> Bireysel bir Tanrı inancına karşı çıkılmasının gerekip gerekmediği oldukça farklı bir meseledir. Freud bu görüşü en son kitabında desteklemiştir. Ben şahsen asla bu tür bir uğraş içerisine girmem. Çünkü ben bu tür bir inancı, yaşama karşı aşkın (yüce) bir bakış açısı yokluğuna tercih ederim ve bir gün bir kişi çıkıp da insanlığın büyük kısmını metafiziksel ihtiyaçlarını karşılayacak daha yüce bir vasıtaya yönlendirebilecek mi diye merak ediyorum."[10]

Jammer sözlerine şöyle devam ediyordu: "Özetlemek gerekirse, Einstein, tıpkı İbni Meymun ve Spinoza gibi, dini düşüncede antropomorfizmi kesin bir dille reddediyordu." Fakat bireysel bir Tanrı anlayışını inkâr etmenin mantıklı tek sonucunu Tanrı'nın doğayla özdeşleştirilmesinde bulan Spinoza'nın aksine Einstein, Tanrı'nın kendisini "evrenin kanunlarında insanoğlundan üstün ve karşısında tüm alçakgönüllülüğümüzle saygı duymamız gereken bir ruh olarak" gösterdiğini ileri sürüyordu. Einstein, doğayı bilen kişinin Tanrı'yı da bildiği konusunda Spinoza'yla hemfikirdi ama doğa, Tanrı olduğu için değil, doğanın incelenmesinde bilimin rehberliğiyle ulaşılan nokta din olduğu için. [11]

EINSTEIN'IN "ÜSTÜN AKILI"

Einstein, kesinlikle dünyanın temelindeki mantığı açıklayacak yüce bir kaynağın olduğuna inanıyordu. Bu kaynağı yer yer "üstün akıl," "sonsuz üstün ruh," "üstün muhakeme gücü" ve "takımyıldızlarını hareket ettiren gizemli güç" olarak adlandırıyordu. Einstein'ın bu görüşü birkaç ifadesinde açık biçimde görülmektedir:

> Gerçeğin ve onun insan aklına eşsiz biçimde erişebilmesinin mantıklı yapısına duyulan bu inancı "din" kelimesinden daha iyi ifade edecek bir şey bulamadım. Bu inancın olmadığı yerde bilim, yavan bir süreç haline gelir. Eğer rahipler bunu kendi çıkarları için kullanacaklarsa bırakalım da bunu şeytan düşünsün. Bunun için herhangi bir ilaç yoktur.[12]

> Bu alandaki [bilim] başarılı ilerlemeleri bizzat yaşamış olan herkes, yaşamda tezahür eden ussallığın... yaşamda vücut bulan mantığın görkeminin yarattığı derin saygı duygusundan etkilenir.[13]

> Daha yüksek bir düzenin bütün bilimsel çalışmasının arkasında dünyanın mantıklı veya anlaşılabilir şekilde yaratılmış

olduğuna dair, dini duyguya benzer, bir inanç olduğu kesindir... Kendisini deneyim dünyasında ortaya koyan üstün bir akıl içerisinde yer alan bu sağlam, derin duygulara sıkı sıkıya bağlı inanç benim Tanrı anlayışımı anlatmaktadır.[14]

Bilimle ciddi biçimde uğraşan herkes, doğanın kanunlarının insanoğlundan üstün ve karşısında tüm alçakgönüllülüğümüzle saygı duymamız gereken bir ruhun varlığının tezahürü olduğuna inanır.[15]

Benim dindarlığım, kendisini zayıf ve gelişmemiş akıllarımızla algılayabildiğimiz küçük ayrıntılarda belli eden son derece üstün ruha karşı mütevazı bir hayranlıktan ibarettir. Benim kafamdaki Tanrı fikrini, kendisini akıl sır erdirilmesi imkânsız evrende ortaya koyan üstün bir muhakeme gücünün varlığına duyulan bu derin duygusal inanç şekillendirmektedir.[16]

KUANTUM TANRI'YA DOĞRU SIÇRIYOR

İzafiyeti bulan Einstein, doğanın kanunları ile Tanrı'nın Aklı arasında bir bağ olduğunu gören ilk büyük bilim adamı değildi. Modern zamanların bir diğer büyük bilimsel keşfi olan kuantum fiziğinin ataları Max Planck, Werner Heisenberg, Erwin Schrödinger ve Paul Dirac da benzer ifadelerde bulunmuşlardı[17] ve ben burada bunların birkaçını aktarmak istiyorum.

Heisenberg'in belirsizlik prensibi ve matris mekaniği ile bilinen Werner Heisenberg, "Yaşamım boyunca sürekli olarak bu iki düşünce alanının [bilim ve din] ilişkisini düşünmek zorunda kalmışımdır çünkü her ikisinin de işaret ettikleri şeyin gerçekliğinden asla kuşku duyamamışımdır," demişti.[18] Heisenberg bir defasında da şunları söylemişti:

> Wolfgang [Pauli] hiç beklemediğim bir şekilde bana şöyle bir soru yöneltmişti: "Bireysel bir Tanrı'ya inanıyor musun?" "Sorunu başka bir şekilde ifade edebilir miyim?" diye sormuştum. "Ben şahsen şu formülü tercih ederim: Sen veya herhangi biri, varlığı şüphe götürmeyen şeylerin veya olayların temelindeki düzene bir başka insanın ruhuna ulaştığınız gibi doğrudan ulaşabilir misiniz? "Ruh" kelimesini yanlış anlaşılmamak için kasıtlı olarak kullanıyorum. Eğer sorunu bu şekilde yöneltecek olursan cevabım evet olur... Bu özel pusulayı yönetmiş olan manyetik güç – ve bunun kaynağı temel düzen değildir de nedir? – bir gün tükenecek olursa insanlığın başına toplama kampları ve atom bombalarından bile daha kötü şeyler gelebilir."[19]

Bir diğer kuantum öncüsü olan, dalga mekaniğini geliştiren Erwin Schrödinger şu ifadeleri kullanmıştı:

> Etrafımdaki dünyanın bilimsel resmi oldukça eksiktir. Bu resim bana bol miktarda gerçekçi bilgi sunmakta, bütün deneyimlerimizi muazzam derecede uyumlu bir düzen içerisinde bir araya getirmektedir, fakat kalbimize gerçekten de yakın olan, bizi gerçekten de ilgilendiren şeyler konusunda pek bir şey anlatmamaktadır. Kırmızı ile mavi, acı ile tatlının yarattığı hisler, neşe ve keder duyguları hakkında tek bir kelime bile söyleyemez. Güzel ve çirkin, iyi veya kötü, Tanrı ile sonsuzluk hakkında hiçbir şey bilmez. Bilim bazen bu alanlardaki soruları cevaplıyormuş gibi yapar, fakat verdiği cevaplar çoğunlukla o kadar saçmadır ki, bunları genellikle ciddiye almayız.

Bilim, bizlerin de bir şekilde bir parçasını oluşturduğumuz, ait olduğumuz büyük Birlik söz konusu olduğunda da sessiz kalır. Bu büyük Birlik için günümüzde en yaygın biçimde kullanılan isim baş harfi büyük yazılan "Tanrı" kelimesidir. Bilime genellikle ateistlik damgası vurulur. Söylediğimiz o kadar şeyden sonra bu hiç de şaşırtıcı olmasa gerek. Eğer bilimin dünyaya dair çizdiği resim güzelliği, neşeyi, kederi kapsamıyorsa, eğer kişisellikten bilinçli olarak yoksun bırakılıyorsa, bu resmin, kendisini insan aklına sunan en yüce fikri kapsaması nasıl beklenebilir ki.[20]

Kuantum hipotezini ilk ortaya koyan Max Planck, "Din ile bilim arasında asla gerçek anlamda bir zıtlık olamaz, çünkü biri diğerinin tamamlayıcısıdır," diyerek açık biçimde bilimin dini tamamladığını ileri sürmüştü.[21] Planck ayrıca, "Din ile doğal bilim birlikte şüpheciliğe, dogmacılığa, inançsızlığa ve batıl inanca karşı ... [ve dolayısıyla] 'Tanrı uğruna' amansız bir savaş vermektedir" demişti.[22]

Üçüncü bir kuantum kuramı formülü ile Heisenberg ve Schrödinger'i tamamlayan Paul A. M. Dirac, "Tanrı üst düzey bir matematikçidir ve evreni yaratırken ileri düzeyde matematik kullanmıştır" şeklinde bir ifadede bulunmuştu.[23]

Bu bilim adamlarından nesiller önce Charles Darwin de benzer bir görüş dile getirmişti:

> [Mantık bana] içerisinde belirsizliğin veya gerekliliğin sonucu olarak geçmişe ve geleceğe bakabilme kabiliyeti bulunan insanların olduğu bu uçsuz bucaksız ve olağanüstü evreni anlayabilmenin aşırı zorluğunu, hatta olanaksızlığını anlatmaktadır. Böyle düşündüğüm zamanlarda kendimi, bir ölçüde insanlarınkine benzeyen akıllı bir kafaya sahip İlk

Neden'e (Tanrı) başvurmak zorunda hissediyorum; sanırım Tanrı'ya inanan biri olarak adlandırılmayı hak ediyorum.[24]

Bu düşünce treni, günümüzün önde gelen bilim düşünürlerinin çoğunun yazılarında canlı tutulmaktadır. Bu kişiler arasında Paul Davies, John Barrow, John Polkinghorne, Freeman Dyson, Francis Collins, Owen Gingerich ve Roger Penrose gibi bilim adamları, Richard Swinburne ve John Leslie gibi bilim felsefecileri bulunmaktadır.

Özellikle Davies ve Barrow; Einstein, Heisenberg ve diğer bilim adamlarının görüşlerini geliştirerek doğanın temelindeki mantık ile Tanrı'nın Aklı arasındaki ilişki hakkında kuramlara dönüştürmüşlerdir. Her ikisi de bu araştırmaya yaptıkları katkılardan ötürü Templeton Ödülü'ne layık görülmüşlerdir. Çalışmaları, burada tartışılan meselelere ışık tutarken, çok sayıda yaygın yanlış anlamayı da düzeltmektedir.

KİMİN KANUNLARI?

Paul Davies, Templeton Ödülü'nü alırken yaptığı konuşmasında "bilim ancak bilim adamı Tanrı'yı tamamen kabul eden bir dünya görüşü benimsediğinde ilerleyebilir" demişti. Fizik kanunlarının nereden geldiğini hiç kimse sormamaktadır, fakat "en ateist bilim adamı bile doğada, en azından kısmen anlayabildiğimiz, kanun benzeri bir düzenin varlığını kabul eder." Davies oldukça yaygın olan iki yanlış kanıyı da reddetmektedir: Her şeyi açıklayan bir kuramın, içinde yaşadığımız dünyanın mantığa uygun tek dünya olduğunu göstereceği fikrinin "kesinlikle yanlış" olduğunu, çünkü evrenin mantıken gerekli olduğuna dair herhangi bir kanıt bulunmadığını ve doğrusu mantığa uygun alternatif evrenler hayal etmenin de mümkün olduğunu söylemektedir. Davies ikinci olarak, fizik kanunlarının doğanın değil de bizim kanunlarımız olduğunu düşünmenin "kelimenin tam anlamıyla bir saçmalık olduğunu" belirtmektedir. Fizikçiler, Newton'un yerçekimi kanununun aslında kültürel bir sürecin ürünü olduğuna inanmayacaklardır. Davies, fizik kanunlarının "esasen var olduğunu" ve bilim adamlarının yapması gereken şeyin bunları icat etmek değil, ortaya çıkarmak olduğuna inanmaktadır.

Davies, olayların temelindeki doğa kanunlarının doğrudan gözlem yoluyla bulunamayacağı, aksine deney ve matematiksel kuram yoluyla ortaya çıkarılabileceği gerçeğine dikkat çekmektedir. Bu kanunlar, bilim adamlarının "doğanın veya Tanrı'nın diyebileceğiniz, ama kesinlikle *bizim* diyemeyeceğiniz mesajı" ortaya çıkarmak amacıyla kırmaları gereken kozmik bir şifreyle yazılmıştır.

Davies en önemli sorunun üç bölümden oluştuğunu söylüyor:

> Fizik kanunlarının kaynağı nedir?
>
> Neden başka kanun kümeleri yoktur da sadece bunlar vardır?
>
> Nasıl oluyor da elimizde hiçbir özelliği olmayan gazlara can veren, bilinci ve zekâyı yönlendiren bir kanunlar kümesi vardır?

Bu kanunlar "yaşam ve bilincin ortaya çıkabilmesi için suni olarak konmuş –bazı yorumculara göre ince ayarlı– gibi görünmektedir." Davies sözlerini, "fiziksel var oluşun suni yapısı benim öyle 'olduğu gibi' kabul edemeyeceğim kadar olağanüstüdür. Bu yapı, varoluşun derinliklerinde yatan bir anlama işaret eder," diyerek sürdürüyor. Davies, a*maç* ve *tasarım* gibi kelimelerin evrenin varoluş sırlarını tam olarak ifade edemediğini söylüyor. "Fakat evrenin kesinlikle sırları olduğu konusunda hiçbir şüphem yok."

John Barrow, Templeton Ödülü'nü alırken yaptığı konuşmada, evrenin sonsuz karmaşıklığını ve olağanüstü yapısını simetrik ve anlaşılabilir birkaç basit kanunun yönettiğini belirtmişti. Aslında "bütün evrenlerin nasıl hareket ettiğini anlatan matematiksel denklemler, kâğıt parçaları üzerine karalanmış şeyler vardır." Davies gibi Barrow da evrenin düzenini insan aklının belirlediği görüşünü reddetmektedir. Üstelik "doğal seçim, varlığımızı ve neslimizi sürdürebilmemiz için atomu ve kara delikleri anlamamızı gerektirmez."

Barrow, bilim tarihinde yeni kuramların genişleyerek eskilerini içlerine aldıklarını belirtmektedir. Her ne kadar Newton'un mekanik ve yerçekimi kuramının yerini Einstein'ın kuramı almışsa da ve bu kuramı gelecekte başka kuramlar izleyecek olsa da, bin yıl sonra bile mühendisler çalışmalarını yine Newton'un kuramlarına göre yürüteceklerdir. Barrow, aynı şekilde, evrene ilişkin dini kavramların da çözümlenemeyen şeylerin anlaşılmasına yardım etmek için tahminleri ve benzetmeleri kullandığını söylemektedir. "Bunlar gerçeğin tamamı değildirler, fakat bu onların gerçeğin bir parçası olamayacakları anlamına gelmez."[26]

İLAHİ KANUN KOYUCU

Doğanın kanunlarının ilahi kaynağı hakkında yazılar yazan birkaç felsefeci de olmuştur. Oxford Üniversitesi'nden felsefeci John Foster, *The Divine Lawmaker: Lectures on Induction, Laws of Nature and the Existence of God (İlahi Kanun Koyucu: Tümevarım Üzerine Dersler, Doğanın Kanunları ve Tanrı'nın*

Varlığı) adlı kitabında, doğadaki düzenlerin, nasıl tanımlarsanız tanımlayın, en iyi biçimde ilahi bir Akılla açıklanabileceğini ileri sürüyor. Eğer kanunların olduğu gerçeğini kabul ediyorsanız, evrende bu düzeni sağlayan bir şey olmalıdır. Bu düzeni hangi etken (veya etkenler) sağlamaktadır? Barrow, tüm bu düzenin tek ciddi kaynağının teistik seçenek olduğunu, böylece "dünyadaki düzenleri sağlayarak kanunları yaratanın Tanrı –teistlerin inandıkları Tanrı– olduğu sonucuna rahatlıkla varabileceğimizi" iddia ediyor ve kanunların varlığını inkâr etseniz bile, "düzenleri Tanrı'nın aracılığına başvurarak açıklamak için güçlü gerekçeler vardır," diyor.[27]

Swinburne, Dawkins'in kendisinin tasarım hakkındaki argümanına yönelik eleştirisine karşılık olarak konuyla ilgili şunları belirtmiştir:

> Doğanın kanunu nedir? (Bu, beni eleştiren kişilerin pek çoğunun ele almadığı bir meseledir.) Bütün organların belirli bir biçimde hareket etmesinin (örneğin birbirlerini belirli bir formüle uygun olarak etkilemelerinin) doğanın bir kanunu olduğunu söylemek, bence, fiziksel ihtiyacı karşılayan her organın bu şekilde hareket ettiğini (yani birbirini bu şekilde etkilediğini) söylemektir. Ve bu tekdüzeliğin, bütün organların aynı şekilde hareket etmelerine yol açan bir maddenin eyleminden kaynaklandığını varsaymak, bütün organların aynı biçimde hareket etmesinin en büyük basit gerçeklik olduğunu varsaymaktan çok daha kolaydır.[28]

Swinburne'ün temel argümanı, doğanın kanunlarının işleyişini en iyi açıklayan şeyin geleneksel özellikleri olan bireysel bir Tanrı olduğudur.

Richard Dawkins, Tanrı'nın evreni ve onun kurallarını açıklamak için oldukça karmaşık bir çözüm olduğu gerekçesiyle bu argümana karşı çıkmıştır. Her şeye kadir ruhani bir Varlık kavramından bahsetmek bana oldukça tuhaf gelmektedir. Tek tanrılı üç dinin –Musevilik, Hıristiyanlık ve İslamiyet – mensupları tarafından anlaşılabilecek kadar basit bir fikir olan her şeye kadir ve vakıf bir Ruh fikrinin nesi karmaşıktır? Dawkins'in görüşleri üzerinde yorumda bulunan Alvin Platinga, Dawkins'in kendi ifadesiyle, Tanrı'nın basit olduğunu –karmaşık olmadığını– çünkü Tanrı'nın maddi bir nesne değil, bir ruh olduğunu, dolayısıyla parçalarının olmadığını belirtmiştir.

Bir önceki bölümdeki uydu telefonu benzetmeme dönecek olursak, doğanın kanunları ateistlere yönelik bir sorun teşkil etmektedir, çünkü bu kanunlar; mantığın, madde mekanizmaları yoluyla duyulan sesidir. Modern bilimin belki de en etkili çağdaş yorumcusu Paul Davies, "Bilim, evrenin her kademede tamamıyla mantığa ve akla uygun olduğu varsayımına dayanmaktadır," diyor. "Ateistler, [doğanın] kanunlarının herhangi bir gerekçesinin olmadığını ve evrenin tamamen anlamsız olduğunu iddia etmektedirler. Bir bilim adamı olarak bu düşünceyi kabul edemiyorum. Evrenin mantıklı, düzenli yapısının köklerinin yattığı sağlam bir mantıklı temel olmalıdır."[29]

Tanrı'nın Aklı'na işaret eden bilim adamları, ortaya sırf bir dizi argüman veya Aristocu bir muhakeme süreci koymazlar. Aksine gerçekliğin, modern bilimin kavramsal kalbinden doğan ve mantıktan faydalanan bir görüşünü ortaya koyarlar. Bu, benim için şahsen sağlam ve reddedilemez bir görüştür.

6

EVREN BİZİM GELECEĞİMİZİ BİLİYOR MUYDU?

Bir sonraki tatilinizde bir otel odasına girdiğinizi hayal edin. Komodinin üzerindeki disk çalarda en sevdiğiniz albümden bir şarkı çalıyor. Yatağın üzerindeki duvarda asılı çerçeveli resim, evinizdeki şöminenin üzerinde asılı resmin aynısıdır. Odaya en sevdiğiniz koku yayılmıştır. Hayretler içerisinde kafanızı sallıyorsunuz ve valizleriniz ellerinizden düşüveriyor.

Birdenbire dikkat kesiliyorsunuz. Mini bara doğru ilerliyor, kapısını açıp buzdolabının içerisindekilere bakıyorsunuz. En sevdiğiniz içecekler. En sevdiğiniz kurabiyeler ve şekerlemeler. Hatta tercih ettiğiniz marka şişe suyu.

Mini bardan çıkıp odaya göz gezdiriyorsunuz. Çalışma masasının üzerindeki kitabı fark ediyorsunuz: En sevdiğiniz yazarın son kitabı. Banyoya göz atıyorsunuz. Kişisel bakım ve temizlik ürünleri, her biri sanki sizin için özel olarak seçilmiş gibi, tezgâhın üzerine dizilmiş. Televizyonu açıyorsunuz; en sevdiğiniz kanal ayarlanmış.

Muhtemelen yeni sıcak ortamınız hakkında keşfettiğiniz her yeni şeyle tüm bunların yalnızca bir tesadüf olabileceğini daha az düşüneceksiniz, değil mi? Otel yöneticilerinin sizin hakkınızda bu kadar ayrıntılı bilgiyi nasıl elde edebildiklerini merak edersiniz. Titiz hazırlıklarına hayret edebilirsiniz. Hatta tüm bunların size ne kadara mal olacağını bir kez daha kontrol edebilirsiniz. Fakat kesinlikle birilerinin sizin geleceğinizi bildiğine inanacaksınızdır.

İNCE AYARLANMIŞ EVRENİMİZ

Bu tatil senaryosu, sözde ince ayar argümanın kaba, sınırlı ölçüde bir benzeridir. Bu argümanın son zamanlarda gördüğü rağbet, doğanın kanunlarının yeni bir boyutunun altını çizmiştir. Fizikçi Freeman Dyson, "Evreni ne kadar araştırır ve mimarisinin ayrıntılarını ne kadar incelersem, evrenin bir anlamda bizim geleceğimizi bildiğine dair daha fazla kanıt buluyorum," diyor."[1] Bir başka deyişle, doğanın kanunları sanki evreni yaşamın ortaya çıkmasına ve devam etmesine hazırlamak üzere tasarlanmıştır. Bu, Martin Rees, John Barrow ve John Leslie gibi düşünürler tarafından yaygınlaştırılan insancı ilkedir.

En temel fizik kanununu ele alalım. En temel sabitlerden –örneğin ışık hızı veya bir elektronun kütlesinde– birinin değerinde en ufak bir değişiklik gerçekleşmiş olsaydı insan yaşamının gelişimine izin verebilecek hiçbir gezegenin oluşamayacağı hesaplanmaktadır.

Bu ince ayar iki şekilde açıklanmaktadır. Bazı bilim adamları, bu ince ayarın ilahi tasarımın kanıtı olduğunu söylemektedirler; bazı bilim adamlarının tahminlerine göre de evrenimiz sayısız evrenden biridir ve aradaki tek fark da bizim gezegenimizin yaşam için uygun koşullara sahip olmasıdır. Bugün hemen hiçbir önemli bilim adamı, bu ince ayarın yalnızca tek bir evrende faaliyette olan şans faktörlerinin bir sonucu olduğunu iddia etmemektedir.

Önde gelen insancı kuramcılardan John Leslie, *Infinite Minds* (Sınırsız Akıllar) kitabında ince ayarın en iyi açıklamasının ilahi tasarım olduğunu ileri sürmektedir. Leslie, yalnızca ince ayara ilişkin verilen örneklerle desteklenen belirli argümanlardan değil, bu argümanların bu kadar çok sayıda olmasından etkilendiğini belirtiyor. "Eğer doğanın işleyişinin oldukça tesadüfî ve ayrıca tamamıyla gerekli gibi görünen yönleri varsa, bunlar özellikle Tanrı'ya inancı destekleyen kanıtlar olarak görülebilir."[2] Leslie, doğanın işleyişinin bu tür "tesadüfî" ve "gerekli" yönlerine örnekler veriyor:

1 Özel izafiyet teorisi, elektromanyetizma benzeri kuvvetlerin, bir sistemin hareket yönüne doğru açılarla hareket etsin veya etmesin, değişmez bir etkisi olduğunu belirtmektedir. Bu da genetik kodların işlemesini ve gezegenlerin kendi eksenleri etrafında dönerken birbirlerinden ayrılmamalarını sağlamaktadır.

2 Kuantum kanunları, elektronların dönerek atomun çekirdeğine girmesini önler.

3 Elektromanyetizmanın, birden fazla önemli işlemin gerçekleşmesini mümkün kılan merkezi bir gücü bulunmaktadır: Bu güç, yıldızların milyarlarca yıl boyunca sürekli yanmalarını ve yıldızlarda karbon oluşumunu sağlar; leptonların hadronların yerini almamasını sağlayarak atomların oluşumunu imkânsız kılacak bu işlemin önüne geçer; kimyanın gelişmesini imkânsız hale getirebilecek bir süreç olan protonların etkilerini çok hızlı biçimde kaybetmemelerinden veya birbirlerini çok kuvvetli biçimde itmemelerinden sorumludur.

> Görünüşe göre bu işlemlerin her biri için farklı güçlere ihtiyaç duyulacakken, aynı merkezi güç nasıl olur da bu kadar çok sayıda farklı ihtiyacı karşılayabilmektedir?[3]

BİRDEN FAZLA EVREN

İlahi tasarım görüşüne karşı olarak birden fazla evren kuramı ileri sürülmektedir. (Bu arada, birden fazla evrenin olmasının ilahi bir Kaynak sorununu ortadan kaldırmadığını belirtmeliyim.) Birden fazla evren kavramını savunan en önemli isimlerden biri, kozmolog Martin Rees'tir. Rees şöyle diyor:

> Yaşama uygun herhangi bir evrenin –buna biyofilik evren diyebiliriz– belirli bir biçimde "tanzim edilmesi" gerekmektedir. Hakkında bilgi sahibi olduğumuz bütün yaşam biçimleri –yerlerinde duran uzun ömürlü yıldızlar; karbon, oksijen ve silikon ve birleşerek karmaşık moleküller oluşturabilen yaşam biçimlerinin– ön koşullarının fizik kanunlarına ve evrenin büyüklüğü, genişleme oranı ve içeriklerine karşı hassastır.[4]

Rees, bunun farklı kanunları ve fiziksel değişmezleri bulunan birden fazla "evren" olduğu kuramıyla açıklanabileceğini ve bizim gezegenimizin, karmaşıklığın ve bilincin ortaya çıkmasına yardımcı olan bir evrenler altkümesine ait olduğunu söylemektedir. Eğer durum böyleyse, ince ayar hiç de şaşırtıcı olmayacaktır.

Rees, birden fazla evren fikrinin en etkili biçimlerinden bahsetmektedir. Kozmologlar Andrei Linde ve Alex Vilenkin'in "sonsuz şişkinlik" görüşüne göre evrenler, evrenin bizim bildiğimizden tamamen farklı mekân-zaman boyutları bulunan bağımsız büyük patlamalardan doğmaktadır. Alan Guth, David Harrison ve Lee Smolin'in karadelik tezi, evrenlerin karşılıklı olarak erişilemez uzay-zaman alanlarındaki karadeliklerden meydana geldiğini ileri sürmektedir. Son olarak, Lisa Randall ve Raman Sundrum, farklı uzaysal boyutlarda birbiriyle çekimsel etkileşim halinde olan veya olmayan evrenler olduğunu ileri sürmektedir. Rees, bu birden fazla evren fikirlerinin "oldukça spekülatif" olduğuna ve aşırı yüksek yoğunlukların fiziğini, ilave boyutlardaki yapıların düzenini vb. tutarlı biçimde tanımlayan bir kuram gerektirdiğine işaret etmektedir. Bunların yalnızca birinin doğru olabileceğini belirtmektedir. Aslında Rees sözlerine şunları da eklemektedir: "Kuvvetle ihtimal bunların hiçbiri doğru değildir: Bizleri yalnızca bir evren olduğu sonucuna götürecek alternatif kuramlar vardır."[5]

ANLAMSIZ BİR KURAM

Hem Paul Davies hem de Richard Swinburne, birden fazla evren olduğu görüşünü reddetmektedir. Bir fizikçi ve kozmolog olan Davies, "sonsuz bir evrende gerçekleşebilecek her şeyin gerçekleşeceğinin doğru olduğunu" yazmıştır. Fakat bunu bir açıklama olarak saymak mümkün değildir. Eğer evrenin biyolojik yaşama nasıl uygun olduğunu anlamaya çalışıyorsak, bütün olası evrenlerin var olduğunun söylenmesi bize yardımcı olmaz. Bu görüş, "her şeyi açıklar ve hiçbir şey açıklamaz." Davies, bu ifadesiyle, birden fazla evren görüşünün saçma, anlamsız bir iddia olduğunu anlatmaktadır. Dünyanın ve onun üzerindeki her şeyin, onlarca yıllık yaşam deneyimlerimiz ve binlerce yıl önce gerçekleşen olayların kanıtlarıyla, beş dakika önce meydana geldiğini söyleyecek olursak bizim iddiamız çürütülemez. Bu iddia her şeyi açıklarken, yine de hiçbir şey açıklamamaktadır.

Davies, gerçek bir bilimsel açıklamanın iyi hedef alınarak atılmış tek bir kurşuna benzediğini söylemektedir. Birden fazla evren olduğu görüşü, sonsuz karmaşık yapısı bulunan mantığa uygun ölçüde düzenli gerçek dünyanın yerini almakta ve "açıklama" görüşünü anlamsız kılmaktadır.[6] Swinburne de birden fazla evren görüşüne sert bir dille karşı çıkmaktadır: "Bir evrenin özelliklerini açıklamak için, bir yandan işi tek bir varlığın (Tanrı'nın) yapacağını varsayarak bir trilyon (doğal olarak birbiriyle bağlantısız) evren olduğunu ifade etmek tam bir saçmalıktır."[7]

İnce ayara ilişkin argümanlar hakkında üç şey söylenebilir. Öncelikle, belirli kanunları ve değişmezleri olan bir evrende yaşadığımız ve bunların bazılarının farklı olması durumunda yaşamın mümkün olamayacağı inkâr edilemez bir gerçekliktir. İkinci olarak, mevcut kanunlar ile değişmezlerin yaşamın devam etmesini sağlıyor olması gerçeği yaşamın kaynağı sorusunun cevabını vermemektedir. Göstermeye çalışacağım üzere, bu oldukça farklı bir sorudur; bu koşullar yaşamın başlaması için gerekli, fakat yeterli değildir. Üçüncü olarak, kendilerine özgü doğa kanunları bulunan birden fazla evren olabilmesinin mantıken olası olduğu gerçeği, bu tür evrenlerin gerçekten de var olduğunu göstermez. Şu an için birden fazla evren olduğu görüşünü destekleyecek herhangi bir kanıt yoktur. Bu hâlâ spekülatif bir fikir olarak kalmaya devam etmektedir.

Burada özellikle önemli olan, birden fazla evrenin var olmasının doğanın kanunlarının kaynağını açıklamadığı gerçeğidir. Martin Rees, kendi kanunları olan farklı evrenlerin olmasının, ortaya bu evrenlerin tamamına hükmedecek kanunlar sorusunu çıkardığını belirtmektedir. "*Birden fazla evreni yöneten temel kanunlar, evrenler arasında çeşitliliğe yol açabilir.* 'Doğanın kanunları' dediğimiz bu şeylerin bazıları bu büyük perspektifte, geneli yöneten kanunlara uygun, fakat bütün evrenleri yöneten kanunlar olduğu kuramına bağlı olmayan *yerel yasalar* olarak tanımlanabilir."[8]

Birden fazla evreni yöneten kanunların nasıl ortaya çıktığını sormak, doğadaki kanunların kaynağını sormakla eşdeğerdir. Paul Davies şöyle diyor:

> Birden fazla evren görüşünü savunanlar, tanımlanan bu evrenler topluluğundaki parametre değerlerinin nasıl seçildiği konusunda genellikle net bir fikre sahip değildirler. Eğer evrenler arasındaki parametre değerlerinin nasıl belirlendiğini tanımlayan "kanunların kanunu" diye bir şey varsa, kozmik yaşama elverişlilik sorununu yalnızca bir kademe yukarı taşımış oluruz. Neden mi? Öncelikle, kanunların kanununun nereden geldiğini açıklamamız gerekmektedir.[9]

Doğanın kanunlarının yalnızca evrenin büyük patlamadan sonra soğuma biçiminin tesadüfî sonuçları olduğunu söyleyenler vardır. Fakat Rees'in belirttiği gibi, bu tür tesadüfî olaylar bile evrenler topluluğunu yöneten derinlerdeki kanunların ikincil belirtileri olarak değerlendirilebilmektedir. Bir kez daha belirtmek gerekir ki, doğanın kanunlarının evrimi ve değişmezlerin uğradıkları değişimler bile belirli kanunları izler. "Önümüzde hâlâ bu 'daha derin' kanunların nereden kaynaklandığı sorusu durmaktadır. Evrenin özelliklerinin 'ansızın ortaya çıktığını' ne kadar iddia etmeye çalışırsanız çalışın, bu özelliklerin ortaya çıkışının belirli öncü kanunlara uyması gerekmektedir."[10]

Dolayısıyla birden fazla evren olsun veya olmasın, doğanın kanunlarının kaynağı meselesini sonuca bağlamak zorundayız. Ve bunun için geçerli sayılabilecek tek açıklama ilahi Akıl'dır.

7

YAŞAM NASIL BAŞLADI?

Dünya görüşümdeki değişiklik medyaya ilk olarak yansıdığında biyologların DNA incelemelerinin, yaşamın başlatılması için gereken düzenlemelerin inanılması zor karmaşıklığı yoluyla, yaşamın başlatılması sürecinin zekâ gerektirdiğini gösterdiğini söylediğim bildirilmişti. Daha önceki yazılarımda –genetik olarak üreme kapasitesine sahip– ilk canlı varlığın cansız bir varlıktan var olmasını açıklamaya ilişkin yeni bir tartışma başlatılabileceğini belirtmiştim. Bu tür bir olguya ilişkin doğaya uygun tatmin edici herhangi bir açıklama olmadığını ileri sürmüştüm.

Kendiliğinden doğma alanındaki en son çalışmalardan haberdar olmadığımı iddia eden eleştirmenler bu ifadelerime tepki göstermişlerdi. Richard Dawkins, bir "boşlukların tanrısına" işaret ettiğimi ileri sürmüştü. *Tanrı ve Felsefe*'nin 2005 yılındaki baskısına yazdığım yeni önsözde şunları yazmıştım: "Biyolojiyle ilgilenen bilim adamı arkadaşlarımızın, protobiologistlerin artık ilk canlı varlığın evrimine dair kuramlar geliştirebildiklerini ve bu kuramların bazılarının sözde teyit edilmiş bilimsel kanıtların tamamıyla tutarlı olduğunu belirtmeleri şahsen beni son derece memnun etmektedir."[1] Fakat burada, gördüğüm en son çalışmanın fizikçilerin evren çağına ilişkin görüşlerinin bu kendiliğinden doğma kuramlarının kanıtlanabilmesine pek fazla zaman tanımadığını gösterdiğini söyleyerek bir uyarıda bulunmalıyım.

Daha da önemli bir husus ise yaşamın kaynağına ilişkin çalışmaların önündeki felsefi zorluktur. Yaşamın kaynağına yönelik yapılan çalışmaların çoğu, bulgularının felsefi boyutuyla pek ilgilenmeyen bilim adamları tarafından yürütülmektedir. Diğer yandan felsefeciler de doğa ve yaşamın kaynağı hakkında bugüne kadar çok az şey söylemişlerdir. Yaşamın kaynağına ilişkin çalışmalarda cevaplanmamış olan felsefi soru şudur: Bu kadar akılsız bir evren nasıl olur da özgün amaçları, üreme kabiliyetleri ve "kodlanmış kimyaları" olan varlıklar yaratabilir? Burada biyolojiyle değil, sorunun tamamen farklı bir kategorisiyle ilgileniyoruz.

GÜDÜMLÜ ORGANİZMA

Yaşamın doğasına öncelikle felsefi bir açıdan bakalım. Canlı varlıklar, kendilerinden önceki varlıkların hiçbirinde olmayan içsel bir amaca veya amaç merkezli örgütlenmeye sahiptirler. Yaşam üzerine yapılmış en yeni felsefi çalışmaların birinde Richard Cameron, canlı varlıkların bu özelliğine ilişkin oldukça faydalı bir analiz sunmuştur.

Cameron, canlı olan bir şeyin aynı zamanda teleolojik olacağını – yani içsel amaçlara, hedeflere veya niyetlere sahip olacağını – söylemektedir. "Günümüzdeki biyologlar, biyoloji filozofları ve 'yapay yaşam' alanında çalışanlar, canlı olmanın ne demek olduğuna dair henüz tatmin edici bir açıklama yapamamışlardır ve bu boşluğu kapatmamıza Aristoteles'in yardımcı olabileceği görüşünü savunuyorum... Aristoteles yaşam ile teleolojiyi sırf şans eseri birlikte ilerleyen şeyler olarak görmemiş, aksine teleolojinin canlı varlıkların yaşamları açısından gerekli olduğunu düşünerek yaşamı teleolojik açıdan tanımlamıştı."[2]

Üremenin kaynağı ise ikinci temel sorundur. Ünlü filozof John Haldane, yaşamın kaynağı kuramlarının "varlığı üremenin erken bir safhasında varsaymaları ve üremenin materyal bir temelden doğal yollarla ortaya çıkabileceğinin gösterilmemiş olması nedeniyle yeterli bir açıklama sunmadığını" belirtmektedir.[3]

David Conway, David Hume'un, evrenin yaşamın devam etmesine olanak sağlayan düzeninin herhangi türden bir akıl tarafından tasarlanmış olmadığı yönündeki iddiasına karşılık olarak, bu iki felsefi kuşkuyu özetlemektedir. İlk zorluk, "canlı varlığın cansız varlıktan ortaya ilk çıkışına" dair materyalist bir açıklama yapılmasıdır. "Canlı varlık, yaşamda olarak, kendisinden öncekilerde tamamıyla olmayan teleolojik bir düzene sahiptir." İkinci zorluk ise "üreme kabiliyetleri olmayan ilk yaşam biçimlerinden üreme kabiliyeti olan yaşam biçimlerinin doğmasına" dair eşit ölçüde materyalist bir açıklama yapılmasıdır. "Bu tür bir kabiliyet olmasaydı, rasgele mutasyon ve doğal seçim yoluyla farklı türlerin ortaya çıkması mümkün olmazdı. Bu yüzden, bu kabiliyete sahip olan yaşam biçimlerinin bu kabiliyetten yoksun yaşam biçimlerinden ilk kez nasıl 'geliştiğine' dair herhangi bir açıklamada bu tür bir mekanizmadan faydalanılamaz." Conway, bu biyolojik olguların "mevcut yaşam biçimlerini tasarım ifadesine başvurmadan tamamen materyalist açıdan açıklamanın mümkün olduğunu sorgulamamızı gerektirecek yeterli gerekçeler sundukları," sonucuna varıyor.

DERİN BİR KAVRAMSAL ZORLUK

Yaşamın kaynağının bir üçüncü felsefi boyutu ise bütün yaşam biçimlerinin temel unsurlarından biri olan kodlama ve bilgi işlemenin kaynağı ile ilişkilidir. Hücre hakkında şu anda bildiklerimizi çevreleyen bol miktarda güzel anlatım olduğunu belirten matematikçi David Berlinski bu boyutu gayet güzel tanımlamaktadır.

DNA'daki genetik mesaj kopyalanarak çoğaltılır ve ardından DNA'dan RNA'ya kopyalanır. Bunun ardından, RNA'daki mesajın amino asitlere aktarıldığı dönüştürme süreci gerçekleşir ve son olarak amino asitler bir araya gelerek proteinleri oluştururlar. Hücrenin esas itibariyle birbirinden farklı iki bilgi yönetimi ve kimyasal faaliyet yapısı, evrensel genetik kod tarafından koordine edilir.

Kod kelimesinin altını çizdiğimizde bu olgunun olağanüstü yapısını günışığına çıkarmış oluruz. Berlinski şöyle yazmıştır:

> Kod, gelişigüzel bir haritalandırma veya iki farklı tümleşik nesne arasındaki bağlantılar sistemi olarak tanımlanabilir. Bilinen bir örnek vermek gerekirse, Mors Kodu kısa çizgiler ve noktaları alfabenin kelimeleri ile koordine eder. Kodların gelişigüzel olduklarının farkında olmak, bir kod ile iki nesne arasındaki tamamen fiziksel bir bağlantı arasındaki farkın bilincinde olmak demektir. Kodların haritaları somutlaştırdığının farkında olmak, bir kodun ifade ettiği şeyi matematiksel dille akla yerleştirmek demektir. Kodların bir tür bağlantıyı gösterdiklerinin farkına varmak, bir kodun ifade ettiği kavramı yeniden beşeri amaçlı kullanmaya başlamak demektir.

Bu durum da bizleri yeniden esas soruya götürmektedir: "Kodlanmış bir kimya sisteminin kökenlerinin kodları, dilleri, iletişim sistemlerini, sıradan kelimelerin maddesel dünya üzerindeki etkisini açıklamak için başvuracağımız türden gerçeklere hiçbir şekilde başvurmadan açıklanabilmesi mümkün müdür?[5]

Yaşamın kaynağına yönelik yapılan çalışmalar alanında önde gelen isimlerden biri olan Carl Woese, bu olgunun felsefi açıdan karmaşık yapısına dikkat çekmektedir. Woese, *RNA* dergisindeki yazısında şunları belirtmişti: "Sorunun kodlama, mekanik ve evrim boyutları artık birbirinden ayrı meseleler haline gelmişti. Tıpkı gen kopyalanmasında olduğu gibi gen anlatımının temelinde de fiziki bir ilke olduğu görüşü ortadan kaybolmuştu." Temel fiziki bir ilke olmaması bir yana, bir kodun varlığı bile tam bir sırdı. "Kodlama kuralları (baz dizisi sözlüğü) bilinmektedir. Yine de bunlar kodun neden var olduğuna ve dönüştürme mekanizmasının neden bu şekilde olduğuna dair herhangi bir ipucu vermemektedir." Woese, bu tür bir sistemin kaynağı hakkında hiçbir şey bilmediğimizi samimiyetle itiraf etmektedir. "Dönüştürme mekanizmasının gerçek bir şifre kırma mekanizması haline gelmeden önceki kaynağı, artık geçmişin karanlığına gömülmüştür ve burada bu mekanizmadan önce hangi polimerizasyon işlemlerinin gerçekleşmiş olabileceğine dair veya RNA transferi, RNA transferini gerçekleştiren sistemler veya genetik kodun kaynakları hakkında üstün körü tahminler yürütmek istemiyorum."[6]

Paul Davies de aynı sorunun altını çizmektedir. Davies, biyojenez kuramlarının çoğunun yaşamın kimyasına odaklandığını belirtmektedir. "Fakat yaşam, yalnızca karmaşık kimyasal tepkimelerden ibaret değildir. Hücre bile kendi başına bir bilgi depolama, işleme ve kopyalama sistemidir. Öncelikle bu bilginin kaynağını ve bilgi işleme mekanizmasının nasıl var olduğunu açıklamamız gerekmektedir." Davies, bir genin protein üretimine ilişkin kesin bir formülü içeren bir kodlanmış talimatlar kümesinden başka bir şey olmadığı gerçeğine vurgu yapmaktadır. En önemlisi, bu genetik talimatlar termodinamikte ve istatistiksel mekanikte bulabileceğiniz türden bilgiler değildir; bunlar bir araya gelerek anlamlı bilgi oluştururlar. Bir başka deyişle, belirli bir anlamları vardır. Bu talimatlar ancak, genetik kodun içerisindeki anlamı yorumlayabilme kapasitesine sahip moleküler bir ortamda etkili olabilir. Kaynak sorusu burada da ortaya çıkmaktadır. "Anlamlı bilgilerin, amaçsız ve nedensiz güçlere maruz kalan her şeyden habersiz bir moleküller kümesi içerisinden kendiliğinden nasıl ortaya çıkabildiği sorunu derin bir kavramsal zorluk teşkil etmektedir."[7]

SİYAH BİR CAMIN ARKASINDAN

Protobiyologların ilk canlı varlığın evrimine dair kuramları olduğu doğrudur, fakat bu kuramlar farklı kategoride bir sorunla ilgilenmektedir. Bunlar, kimyasalların etkileşimleriyle ilgilenmektedir, oysa bizim sorularımız bir şeyin özü itibariyle nasıl belirli bir amaca yönelik olabildiğine ve maddenin sembol işleme yoluyla nasıl yönetilebildiğine ilişkin olmalıdır. Fakat protobiyologlar şu an bulundukları düzeyde bile kesin sonuçlar sunabilmeye çok uzaktırlar. Yaşamın kaynağına ilişkin önemli iki çalışma bu gerçeği açık biçimde ortaya koymaktadır.

Harvard'da biyoloji profesörü olarak görev yapan ve *Life on a Young Planet: The First Three Billion Years of Life (Genç Bir Gezegende Yaşam: Yaşamın İlk Üç Milyar Yılı)* kitabının yazarı Andy Knoll şunları belirtiyor:

> Konuyu yeryüzünde yaşamın derin tarihi, kaynağı, bugün etrafımızda gördüğümüz biyolojiyi ortaya çıkaran oluşum aşamaları hakkında bütün bildiklerimizi ifade ederek özetlemeye çalışırsak, bu konuda siyah bir camın arkasından baktığımızı itiraf etmeliyiz. Bu gezegende yaşamın nasıl, tam olarak ne zaman ve hangi koşullar altında başladığını bilmiyoruz.[8]

Uluslararası Yaşamın Kökeni Çalışmaları Derneği başkanı Antonio Lazcano şöyle diyor: "Her şeye rağmen yaşamın bir özelliği kesindir: Zaman içerisinde değişebilen mevcut bilgilerini depolayabilen, çoğaltabilen ve iletebilen genetik bir mekanizma olmasaydı yaşam ortaya çıkamazdı... . Ayrıca ilk genetik mekanizmanın tam olarak nasıl gelişmiş olduğu da çözülmemiş bir mesele olarak kalmayı sürdürmektedir." Lazcano aslında, "yaşamın kaynağına giden yol belki de asla bilinemeyecektir," diyor.[9]

Üremenin kaynağına gelince, *Nature* dergisinin fahri editörü John Maddox şunları belirtiyor: "En önemli soru, cinsel üremenin ne zaman (ve nasıl) geliştiğidir. On yıllardır yapılan bütün tahminlere rağmen bunu bilmiyoruz."[10] Son olarak bilim adamı Gerald Schroeder, yaşama elverişli koşulların varlığının yaşamın nasıl başladığını açıklamadığını belirtmektedir. Yaşam ancak gezegenimizdeki elverişli koşullar sayesinde devam edebilmişti. Fakat maddenin güdümlü, kendisini çoğaltabilen varlıklar üretmesini emreden bir doğa kanunu yoktur.

Öyleyse yaşamın kaynağını nasıl açıklayabiliriz? Nobel Ödülü sahibi fizyolog George Wald bir keresinde, "imkânsızı, yani yaşamın tesadüfen kendiliğinden ortaya çıktığına inanmayı tercih ettiğimizi" ileri sürmüştü. Wald, sonraki yıllarda, fiziki gerçeklik matrisi olarak adlandırdığı önceden var olan bir aklın, yaşamı besleyen fiziki bir evren oluşturduğu sonucuna varmıştı:

> Ortada çok sayıda başka seçenek varken nasıl oluyor da yaşamı besleyen birbirine bağlı olağandışı özelliklere sahip bir evrende yaşıyoruz? Son zamanlarda –itiraf etmeliyim ki başlangıçta bilimsel hassasiyetlerimi sarsacak şekilde– her iki sorunun bir arada değerlendirilebileceğini düşünmeye başladım. Bu, aklın, yaşamın geçirdiği evrimde sonradan ortaya çıkan doğal bir sonuç olmaktan ziyade, en başından beri maddi gerçekliğin matrisi, kaynağı ve koşulu olarak var olduğu varsayımına dayanmaktadır. Yaşamı besleyen maddi bir evren oluşturan ve dolayısıyla anlama ve yaratabilme kabiliyetleri bulunan –bilim, sanat ve teknolojiyi yaratabilen– canlılar geliştiren şey işte bu akıldır.[11]

Ben de aynı kanıdayım. Yeryüzünde gördüğümüz bu tür "güdümlü, kendisini çoğaltabilen" yaşamın kaynağı için yapılabilecek yegâne tatmin edici açıklama, sonsuz zekâya sahip bir Aklın varlığıdır.

8

YOKTAN VAR OLAN BİR ŞEY OLDU MU?

The Sound of Music (Neşeli Günler) müzikalinin sonlarına doğru bir sahnede Maria (Julia Andrews) ve Yüzbaşı von Trap (Christopher Plummer), nihayet birbirlerine aşklarını ilan ediyorlar. Görünüşe göre ikisi de birbirlerine âşık olmalarına hayret ediyorlar ve aşklarının nasıl ortaya çıktığını merak ediyorlar. Fakat bu aşkın bir yerlerden geldiği konusunda emin görünüyorlar. Birlikte Richard Rodgers'ın şarkısını söylüyorlar:

Hiçbir şey yoktan var olmaz,
Hiçbir şey, asla.[1]

Peki, bu doğru mu? Veya bir şeyin yoktan var olması mümkün müdür? Ve bu soru, evrenin nasıl meydana geldiği konusundaki görüşümüzü ne şekilde etkilemektedir?

Bu, kozmoloji bilim dalının ve felsefedeki kozmolojik tartışmaların alanına girer. *Ateizm Varsayımı* başlıklı makalemde ortaya, başlangıç noktası olarak bir evrenin var olduğuna dair iddiayı alan kozmolojik bir argüman koymuştum. Evrenle, başka bir varlık tarafından yaşama getirilen (veya diğer canlıların varoluş gerekçesi olabilecek) bir veya daha fazla canlı varlığı kastetmiştim.

ESAS EVREN

Ateizm Varsayımı ve diğer ateist yazılarımda evreni ve onun en temel kanunlarını esas almamız gerektiğini belirtmiştim. Her açıklama sisteminin bir yerden başlaması gerekmektedir ve bu başlangıç noktasının sistem tarafından açıklanabilmesi mümkün değildir. Bu yüzden, kaçınılmaz olarak, bu tür sistemlerin tamamı açıklanmayan bazı temel kanunlar içermektedir. Bu, bir şeyin gerçek nedenine dair açıklamaların esas yapısından kaynaklanan bir sonuçtur.

Gaz sobamızın üzerindeki beyaz boyanın kirli bir kahverengine dönüştüğünü fark ettiğimizi düşünelim. Durumu araştırırız. Bu tür soba ve bu tür boya ile aynı şeyin sürekli yaşandığını öğreniriz. Araştırmamızı biraz daha derinleştirdiğimizde ise bu olgunun kimyasal bileşimin daha geniş ve daha derin kurallarıyla açıklanabileceğini öğreniriz: Gaz dumanlarının içerisindeki kükürt, boyadaki bir madde ile bir bileşim oluşturur ve boyanın rengini değiştiren şey de budur. Araştırmamızı biraz daha derinleştirirsek maddenin yapısına ilişkin, her şeyi kapsayan atomik moleküler kuramı gerçeğinin sayısız sonuçlarından biri olarak mutfağımızdaki pisliği görürüz. Ve böyle sürüp gider. Açıklama, her aşamada, bazı şeyleri mutlak gerçekler olarak kabul etmelidir; işin özü de budur zaten.

Tanrı'ya inananlara ilişkin tartışmada, bu kişilerin de aynı kaçınılmazlık ile karşı karşıya olduklarını göstermiştim. Bu kişilerin Tanrı'larının varlığına ve doğasına referansta bulunarak anlatmayı düşündükleri şey her ne olursa olsun, bu gerçeği en büyük ve açıklanması mümkün olmayan bir gerçeklik olarak kabul etmekten kaçınmaları imkânsızdır. Ve ben de evrenimizdeki bir şeyin nasıl olur da arkadaki, yukarıdaki veya ötedeki üstün bir gerçekliğin işareti olduğunun bilindiğini veya düşünüldüğünü anlamıyordum. Dolayısıyla, evreni ve onun en temel özelliklerini en temel gerçekler olarak kabul etmekte ne sakınca vardır?

Yukarıda ifade ettiğim şeylerin çoğunu modern kozmolojideki gelişmelerden bağımsız olarak geliştirdiğimi belirtmeliyim. Doğrusu teoloji karşıtı başlıca iki kitabımı da büyük patlama kozmolojisinin gelişmesinden veya fiziksel değişmezler temelinde ince ayar argümanının ortaya çıkmasından çok önce yazmıştım. Fakat 1980'lerin başlarından itibaren görüşlerimi yeniden gözden geçirmeye başlamıştım. O dönemde, kozmologların Aziz Thomas Aquinas'ın felsefi olarak ispat edilmesinin mümkün olmadığını iddia ettiği şeye –yani evrenin bir başlangıcının olduğuna– dair bilimsel kanıtlar sunmakta olmaları nedeniyle ateistlerin kozmoloji alanındaki mevcut görüş birliğinden ötürü kendilerinden utanmaları gerektiğini itiraf etmiştim.

BAŞLANGIÇTA

Bir ateist olarak büyük patlama kuramıyla ilk tanıştığımda, evrenin bir başlangıcının ve Eski Ahit'in ilk kitabının ilk cümlesinin (Başlangıçta Tanrı yeri ve göğü yarattı) evrendeki bir olayla alakalı olduğunu öne sürmesi açısından bu kuramın büyük bir farklılık yarattığını düşünmüştüm. Evren yalnızca sonu değil, aynı zamanda başlangıcı olmayan bir şey olarak düşünüldüğü sürece onun varlığını (ve en temel özelliklerini) mutlak gerçekler olarak görmek çok kolaydı. Ve evrenin başlangıcı olduğunu düşünmek için herhangi bir gerekçenin olmaması durumunda her şeyi yaratmış olan başka bir şey olduğuna dair tahminler yürütülmesine gerek kalmayacaktı.

Fakat büyük patlama kuramı tüm bunları değiştirmişti. Eğer evrenin bir başlangıcı varsa, bu başlangıcı yaratan şeyin ne olduğunu sormak tamamen mantıklı ve neredeyse kaçınılmaz bir hal almıştı. Bu da durumu kökten değiştirmişti.

Aynı zamanda ateistlerin büyük patlama kozmolojisini – kuşkusuz insanların sonsuza kadar algılayamayabilecekleri– fiziki bir açıklama gerektiren bir yaklaşım olarak göreceklerini öngörmüştüm. Bununla birlikte, Tanrı'ya inananların da büyük patlama kozmolojisini "başlangıçta" evrenin Tanrı tarafından yaratılmış olduğuna dair inançlarını teyit etme eğiliminde bir yaklaşım olarak memnuniyetle karşılayabileceklerini belirtmiştim.

Modern kozmologlar, çalışmalarının taşıyabileceği olası teolojik anlamlar hakkında ateistler kadar rahatsız görünüyorlardı. Bunun sonucunda, ateist statükoyu korumayı amaçlayan etkili kaçış yolları geliştirmişlerdi. Bu yollar arasında sonsuz boşluktaki dalgalanma olaylarından kaynaklanan birden fazla evren anlayışı ve Stephen Hawking'in varlığı kendinden olan bir evren fikri vardı.

BİR BAŞLANGIÇ GERÇEKLEŞENE KADAR

Daha önce bahsettiğim gibi, birden fazla evren alternatifini pek faydalı bulmamıştım. Birden fazla evren olduğu yönündeki varsayımın tam anlamıyla işe yaramaz bir alternatif olduğunu iddia ediyordum. Bir evrenin varlığı bir açıklama gerektiriyorsa birden fazla evrenin varlığı çok daha büyük bir açıklama gerektirir:

Bu evrenlerin toplam sayısı, sorunu daha da büyütmektedir. Bu durum, öğretmenini ev ödevini köpeğinin yediğine inandıramadığı için hikâyesini ev ödevini sayılamayacak kadar kalabalık bir köpek sürüsünün yediği şeklinde değiştiren öğrencinin durumuna benzemektedir.

Stephen Hawking, *Zamanın Kısa Tarihi* adlı kitabında farklı bir yaklaşım sunmuştur. Hawking kitabında şunları yazmıştı: "Evrenin bir başlangıcı olması koşuluyla, bir yaratıcısı olduğunu varsayabiliriz. Fakat evrenin varlığı gerçekten de kendinden ise onun ne başlangıcı ne de sonu olacaktır. Öyleyse bu denklemde bir yaratıcıya yer var mıdır?"[2] Bu kitabı incelediğimde, kitabın sonunda yer alan bu tumturaklı sorunun içerisinde gizli fikrin Tanrı'ya inanmayanların hoşuna gidebileceğine dikkat çekmiştim. Bu kanaat her ne kadar uygun olsa da, teorik fizikçi olmayan birinin bu soruyu Damon Runyon'un *Broadway* kitabındaki bir karakter gibi cevaplama eğiliminde olacağını belirtmiştim: "Eğer büyük patlama bir başlangıç değilse, en azından bir başlangıç gerçekleşene kadar bir başlangıç sayılacaktır."[3] Muhtemelen böyle bir cevap Hawking'in de biraz hoşuna gitmişti, çünkü, "Genişleyen bir evren, bir yaratıcının olmadığı anlamına gelmez, fakat onun bu evreni yaratma işini ne zaman yapmış olabileceği konusunda kısıtlamalar koyar!" demişti.

Hawking ayrıca, "Önceki zamanların belirlenemeyeceği yönünde, zamanın büyük patlamayla başladığını söyleyenler olabilir," demişti.[4] Bu tartışmadan, bildiğimiz haliyle evrenin büyük patlama ile ortaya çıkması konusunda bir fikir birliğine varılsa bile, fiziğin yine de agnostik kalması gerektiği sonucuna varmıştım: Bu büyük patlamaya, eğer varsa, neyin yol açtığını ortaya çıkarmak fiziki olarak imkânsızdır.

Ebediyen statik bir yapıya sahip hareketsiz bir varlığın aksine sürekli değişim halinde olan bir evrenin ortaya çıkması, kuşkusuz tartışmaya farklı bir boyut katmıştı. Fakat bu hikâyeden çıkarılabilecek ders, söz konusu meselelerin bilimsel olmaktan çok felsefi olduğuydu. Ve bu da beni yeniden kozmolojik argümanı ele almaya yöneltmişti.

BİLİMİN AÇIKLAYAMAYACAĞI KADAR BÜYÜK BİR ŞEY

Tanrı'nın varlığına ilişkin kozmolojik argümanın en önemli felsefi eleştirmeni David Hume'du. İlk kitaplarımda Hume'un argümanlarını desteklemiş olsam da, onun metodolojisi hakkında kuşkularımı ifade etmeye başlamıştım. Örneğin filozof Terence Penelhum için yazdığım makalelerden birinde Hume'un düşüncesinin bazı varsayımlarının çok önemli hatalara yol açtığını belirtmiştim. Bu hatalar arasında Hume'un, "nedenler" olarak adlandırdığımız şeylerin fikirlerin birbirleriyle ilişkilendirilmesinden veya bu tür ilişkilendirmenin olmamasından başka bir şey olmadığı yönündeki tezi de vardı. Nedensel bilgilerimizin dayandırılması gereken temel olan nedensel kavramlarımızın kaynağının –veya en azından geçerliliğinin– nesnel bir dünyada hareket eden etten ve kemikten canlılar olarak bol miktarda ve sürekli tekrarlanan etkinlikler deneyimimizde yattığını söylemiştim (bu; olayları kontrol altına alma çabası ve bu olayların bazılarını kontrol altına almayı başarma, "şöyle olsaydı ne olurdu" sorusunu merak etme, deneyler yapma ve dolayısıyla deneyler yoluyla "şöyle olduğunda ne olur" sorusunun cevabını bulma deneyimidir). Bu deneyim, sebep ve sonuç ilişkisi görüşünü ve buna bağlı olarak neyin gerekli ve neyin imkânsız olduğu görüşünü saptamak, bu görüşe başvurmak ve bunu geçerli kılmak için kullandığımız araçlardır. Makalenin sonunda tamamen Humecu bir hikâyenin "nedenin" ve "doğanın kanununun" yerleşmiş anlamlarını kapsayamayacağı sonucuna varmıştım.[5]

Oysa David Conway'in *The Rediscovery of Wisdom (Bilgeliğin Yeniden Keşfi)* kitabı ile Richard Swinburne'ün *The Existence of God (Tanrı'nın Varlığı)* kitabının 2004 yılındaki baskısında kozmolojik argümanın Humecu (ve Kantçı) eleştirisine karşılık oldukça etkili cevaplar buldum. Conway, Hume'un itirazlarının her birini sistemli biçimde ele almaktadır. Mesela Hume, herhangi bir fiziki varlıklar dizisinin, her bir üyesinin toplamının ötesinde varoluşunun hiçbir nedeni olmadığını iddia ediyordu. Eğer başlangıcı olmayan bir gereksiz canlı varlıklar dizisi varsa, bu bile bir bütün olarak evren için yeterli bir nedendir. Conway, "nedenler olarak gösterilen maddeler kendi varlıkları bile nedensel bir açıklama gerektiren maddeler ise, bu tür bir bütünün parçalarına ilişkin, diğer parçalara göre yapılan nedensel açıklamaların bütüne ilişkin nedensel bir açıklama anlamına gelemeyeceği" gerekçesiyle bu itiraza karşı çıkıyordu.[6] Bir ağa bağlı bilgisayarlar üzerinde kendisini çoğaltabilen bir yazılım virüsünü düşünelim. Bu virüsün bir milyon bilgisayara bulaşmış olması gerçeği, kendisini çoğaltabilen bir virüsün var olduğunu açıklamaz.

Aynı Humecu argümana ilişkin Swinburne şunları söylemişti:

> Dışında kalan üyelerine ilişkin hiçbir neden olmayacak olması nedeniyle sonsuz dizinin hiçbir şekilde hiçbir açıklaması olmayacaktır. Bu durumda evrenin sonsuz zaman içerisinde var olması, açıklanamaz mutlak bir gerçek olacaktır. Evrenin bir kez var olmaya başladığında varlığını neden sürdürdüğüne dair (kanunlar açısından) bir açıklama olacaktır. Karmaşık maddi bir evrenin sınırlı veya sonsuz zaman içerisinde var olması, bilimin açıklayamayacağı kadar "büyük" bir şeydir.[7]

YARATICI BİR ARACIYA DUYULAN İHTİYAÇ

Humecu eleştiriye karşılık verildikten sonra, artık kozmolojik argümana modern kozmoloji bağlamında başvurmak mümkündür. Swinburne, bir durumu yalnızca bir diğer duruma göre açıklayabileceğimizi ileri sürmektedir. Bu durumları yalnızca kanunlar açıklayamaz. "Olayları açıklayabilmek için kanunların yanı sıra durumlara da ihtiyacımız var. Ve evrenin başlangıcı olarak bunları temel almamamız durumunda, daha önce başka safhalar olmaması nedeniyle, evrenin başlangıcını açıklamamız mümkün olmayacaktır."[8] Evrenin başlangıcını açıklayacak akla yatkın bir kanun olacaksa, bunun "boşluk, ister istemez madde enerjisine yol açar" benzeri bir şey söylemesi gerekecektir. Buradaki "boşluk" hiçbir şey anlamında değil, aksine "tanımlanabilir bir özellik", hâlihazırda mevcut bir şeydir. Evrenin "boşluktan" doğduğunu öngören kanunlara bel bağlanması, madde enerjisinin neden başka bir zamanda değil de t^o'da üretildiği sorusunu gündeme getirmektedir.

Bilim filozofu John Leslie, günümüzün en çok rağbet gören kozmolojik spekülasyonlarının hiçbirinin bir Yaratıcı olasılığını ortadan kaldırmadığını göstermiştir. Birkaç kozmolog, evrenin "yoktan" var olduğu yönünde tahminlerde bulunmuştur. 1973 yılında Edward Tryon, evrenin daha büyük bir alan içerisindeki bir boşlukta yaşanan bir dalgalanma olduğu yönünde bir kuram geliştirmişti. Tryon, evrenin çekimsel bağlama enerjisinin fizikçilerin denklemlerinde negatif bir değer olarak gösterilmesi nedeniyle evrenin toplam enerjisinin sıfır olduğunu iddia etmişti. Bir başka yaklaşım kullanan Jim Hartle, Stephen Hawking ve Alex Vilenkin, evrenin büyük bir dalgalanma sonunda "yoktan var olduğu" yönünde kuramlar yürütmüşlerdir. "Yoktan" ifadesi, belirli durumlarda olağanüstü ölçüde yüksek enerji yoğunluğuna sahip karmakarışık bir uzay-zaman köpüğüdür. Hawking'e ait bir diğer fikir ise, "zaman, giderek büyük patlamanın ilk dönemlerindeki uzaya benzer hale gelmektedir," şeklindedir.

Leslie, bu spekülasyonların konuyla ilgili anlam taşımadığını düşünüyor ve şunları ifade ediyor:

> Evreni ne şekilde tanımlarsanız tanımlayın –ister sonsuza dek var olan, sonsuz uzay-zaman dışındaki bir noktadan veya zamandan değil de uzaydan doğmuş veya başladığı noktanın belirlenemeyeceği kadar karmaşık bir ortam içerisinde başlamış veya toplam enerji miktarının sıfır olduğu şeklinde – Hiçbir Şey Yerine Bir Şeyin varlığında bir sorun gören insanlar, sorunun pek de çözülmüş olduğunu düşünme eğiliminde olmayacaklardır.[9]

Elinizde bir şeyin bir boşluktan var olma olasılığını ayrıntılarıyla ortaya koyan bir denklem olsa bile, bu denklemin neden uygulandığını sormanız gerekecektir. Doğrusu Hawking, denklemlere can veren yaratıcı bir aracıya ihtiyaç duyulduğunu belirtmiştir.

Zamanın Kısa Tarihi kitabının yayımlanmasından kısa süre sonra kendisiyle yapılan bir röportajda Hawking, ortaya koyduğu modelin Tanrı'nın varlığına ilişkin herhangi bir duruş sergilemediğini belirtmişti. Evrenin nasıl var olduğuna fizik kanunlarının karar verdiğini söyleyerek aslında Tanrı'nın "evreni bizlerin anlayamadığı rasgele biçimde harekete geçirmeyi" seçmediğini söylemiş oluyoruz. Bu ifade, Tanrı'nın –gelişigüzel kararlar vermediği dışında– var olup olmadığı hakkında hiçbir şey söylememektedir.[10]

İYİ BİR TÜMEVARIMSAL ARGÜMAN

Geçmişte evreni sonsuz bir neden dizisine başvurarak açıklamaya yönelik çaba, modern kozmolojinin dilinde yeni bir şekle sokulmuştur. Fakat John Leslie bunu yetersiz bulmaktadır. Leslie, bazı insanların evrenin belirli bir zamanda ortaya çıkmasının, evrenin daha önceki bir zamanda var olduğu ve sonu olmadığı gerçeğiyle açıklanabileceğini ileri sürdüklerini anlatmaktadır. Ayrıca evrenin sonsuz bir patlamalar ve kırılmalar dizisi yoluyla veya yeni büyük patlama ürünü evrenler yaratan ebediyen genişleyen bir gerçeğin parçası olarak sonsuz bir zaman içerisinde var olduğuna inanan fizikçiler de bulunmaktadır. Yine de, evrenin bir ölçüye göre sınırlı bir geçmişte, bir diğer ölçüye göre ise sonsuz bir zaman içerisinde var olduğunu söyleyenler de vardır.

Leslie, bu yaklaşımlara karşılık olarak, "geçmişte yaşanan sonsuz bir olaylar dizisinin varlığının, her bir olayın kendisinden bir önceki olayla açıklanması yoluyla açıklanamayacağını" belirtmektedir. İçeriklerini önceki kitapları taklit etmeye borçlu olan sonsuz bir geometri kitabı dizisi olsa bile, kitabın neden bu şekilde hazırlandığına (örneğin geometri hakkında olduğuna) veya neden bir kitabın olduğuna dair elimizde yeterli bir cevap olmaz. Sürecin tamamı bir açıklama gerektirir. Leslie şunları söylüyor: "Geçmişe yolculuk yapan ve böylece ihtiyaç duyan kimsenin tasarlayıp üretmediği bir zaman makinesi olduğunu düşünelim. Bu makinenin varlığı açıklama gerektirmeyen geçici bir döngüdür! Zaman içerisinde yolculuk mümkün olsa bile, bu kesinlikle saçmalık olacaktır."[11]

Richard Swinburne, kozmolojik argümana ilişkin açıklamasını şu şekilde özetliyor: "Eğer bir Tanrı varsa, O'nun bir evrenin sınırlarına ve karmaşıklığına sahip bir şey yaratacak olma olasılığı oldukça yüksektir. Evrenin nedensiz yere var olduğu oldukça olasılık dışıdır, fakat Tanrı'nın nedensiz var olduğu çok daha fazla olasıdır. Dolayısıyla evrenin varlığından Tanrı'nın varlığına uzanan argüman, iyi bir tümevarımsal argümandır."[12] Swinburne ile yakın zamanda yaptığım bir görüşmede, onun kozmolojik argüman görüşünün temel açıdan doğru göründüğünün farkına vardım. Bu görüşün bazı özellikleri üzerinde düzeltmeler yapılması gerekiyor olabilir, fakat evren açıklama isteyen bir şeydir. Richard Swinburne'ün kozmolojik argümanı oldukça umut verici, muhtemelen de doğru bir açıklama sunmaktadır.

9

TANRI'YA YER BULMAK

Bu, Shakespeare'in işidir. Shakespeare'in en ünlü oyunlarından *Macbeth*'in ilk sahnesinde, Kral'ın ordusunun iki generali Macbeth ve Banquo, üç büyücüyle karşılaşır. Büyücüler onlarla konuşup ardından gözden kaybolurlar.

Hayretler içerisindeki Banquo, "Dünyanın tıpkı su gibi kabarcıkları var ve bunlar da o kabarcıklardan. Peki, bunlar nereye gittiler?" der.

"Havaya," diye cevaplar Macbeth. "Ve insan bedeni gibi görünen şeyler eriyerek nefes olarak rüzgâra karıştı."

Bu, bir eğlendirici tiyatro ve güzel edebiyattır. Ne var ki "nefes olarak rüzgâra karışabilen" bir insan olduğu düşüncesi her ne kadar tiyatro ve edebiyat sevenler açısından nadiren bir sorun teşkil etse de, bu düşünce geçmişte "kendisini nereye götürürse götürsün kanıtları izlemeyi" amaçlayan bu filozofun önüne oldukça büyük bir engel koymuştu.

ORADA HİÇ KİMSE YOK

Tanrı ve Felsefe ve daha sonraki eserlerimde, bedeni olmayan ve her zaman her yerde hazır bulunan bir Ruh görüşünü varsayması nedeniyle Tanrı kavramının mantıklı olmadığını ileri sürmüştüm. Gerekçem oldukça açıktı. Alışılmış anlamlarından ve bunlara uygun kullanımlarından anladığımız üzere bir insan; etten ve kandan ibaret bir varlıktır. Bu bağlamda, "bedeni olmayan bir kişi" ifadesi saçma görünüyordu; tıpkı Hughes Mearns'e ait olduğu söylenen küçük tekerlemede olduğu gibi:

Dün merdivenleri çıkarken
Orada olmayan bir adamla karşılaştım,
Bugün de orada değildi,
Keşke, keşke dedim...Gitse.

"Bedeni olmayan bir kişi" olduğunu söylemek, "orada olmayan biri" demek gibi bir şeydir. "Bedeni olmayan bir kişiden" bahsetmek istiyorsak, bu kişiyi "kişi" kelimesinin yeni bir anlamında tanımlamanın ve yeniden tanımlamanın bazı uygun yollarını belirlememiz gerekmektedir.

Peter Strawson ve Bede Rundle gibi daha sonraki felsefeciler bu eleştiriyi geliştirmeye devam etmişlerdir. Bu argümanın bir biçimini, son olarak, Dublin'deki Trinity College'dan felsefe profesörü John Gaskin'in çalışmasında bulabiliriz. Gaskin şunları yazmıştır: "Bir bedenin olmaması, bir kişinin var olup olmadığına (orada kimsenin olmadığına!) dair kuşkulara gerçekçi zemin sağlamakla kalmaz, aynı zamanda böylesi bedeni olmayan bir varlığın bir aracı olup olamayacağına dair kuşkulara da zemin hazırlar."[1]

Teistler, her ne kadar korkunç bulsalar da, bu eleştiriyi güvenilir biçimde ele almışlardır. 1980'ler ile 1990'lardan itibaren analitik felsefeciler arasında deizm rönesansı yaşanmıştır. Bu düşünürlerin pek çoğu geleneksel olarak Tanrı'ya atfedilen özellikler ve sonsuzluk gibi kavramlar üzerinde kapsamlı çalışmalar gerçekleştirmişlerdir. Bu düşünürlerin ikisi, Thomas Tracy ve Brian Leftow, "bedeni olmayan ve her zaman her yerde hazır bulunan bir Ruh" düşüncesinin uygunluğunu savunmanın zorluğunu sistemli biçimde ele almıştır. Tracy bedensiz bir aracının nasıl tanımlanabileceği sorusunu ele alırken, Leftow da ilahi bir varlığın neden uzay ve zamanın dışında olması gerektiğini ve bedensiz bir varlığın evrende nasıl hareket edebileceğini göstermeye çalışmaktadır.

ARACININ KUSURSUZLUĞU

God, Action and Embodiment ve *The God Who Acts* kitaplarında Tracy, bedensiz bir kişinin olmasının nasıl mümkün olabileceği ve böyle bir kişinin nasıl tanımlanabileceği yönündeki sorularıma kapsamlı cevaplar vermiştir. Tracy, (beşeri ve ilahi) kişileri bilinçli biçimde hareket edebilen aracılar olarak görmektedir. Beşeri kişiyi aracı bir organizma, kasıtlı eylemde bulunabilen bir beden olarak görmektedir. Fakat (beşeri kişiler gibi) cisimleştirilmiş tüm aracıların (yalnızca akıl ve bedenden ibaret olmayan) psiko-fiziksel birimler olmak zorunda olmasına rağmen, bütün aracıların cisimleştirilmesi gerekmemektedir. Hiçbir anti düalist argüman, bir aracı olabilmek için bedenin gerekli bir koşul olduğunu göstermemektedir, çünkü bir aracı olmanın koşulu yalnızca bilinçli eylemde bulunabilme kabiliyetine sahip olmaktır. Tracy, her hareketi kasıtlı olan Tanrı'nın bir aracı olduğunu belirtmektedir. Tanrı'dan şahsi bir varlık olarak bahsetmek, onu kasıtlı eylemlerde bulunan bir aracı olarak görmektir. Tanrı'nın eylemde bulunabilme güçleri eşsizdir ve Tanrı'ya atfedilen eylemlerin diğer aracılara atfedilebilmesi mümkün değildir. Örneğin Tanrı, kasıtlı aracılığı yoluyla, diğer bütün varlıkları yaşama getiren aracıdır.

Tracy, Tanrı'nın eylemlerini gerçekleştirdiği eşsiz üslupla tanımlanabileceği görüşünü ortaya koymaktadır. "Eğer Tanrı'yı aracılığın kusursuzluğu olarak düşünürsek, Tanrı'nın, varlığı amaçtaki mükemmel ahengi temsil eden ve her şeyin ve kendisinin mutlak yaratıcısı olan bir aracı olduğunu söyleyebiliriz." Tanrı'nın müşfik olduğunu söylemek, Tanrı'nın canlıları eylemlerinde sergilediği somut biçimlerde gösterdiğini ve bu eylemlerin O'nun bir aracı olarak kimliğini sergilediğini söylemektir. Ne var ki Tanrı, yaşam biçimi ve eylem güçleri bizimkilerden tamamen farklı bir aracıdır. "Tanrı'nın eyleminin kapsam ve içerik bakımından eşsiz olması nedeniyle O'nun sevgisi, sabrı veya bilgeliğinin yapısı da aynı şekilde eşsizdir."[2] İlahi eylemlerin bu şekilde kavranması, Tanrı'yı müşfik veya bilge olarak tanımlamamıza yardım edebilmektedir, fakat yine de itiraf etmeliyiz ki Tanrı'yla ilgili kavrama gücümüz son derece kısıtlıdır.

DÜNYANIN GERÇEK AKSESUARLARI

Şu anda Oxford Üniversitesi'nde Nolloth Profesörü olan Brian Leftow, *Time and Eternity* adlı kitabında bu konuları ele almaktadır. Kendisiyle yaptığım görüşmede Leftow, Tanrı'nın uzay ve zamanın dışında olduğu görüşünün özel izafiyet kuramıyla tutarlı olduğuna işaret ediyordu. "Tanrı'nın zamanın dışında olduğunu göstermeye çalışmak için ortaya koyabileceğiniz çok sayıda farklı argüman vardır," diyordu Leftow. "Beni oldukça etkileyen bir argüman ise özel izafiyet oldukça ciddiye alınacak olursa, zamanın içerisinde olan her şeyin aynı zamanda uzayın içerisinde olacağına inanılacak olunmasıdır. Bu, yalnızca dört boyutlu bir uzay-zaman süreklisidir. Bugüne kadar hiçbir teist, Tanrı'nın tam olarak uzayda yer aldığını düşünmemiştir. Eğer Tanrı uzayda değilse ve zamanın içerisinde olan her şey aynı zamanda uzayda ise, Tanrı zamanın içerisinde değildir. Bu noktada ortaya şu soru çıkıyor: "Zamanın dışında insan benzeri bir varlığın olduğundan nasıl bir anlam çıkarabilirsiniz?"

Leftow sözlerini şöyle sürdürüyordu:

> Açıkçası insanlara özgü çok sayıda eylemin Tanrı'ya atfedilmesi mümkün değildir. O unutamaz. Siz yalnızca geçmişinizde olan şeyleri unutabilirsiniz. O, bir şeyler yapmayı bırakamaz. Siz yalnızca geçmişinizde sona ermiş bir şeyi yapmayı bırakabilirsiniz.

Fakat insanlara özgü, zamanla pek de alakası olmayan başka eylemler de vardır – bunlar, yaradılışsal özellik olan ve zamanla ilgisi bulunmayan bilmek gibi eylemlerdir. Bu tür eylemlerin arasında niyetlenme eyleminin de sayılabileceğini ileri sürebilirim. Bir niyet sahibi olmak, belirli şeylerin gerçekleşmesi durumunda bir şey yapacağınızı belirleyen yaradılışsal bir özellik olabilir. Dolayısıyla Tanrı'nın zamanın dışında olduğunu düşünmek için gerekçeler olduğu kanaatindeyim. Ve ayrıca tüm bunlardan, bizleri içinden çıkılamaz bir gizemin içerisine sokmayacak bir anlam çıkarabileceğimizi düşünüyorum.

Leftow'un ele aldığı diğer soru, uzayda veya dünyada hareket eden, her yerde hazır ve nazır bir Ruhun varlığından bahsetmenin nasıl anlamlı olabildiği sorusuydu:

> Eğer Tanrı zamanın dışında ise, yaptığı her şeyi bir anda, tek bir hareketle yapıyor demektir. Önce bir şeyi ve ardından di-

ğer şeyleri yapamaz. Fakat tek bir hareketinin farklı zamanlarda etkisi olabilir. Kendi iradesine göre güneşin bugün veya ertesi gün doğmasını isteyebilir ve bunun da bugün ile yarın üzerinde etkileri olur. Ne var ki bu, en temel soru değildir.

En temel soru şudur: Yersiz, zamanın dışında bir varlık ile uzay-zaman süreklisinin bütünlüğü arasında nedensel bir ilişki nasıl olabilir? Bundan bir anlam çıkarıp çıkarmamanız büyük ölçüde nedensellik kuramınızın ne olduğuna bağlıdır. Neden kavramının zamanla ciddi anlamda ilişkisi olduğunu –mesela bir nedenin başka bir olaydan önce gerçekleşen ve bu olayla belirli bağlantıları bulunan bir olay olduğunu– düşünüyorsanız [örneğin neden zamana bağlıdır şeklinde] bu görüşünüz geçersiz olacaktır. Oysa nedenin zamanla ilişkili olduğunu ileri sürmeyen analizler de mevcuttur. Ben şahsen neden kavramının gerçek anlamda bir tahlilinin olmadığı – bunun ilkel bir kavram ve nedenselliğin kendisinin ilkel bir husus olduğu– görüşüne katılıyorum. Nedensellik, dünyanın gerçek aksesuarlarının bir parçasıdır. Eğer neden kavramının bir analizi yoksa bu kavramdan analiz yoluyla zamanın dışında bir Tanrı ile zamanın bütünlüğü arasındaki ilkel nedensel bağlantıyı geçersiz kılacak bir şey çıkarabilmeniz mümkün değildir.[3]

TUTARLI BİR OLASILIK

Tracy ve Leftow'un çalışmaları en azından, bu tür bir Ruha kendi niyetlerini mekân-zaman süreklisinde eşsiz biçimde yerine getiren uzay ve zaman kavramlarının dışında bir aracı gözüyle baktığımız takdirde, her yerde hazır ve nazır bir Ruh olduğu görüşünün özü itibariyle tutarsız olmadığını göstermektedir. Bu tür bir Ruhun olup olmadığı sorusu, gördüğümüz üzere, Tanrı'nın varlığına ilişkin argümanların merkezinde yer almaktadır.

Bu argümanların geçerliliği konusunda Conway'in görüşüne katılıyorum:

> Eğer bir önceki bölümün muhakemesi sağlam yapıldıysa, Tanrı'nın evrenin ve onun sergilediği düzen biçiminin açıklaması olduğunu inkâr edebilmek için sağlam felsefi argümanlar yoktur. Durum böyle olunca, bilgiyi elde etmenin daha iyi yollarını bulamayan felsefecilerin bir kez daha konularının klâsik kavramına dönmemeleri için herhangi bir neden yoktur.[4]

10

HER ŞEYE KADİR GÜCE İNANMAK

Tanrı'nın varlığına ilişkin bir argümana bilim yalnız başına kanıtlar sunamaz. Bu kitapta ele aldığımız üç kanıt –doğanın kanunları, teleolojik yapısıyla yaşam ve evrenin varoluşu– hem kendisinin hem de dünyanın varlığını açıklayan bir Aklın ışığında açıklanabilir. İlahi varlığın keşfedilmesi deneyler ve denklemlerle değil, bunların ortaya koydukları yapıların anlaşılmasıyla gerçekleşir.

Tüm bunlar kulağa soyut ve gayri şahsi gelebilir. Asıl sorulması gereken soru şudur: Ben, bir birey olarak, her yerde hazır ve nazır olan ve her şeye kadir bir Ruh olan en büyük Gerçekliğin keşfedilmesine nasıl karşılık veriyorum? Bir kez daha söylemeliyim ki benim İlahi varlığı keşfetme yolculuğum şu ana kadar aklın uzun bir hac yolculuğu olmuştur. Argümanın beni peşinden götürdüğü yere gittim. Ve bu argüman beni kendiliğinden var olan, değişmez, maddi olmayan, her yerde hazır ve nazır ve her şeye kadir bir Varlığın var olduğunu kabul etmeye götürmüştür.

Elbette kötülük ve acının varlığıyla da yüzleşmelidir. Ne var ki, felsefi açıdan bakıldığında bu, Tanrı'nın varlığı sorusundan farklı bir meseledir. Doğanın varlığından yola çıkarak onun varlığının temeline ulaşırız. Doğanın da kendi kusurları olabilir, fakat bu durum onun mükemmel bir Kaynağa sahip olup olmadığına dair herhangi bir şey ifade etmemektedir. Dolayısıyla Tanrı'nın varlığı nedenli veya nedensiz kötülüğün varlığına dayanmamaktadır.

Kötülüğün varlığını açıklama konusunda ise İlahi bir gücün varlığını kabul edenler açısından iki farklı açıklama vardır. Bunların ilki, Tanrı'nın dünyaya müdahale etmediğini varsayan Aristotelesçi yaklaşımdır. İkincisi ise, insanların tamamen özgür olmaları durumunda kötülüğün daima bir olasılık olarak kalacağı görüşü olan özgür irade savunmasıdır. Aristotelesçi yaklaşımda, arada bir adaletin temel ilkelerini uzaktan ve ayrı olarak onaylasa da, yaratma işi sona erdiğinde Tanrı'nın, evreni doğanın kanunlarına bıraktığı görüşü vardır. Özgür irade savunması ise ilahi gücün, Tanrı'nın kendisini gözler önüne serdiği görüşünün kabul edilmesine dayanmaktadır.

DAHA FAZLA ÖĞRENMEYE AÇIK OLMAK

Buradan nereye varacağım? Öncelikle, özellikle doğanın tarihi hakkında bildiklerimizin ışığında, ilahi Gerçeklik hakkında daha fazla şey öğrenmeye tamamıyla açık olduğumu söylemek istiyorum. İlahi gücün kendisini insanlık tarihinde göstermiş olup olmadığı sorusu ise hâlâ geçerli bir tartışma konusudur. Her şeye kadir bir gücün yapabileceklerini, mantıken imkânsızı yaratmak dışında, kısıtlamanız mümkün değildir. Evrendeki her şey bu güce tabidir.

Kitaptaki Ek B bölümü, bu ikinci konuyla ilgili *İncil* bilgini ve Anglikan Kilisesi Piskoposu N. T. Wright ile özellikle

Hıristiyanların Tanrı'nın İsa Mesih'in bedeninde vücut bulduğu iddialarına atıfta bulunarak yaptığım görüşmeyi aktarmaktadır. Daha önce de söylediğim gibi, hiçbir dinde İsa Mesih gibi karizmatik bir şahsiyet ile Aziz Paul gibi mükemmel bir aydından oluşan bir bileşim yoktur. Eğer her şeye kadir gücün bir din kurmasını istiyorsanız, bence o dinin temeli bu ikili olmalıdır!

İLETİŞİM KURMAYA İSTEKLİ OLMAK

Bu bölüme başladığım hikâyeye geri dönmek istiyorum. Ada kabilesi tarafından keşfedilen uydu telefonu ve onun yapısını açıklamaya yönelik çabalardan bahsetmiştik. Hikâye, bilim adamlarının kabilenin bilge kişisiyle alay edip onu umursamamalarıyla sona eriyordu.

Fakat hikâyenin farklı biçimde sona erdiğini düşünelim. Bilim adamları, bilgenin telefonun diğer insanlarla iletişim aracı olarak kullanılabileceği fikrini bir çalışma varsayımı olarak ele alırlar. Konunun üzerinde biraz daha durunca telefonun gerçek insanların seslerini ileten bir ağa bağlı olduğu sonucunu teyit ederler. Artık "orada" akıllı varlıkların olduğu kuramını kabul ediyorlardır.

Daha da cesur bilim adamları biraz daha ileri giderler. Telefonda duydukları sesleri çözmeye çalışırlar. Söylenenleri anlamalarını sağlayan kalıpları ve ritimleri tespit ederler. Bütün dünyaları değişir. Yalnız olmadıklarını anlarlar. Ve belirli bir noktada iletişim kurarlar.

Bu benzetmenin uygulanması çok kolaydır. Doğanın kanunları –hikâyedeki iletişim ağı– gibi olguların keşfedilmesi bilim adamları, filozoflar ve diğer insanların sonsuz zekâya sahip bir Aklın varlığını kabul etmelerini sağlamıştır. Bazıları bu

Akılla iletişim kurduklarını iddia etmektedir. Ben henüz iletişim kurmadım. Fakat bir dakika sonra bile ne olacağını kim bilebilir ki?

Bir gün, "Şimdi beni duyuyor musun?" diyen bir Ses duyabilirim.

EKLER

Bu kitapta Tanrı'nın varlığına ilişkin fikrimi değiştirmeme neden olan argümanları özetlemeye çalıştım. Daha önce bahsettiğim üzere, David Conway'in *The Rediscovery of Wisdom* kitabının bu değişimde önemli bir rolü oldu. Diğer forumlarda önerdiğim bir diğer kitap ise Roy Abraham Varghese'nin *The Wonder of the World* kitabıdır. *Tanrı ve Felsefe'ye* yazdığım yeni önsözde, *Tanrı ve Felsefe*'den sonra yazılacak bütün kitapların "doğanın düzenine ilişkin tümevarımsal argüman hakkında son derece kapsamlı bir görüş sunan" *The Wonder of World'ü* "dikkate alması gerekeceğini" belirttim. Varghese'nin şu anda elinizde tuttuğunuz kitabın yazım aşamasında bana yardım etmesinden ötürü, kendisinden şimdiki ateist kuşağın argümanlarının bir tahlilini ve değerlendirmesini yaparak benim görüşlerimi tamamlamasını rica ettim. "The 'New Atheism': A Critical Appraisal of Dawkins, Dennett, Wolpert, Haris and Stenger," Ek A'da yer almaktadır.

Ek B, Tanrı'nın insanlık tarihinde kendisini İsa Mesih'in bedeninde gösterdiği iddiasıyla ilgilidir. Bu iddiayı savunanlar arasında günümüzün önde gelen Yeni Ahit bilginlerinden Piskopos N. T. Wright da bulunmaktadır. Wright'ın, Tanrı'nın kendisini gösterdiğine dair önceki eleştirilerime hem bu kitapta hem de kendi kitaplarında verdiği yanıtların Hıristiyanlık açısından bugüne kadar gördüğüm en güçlü iddiayı teşkil ettiğini düşünüyorum.

Wright'a ait her iki eki de bu kitaba dâhil ettim, çünkü bunların her ikisi de Tanrı'nın varlığına ilişkin düşüncemi değiştirmeme yol açan türden muhakemenin örnekleridir. Bu bölümleri olduğu gibi aktarmanın uygun olduğunu düşünüyorum, çünkü bunlar, okuyuculara benim devam eden yolculuğumun yönü hakkında bilgi verirken tartışmayı da ciddi anlamda ilerleten özgün katkılardır. Bu ekler, İkinci Bölüm, "My Discovery of the Divine" (İlahi Olanı Keşfim), ile birlikte ele alındığında, din felsefesinin güçlü bir yeni görüşünü sunan organik bir bütün oluşturmaktadır.

EK A

Yeni Ateizm: Dawkins, Dennett, Wolpert, Harris ve Stenger'a Eleştirel Bir Yaklaşım

Roy Abraham Varghese

"Yeni ateizmin" temelinde Tanrı diye bir şeyin, yani var olan her şeyin ebedi ve sonsuz bir Kaynağı olmadığı inancı bulunmaktadır. Bu, diğer argümanların çoğunun bir anlam taşıyabilmesi için doğruluğunun kanıtlanması gereken kilit inançtır. Benim buradaki görüşüm; Richard Dawkins, Daniel Dennett, Lewis Wolpert, Sam Harris ve Victor Stenger gibi "yeni ateistlerin" yalnızca bu inancı kanıtlayamamakla kalmadıkları, aynı zamanda Tanrı'nın var olup olmadığı sorusuyla alakalı olguları göz ardı ettikleridir.

Gördüğüm kadarıyla mevcut deneyimlerimizde ancak Tanrı'nın varlığı ile açıklanabilecek beş olgu açık biçimde ortadadır. Bunlar sırasıyla, maddi dünyayla bütün deneyimlerimizde saklı olan akılcılık; bağımsız olarak hareket edebilme becerisi olan yaşam; farkında olma yetisi olan bilinç; dilde yer alan türden anlamlı simgeleri ifade edebilme ve anlama yeteneği olan kavramsal düşünme ve bilinç, düşünme ve eylemin "merkezi" olan insanın kendisidir.

Bu olgular ve bunların Tanrı'nın varlığıyla ilişkilendirilmeleri hakkında üç şeyin ifade edilmesi gerekmektedir. İlk olarak, bizler Tanrı'nın varlığına ilişkin argümanlar ve kanıtlar duymaya alışkınızdır. Bu tür argümanların belirli temel görüşlerin ifade edilmesi açısından faydalı olduğunu, fakat biçimsel geçerliliklerinin bir Tanrı'nın olup olmadığını belirleyen "kanıtlar" olarak değerlendirilemeyeceğini düşünüyorum. Aksine, burada ifade edilen beş olgu, sonsuz ve ebedi bir Aklın varlığını gerektirmektedir. Tanrı, deneyimlerimizde açık biçimde yer alan her şeyin temelindeki mutlak koşuldur. İkinci olarak, önceki noktadan belli olacağı üzere, burada olasılıklardan ve varsayımlardan değil, kişinin kendini inkâr etmedikçe inkâr edemeyeceği temel gerçeklerle yüzleşmelerinden bahsediyoruz. Bir başka deyişle, olasılık teoremlerini belirli veri kümelerine uygulamıyor, verileri değerlendirmenin nasıl mümkün olabileceği yönündeki daha temel bir soru üzerinde düşünüyoruz. Aynı şekilde bu, bazı karmaşık olguların varlığına bakarak Tanrı'yı anlama meselesi değildir. Aksine, Tanrı'nın varlığı bütün olguların mutlak koşuludur. Üçüncü olarak, eski ve yeni ateistler Tanrı'nın varlığına dair herhangi bir kanıt olmadığından yakınmaktadırlar ve bazı teistler de buna hür irademizin ancak bu tür kanıtların zorlayıcı olmaması durumunda korunabileceğini belirterek karşılık vermiştir. Burada benimsenen yaklaşım, yaşamımızda ihtiyaç duyduğumuz bütün kanıtlara sahip olduğumuz ve insanların ateist olmalarından ancak bu kanıtlara "bakmayı" bilinçli olarak reddetmenin sorumlu olduğu yönündedir.

Mevcut deneyimlerimiz üzerinde düşünürken isterseniz bir düşünce deneyi gerçekleştirelim. Bir an için önünüzde mermer bir masa olduğunu düşünün. Bir trilyon yıl veya sonsuz zaman geçse bile bu masanın birdenbire ya da yavaş yavaş sizin gibi bilinçli, çevresinde olup bitenlerin ve kimliğinin farkında olabileceğini düşünebilir misiniz? Böyle bir şeyin gerçekleşebileceğini düşünmek imkânsızdır. Aynı şey her türlü madde için geçerlidir. Maddenin, kütle enerjisinin yapısını çözdüğünüzde, yapısı gereği, asla "bilinç" düzeyine gelemeyeceğini, asla "düşünemeyeceğini" ve asla "ben" diyemeyeceğini anlarsınız. Fakat ateistlerin görüşüne göre, evrenin tarihinin bir noktasında, imkânsız ve akıl edilemez şeyler gerçekleşmiştir. Onlara göre farklılaşmamış madde (buna enerjiyi de dâhil ediyoruz) bir zamanlar "can" bulmuş, ardından bilinç düzeyine erişmiş, ardından kavramsal düşünme yetisini elde etmiş ve sonunda "ben" düzeyine gelmiştir. Fakat yeniden masamıza dönecek olursak, bunun neden gülünç olduğunu anlarız. Masa, bilinç düzeyine erişmek için gereken özelliklerin hiçbirine sahip değildir ve sonsuz zamanda bile bu tür özellikleri "edinemez." Yaşamın kaynağına dair akla en son gelebilecek senaryolardan birini kabul eden bir kişinin bile, belirli koşullar altında bir mermer parçasının kavramlar üretebileceğini ileri sürebilmesi için çıldırmış olması gerekir. Ve subatomik seviyede masayı bir arada tutan şey, evrendeki diğer bütün maddeleri de bir arada tutan şeydir.

Deneysel bilim son üç yüz yıl içerisinde maddi dünya hakkında, atalarımızın asla hayal edemeyecekleri kadar, bilgiyi açığa çıkarmıştır. Bunlara yaşamın, bilincin, düşünmenin ve benliğin temelinde yatan genetik ve sinirsel ağların kapsamlı biçimde öğrenilmesi de dâhildir. Ne var ki bilim, bu dört olgunun daha önce olduğundan çok daha iyi bilinen fiziksel bir altyapı temelinde hareket ettiğini söylemek dışında olguların yapısı veya kendileri hakkında bir şey söyleyemez. Bazı bilim adamları bunları maddenin tezahürleri olarak açıklamaya çalışmış olsa da, benim bu cümleden çıkardığım anlamın belirli bir zihinsel eylemin dışında başka bir şey olduğunu göstermenin hiçbir yolu yoktur. Evet, benim görüşlerime uyan zihinsel eylemler vardır –ve modern nörolojik bilimler, beynin farklı türlerde zihinsel etkinlikleri destekleyen bölgelerini tespit etmiştir. Fakat bir düşüncenin belirli bir sinirsel etkileşim olduğunu söylemek, adalet fikrinin kâğıt üzerine yazılmış birkaç şeyden başka bir şey olmadığını iddia etmek kadar anlamsızdır. Dolayısıyla bilinç ile düşüncenin yalnızca fiziksel eylemler olduğunu ileri sürmek anlamsızdır.

Burada bana ayrılan bölümün kısıtlı olması nedeniyle dünyaya ilişkin deneyimlerimizin temelini oluşturan ve "yeni ateizm" çerçevesinde açıklanması mümkün olmayan beş temel olguyu son derece kısa biçimde özetlemek istiyorum. Konuyla ilgili daha ayrıntılı bir inceleme, çıkacak olan kitabım *The Missing Link*'te yer alacaktır.

AKILCILIK

Dawkins ve diğerleri, "Tanrı'yı kim yaratmıştır?" sorusunu sormaktadırlar. Teistler ve ateistler artık bir şey üzerinde açık biçimde hemfikirdirler: Eğer bir şey var ise, ondan önce daima var olan bir şey olmalıdır. Bu ebediyen var olan gerçeklik nasıl meydana gelmiştir? Cevap, böyle bir gerçekliğin asla meydana gelmediğidir. Bu gerçeklik her zaman vardı. Seçiminizi yapın: Tanrı veya evren. Biri en başından beri vardı.

İşte akılcılık konusu tam olarak bu noktada ön plana çıkmaktadır. Ateistlerin itirazlarının aksine, her zaman var olanın hangisi olduğu konusunda teistler ile ateistlerin iddia ettikleri arasında çok önemli bir farklılık vardır. Ateistler, evren için yapılabilecek açıklamanın onun ebediyen var olduğu şeklinde olduğunu söylemektedirler, fakat bu ebediyen var olan durumun nasıl vuku bulduğunu açıklayamıyoruz. Bu durumun açıklanabilmesi mümkün değildir ve bu şekilde kabul edilmesi gerekmektedir. Teistler ise Tanrı'nın nihayetinde açıklanması mümkün bir şey olmadığını belirtmekte ısrarlıdırlar: Tanrı'nın varlığı bizim açımızdan açıklanamaz bir durumdur, Tanrı açısından değil.

Bu Tanrı'nın ebedi varlığının bizim görebileceğimiz kendi iç mantığının olması gerekir, çünkü evrende akılcılık, ancak en temel akılcılıkta temellendirilmesi durumunda olabilir. Bir başka deyişle, bilme ve gerçekleri yorumlama yeteneğimiz, doğanın işleyişleri ve bu işleyişlere dair soyut tanımlamalarımız (fizikçi Eugene Wigner'in ifadesiyle matematiğin anlaşılmaz etkililiği) gibi olağanüstü olgular ile genetik ve nöronal kodlar gibi yaşamın en temel düzeylerindeki kodların rolü, var olmalarıyla, akılcılığın temel ve her yanı kaplayan yapısını göstermektedir. Her ne kadar Tanrı'nın yapısı hakkındaki geleneksel görüşler bazı ipuçları verse de bu iç mantığın ne olduğunu göremiyoruz. Örneğin Eleonore Stump ve Norman Kretzmann, tam olarak anlaşıldığı takdirde, mutlak yalınlığın ilahi özelliğinin, Tanrı'nın neden var olmamasının mümkün olmadığının gösterilmesine yardımcı olduğunu ileri sürmektedir. Alvin Plantinga ise Tanrı'nın olası bütün dünyalarda var olan gerekli bir Varlık olarak sayıldığını belirtmektedir.

Ateistler buna iki şekilde karşılık verebilirler: Evrenin, kendi varlığına ilişkin bizim göremediğimiz bir iç mantığı olabilir; ve/veya kendi varlığını açıklayan bir iç mantığı olan Varlığın (Tanrı) olması gerektiğine inanmak zorunda değilizdir. Teistler ilk noktayla ilgili olarak, kendisini oluşturan şeylerin toplamının dışında var olan "evren" diye bir şeyin olmadığını söyleyeceklerdir ve evrendeki hiçbir şeyin sonsuz varoluşa dair iç mantığının olmadığını biliyoruz. Teistler ikinci noktayla ilgili olarak ise –doğanın kanunlarından akılcı düşünme yeteneğimize kadar– şüphe götürmez biçimde tecrübe etmekte olduğumuz akılcılığın varlığının, ancak sonsuz bir Akıl olabilecek bir temelden yoksun olması durumunda açıklanamayacağına işaret etmektedirler. Büyük matematikçi Kurt Gödel, "Dünya mantıklıdır," demişti.[1] Bu akılcılığın anlamı, "dünyanın düzeninin onu yöneten üstün aklın düzenini yansıttığıdır."[2] Akılcılığın gerçekliği doğal seçime başvurularak inkâr edilemez. Doğal seçim, birbirlerini belirli kurallar çerçevesinde etkileyen fiziksel varlıkların ve yaşamın süreçlerini yöneten bir kodun varlığını gerektirmektedir. Ve doğal seçimden bahsetmek, doğada olup bitenlerin bir mantığı (uyumu) olduğunu ve bu mantığı anlayabilecek durumda olduğumuzu varsaymak demektir.

Önceki mermer masa örneğine dönecek olursak, söylemek istediğimiz şey, düşüncemizin temelini oluşturan ve matematiksel olarak kesin bir evrene dair çalışmamızda karşımıza çıkan asıl akılcılığın bir kaya parçası tarafından ortaya çıkarılmış olamayacağıdır. Tanrı en temel mutlak gerçek değil, varoluşun her boyutunda yer alan temel Akılcılıktır.

Fiziksel gerçekliğin kaynağı sorusunun, inanılması güç olsa da, yeni bir biçimi, Daniel Dennett'in evrenin "kendisini yoktan veya hemen hiçbir şeyden ayırt edilmesi mümkün olmayan bir şeyden yarattığı" iddiasıdır.[3] Bu görüşü en açık biçimde ifade eden kişi ise bir diğer yeni ateist, fizikçi Victor Stenger'dir. Stenger, evren ile doğanın kanunlarının kaynaklarına yönelik yegâne çözümünü *Not by Design: The Origin of the Universe, The Comprehensible Cosmos,* ve *God: The Failed Hypothesis* adlı kitaplarında sunmaktadır.

Stenger, diğer şeylerin yanı sıra, doğanın kanunları görüşü ve bunların taşıdıkları varsayılan anlamlar hakkında alışılmamış bir eleştiri getirmektedir. Stenger, *The Comprehensible Cosmos* kitabında, bu sözde kanunların ne tepeden indirildiğini ne de maddenin davranışı üzerindeki kısıtlamalara yerleştirildiğini ileri sürüyor. Ona göre bu kanunlar yalnızca fizikçilerin gözlemleri hakkındaki matematiksel ifadelerini formüle etme biçimleri üzerindeki kısıtlamalardır. Stenger'in iddiası, modern fizikteki temel fikirlerden biri olan simetri hakkında yaptığı yoruma dayanmaktadır. Modern fizikteki tanımların çoğuna göre *simetri*, bir nesne ya da sistemin bir transformasyon karşısındaki değişmezliğidir. Bu fikir başlangıçta klâsik mekaniğin diferansiyel denklemlerine ve elektromanyetizmaya ve ardından yeni biçimlerde özel izafiyet ve kuantum mekaniği problemlerine uygulanmıştı. Stenger, okurlarına bu etkili kavramın ana hatlarını sunmakta, fakat sözlerinin devamında birbirine uymayan iki sonuca varmaktadır. Bunların biri, simetri ilkelerinin doğanın kanunları olduğu görüşünü ortadan kaldırdığı ve diğeri de hiçliğin bir şey üretemeyeceğini, çünkü "hiçliğin" değişken olduğudur!

Ne şaşırtıcıdır ki, simetri alanındaki en uzman kişilerden biri olan Anthony Zee'nin yazdığı *Fearful Symmetry* kitabı da Stenger'in ortaya koyduğu olguların aynılarını kullanarak oldukça farklı bir sonuca ulaşmaktadır:

> Simetri, maddi dünyayı anlamamızda gittikçe artan merkezi bir rol oynamaktadır... . Temel fizikçiler, en büyük tasarımın simetrilerle dolu olduğu inancını benimsemektedirler. Bize rehberlik eden simetri olmasaydı modern fiziğin başlaması mümkün olmazdı... Fizik günlük deneyimden uzaklaşıp En Büyük Tasarımcının aklına yaklaştıkça, akıllarımızı sıradan kalıpların dışında düşünmektedir... . Simetri tarafından tanımlanan En Büyük Tasarımcıyı bir *Deus Congruentiae* olarak tasavvur ediyorum.[4]

Stenger, "hiçliğin" mükemmel biçimde simetrik olduğunu, çünkü boşlukta kesinlikle mutlak konum, zaman, hız veya ivme olmadığını ileri sürmektedir. Stenger, "Simetrilerin kaynağı nedir?" sorusunu ise bunların aslında boşluğun simetrileri oldukları, çünkü fizik kanunlarının, zaten yoktan var olmuşçasına, kendilerinden bekleneni yerine getirmekte oldukları şeklinde yanıtlamıştı.

Stenger'in temel yanılgısının kökeni oldukça eskiye dayanmaktadır: Bu, "hiçliği" "bir şeyin" bir türü gibi ele alma yanılgısıdır. Yüzyıllardır "hiçlik" kavramı üzerinde fikirler yürütmüş olan düşünürler, "hiçliğin" bir şeyin bir türü olmadığı noktasını vurgulamaya özen göstermişlerdir. Mutlak hiçlik; hiçbir kanun, boşluk, alan, enerji, yapı, hiçbir türden fiziksel veya zihinsel varlık –ve "simetriler"– olmadığı anlamına gelir. Hiçliğin hiçbir özelliği veya gücü yoktur. Mutlak hiçlik sonsuz zaman diliminde bile hiçbir şey üretemez –doğrusu mutlak hiçlikte zaman diye bir şey olamaz.

Stenger'in, *God: The Failed Hypothesis* kitabının temelinde yer alan ve evrenin net enerjisinin sıfır olması nedeniyle evrenin "hiçlikten" ortaya çıkmasının fiziğin ilkelerini çiğnemediği yönündeki görüşüne ne demeli? Bu, ilk kez, evrenin net enerjisinin sıfıra yakın olduğunu gösterdiğini ve bu yüzden evrenin hiçlikten var olduğunu söylemekte herhangi bir çelişki olmadığını söyleyen fizikçi Edward Tryon tarafından ileri sürülmüş bir görüştür. Eğer yerçekimsel enerjisi negatif olan bağlama (çekim) enerjisi ile evrenin pozitif değer olan bütün kütlesinin tamamını toplayacak olursanız sıfıra yakın bir değere ulaşırsınız. Bu durumda evreni yaratmak için enerjiye ve dolayısıyla bir yaratıcıya ihtiyaç duyulmamaktadır.

Bu ve benzer iddialarla ilgili ateist felsefeci J. J. C. Smart, sıfır net enerjisi olan bir evren varsayımının bir şeyler olduğu sorusunu hâlâ yanıtlamadığına işaret etmektedir. Smart, bu varsayımın ve onun modern formüllerinin yapısal bir uzay-zaman süreklisi, kuantum sahası ve doğa kanunları bulunduğunu varsaymakta olduğunu belirtmektedir. Sonuç olarak, bunlar ne bir şeylerin neden var olduğu sorusuna cevap verebilmektedir ne de uzay ve zamandan ibaret evrenin zamandan bağımsız bir gerekçesinin olup olmadığı sorusunu ele almaktadır.[5]

Bu tahlilden de açık biçimde anlaşıldığı gibi, Stenger iki temel soruyu cevapsız bırakmaktadır: Neden bir şey vardır ve mutlak hiçlik yoktur? Ve var olan bir şey neden simetrilere uymakta veya karmaşık yapılar oluşturmaktadır?

Zee, simetrinin kaynağının en büyük Tasarımcının Aklı olduğu sonucuna varmak amacıyla Stenger'in ifade ettiği simetri olgularının aynılarını kullanmaktadır. Doğanın kanunları, esasında doğanın temelindeki simetrileri yansıtmaktadır. Ve evrenin akılcılığını ve anlaşılabilirliğini –kökü Tanrı'nın Aklında bulunan akılcılığı– gösteren şey, doğanın kanunları değil, simetridir.

YAŞAM

Ele alınacak bir sonraki olgu yaşamdır. Tony Flew'in bu kitapta maddeyle ilgili söyledikleri göz önünde bulundurulduğunda, burada yaşamın kaynağı sorusu üzerinde çok daha fazla bir şey söylemeye gerek yoktur. Oysa bu soruyla ilgili mevcut tartışmaların, kilit meselelerin bile farkında olmadığı izlenimi uyandırdığı belirtilmelidir. Canlı varlıkların dört boyutu vardır. Bu tür varlıklar aracı, güdümlü, kendisini çoğaltabilen ve simgelere göre hareket eden varlıklardır (bunların varoluşları kodlar ile kimya arasındaki karşılıklı etkileşime dayanmaktadır). Canlı varlıkların tümü hareket etmektedir veya hareket etme kabiliyetine sahiptir. Ve bu tür varlıkların her biri, kendi eylemlerinin tamamının ortak kaynağı ve merkezidir. Bu aracıların yaşamlarını sürdürebilme ve bağımsız hareket edebilme kabiliyetleri olması nedeniyle, eylemleri bir ölçüde amaçları (beslenme) tarafından belirlenmektedir ve kendilerini çoğaltabilmektedirler; dolayısıyla bu canlılar amaca güdümlü, kendilerini çoğaltabilen bağımsız aracılardır. Üstelik Howard H. Pattee'nin belirttiği gibi, canlı varlıklarda göstergesel süreçler (kurallar, kodlar, diller, bilgi, kontrol) ile fiziksel sistemlerin (kanunlar, hareket bilgisi, enerji, kuvvetler, madde) etkileşimini bulabilirsiniz.[6]

Burada incelenen kitapların içerisinde yalnızca Dawkins'in kitabı yaşamın kaynağı sorusunu ele almaktadır. Wolpert, bu konuyla ilgili söylediklerinde oldukça samimidir: "Bu, evrimle ilgili bütün bilimsel soruların cevaplandırılmış olduğu anlamına gelmez. Aksine bizzat yaşamın kaynağı, bütün canlı varlıkların ortaya çıktığı mucizevî hücrenin evrimi hâlâ yeterince anlaşılmamaktadır."[7] Dennett, önceki çalışmalarında, bazı materyalist açıklamaların doğru olabileceğini kabul etmiştir.

Ne yazık ki Dawkins'in yaklaşımı fizyokimyasal düzeyde bile açık biçimde yetersiz veya yanlıştır. "Fakat yaşam nasıl başlar?" diye soruyor Dawkins. "Yaşamın kaynağı, doğal seçim için hayati önem taşıyan koşulların ortaya çıkmasını sağlayan kimyasal olay veya olaylar dizisiydi... Hayati önemdeki bileşen –bir tür genetik molekül– yerini aldı mı artık bunu gerçek Darwinci doğal seçim izleyebilir."[8] Bu nasıl gerçekleşti? "Bilim adamları büyük rakamların sihrine başvurmaktadırlar... İnsancı ilkenin güzelliği, bütün sezgilere rağmen, kimyasal bir modelin gezegenimizin üzerindeki yaşamın varlığına ilişkin iyi ve tamamen tatmin edici bir açıklama sunmak amacıyla bir gezegende yaşamın ortaya çıkma olasılığının milyarda bir olduğunu tahmin etmesi gerektiğini söylemesidir."[9]

Batıl inanca dayanarak yapılmış küstahça bir girişim olarak tanımlanması daha uygun olan bu tarz muhakeme göz önünde bulundurulduğunda, eğer yalnızca "büyük rakamların sihrine başvurursak" arzuladığımız her şeyin bir yerlerde var olması gerekir. Tek boynuzlu atlar veya gençlik iksiri, "şaşırtıcı ölçüde olanaksız" olsa da, "tüm sezgilere rağmen" meydana gelecektir. İhtiyaç duyulan tek şey, bunların "bir gezegende gerçekleşme olasılığının milyarda bir" olduğunu "tahmin etmesi gereken" "kimyasal bir modeldir."

BİLİNÇ

Neyse ki bilinçle ilgili yapılan çalışmalarda işler diğer alanlardaki kadar kötü değildir. Bugün bilinç hakkında giderek artan bir bilinçlilik vardır.

Artık bilinçliyiz ve bilinçli olduğumuzun bilincindeyiz. Bunu inkâr eden kişi ancak kendisiyle çelişkiye düşer –ne var ki bazıları hâlâ bunu inkârda ısrar etmektedir. Sinir hücrelerinin yapısını anladığınızda sorun içinden çıkılmaz bir hal almaktadır. Öncelikle sinir hücreleri bilinçli yaşam tarzımızla hiçbir benzerlik göstermemektedir. İkincisi ve daha da önemlisi, fiziksel özelliklerinin bilinci yaratacakları veya yaratabileceklerine inanmamız için hiçbir gerekçe sunmamaktadırlar. Bilinç, beynin belirli bölgeleriyle ilişkilidir, fakat beyin sapında aynı sinir hücreleri sistemleri bulunduğunda bilinç "üretimi" diye bir şey söz konusu olmaz. Aslında, fizikçi Gerald Schroeder'in belirttiği gibi, bir kum yığınının temel fiziksel bileşenleriyle bir dâhinin beynininkiler arasında aslında fark yoktur. Maddenin bazı parçalarının, maddeye hiç benzemeyen yeni bir gerçeklik "yaratabileceği" iddiasının altında maddeye duyulan kör ve temelsiz inanç vardır.

Bugünkü beden-akıl çalışmalarındaki anaakım, bilincin gerçekliğini ve gizemini kabul etse de malumu görmezden gelmeye devam eden birkaç felsefeciden biri de Daniel Dennett'tir. Dennett, bir şeyin "gerçekten de bilinçli" olup olmadığı sorusunun ilginç veya cevaplanabilir olmadığını söylemekte ve makinelerin bilinçli olabileceğini, çünkü biz insanların bilinçli makineler olduğumuzu iddia etmektedir!

Dennett'in bilinç için "açıklaması" olan işlevselcilik, sözde zihinsel olguları oluşturan şeylerle ilgilenmememiz gerektiğini belirtmektedir. Bunun yerine, bu olguların gerçekleştirdikleri işlevleri incelememiz gerektiğini söylemektedir. Acı, kaçınma tepkisine yol açan bir şeydir; bir düşünce ise problem çözme sürecindeki bir eylemdir. İkisinin de özel bir yerle.'de gerçekleşen özel bir olay olarak değerlendirilmemesi gerekmektedir. Aynı durum zihinsel olgu olarak kabul edilen diğer bütün şeyler için de geçerlidir. Bilinçli olmak, bu işlevleri yerine getirmek demektir. Bu işlevler cansız sistemler tarafından da gerçekleştirilebildiği için (örneğin bir bilgisayar problemleri çözebilir), "bilincin" gizemli bir yanı yoktur. Ve kesinlikle fiziksel sınırların dışına çıkmanın da hiçbir gereği yoktur.

Fakat bu ifadenin atladığı şey, bütün zihinsel eylemlere, ne yapmakta olduğumuzun bilincinde olduğumuz bilinçli olma hallerinin eşlik ettiği gerçeğidir. İşlevselcilik bilinçli olma, farkındalık ve ne düşündüğümüzü bilme hallerini (bilgisayarlar ne yaptıklarını "bilmezler") hiçbir şekilde açıklamaz veya açıkladığını iddia edemez. Ayrıca kimin bilinçli, farkında olan ve düşünen bir kişi olarak sayılabileceği hakkında da pek bir şey söyleyemez. Dennett, gülünç biçimde, felsefesinin temelinin, kendisine "'Ben' diye bir şeyin olduğuna inanmıyorum" ifadesini iddia etme fırsatı veren "üçüncü şahıs saltçılığı" olduğunu söylemektedir.

Ne ilginçtir ki Dennett'i ve işlevselciliği en ciddi biçimde eleştirenlerin bazıları bizzat fizikçidir –David Papineau, John Searle ve diğerleri. Özellikle John Searle son derece sert eleştirilerde bulunmaktadır: "Eğer yoldan çıkıp işlevselciliği benimsemişseniz, inkârdan çok yardıma ihtiyacınız olduğuna inanıyorum."[10]

Dennett'in aksine Sam Harris ise bilincin fizikötesi gerçekliğini güçlü biçimde savunmaktadır. "Sorun şu ki, fiziksel bir sistem olarak incelendiğinde beyin hakkında hiçbir şeyin onun her birimizin kendi yaşantılarımızda bilinç olarak tecrübe ettiğimiz o tuhaf, iç boyutu taşıyan şey olduğunu göstermemektedir." Sonuç oldukça şaşırtıcıdır: "Bilinç, canlı varlıklar ile onların beyinlerinden çok daha temel bir olgu olabilir. Ve görünüşe göre bu tür bir tezi deneysel olarak geçersiz kılabilmenin hiçbir yolu yoktur."[11]

Dawkins kendi açısından hem bilinç ve dilin hem de bunun teşkil ettiği sorunun gerçekliğini kabul etmektedir. Bir keresinde, "Felsefecilerin *qualia* (şahsi, kişiye ait, kişiyle yakından bağlantılı tecrübenin niteliği/doğası) şeklinde adlandırdıkları beşeri sübjektif bilinci ne Steve Pinker ne de ben açıklayabilirim," demişti. "Steve, *How the Mind Works* kitabında, sübjektif bilinç meselesini güzel biçimde açıklamakta ve bunun kaynağının ve açıklamasının ne olduğunu sormaktadır. Ardından büyük bir samimiyetle, 'Allah beni kahretsin' demektedir. Bu, son derece samimi bir ifadedir ve ben de aynı şeyi kendi adıma tekrarlıyorum. Sübjektif bilinci bilmiyoruz. Ve anlamıyoruz."[12] Wolpert, bilinçli olarak, bilinç meselesini ele almaktan tamamıyla sakınmaktadır –"Kasıtlı olarak bilinçle ilgili hiçbir tartışmanın içerisine girmedim."[13]

DÜŞÜNME

Bilincin ardından düşünme, anlama, anlamı görme olgusu gelir. Dilin her kullanımı, özü itibariyle elle tutulup görülemeyen bir varlığın düzenini ortaya koymaktadır. Bütün düşünme, iletişim ve dili kullanma eylemlerimizin temelinde mucizevî bir güç vardır. Bu güç; farlılıkları ve benzerlikleri fark etme ve –felsefecilerin kavramları, evrensel düşünceleri vs. adlandırdıkları şeyleri – genelleştirme ve evrenselleştirme yeteneğidir. İnsanların yapısında bulunan bu yetenek eşsiz ve son derece şaşırtıcıdır. Çocukluğunuzdan itibaren hiçbir çaba harcamadan hem kendi köpeğiniz Sezar'ı hem de genel olarak köpekleri düşünmeniz nasıl mümkün olabiliyor? Kırmızı renkli belirli bir şeyi düşünmeksizin kırmızılığı düşünebilirsiniz (elbette kırmızılık bağımsız olarak değil, yalnızca kırmızı nesnelerde var olabilir). Bir saniye bile düşünmek zorunda kalmadan nesneleri soyut biçimde düşünür, ayırt eder ve birleştirirsiniz. Ayrıca özgürlük fikri veya meleklerin eylemleri gibi fiziksel özellikleri olmayan şeyleri bile düşünebilirsiniz. Bu kavramlarla düşünme yeteneği, yapısı itibariyle maddeyi aşmaktadır.

Eğer bu saydıklarımın herhangi birine karşı çıkanlar varsa durup düşünmelidirler. Bu insanlar dili her kullandıkları anlamın, kavramların, niyetlerin ve aklın yaşamlarımızın her alanını kaplayan rolünü göstermektedirler. Duyular tarafından sağlanan veriler düşünce tarafından kullanılan hammaddenin bir kısmını sağlasa da, anlama yetisinin fiziksel bir mukabili olduğundan bahsedilmesini anlamak mümkün değildir (anlama işini gerçekleştiren bir organ yoktur). Üzerinde birkaç dakika düşündüğünüzde, herhangi bir şey hakkındaki düşüncenizin fiziksel olduğu düşüncesinin akla getirilemeyecek kadar saçma olduğunu fark edeceksiniz. Aileniz ve arkadaşlarınızla bir piknik yapmayı planladığınızı düşünelim. Gidebileceğiniz yerleri, davet etmek istediğiniz kişileri, beraberinizde götürmeyi istediğiniz şeyleri, kullanacağınız aracı ve benzeri şeyleri düşünürsünüz. Bu düşüncelerin herhangi birinin fiziksel yapıda olduğunu düşünmek mantıklı mıdır?

Burada önemli olan nokta, açık konuşmak gerekirse, beynin anlama yeteneğinin olmadığıdır. Siz anlarsınız. Beyniniz anlamanıza yardımcı olur, fakat bunun nedeni düşüncelerinizin beyinde gerçekleşmesi veya belirli sinir hücrelerini "sizin" harekete geçirmeniz değildir. Aksine, örnek vermek gerekirse, yoksulluğu ortadan kaldıran anlama eyleminiz iyi bir şey, özü (anlama) itibariyle fizikötesi ve uygulamada (kelimeler ve sinir hücreleri) fiziksel olan bütünsel bir işlemdir. Bu eylem, fizikötesi ve fiziksel şeklinde ikiye ayrılamaz, çünkü bu, kişinin, özü itibariyle hem fizikötesi hem de fiziksel olan, yani bölünmesi mümkün olmayan bir eylemidir. Hem fiziksel hem de fizikötesi şeylerin bir yapısı vardır, fakat bunların bütünleşmeleri o kadar kusursuzdur ki, eylemlerinizin fiziksel mi yoksa fizikötesi mi veyahut ta ikisinin karışımı mı olduğunu sormanın hiçbir anlamı yoktur. Bunlar, kaçınılmaz olarak kendisine hem beden hem de "ruh bahşedilmiş" bir kişinin eylemleridir.

Düşüncenin yapısıyla ilgili yanlış fikirlerin pek çoğu bilgisayarlar hakkındaki yanlış fikirlerden kaynaklanmaktadır. Saniyede iki yüz trilyondan fazla hesaplama yapabilen Blue Gene gibi süper bir bilgisayarı ele aldığımızı varsayalım. İlk hatamız, Blue Gene'in tıpkı bir bakteri veya yabanarısı gibi bir "şey" olduğunu farz etmek olur. Bakteri veya yabanarısı örneğinde ele aldığımız şey, organik bir bütünlüğe sahip bir eylem merkezi, bir organizmadır. Bu organizmanın bütün eylemleri varlığını koruma ve neslini sürdürme amaçlarına yöneliktir. Blue Gene ise kendisine "verilen" işlemleri ortaklaşa veya ayrı ayrı gerçekleştiren bir parçalar yığınıdır ve parçaları bir araya getiren kişiler tarafından yönlendirilir.

İkinci olarak, parçalar yığını bir işlem gerçekleştirirken, yaptığı şeyin ne olduğunu bilmez. Süper bilgisayarların girilen verilere ve talimatlara göre yaptıkları hesaplamalar ve işlemler yalnızca elektrik sinyalleri, devreleri ve transistörleri meselesidir. Bir insan tarafından gerçekleştirilen aynı hesaplamalar ve işlemler ise elbette beyin mekanizmasını içerir, fakat bunlar olup bitenin bilincinde olan, neler yapılmakta olduğunu anlayan ve yaptıklarını bilerek gerçekleştiren bir bilinç merkezi tarafından gerçekleştirilir. Bilgisayarın insanüstü hızlarda işlem yapan birden fazla işlemcisi olsa bile, bu işlemlerin gerçekleştirilme safhalarında bilinç, anlama, anlam, niyet veya insan yoktur. Bilgisayardan alınan bilginin (ertesi günün hava durumu tahmini veya bankadaki hesap dökümünüz) bizim için "anlamı" vardır, fakat söz konusu bilgisayar adı verilen parçalar yığını olduğunda, ortada belirli matematiksel eylemleri gerçekleştiren ikili sayılar, 0'lar ve 1'ler, vardır. Bilgisayarın yaptığı şeyi "anladığını" söylemek, bir akım kablosunun hür irade ve determinizm konusu üzerinde düşünebileceğini veya bir deney tüpündeki kimyasalların bir sorunun çözülmesinde çelişmezlik ilkesini kullanabileceğini ya da bir DVD çaların çaldığı müziği anladığını ve ondan keyif aldığını söylemek gibi bir şeydir.

BENLİK

Ne çelişkidir ki yeni ateistlerin gözden kaçırdıkları en önemli nokta, gerçekliklerin en belirginidir: Kendileri. Deneyimlerimizden öğrendiklerimize göre en büyük fizikötesi/fiziksel gerçeklik, bu deneyimleri yaşayan kişidir, yani bizlerizdir. Birinci şahıs bakış açısı ("Ben," "beni," "benim" ve benzeri) gerçeğinin farkına vardığımız zaman en büyük ve aynı zamanda en heyecan verici gizemle karşı karşıya gelmiş oluruz. Ben varım. Descartes'in sözünü tersine çevirecek olursak, "Ben varım, öyleyse düşünüyorum, algılıyorum, niyet ediyorum, anlıyorum ve iletişim kuruyorum." Bu "Ben" de kimdir? "Nerededir?" Nasıl var olmuştur? Varlığınız kesinlikle fiziksel bir şey değildir; tıpkı fizikötesi bir şey olmadığı gibi. Varlığınız cisimleştirilmiş bir kişilik ve ruh verilmiş bir bedendir; "varlığınız (siz)" belirli bir beyin hücresinde veya vücudunuzun herhangi bir bölgesinde yer almaz. Vücudunuzdaki hücreler sürekli değişir ve "siz" yine de aynı kalırsınız. Sinir hücrelerinizi inceleyecek olursanız, bunların hiçbirinin bir "Ben" olma özelliğine sahip olmadığını göreceksinizdir. Elbette bedeniniz sizin ayrılmaz bir parçanızdır, fakat o bir "bedendir", çünkü kişilik tarafından bu şekilde oluşturulmuştur. İnsan olmak demek, bedene ve ruha sahip olmak demektir.

Hume, *İnsan Doğası Üzerine Bir İnceleme*'nin çok bilinen bir bölümünde şöyle diyor: "Kendim dediğim şeyin içerisine en yakından girdiğimde, ... Algı olmadan kendimi asla bulamam ve algı dışında hiçbir şeyi gözlemleyemem."[14] Hume burada onun (yani "Ben"!) "kendisini" bulamadığını iddia ederek bir kişiliğin varlığını inkâr etmektedir. Peki onun farklı deneyimlerini bir bütün halinde birleştiren, dış dünyanın farkında olmasını sağlayan ve başından sonuna kadar aynı kalan şey nedir? Bu soruları soran kimdir? Hume, "kendim" ifadesinin düşünceleri ve duyguları gibi gözlenebilir bir durum olduğunu varsaymaktadır. Fakat kişilik bu şekilde gözlenebilir bir şey değildir. Deneyimin değişmez bir olgusudur ve aslında bütün deneyimlerin temelidir.

Doğrusu erişebildiğimiz tüm gerçekliklerin içerisinde benlik aynı zamanda fizikselliğin en belirgin, en mutlak ve en tehlikeli biçimidir. Öncelikle, kişinin benliğini inkâr etmesinin kendisiyle çelişmesi anlamına geleceğini söylemek gerekir. "Var olduğumu nasıl bilebiliyorum?" sorusuna bir profesörün verdiği ünlü cevap, "Peki bu soruyu kim soruyor?" olmuştu. Benlik, bizim olduğumuz şeydir, sahip olduğumuz değil. Birinci şahıs bakış açımız "Ben"den doğar. Benliği analiz edemeyiz, çünkü gözlenebilir veya tanımlanabilir zihinsel bir hal değildir.

Hepimizin farkında olduğu en temel gerçeklik, insan kişiliğidir ve bu kişiliğin anlaşılması yaşamın kaynağına dair bütün sorular hakkında anlayışlar sunar ve bir bütün olarak bu gerçeklikten anlam çıkarır. Benliğin fizik veya kimya açısından, açıklanmasının şöyle dursun, tanımlanmasının bile mümkün olmadığını biliyoruz: Bilim benliği keşfetmez; benlik bilimi keşfeder. Benliğin varlığını açıklayamayan hiçbir evren tarihinin tutarlı olamayacağını biliyoruz.

FİZİKÖTESİNİN KÖKENİ

Peki yaşam, bilinç, düşünme ve benlik nasıl meydana geldi? Dünyanın tarihi, bu olguların ortaya aniden çıkışını –yaşamın gezegenimizin soğumasından kısa süre sonra ortaya çıktığını, bilincin kendisini gizemli biçimde Kambriyen patlamasında gösterdiğini, dilin herhangi bir evrimsel öncüsü olmadan "sembolik türlerde" ortaya çıktığını– göstermektedir. Söz konusu olgular arasında bir yanda kod ve simge işleme sistemleri ve güdümlü, niyetini belli eden aracılar ve diğer yanda sübjektif bilinç, kavramsal düşünme ve insan benliği vardır. Bu olguları tanımlamanın tek tutarlı yolu, bunların, varlığın bir şekilde fizikötesi olan farklı boyutları olduklarını söylemektir. Bunlar fiziksel yapıyla tamamıyla bütünleşmiştirler ve yine de tamamen "yenidirler." Burada bahsettiğimiz şey makinelerin içerisindeki hayaletler değil, bazıları bilinçli ve bazıları da hem bilinçli hem de düşünen farklı türlerden aracılardır. Her halükârda vitalizm (dirimselcilik) veya düalizm (ikicilik) yoktur, fakat insanı ruh ve beden olarak bölünmez bir bütün kabul eden bütünsel bir görüş vardır.

Yeni ateistler yaşamın yapısını veya kaynağını, bilinci, düşünmeyi ve benliği kabul etmeseler de, fizikötesinin kaynağı sorusunun cevabı açıktır: Fizikötesi ancak fizikötesi bir kaynaktan doğabilir. Yaşam, bilinç, akıl ve benlik ancak canlı, bilinçli ve düşünen bir Kaynaktan doğabilir. Eğer bizler bilme, sevme, niyet etme ve uygulama kabiliyetine sahip bilinç ve düşünme merkezleri isek, bu merkezlerin, bu eylemleri kendisi gerçekleştirebilecek durumda olmayan bir şeyden nasıl var olabileceğine bir anlam veremiyorum. Basit fiziksel işlemler karmaşık fiziksel olgular yaratabilse de, bizim burada ilgilendiğimiz şey basit ile karmaşık arasındaki ilişki değil, "merkezlerin" kaynağıdır. Herhangi bir maddesel özün düşünen ve eyleme geçen aracıyı meydana getirmesi tasavvur bile edilemez. Madde, kavramlar ve algılar yaratamaz. Bir güç alanı ne plan yapabilir ne de düşünebilir. Dolayısıyla mantığa ve gündelik deneyimlerimize dayanarak canlı, bilinçli, düşünen varlıklar dünyasının canlı bir Kaynaktan, bir Akıldan başlaması gerektiğinin farkına varıyoruz.

EK B

Tanrı'nın, Kendisini İnsanlık Tarihinde Göstermesi:

N.T. Wright ile İsa Mesih Üzerine Bir Sohbet

ANTONY FLEW: TANRI'NIN KENDİSİNİ GÖSTERMESİ HAKKINDA SORULAR

Bu noktaya kadar beni ilahi bir Aklın varlığını kabul etmeye yönelten verileri ele aldım. Bu argümanları duyanlar ister istemez Tanrı'nın kendisini gösterdiği iddiaları hakkında ne düşündüğümü sormaktadırlar.. Hem anti teolojik kitaplarımda hem de katıldığım çeşitli tartışmalarda Tanrı'nın kendisini gösterdiğine veya dünyaya müdahale ettiğine dair iddiaların pek çoğuna karşı çıkmıştım.

Şu anki tutumum ise bu iddiaların en azından bazılarına karşı çok daha açıktır. Açıkçası, Hıristiyanlık dininin, Tanrı'nın kendisini gösterdiği yönündeki iddiası doğru olsun veya olmasın, hürmet edilmeyi ve saygı duyulmayı en açık biçimde hak eden yegâne din olduğunu düşünüyorum. İsa Mesih gibi karizmatik bir şahsiyet ile Aziz Paul gibi mükemmel bir aydından oluşan bir bileşim kadar olağanüstü bir şey yoktur. Bu dinin içeriğiyle ilgili düşüncelerin neredeyse tamamını, olağanüstü felsefi bir aklı olan ve ilgili bütün dillerde hem yazıp hem de konuşabilen Aziz Paul üretmişti. Eğer her şeye kadir gücün, bir din kurmasını istiyorsanız, bence o dinin temeli bu ikili olmalıdır!

Tanrı ve Felsefe'nin önceki baskılarında Hıristiyanlığın iddialarını belirli ölçüde ele almıştım. Yeni Ahit'in ve Hıristiyanlığın köklerinin tarihine ilişkin diğer kaynakların eleştirel biçimde incelenmesi alanında kaydedilen muazzam ilerlemelerin, kapsamlı ve büyük tarihsel iddialarda bulunanların "saklanacak yerleri olmadığı" anlamına geldiğini savunmuştum. İkinci olarak, mucizelerin gerçekleşip gerçekleşmediği, tarihsel kanıtlardan anlaşılamaz ve bu da İsa'nın dirilişinin tarihsel bir gerçeklik sayılabileceği iddiasını geçersiz kılmaktadır.

İsa'nın dirilişi hakkında katıldığım çeşitli tartışmalarda bazı eklemelerde bulunmuştum. İlk olarak, gerçekleştiği iddia edilen bu olay hakkındaki en son belgeler olaydan yaklaşık otuz yıl sonra yazılmıştı. Bu olayla ilgili günümüzde kanıtlar yoktur – yalnızca yıllar sonra yazılan belgeler vardır. İkinci olarak, dirilen İsa'nın gerçekten de insan topluluklarına görünüp görünmediğini kontrol edebilmemizin hiçbir yolu yoktur, çünkü elimizde yalnızca bu olağanüstü olayların gerçekleştiğini iddia eden bir belge vardır. Son olarak, İsa'nın yeniden dirilişine ilişkin kanıtlar son derece sınırlıdır. Doğrusu İsa'nın yeniden dirilişi hakkındaki ilk Yeni Ahit belgeleri İnciller değil, Aziz Paul'ün Mektuplarıydı ve bu Mektuplar yeniden dirilişe dair çok az fiziksel ayrıntı sunmaktadır.

Bugün ise İsa'nın yeniden dirilişiyle ilgili iddianın dini açıdan en etkileyici olay olduğunu söyleyebilirim. Tarihçilerin bu olayla ilgili kanıtlar ararken kesinlikle şu an elimizde olandan daha fazlasına ihtiyaç duyduklarına inanıyorum. Farklı bir türden kanıta ihtiyaçları vardır.

Tanrı'nın İsa Mesih'te vücut bulmuş olduğu iddiasının eşsiz olduğu kanaatindeyim. Bu olayı inanmak veya inanmamak dışında nasıl değerlendirebileceğinizi belirlemenizin zor olduğunu düşünüyorum. Bu konuda size yol gösterecek genel ilkeler olduğunu pek göremiyorum.

Yeni bakış açım çerçevesinde İsa Mesih hakkında günümüzde Hıristiyanlığın tarihsel sürecini en iyi bilen isimlerden biri, Oxford Üniversitesi'nde Yeni Ahit hocası olarak ders veren Durham Piskoposu N. T. Wright ile sohbet ettim. Aşağıdaki satırlarda Wright'ın, yazılarımda gündeme getirdiğim bazı meselelere verdiği cevapları bulacaksınız.

N. T. WRIGHT: CEVAP

İsa Mesih'in Gerçekten de Yaşamış Olduğunu Nereden Biliyoruz?

Bu soruya cevap vermeye nereden başlayacağımı kestirmek oldukça zor. Çünkü İsa hakkında aslında o kadar çok kanıt vardır ki, bir tarihçi olarak, İsa hakkında neredeyse antik dünyadaki herhangi biri hakkında olduğu kadar kanıta sahip olduğumuzu belirtmek istiyorum. Açıkçası bugün antik dünyanın heykelleri ve yazıtları olan bazı şahsiyetlerini biliyoruz. Diğer yandan elimizde antik dünyanın tanrı ve tanrıçalarının heykelleri de vardır ve bu yüzden asla tam olarak emin olamayız. Fakat İsa Mesih'e gelecek olursak, elimizdeki bütün kanıtlar bu büyük şahsiyetin birinci yüzyılın yirmili yılları ile otuzuncu yılı arasındaki dönemde yaşamış olduğunu göstermektedir. Ve bu kanıtlar (her ne kadar büyük bir kısmı ancak bir kuşak sonra yazılmış olsa da) o dönemin Yahudiliği hakkında bildiklerimize o kadar uymaktadır ki, bugün İsa Mesih'in yaşamış olduğundan şüphe eden hemen hiçbir tarihçinin olmadığını düşünüyorum. Bu olguya inanmayan bir ya da iki tarihçi vardır. Yakın zamanda bu tür bir düşünceyi dile getirmiş tek kişi [G.A] Wells adında biridir. Arada bir karşımıza J.M. Allegro gibileri çıkar. Allegro, yaklaşık yirmi yıl önce Ölü Deniz Parşömenleri'ne dayanarak yazdığı bir kitabında Hıristiyanlığın kutsal mantarın bir mezhebinden başka bir şey olmadığını söylemişti. Allegro'nun bu söylediğini bugüne kadar Yahudi, Hıristiyan, ateist veya agnostik âlimlerin hiçbiri ciddiye almamıştır. İsa Mesih'in, gerçek tarihin, varlığı kesin biçimde belgelenmiş bir şahsiyeti olduğu açık biçimde ortadadır. Dolayısıyla bu sorunun rahatlıkla bir kenara konulabileceğini düşünüyorum.

İncil'deki Ayetlere Bakarak İsa'nın Tanrı'nın Vücut Bulmuş Hali Olduğunu İddia Edebilmek için Hangi Gerekçeler Vardır?

İsa'nın Tanrı'nın Oğlu olarak vücut bulmuş olduğuna dair inancım *İncil*'in ilgili ayetlerine dayanmamaktadır. Bu inancım daha derinlere, birinci yüzyılda Yahudilerin, Tanrı'yı ve O'nun dünyadaki eylemlerini nasıl algıladıklarına dair oldukça önemli bir soruya dayanmaktadır. Ve bunun nedeni elbette Yahudilerin Zebur, İşaya, Tevrat, Yaratılış Kitabı vb. incelemiş olmalarıdır. Ayrıca, Yahudi geleneklerindeki Hz. İsa Günü'ne bakarak, onların bu kitapları ne şekilde yorumladıklarını görebiliriz. Birinci yüzyıldaki Yahudiler dünyayı yaratmış, aynı zamanda İsrail'in Tanrısı olan tek bir Tanrı'dan bahsederler ve bu Tanrı'nın dünyada aktif halde bulunduğunu, dünyada ve İsrail'de mevcut ve bir şeyler yapmakta olduğunu anlatırlar. Bu Tanrı'dan beş şekilde bahsederler (bunların Aquinas'ın ileri sürdüğü beş şekille alakası yoktur!).

Tanrı'nın Sözünden bahsederler: Tanrı söyleyeceğini söylemiş ve iş bitmiştir; Tanrı, "ışık olsun" dedi ve ışık oldu. Tanrı'nın Sözü canlı ve etkilidir ve İşaya'da Sözün yukarıdan yağmur veya kar gibi indiği ve dünyada olup bitenleri belirlediği güçlü bir tasvir görüyoruz.

Tanrı'nın aklından bahsederler. Bunu özellikle Yahudilerin atasözlerinde, aynı zamanda başka metinlerinde görebiliriz. Akıl, onların metinlerinde Tanrı'nın "ikinci kişiliğinin" simgesi gibi belirmektedir. İsrail'de ikamet eden akıl etkindir ve insanların akıllı olmalarına yardım eden şeyler yapmaktadır.

Kutsal Tapınakta oturan Tanrı'nın görkeminden bahsederler. Mescid-i Aksa'nın birinci yüzyıldaki Yahudiler için adeta Tanrı'nın insan bedenine girmiş olmasının bir simgesi olduğunu asla unutmamalıyız –evrenin Yaratıcısının gelip evini Kudüs'teki yolun hemen altındaki bu yapıda kuracağı sözünü vermiş olduğuna inanıyorlardı. Gerçekten de Kudüs'e gidip bunu düşünmedikçe bunun gerçekten de ne anlama geldiğini anlayamazsınız. Fakat bu oldukça olağanüstü bir olgudur.

Ayrıca Tanrı'nın, kusursuz olan ve ruhu canlandıran (Zebur 19) kanunundan bahsederler. Kanun, tıpkı akıl gibi, yalnızca yazılı bir kanun değildir. Kanun; ontolojik olarak var olan ve Tanrı'nın kendisini insanlara göstermekte bir araç olarak kullandığı bir güçtür.

Ve son olarak Tanrı'nın Ruhundan bahsederler. Tanrı'nın Ruhu, Tevrat ve Zebur'da Samson'a saldırır; Tanrı'nın Ruhu, peygamberlerin peygamber olmalarını sağlar; Tanrı'nın Ruhu, O'nun görkemi uğruna olağanüstü şeyler yapabilmeleri için insanların kalplerinde yer alır.

Tanrı'nın dünyadaki eylemlerinden bahsetmenin bu beş şekli, birinci yüzyıldaki Yahudilerin Ebedi Tanrı, dünyanın Yaratıcısı olarak bildikleri Tanrı'nın dünyada, özellikle İsrail'de bulunduğu ve etkin olduğu yönündeki inançlarını ifade etmenin yollarıydı. Ve bunu yalnızca *Eski Ahit*'te değil, *Eski Ahit*'in birinci yüzyıldaki Yahudilik ve hahamlar üzerinde bıraktığı izde, *Ölü Deniz Parşömenleri* ve diğer benzer metinlerde olmak üzere her yerde görebilirsiniz.

Şimdi, *İncil*'deki ayetleri Tanrı'dan bahsetmenin bu beş şekliyle inceleyecek olursak İsa'nın, sanki bu beş şekli yeni bir biçimde gerçeğe dönüştürürmüşçesine hareket ettiğini –yalnızca konuştuğunu değil, hareket ettiğini– görürüz. Bunu özellikle "Ekinci kıssası"nda görebiliriz: Ekinci (Tanrı) sözünü eker ve Söz işini yerine getirir. Fakat bir dakika! Öğretilerini yayarak gezen bu kişi de kimdir? Bizzat İsa'nın kendisidir.

Ve aynı şekilde İsa, akıl hakkında çeşitli biçimlerde konuşmaktadır: Tanrı'nın aklı, "Ben bunu yapıyorum, şunu yapıyorum," der. Ve *Eski Ahit*'in akıl geleneklerini İsa'nın yalnızca kendi adına söylediklerinde değil, aynı zamanda yaptığı eylemleri gerçekleştirme biçimlerinde bulabilirsiniz. İsa'nın, evini kayalık zemin üzerine inşa eden akıllı bir adam ve kumlu bir zemin üzerine inşa eden akılsız bir adam hakkında söyledikleri tipik bir akıl öğretisi örneğidir. Fakat durun bir dakika, akıllı adam "*benim* sözlerimi duyan ve bunlara uyandır." Dolayısıyla akıl ve İsa birbirine çok yakından bağlıdır.

Kutsal Tapınak da önemli bir noktadır. İsa sanki Tapınağı simgeleyen kişi kendisiymiş gibi davranır. "Günahlarınız bağışlanacaktır" demesi şaşırtıcıdır, çünkü günahların bağışlanması normalde Tapınağa gidip bir kurban sunulduğunda ilan edilir. İsa ise bunu sokağın ortasında yapabileceğinizi söylemektedir. İsa'nın yanında olanlar, gözlerini Tanrı'nın görkemine dikmiş vaziyette, Tapınak'ta gibidirler!

Yahudi hukukuna baktığımızda çok ilginç bir şey görürüz. Günümüzün en önemli Yahudi âlimlerinden biri ve Yahudilik hakkında önemli kitapların sahibi Jacob Neusner, İsa hakkında bir kitap yazmıştı. Neusner, bu kitabında, İsa'nın "Şunların şunların söylendiğini duyduğunuz, fakat ben sizlere bunları bunları söylüyorum," benzeri şeyler söylediğini okuduğunda içinden İsa'ya şu soruyu sormak geldiğini söylüyor: "Sen kim olduğunu sanıyorsun? Tanrı mı?" İsa aslında yeni bir hukuk, hukukun tamamen yeni bir yorumunu sunmaktadır ve belirli yönlerden hukukun anlaşılma ve yorumlanma biçimini değiştirdiğini iddia etmektedir.

Ve son olarak Ruh. İsa, "Eğer ben Tanrı'nın Ruhu ile kötü ruhları defedebiliyorsam, Tanrı'nın Krallığı sizi bulmuş demektir," diyor.

Bu yüzden gördüğümüz şey tam olarak İsa'nın "Ben Teslis'in İkinci Kişisiyim. İster inanın ister inanmayın," diyerek gezinip durması değildir. *İncil*'in ayetlerinin bu şekilde okunmaması gerekir. Aksine bu ayetleri birinci yüzyıl tarihçileri gibi okuyacak olursak, bu sözü İsa'nın bütün davranışlarının toplamının ortaya koyduğunu görürüz: Halkı ile birlikte olmaya gelen bir Tanrı hakkındaki olağanüstü hikâye aslında gerçeğe dönüşmektedir. Bu hikâye yalnızca Söz, akıl ve diğer şeyler yoluyla gerçekleşmemektedir. Bir insanın bedeninde, gerçekten de gerçekleşmektedir. Tüm bu parçaları bir arada tutan şey (bunu *Jesus and the Victory of God* [İsa ve Tanrı'nın Zaferi] kitabımın sondan bir önceki bölümünde açıkladım) İsa'yla aynı dönemde yaşayan Yahudilerin pek çoğunun İsrail'in Tanrısı Yehova'nın bir insan bedeninde gelip Tapınak'ta yaşayacağına inanıyor olmasıydı. Bunu Zülkif, İşaya, Zekeriya ve İncil'den sonra yazılan metinlerin bazılarında görebilirsiniz.

Dolayısıyla bu insanlar Tanrı'nın bir gün geri döneceğini umut etmektedirler. Çünkü Tanrı geri döndüğünde Romalıları kovacaktır. Tanrı Tapınak'ı gerektiği gibi yeniden inşa edecektir –Herod'un yapmakta olduğu gibi değil. Tanrı'nın geri dönüşüyle ilişkilendirilen bir dizi beklenti vardır. Ve daha sonra, *İncil*'in ayetlerinde İsa'nın *geri dönen kral hakkında hikâyeler anlatarak* Kudüs'e yaptığı son yolculuğun olağanüstü tasvirini buluyoruz.

Başkaları gibi ben de İsa'nın, halkına geri dönen kral –kölelerine geri dönen efendi– hakkında hikâyeler anlatırken gelecekte İkinci Geri Dönüş yaşanacağının haberini veriyor olmadığını iddia etmiştim. Havariler böyle bir beklenti içerisinde değillerdi. Bu kişiler İsa'nın çarmıha gerileceğini bile bilmiyorlardı. Kendisinin Kudüs'e yaptığı yolculuğun önemi hakkında hikâyeler anlatmakta ve kendisine kulak verenleri *Eski Ahit*'te Zion şehrine dönen Yehova olayını dinlemeye ve onu bir eşeğin sırtında Kudüs'e giden genç bir peygamber olarak gördüklerinde bu olayı akıllarında tutmaya davet etmektedir.

İsa'nın, kendisine Yehova'nın Zion'a geri dönüşünü *somutlaştırma* görevinin verilmiş olduğuna inanarak yaşamını –gerçek anlamda!– tehlikeye atmış olduğunu düşünüyorum. *Somutlaştırma (embody)* kelimesi İngilizce bir kelimedir. Bu kelimenin Latince karşılığı *vücut bulma*dır. Fakat ben *embody* kelimesini kullanmayı tercih ediyorum, çünkü en azından vaaz verdiğim yerlerde insanlar, bunu teknik bir Latince terimden daha iyi anlayabilmektedirler.

İsa'nın gerçekten de bu varsayım üzerine hareket etmek üzere görevlendirildiğine inandığı kanaatindeyim. Ve bunun İsa açısından oldukça ürkütücü olduğunu düşünüyorum. Bence İsa yanılmış olabileceğini biliyordu. Neticede bu tür şeylere inanan bir insan sonunda kendisini çaydanlık olduğuna inanan bir kişi konumunda bulabilir. İsa'nın bu şekilde hareket etmesinin, yaşamasının ve eylemlerini İsrail'in Tanrı'sının halkına geri dönüşünü temsil etme görevinin temelinde gerçekleştirmesinin kendisine verilmiş ilahi bir görev olduğunu bildiği görüşündeyim. Bu yüzden İsa'nın ölümünden ve yeniden dirilişinden (bu tamamıyla ayrı bir hikâyedir; buna sonra değineceğiz) kısa süre sonra müritlerinin onun aslında en başından beri İsrail'in Tanrısı'nın ta kendisi olduğunu anladıklarını söyleyebilirim. İsa'nın yeniden dirilişine tanık olanlar İsa hakkında gördükleri, duydukları ve bildikleri her şeyi kafalarından geçirmiş ve kafalarına vurarak, "Bunca zamandır kiminle birlikte olduğumuzu anladın mı? İsrail'in Tanrısı ile birlikteymişiz," demişlerdi. Ve en başından beri olanlar üzerinde uzun uzun düşünüp yaşananlara yeni yeni anlam vermeye başlarken İsa hakkındaki hikâyeleri huşu ve hayret içerisinde tekrar tekrar anlatmışlardı.

Bu, çok büyük ve olağanüstü bir fikirdir. Bununla birlikte, tarihsel sürece bakılarak İsa'nın da kendisi hakkında bu şekilde düşünmüş olabileceği söylenebilir. Şimdi elbette çıkıp bana şunları söyleyenler olabilir: "Evet, haklı olabilirsiniz. Belki de İsa gerçekten de kendisi hakkında düşünülenlere inanmıştı. Belki Havariler de aynı şekilde düşünmüşlerdi. Fakat İsa kesinlikle yanılmıştı, çünkü eğer bir Tanrı varsa bunun asla insana dönüşemeyeceğini ve kendisi hakkında bu şekilde düşünen birinin ancak çıldırmış, delirmiş veya kandırılmış olabileceğini önyargısal olarak biliyoruz."

Bunlara vereceğim cevap şudur: Pekâlâ, bu önyargıları bir an için unutun, aklınızdakileri bir an için bir kenara bırakın. Ve gözünüzün önüne söylediğim her şeye inanan ve bunları yapan bir birinci yüzyıl Yahudisi'ni getirin. Ve sonra kendinize İsa'nın yeniden dirilişi hakkındaki soruyu sorun. Ardından *Tanrı* kelimesi ile ne demek istediğimize dair diğer bütün soruları sorun. *Tanrı* kelimesinin sistematik olarak belirsiz olduğunu en emin biçimde ilk Hıristiyanların ifade etmiş olmaları nedeniyle bu kelimenin tam olarak ne anlama geldiğini ancak İsa'ya baktığımızda görebiliyoruz. Yuhanna, "Tanrı'yı hiçbir zaman hiç kimse görmemiştir; O'nu yalnızca, insanlara gösterdiği, Babasının göğsünde yaşayan Oğlu görmüştür," diyor. Yunanlılar ise bu konuyla ilgili olarak şöyle demişlerdi: "Tanrı kendisinin bir yorumunu sunmuştur, bizlere Tanrı'nın gerçekten de kim olduğunu göstermiştir."

Çok önemli bir soru için oldukça uzun bir cevap verdiğimi biliyorum, fakat bunu daha kısa bir şekilde ifade edebileceğimi sanmıyorum. Bildiğim kadarıyla insanların çoğu İsa ve Tanrı meselesini bu şekilde düşünmemektedir. Fakat ben İsa'nın, ilk Hıristiyanların ve *İncil*'in ayetlerini yazanların bu şekilde düşündüklerine inanıyorum ve biz de bu meseleyi bu şekilde düşünürsek iyi ederiz.

İsa'nın Yeniden Dirilişine Dair Ne Tür Kanıtlar Bulunmaktadır?

Bu soruya elimden geldiğince kısa bir cevap vereyim. Babam, *The Resurrection of the Son of God* (Tanrı'nın Oğlunun Yeniden Dirilişi) adlı uzun kitabımı seksen üç yaşındayken okumuştu. Yedi yüz sayfalık bu kitabı üç günde bitirmişti. Kitabın tamamını okumuştu; başka hiçbir şey yapmamıştı. Sonra beni telefonla arayıp, "Kitabı bitirdim," dedi. Ben de "Anlamadım, ne yaptın?" diye sordum. Babamın cevabı "Evet, kitabı okudum ve kitaptan yaklaşık olarak 600. sayfadan itibaren keyif almaya başladım" oldu. Babam geçmişte kereste ticaretiyle uğraşıyordu. Bu yüzden durumu ona mesleğinin diliyle anlatmaya çalıştım. "Baba, bilmen gerekir ki kitabın yaklaşık ilk beş yüz sayfalık bölümü kök sistemini oluşturur. Ve eğer ağacın kök sistemi yoksa bu ağaç ne ayakta kalabilir ne de meyve verebilir." Ve babam, "Evet, bunu bir şekilde anladım. Ne var ki ben şahsen her zaman için daha yüksek dalları tercih etmişimdir," dedi.

Dolayısıyla kök sistemini biraz ayrıntılı biçimde araştırmalıyım. Bu kitabı yazarken en çok keyif aldığım şeylerden biri, klasik dayanak noktama geri dönmek ve antik dünyadaki ve Yunan, Roma, Mısır dünyalarındaki ölümden sonra yaşam inanışlarını araştırmak olmuştu. Ölümden sonra yaşam konusunda çok sayıda farklı inanış vardır, fakat Greko-Romen dünyasında "yeniden diriliş" inanışı yoktur. Doğrusu Pliny, Aeschylus, Homeros, Cicero ve diğer ilk çağ düşünürleri, "Elbette yeniden dirilişin olmadığını biliyoruz," demektedir. Bu arada Yahudiler yeniden diriliş hakkında oldukça özgün bir teoloji geliştirmişlerdi: Dünyanın sonu geldiğinde Tanrı'nın halkının ölümden sonra tekrar dirileceğine inanıyorlardı. Zaman unsuru oldukça önemlidir çünkü Batı dünyasındaki Hıristiyanların çoğu *yeniden diriliş* kelimesini, antik dünyada hiç görmediğimiz şekilde, "ölümden sonra yaşam" anlamına gelen belirsiz bir kelime olarak kullanmaktadır. *Yeniden diriliş*, daima, benim ölümden sonraki yaşamdan *sonraki* yaşam olarak adlandırdığım şey için kullanılan belirli bir terim olmuştu. Bir başka deyişle, önce ölürsünüz, ölüsünüzdür ve bedensel olarak canlı değilsinizdir ve ardından "yeniden dirilirsiniz", yani yeni bir bedensel yaşama, "ölümden sonraki yaşam" artık nelerden ibaretse, yeni bir *sonraki* yaşama başlarsınız.

Yeniden diriliş inanışının Yahudilikte ne şekilde ortaya çıktığını bulabiliriz. Yeniden diriliş iki safhadan oluşan bir olgudur: Öldükten hemen sonra bekleme konumuna geçersiniz ve ardından *yeniden diriliş* denen bu tamamıyla yeni yaşama başlarsınız. Kitabımda antik dünyada ölümden sonra yaşam inanışları haritası üzerinde Yahudilerin ölümden sonra yaşam inanışlarının haritasını çıkarmaktan büyük keyif almıştım. Yahudiliğin kendi içerisinde bu konuda farklılar mevcuttu. Ferisiler yeniden dirilişe inanıyorlardı ve görünüşe göre İsa'nın yaşadığı dönemde Filistin Yahudiliğindeki yaygın kanaat bu yöndeydi. Sadukiler ise ölümden sonra yaşama kesinlikle inanmıyorlardı. Ve Philo ile (bu biraz tartışmalı olsa da) muhtemelen Esseniler gibi insanlar tek safhalı, bedensiz bir ölümsüzlüğe inanıyorlardı. Bu inanışa göre insan öldükten sonra yeniden dirilmiyor da gideceği yer her neresi ise oraya gidiyor ve orada kalıyordu.

Tüm bunlar daha da ilginçtir, çünkü bu bağlamda incelenen bütün toplumlarda ölümden sonraki yaşam inanışları oldukça muhafazakârdır. Ölümle karşı karşıya kalan insanlar bildikleri inanışları ve gelenekleri, nereden geldiklerini, geleneklerinin, ailelerinin, köylerinin vs. ölüyü gömme geleneklerini nasıl yerine getirmiş olduklarını düşünür. Dolayısıyla bildiğimiz ilk Hıristiyanların tamamının, Gnostik İnciller'in yazılmaya başlandığı ikinci yüzyılın sonuna kadar *yeniden diriliş* kelimesini oldukça farklı bir anlamda kullanmış olması gerçekten kayda değerdir (fakat bunu bir kenara bırakalım). Bildiğimiz ilk Hıristiyanların tamamı ilk dört veya beş nesil boyunca bedensel bir yeniden diriliş olacağına inanıyordu; oysa bu insanların çoğu, bu tür bir inanışın tam bir saçmalık olarak görüldüğü putperest dünyadan gelmişti.

Günümüzde yayılmakta olan bir söylence, ölü insanların dirilmediğini ortaya çıkarmış olan çağdaş Aydınlanma dönemi sonrası bilimine yalnızca bizim sahip olduğumuzu söylemektedir. Buna göre geçmişteki o insanlar, o zavallı şeyler, aydınlanmamışlar ve bu yüzden tüm bu saçma mucizelere inanmışlardı. Ne var ki bu görüş yanlıştır. C. S. Lewis'den çok sevdiğim bir alıntı, bu görüşle ilgilidir. Lewis, İsa'nın annesinin cinsel ilişkiye girmeden, bekâretini yitirmeden hamile kalmasından bahsediyor ve Yusuf'un, Meryem'in hamile kalmasından bebeklerin nereden geldiklerini bilmediği değil, aksine bildiği için kaygılandığını söylüyor. Aynı şey İsa'nın yeniden dirilişi için de geçerlidir. Antik dünyadaki insanlar Hıristiyanlığın yeniden diriliş iddiasına inanmamışlardı, çünkü insanların öldüklerinde ölü kaldıklarını son derece iyi biliyorlardı.

Ve daha sonra Hıristiyanlığın ilk dönemlerinde yeniden diriliş hakkındaki klâsik Yahudi inanışının birkaç farklı biçimini bulabildiğimizi görüyoruz –bu da benim için tamamen büyüleyici bir şeydir. İlk olarak, ilk Hıristiyanlar yeniden dirilişin sonunda Tanrı'nın bütün insanlarının yaşayacakları bir şeyden ziyade bunun önceden yalnızca bir kişinin başına gelmiş olduğunu söylüyorlardı. Bildiğimiz kadarıyla birinci yüzyılda yaşamış hiçbir Yahudi, herkesten önce dirilecek birinin olacağına inanmıyordu. Dolayısıyla bu tamamen yeni bir şeydi, fakat hepsi buna inanıyordu.

İkinci olarak, yeniden diriliş sürecinde insan bedeninin *dönüşüme* uğrayacağına inanıyorlardı. Yeniden dirilişe inanan Yahudiler görünüşe göre birkaç farklı yöne ayrılmışlardı. Kimileri yeniden dirilişte insan bedeninin tam olarak aynı şekilde kalacağını, kimileri de bir yıldız gibi parlayan, ışık saçan bir bedene dönüşeceğini söylüyordu. İlk Hıristiyanlar bunların ikisine de katılmıyorlardı. Onlar yeni bir tür bedenden bahsediyorlardı – bunu yalnızca onda olmamakla birlikte Paul örneğinde görebiliriz. Onlara göre bu beden, fiziksel anlamda katı ve sağlam olmakla birlikte, artık acıya, ıstıraba veya ölüme karşı dayanıksız olmayacak şekilde dönüşüme uğramış yeni bir bedendi. Bu görüş oldukça yeniydi. Yahudilikte yeniden dirilişin bu şekilde tasviri yoktur.

Üçüncü olarak, ilk Hıristiyanlar bizzat İsa Mesih'in dirilmiş olduğuna inanıyorlardı. Oysa İkinci Tapınak Yahudileri buna kesinlikle inanmıyorlardı, çünkü İkinci Tapınak Yahudiliğine göre İsa Mesih asla öldürülmeyecekti. Dolayısıyla bu da yeni bir şeydi.

Dördüncü olarak, "yeniden diriliş" kavramını oldukça yeni biçimlerde kullanıyorlardı. Yahudilikte ise bu kavram "sürgünden dönüşü" anlatmak amacıyla bir simge olarak kullanılmıştı (Zülkif 37). Oysa Hıristiyanlığın ilk dönemlerinde –demek istediğim en baştaki, Paul'ün dönemlerinde– bu kavramın vaftiz, kutsallık ve Hıristiyan yaşam biçiminin, Yahudiliğin ve onun "yeniden diriliş" ifadesini kullanma biçimine uymayan diğer çeşitli yönleriyle bağlantılı olarak kullanılmış olduğunu görmekteyiz. Bu da farklı bir yaklaşım, kavramın Yahudilerin kullanış biçiminden oldukça farklı biçimde kullanılmasıdır.

Beşinci olarak, ilk Hıristiyanların "yeniden dirilişi" Tanrı'nın hayatta olan insanlarının katkıda bulunacakları bir şey olarak düşündüklerini görürüz. Hıristiyanlar Paskalya'da başlatılan şeyi tamamlamak üzere Tanrı'yla birlikte çalışmaya ve böylece Tanrı'nın sonunda yaratacağı yeni dünyayı beklemeye çağrılırlar. Bu da oldukça yenidir, fakat ancak Yahudilikten türemiş bir fikir olarak açıklanabilir.

Altıncı olarak, Hıristiyanlığın ilk dönemlerinde "yeniden dirilişin" Yahudilikteki yeri olan çok sayıda öğretiden biri olma konumundan çıkarak her şeyin merkezi haline geldiğini görürüz. Örneğin *yeniden diriliş* olgusunu Paul'ün, I. Peter'in, Vahiyler'in veya ikinci yüzyılın büyük papazlarının ellerinden aldığınızda onların dayandıkları bütün iskeleti yıkmış olursunuz. Bundan ancak "yeniden dirilişin" dış kenardan merkeze, odak noktasına gelebilmesi için bir şeylerin gerçekleşmiş olması gerektiği sonucuna varabiliriz.

Yedinci ve son olarak, ilk Hıristiyanlıkta ölümden sonra ne olduğuna dair farklı inanışlar olmadığını görürüz. Yahudilikte birkaç, putperest dünyasında çok sayıda farklı görüş vardı, fakat ilk Hıristiyanlıkta yalnızca bir görüş vardı: Yeniden diriliş. İnsanların çoğunun ölümden sonra yaşam hakkındaki görüşlerinde ne kadar muhafazakâr oldukları düşünüldüğünde bu oldukça dikkate değerdir. Öyle görünüyor ki ilk Hıristiyanların inanışın bu en kişisel ve önemli noktasını yeniden düşünmek için yeterince gerekçeleri vardı. Hıristiyanlığın ilk dönemlerinde baktığımızda ilk Hıristiyanların çok sayıda şey üzerinde fikir ayrılıkları yaşadıklarını, fakat söz konusu yeniden diriliş ve bunun nasıl gerçekleştiği olduğunda dikkat çekecek derecede hemfikir olduklarını görürüz. Tüm bunları kitabımda ayrıntılı biçimde anlattım.

Bütün bunlar biz tarihçileri çok basit bir soruyu sormaya zorlamaktadır: Kanıtlara dayanarak bildiğimiz ilk Hıristiyanların tamamı neden bu oldukça yeni, fakat üzerinde olağanüstü biçimde hemfikir oldukları yeniden diriliş görüşüne sahipti? Bu, gerçekten de ilginç bir tarihi sorudur. İlk Hıristiyanların tamamının bu soruya vereceği cevap elbette şöyle olurdu: "Yeniden dirilişle ilgili bu şekilde düşünmemizin nedeni İsa hakkında inandıklarımızdır." İsa'nın yeniden dirildiği görüşü, çok sayıda septik bilginin düşündüğü gibi, Hıristiyanlığın yirminci veya otuzuncu yılından sonra ortaya çıkmış olsaydı, ilk Hıristiyanlığın, yeniden diriliş görüşünün pek yer almadığı çok sayıda kolunu bulacak – veya yeniden diriliş görüşüne rastlasak bile bunun Hıristiyanlığın ilk dönemlerindeki görüşten farklı bir biçime sahip olduğunu görecektik. Dolayısıyla ilk Hıristiyanların yeniden diriliş inanışlarının geniş çapta oybirliğiyle kabul görmesi, bizleri geçmişte ilk Hıristiyanlık akımının tamamını şekillendirmiş bir şeyin kesinlikle *gerçekleşmiş* olduğunu söylemeye zorlamaktadır.

Bu noktada şunları sormamız gerekiyor: "Pekâlâ, *İncil*'in ayetlerinde anlatılanlara ne demeli? Matta 28, Markos 16'daki kısa ve Luka 24'deki daha uzun ve Yuhanna 20-21'deki daha da uzun hikâyeye ne demeli? *İncil* âlimlerinin hemen hepsini beğendiğimi, çok daha sonra yazılan şeylere inandığımı belirtmeliyim. *İncil*'in kitaplarının ne zaman yazıldığını bilmiyorum. Aslında âlimler bu kitapların ne zaman yazıldığını bildiklerini söyleyip dursalar da bunu hiç kimse bilmemektedir. Birinci yüzyılın ortalarında yazılmış olabilirler; hatta daha önce yazıldıklarını söyleyenler de olabilir. Birinci yüzyılın 70'li veya 80'li yıllarında da yazılmış olabilirler; 90'lı yıllarda yazıldıklarını söyleyenler de çıkabilir. Fakat benim şu an ortaya koyduğum argüman açısından bunun hiçbir önemi yoktur.

Önemli olan nokta şudur: Her dört *İncil*'de de yeniden dirilişe dair anlatılanların (ve *Yeni Ahit*'in başlangıcında ilgili maddelerin) bazı temel ortak özellikleri vardır. Bu özellikler, bu kitapların sonradan da olsa sözlü geleneğe bağlı kalınarak önemli değişiklikler yapılmadan, yalnızca ufak düzeltmelerle yazılmış olduklarını göstermektedir. Açıkçası bu çok önemlidir.

İlk özellik, yeniden diriliş hikâyelerindeki İsa tasviridir. Sürekli olarak şunlar söylenmektedir (ve açıkçası büyük kitabı incelerken âlimlerin aynı şeyleri söylemelerini okumaktan bıktım): (1) önce Markos yazılmıştır ve bu kitapta İsa'nın yeniden dirilişi hakkında hemen hiçbir şey yoktur; (2) daha sonra Matta gelir ve pek fazla bir şey yoktur; (3) sonra birinci yüzyılın sonlarına doğru Luka ve Yuhanna ortaya çıkar ve pişmiş balık yiyen, kıyıda kahvaltı yemeği pişiren, Thomas'tan kendisine dokunmasını isteyen vs. İsa hakkında hikâyeleri ancak o zaman görebiliriz. Geniş çevrelerce kabul gören bir varsayıma göre, birinci yüzyılın sonlarına doğru İsa'nın tam olarak bir insan, onun gerçek bir insan olmadığına inanmaya başlayan Hıristiyanlar vardı ve Luka ile Yuhanna o aşamada yeniden dirilen İsa'nın gerçekten insan olduğunu, gerçek bir bedene sahip olduğunu vs. kanıtlamak için bu hikâyeleri uydurmuşlardı.

Bu varsayımın gözden kaçırdığı nokta, söz konusu hikâyelerde (İsa'nın kıyıda kahvaltı hazırladığı, Emmaus'ta ekmeği böldüğü, Thomas'ı kendisine dokunmaya davet ettiği vs.) kilitli kapıların arasından geçen, bazen fark edilen ve bazen fark edilmeyen, istediği zaman ortaya çıkıp istediği zaman gözden kaybolan ve sonunda cennete inen aynı İsa'nın olduğu gerçeğidir.

Bunu şu şekilde anlatayım. Mesela 95 yılında bu konuyla ilgili bir hikâye yazacağımı farz edelim. Halkımdan bazı insanların İsa'nın gerçekten de insan olup olmadığı konusunda kuşkularının olduğunu bildiğim için elimdeki bütün malzemeleri sunmazdım. Bu, kişinin "kendi kalesine gol atması" gibi bir şeydir.

Diğer bakış açısından ise, eğer yeniden diriltilen İsa hakkında bir hikâye uydurmak isteyen birinci yüzyıl Yahudisi iseniz, yararlanacağınız en uygun *İncil* kaynağı, İkinci Tapınak Yahudiliği açısından yeniden diriliş hakkındaki en önemli metinlerden biri olan Daniel 12'dir. Daniel 12, erdemli olanların Babalarının krallığında yıldız gibi parlayacaklarını söylüyor. Doğrusu İsa, Matta 13'ün ilk bölümlerinden birinde bu sözden alıntı yapmaktadır. Dolayısıyla hiçbir yeniden diriliş hikâyesinde İsa'nın bir yıldız gibi parladığının anlatılmıyor olması da son derece ilginçtir. Eğer Luka ve Yuhanna, metinlere dayanarak bir hikâye uydurmuş olsalardı İsa'nın yıldız gibi parlamış olması gerekirdi.

Dolayısıyla bu iki bakış açısından İsa'nın yeniden diriliş hikâyelerindeki tasviri son derece tuhaftır. Hiç de beklediğiniz türden bir tasvir yoktur. O dönemdeki Yahudi anlatımlarındakilere benzer bir tasvir yoktur. Ancak yine de Matta, Luka ve Yuhanna'nın anlattıklarıyla dikkate değer ölçüde tutarlılık göstermektedir. (Markos ise konuyla ilgili neler söylemiş olabileceğini öğrenemeyeceğimiz kadar kısadır.) Dolayısıyla çok tuhaf bir şey yaşanmıştır. Sanki *İncil*'in kitaplarını yazan kişiler bize şöyle bir mesaj vermek istiyorlarmış gibi geliyor: "Buna inanmakta oldukça zorlanacağınızı biliyorum, ama gerçekleşmiş olan şey kesin olarak budur." İzlerini hikâyelerde bırakan olağanüstü bir şey gerçekleşmiştir. İnsanlar tüm bunları kafalarından uydurmuş olamazlardı. Paskalya hakkında kurgusal hikâyeler yazan herhangi bir kişi İsa'yı daha kolay tanınabilir şekilde tasvir ederdi.

Burada tarafsız biri olarak bir şey söylemek istiyorum. Matta, Markos, Luka ve Yuhanna'daki Yunanca yazılmış yeniden diriliş hikâyelerini ele alıp bunları birebir inceleyecek olursanız, birbirlerinden oldukça farklı olduklarını görürsünüz – mezara giden kadınlar hakkındaki aynı hikâyeyi bile farklı anlatmaktadırlar. Farklı kelimeleri tekrar tekrar kullanmaktadırlar. Dolayısıyla öyle görünüyor ki bunlar birbirlerini taklit etmemişlerdir.

İkinci husus ise yeniden diriliş hikâyelerinde Eski *Ahit*'e ilişkin ne bir ima ne de bir gönderme olduğudur. İsa'nın çarmıha gerilmesiyle ilgili anlatılanlarda, İsa'nın ölümünün hikâyesinin ilk Hıristiyan toplumu tarafından tekrar tekrar anlatıldığı ve bu hikâyenin Zebur 22, İşaya 53, Zekeriya ve diğer Eski Ahit anlatımlarında çarmıha germe, hatta gömme hikâyesine dönüştürüldüğü görülmektedir. Fakat yeniden diriliş konusuna geldiğinizde dört kitapta bunu bulamazsınız. (Paul'ün Korintliler 15'de İsa'nın yeniden dirildiğinin "Kitabı Mukaddes'te yazılanlara" dayanarak biliyoruz dediğini aklımızdan çıkarmayalım –50'li yılların başlarında Paul'ün elinde yeniden dirilişi yorumlamakta kullanacağı bol miktarda *Eski Ahit* metni vardı.) Kitab-ı Mukaddes'in tamamlanmasını anlatmaya bayılan Matta kolaylıkla, "Bu, ... diyen Kitab-ı Mukaddes'in tamamlanabilmesi için gerçekleşti..." diyebilirdi. Fakat Matta öyle yapmıyor. Aynı şekilde Yuhanna da havarilerin mezara gittiklerinde İsa'nın dirilmiş olduğuna dair kutsal yazılardan haberdar olmadıklarını söylüyor. Oysa bu yazıdan alıntı yapmıyor veya yazının hangisi olduğunu söylemiyor. Ve Luka, Emmaus yolunda İsa'nın kutsal yazıları açıkladığını söylüyor – fakat yine bunların hangileri olduğunu veya İsa'nın bu yazılar hakkında neler söylediğini belirtmiyor.

Bu oldukça tuhaftır. Ya ilk kilisenin *Eski Ahit* hakkında düşüncelerle dolu yeni diriliş hikâyeleri yazmış olduğunu ve Matta, Markos, Luka ile Yuhanna'nın bu yazılanları ayrı ayrı inceleyip yorumlamış olduklarını ya da bu hikâyelerin büyük ölçüde teolojik ve tefsirsel düşüncelerden önceki ilk sözlü geleneğe dayandığını söylememiz gerekmektedir. İkinci seçeneğin ilkine göre çok daha olası olduğunu düşünüyorum.

Hikâyelerin üçüncü etkileyici özelliği kadınların yeridir. (Bu özellik çok iyi bilinmektedir; bu konu benim için yeni değildir.) Antik Yahudi ve putperest dünyasında mahkemelerde kadınların tanıklıkları geçerli değildi. Paul, Korintliler 15'te İsa hakkındaki halk geleneğinden alıntı yaparken şunları söylüyor: "İşte anlattığımız haliyle olay. İsa bizim günahlarımız yüzünden çarmıha gerildi, kutsal yazılara göre ölümünün üçüncü gününde dirildi, kutsal yazılara göre .... tarafından görüldü" – sonra elinde erkeklerden oluşan bir liste vardı – "James'in yanında Cephas, onların yanında diğer ilk havariler, onların yanında beş yüz kişi, en sonuncusu benim yanımdaydı." Ellerimizi havaya kaldırdık ve "Affedersin, Paul, kadınlar nerede?" dedik. Bunun cevabı oldukça basittir: 50'li yılların başlarında halk geleneği hikâyelerinde kadınlara yer verilmiyordu, çünkü erkekler bu konuda sıkıntı yaşayacaklarını biliyorlardı. Bir yüzyıl sonra yeniden dirilişi reddeden Celsus'un yazdıklarını okuduğumuzda bu insanların yaşadığı sıkıntıyı görebiliyoruz. Celsus şöyle diyordu: "Bu inanış yalnızca birkaç histerik kadının tanıklığına dayanmaktadır."

Bu yüzden Matta, Markos, Luka ve Yuhanna'da Mary Magdalene, diğer Meryemler ve diğer kadınların yer alması büyüleyici bir şeydir. Ve bütün insanların içerisinde Mary Magdalene (olaylı bir geçmişinin olduğunu biliyoruz) baş tanık olarak seçilmiştir: Dört kitapta da yer almaktadır. Tarihçiler olarak bu hikâyelerin bırakın otuz, kırk veya elli yılı, beş yıl sonra yazılmış olmaları durumunda baş tanık rolüne Mary Magdalene'yi koyamayacak oldukları varsayımını çıkarmak zorundayız. Mary'i bu konuma koymak, kuşkulu bir kitleye İsa'nın gerçekten de yeniden dirildiğini açıklamak isteyen Hıristiyan müdafiler açısından kendi ayaklarına kurşun sıkmak demektir. Oysa biz tarihçiler için bulunmayan bir nimettir. *İlk Hıristiyanlar bu hikâyeyi asla uydurmuş olamazlar.* Boş bir mezar bulan ve ardından yeniden dirilmiş İsa'yla karşılaşan kadınların hikâyeleri kesinlikle tarihsel gerçeklikler olarak kabul edilmelidir.

Böylece hikâyelerin dördüncü ve son özelliğine geliyoruz. Burada son otuz beş yıldır hemen her Paskalya Günü'nde vaaz vermiş olan bir vaiz olarak konuşuyorum. Batı geleneğinde Paskalya'da İsa'nın yeniden dirildiği konusunda vaaz veren vaizler, genellikle bizim kendi sonraki yaşamımız, yeniden dirilişimiz veya cennete gidişimiz hakkında da vaaz verirler. Oysa Matta, Markos, Luka ve Yuhanna'daki yeniden diriliş hikâyelerinde sonraki yaşamımıza dair hiçbir şey yoktur. Bunların aksine, Paul, İsa'nın yeniden dirilişinden her bahsettiğinde bizim sonraki yaşamımıza da değiniyordur. İbraniler Kitabı'nda İsa'nın yeniden dirilişi ve bizim gelecekteki yeniden dirilişimiz hakkında yazılan şeyler olduğunu görüyoruz; Vahiyler Kitabı'nda da aynı şekilde bizim yeniden dirilişimiz ile İsa'nın yeniden dirilişi arasında kurulan bağlantıyı bulabiliyoruz. Şehit Jüstin, Antakyalı İgnatiyus ve Irenaeus da hemfikirdirler: "İsa'nın yeniden dirilişini kendi yeniden dirilişimizi düşünmek için düşünüyoruz."

Matta, Markos, Luka ve Yuhanna'nın söyledikleri, "İsa yeniden diriltildi, bu yüzden bir gün biz de yeniden diriltileceğiz," şeklinde yorumlanamaz. Onların söyledikleri ve genellikle insanlara şaşırtıcı gelen şey şudur: "İsa yeniden diriltilmiştir – bu yüzden o gerçekten de Mesih'tir. Tanrı'nın yeni yaratma süreci başlamıştır. Yapacak bir şeyimiz vardır. Dahası içimizde İsa Mesih'e tapma dürtüsü hissediyoruz çünkü onun İsrail'in Tanrısı, evrenin yaratıcısının temsilcisi olduğunu biliyoruz." Bir başka deyişle, *İncil*'in kitaplarında gördüğümüz haliyle bu hikâyeler, 40'lı yılların sonlarından itibaren Paul'ün anlatımlarında bulduğumuz ve henüz söylenmemiş olan "İsa yeniden diriltildi, bu yüzden biz de diriltileceğiz," ifadesinin eski bir biçimi olarak nitelendirilebilir. Dolayısıyla buradan varmamız gereken sonuç, bu hikâyelerin Paul'den çok önceki, ilk kilisenin bu tamamıyla beklenmedik yeniden diriliş olayının şokunu yaşadığı ve bunun ne anlama geldiğini anlamaya çalıştığı bir döneme kadar uzandığıdır.

Tüm bunlardan bazı sonuçlara varıyorum. İlk Hıristiyanlığın doğuşunu, İsa'nın yeniden dirilişinin bu dört anlatımının ve Yeni Ahit ile Paul'deki bazı bölümleri açıklamak amacıyla ilk kilisenin İsa'nın gerçekten de bedensel bir yeniden diriliş yaşadığına inandığını belirtmemiz gerekir. İlk Hıristiyanların içerisinde bu konuda başka bir şeye inanan kimsenin olup olmadığına dair elimizde hiçbir kanıt yoktur. Fakat tarihçiler olarak bizler bunu ne şekilde açıklayabiliriz?

Açıkçası bir Hıristiyan olarak bu argümanın yanından dolanıp geçebilirsiniz. Ne yazık ki pek çok Hıristiyan böyle yapmıştır, çünkü bu insanlar en önemli noktayı gözden kaçırmaktadırlar. İnsanların genellikle söyledikleri şudur: "İsa elbette Tanrı'nın oğludur. İstediği her şeyi yapabilirdi. Akla yatıyor, değil mi?"

Fakat ben bunu yapmak istemiyorum. Böyle bir şey söylemeyen metinlere inanmak istiyorum. Sormamız gereken soru şudur: Bu olağanüstü olayı, ilk Hıristiyanlığın ortaya çıkışını, özgün şeklini alışını ve yeniden dirilişin gerçekleşmiş olduğuna dair oldukça özgün hikâyeler anlatışını nasıl açıklayabiliriz? Tarihsel açıklamalara baktığımda dikkate değer iki şeyin gerçekleşmiş olması gerektiğini görüyorum: (1) doğru mezar olarak bilinen boş bir mezar olmalıydı; bu konuda yanılıyor olunamazdı; (2) yeniden dirilmiş İsa'nın görüldüğü yerler olmalıydı. Bunların ikisi de gerçekleşmiş olmalıydı.

Neden mi? Çünkü boş bir mezar olsaydı ve İsa'yı görenler olmasaydı, antik dünyadaki herkes şu açık sonuca (bizim için olmasa bile kendileri için açık) varacaktı: Mezar soygunculları. O dönemlerde çoğunlukla zengin veya ünlü insanlarınkiler olmak üzere mezarlar sık sık soyuluyordu; mezarlarda muhtemelen mücevherler, çalmaya değer bir şeyler olmalıydı. Böylece Mary'nin söylediğini söyleyeceklerdi: "Cesedi çalmışlar. Cesedin başına ne geldiğini bilmiyorum." Eğer yaşananlar sadece boş bir mezardan ibaret olsaydı asla İsa'nın yeniden dirilişinden bahsetmeyeceklerdi.

Aynı şekilde ele aldığımız tarihsel verileri de sırf havarilerin İsa'yla buluşmak olarak gördükleri bir tür deneyim yaşamış olduklarını söyleyerek açıklayamayız. İsa'nın öldürülmüş olduğunu biliyorlardı. Fakat aynı zamanda halüsinasyonun, hayaletin ve hayalin de ne demek olduğunu biliyorlardı. Antik dönem Yahudi ve putperest edebiyatı bu tür şeylerle doludur. Bunu Homeros'ta, Vergilius'da, her yerde görebilirsiniz. Son zamanlarda bazı insanlar, İsa'nın yeniden dirilmiş olmasının mümkün olmadığını iddia ederek, şöyle bir şey söylemeye çalışmaktadır: "Ah, evet, sevdiğiniz kişiler öldüğünde bazen onların sizinle aynı odada oldukları, size gülümsedikleri, belki de sizinle konuştukları duygusuna kapılırsınız ve ardından yeniden kaybolurlar. Belki de bu havarilerin yaşadıkları da böyle bir şeydi." Ve bu doğrudur; bu konuyla ilgili bazı eserler okudum. Bu, insanların yaşadıkları kederin bir parçası olarak iyi belgelenmiş bir olgudur ve bunu istediğiniz şekilde açıklayabilirsiniz. Fakat burada sıkıntı yaratan nokta, *ilk Hıristiyanların da bu tür olguları gayet iyi biliyor* olmalarıydı. Bu insanlar hayal, halüsinasyon, rüya, hayalet vb. şeylerin olduğunu çok iyi biliyorlardı. Bir başka deyişle, eğer bu insanlar İsa'nın yanındaymışlar gibi bir şey yaşamış olsalardı, fakat mezar da boş olmamış olsaydı muhtemelen şöyle diyeceklerdi: "Aman Tanrım, bu yaşadığım duygu çok güçlü ve bir yönden teselli ediciydi; fakat İsa ölümden diriltilmedi, çünkü (sonunda bütün ölüler diriltilene kadar) ölüler elbette diriltilmez – ve zaten cesedi mezarında duruyor."

Bu noktada Yahudilerin o dönemlerde ölülerini nasıl gömdüklerini hatırlamamızda fayda var. O dönemde Yahudilerin Filistin'de gerçekleştirdikleri ölü gömme işlemlerinin çoğu iki aşamadan oluşuyordu. Öncelikle ölü beden, üzerine bol miktarda baharat dökülerek, bir beze sarılır ve ardından kayadan yapılmış bir mezarın içerisindeki bir kaidenin üzerine veya bir evin bodrumuna konulur. Ölüler, modern Batı dünyasında yapıldığı gibi toprakta açılan bir mezara konulup üzeri toprakla örtülerek gömülmez, çünkü ceset tamamen çürüdüğünde kemikleri toplanacaktır. (Cesedin beze baharatlar dökülerek sarılmasının nedeni işte bu çürümenin yarattığı ağır kokudur; cesedi toprağa gömüyorsanız bu sıkıntılara ve baharatların masrafına katlanmanız gerekmez.) Daha sonra, ceset tamamen çürüdüğünde kemikler toplanıp istiflenir ve ya bir hücrede (mezarın arkasındaki küçük bir gözde) ya da uygun başka bir yerde muhafaza edilecek bir kemik kutusuna konulur. Arkeologlar, her yeni bir yol, yeni bir Hilton Oteli veya yeni konutlar inşa edilişinde yapılan kazılarda –onlarca– kemik kutuları çıkarmaya devam etmektedirler. Arkeologların ellerinde yüzlerce, hatta binlerce kemik kutusu vardır.

Burada anlatmak istediğim nokta şudur. Eğer İsa'nın bedeni hâlâ mezarda olmuş olsaydı, havariler onu kolaylıkla bulabilirlerdi. Ardından da muhtemelen şöyle diyeceklerdi: "Görmekte olduğumuz bu halüsinasyonlar ne kadar güçlü olsa da İsa yeniden diriltilmemiştir." Dolayısıyla tarihçiler olarak bizler gerçekten de boş bir mezar olması ve her ne kadar insanların beklemedikleri ve biz okuyucuların kafalarımızı karıştıran tuhaf şekillerde dönüşüme uğramış gibi görünse de İsa Mesih olduğu ortaya çıkarılan kişinin gerçekten de görüldüğünü veya insanların onunla görüştüklerini söylemek zorundayız.

Ve sonunda satranç oyunundaki son hamleye geldik. Gerçekleştiğini kabul ettiğim bu iki olguyu bir tarihçi olarak nasıl açıklayabilirim: Boş mezar ve insanlarca görülen İsa. Yapılabilecek en kolay açıklama, İsa'nın gerçekten de yeniden diriltilmiş olması nedeniyle bu olayların gerçekten de yaşandığı ve bedeni aynı anda iki boyutta yaşayabilirmiş izlenimi verecek şekilde yenilenmiş ve dönüşüme uğramış olsa da, Havarilerin onunla gerçekten de buluşmuş oldukları şeklindeki bir açıklamadır. (Doğrusu bu olayı anlayabilmenin belki de en iyi yolu budur: İsa artık hem Tanrı'nın boyutunda hem de bizim boyutumuzda veya diğer bir ifadeyle aynı zamanda hem cennette hem de dünyada yaşıyordu.)

İsa'nın yeniden dirilişi, boş mezar ve insanların İsa'yla karşılaşmaları konusunda *yeterli* açıklama sunmaktadır. Bugüne kadar okuduğu bütün yazılı eserlerdeki diğer bütün olası varsayımları incelemiş biri olarak bunun aynı zamanda *gerekli* bir açıklama olduğunu düşünüyorum.

ANTONY FLEW: SON DÜŞÜNCELER

Piskopos Wright'ın tamamıyla yeni yaklaşımından son derece etkilendim. Hıristiyanlıkta yer alan bu olguyu yepyeni bir şeymiş gibi sunuyor. Bu durum, özellikle Hıristiyanlık dininin neredeyse yok olduğu Büyük Britanya'da çok büyük öneme sahiptir. Bu yaklaşım tümüyle olağanüstü, tamamen yeni ve oldukça güçlüdür.

Tanrı gerçekten de kendisini insanlara göstermiş midir veya böyle bir şey mümkün müdür? Daha önce söylediğim gibi, mantıken imkânsız şeyleri sıralamak dışında, her şeye kadir bu gücün yapabileceği şeylere bir sınır çizemezsiniz. Her şeye kadir olan İlahi güç her şeyi yapabilir.

NOTLAR

ÖNSÖZ

1. Editörlüğünü Roy Abraham Varghese'nin yaptığı *Great Thinkers on Great Questions* kitabında (Oxford: OneWorld, 1998) Sir Alfred Ayer, "The Existence of the Soul," 49.
2. "Modernizing the Case for God," *Time*, 7 Nisan, 1980.
3. Richard Dawkins, *Tanrı Yanılgısı* (Londra: Bantam, 2006), 140.
4. Lewis Wolpert, *Six Impossible Things Before Breakfast* (Londra: Faber and Faber, 2006), 217.
5. Daniel Dennett, "Living on the Edge," *Inquiry* 1/2 (1993): 141.
6. Dawkins, Tanrı Yanılgısı, 58-59.
7. Dawkins, Tanrı Yanılgısı, 82.
8. Richard Dawkins, *What We Believe but Cannot Prove*, editör John Brockman (Londra: Pocket Books, 2005), 9.
9. Julia Vitullo- , "A Scientist's Scientist," http://www.templeton.org/milestones_2006-04.asp.
10. Dawkins, *Tanrı Yanılgısı*, 355.
11. Katharine Tait, *My Father, Bertrand Russell* (New York: Harcourt Brace Jovanovich, 1975), 189.

12. Bertrand Russell, *The Autobiography of Bertrand Russell* (Londra: George Allen and Unwin, 1967), 146.
13. Editör J.H. Muirhead, *Contemporary British Philosophy,* cilt 1 (Londra: George Allen and Unwin, 1924), 79.
14. Editörlüğünü Antony Flew ve Alasdair MacIntyre'ın yaptığı *New Essays in Philosophical Theology*'de (New York: Macmillan, 1955), J. N. Findlay, "Can God's Existence Be Disproved?", 47.
15. Hawking'in özel tekerlekli sandalyesini kullanan yardımcısı muhafazakâr bir Yahudi olan Saul Pasternak ile yaptığı sohbetler, İbranice yayımlanan haftalık *Jerusalem* gazetesinde "Bay Hawking'in Şoförü" başlıklı bir makalede yayımlanmıştı (22 Aralık 2006, sayfa 28). Bu makaleden haberimin olmasını sağladığı için İsrailli fizikçi ve yazar arkadaşım Gerald Schroeder'e müteşekkirim.
16. Albert Einstein, *The Quotable Einstein,* ed. Alice Calaprice (Princeton, NJ: Princeton University Press, 2005), 238.

BÖLÜM 1
BİR ATEİSTİN YARATILIŞI

1. G. E. M. Anscombe, *The Collected Papers of G. E. M. Anscombe, cilt 2, Metaphysics and the Philosophy of Mind* (Minneapolis: University of Minnesota Press, 1981), x.

BÖLÜM 2
KANITIN GÖTÜRDÜĞÜ YER

1. Michael Dummett, *Truth and Other Enigmas* (Cambridge, MA: Harvard University Press, 1978), 431.
2. Editörlüğünü Basil Mitchell'in yaptığı *Faith and Logic'te* (Londra: Allen&Unwin) *I.* M. Crombie, "The Possibility of Theological Statements," 50.
3. Crombie, "The Possibility of Theological Statements," 73, 72.
4. Raeburne Heimbeck, *Theology and Meaning* (Londra: Allen&Unwin, 1969), 123, 163.
5. Eric L. Mascall, *The Openness of Being* (Philadelphia: Westminster, 1971), 63.
6. J. L. Mackie, *The Miracle of Theism* (Oxford: Clarendon, 1982), 1.
7. Frederick C. Copleston, *Philosophers and Philosophies* (Londra: Search Press, 1976), 76.
8. Anthony Kenny, *Faith and Reason* (New York: Columbia University Press, 1983), 86.
9. Kai Nielsen, Antony Flew'in yazdığı *Ateizm Varsayımı* yazısının eleştirisi, *Religious Studies Review 3* (Temmuz 1977): 147.

BÖLÜM 3
SAKİN BİR YAKLAŞIMLA ATEİZM

1. Gerald Schroeder, "Has Science Discovered God?" http://science.lenicam.com.
2. Richard Dawkins, *The Selfish Gene* (New York: Oxford University Press, 1976), x.

BÖLÜM 4
MUHAKEME YOLCULUĞU

1. Albert Einstein, *Out of My Later Years* (New York: Philosophical Library, 1950), 58.
2. David Conway, *The Rediscovery of Wisdom* (Londra: Macmillan, 2000), 74.
3. Conway, *The Rediscovery of Wisdom, 2-3.*

BÖLÜM 5
DOĞANIN KANUNLARINI KİM YAZDI?

1. Stephen Hawking, *Zamanın Kısa Tarihi* (New York: Bantam, 1988), 175, 174.
2. Gregory Benford, "Leaping the Abyss: Stephen Hawking on Black Holes, Unified Field Theory and Marilyn Monroe," *Reason 4.02* (Nisan 2002): 29.
3. Albert Einstein'dan alıntı, Timothy Ferris, *Coming of Age in the Milky Way* (New York: Morrow, 1988), 177.
4. Antony Flew, *Tanrı ve Felsefe* (New York: Dell, 1966), 15.
5. Max Jammer, *Einstein ve Din* (Princeton, NJ: Princeton University Press, 1999), 44.
6. Jammer, *Einstein ve Din, 45.*
7. Jammer, *Einstein ve Din, 45-46.*
8. Jammer, *Einstein ve Din, 48.*
9. Jammer, *Einstein ve Din, 150.*
10. Jammer, *Einstein ve Din, 51.*
11. Jammer, *Einstein ve Din, 148.*

12. Albert Einstein, *Lettres a Maurice Solovine reproduits en facsimile et traduits en francais* (Paris: Gauthier-Vilars, 1956), 102-3.
13. Albert Einstein, *Ideas and Opinions,* tercüme eden Sonja Bargmann (New York: Dell, 1973), 49.
14. Einstein, *Ideas and Opinions,* 255.
15. Jammer, *Einstein ve Din, 93.*
16. Albert Einstein, *The Quotable Einstein,* ed. Alice Calaprice (Princeton, NJ: Princeton University Press, 2005), 195-6.
17. Bu alıntıların büyük kısmı Roy Abraham Varghese'nin *The Wonder of the World* kitabından alınmıştır (Fountain Hills, AZ: Tyr, 2003).
18. Werner Heisenberg, *Across The Frontiers.* tercüme eden Peter Heath (San Francisco: Harper & Row, 1974), 213.
19. Werner Heisenberg, *Physics and Beyond* (San Francisco: Harper & Row, 1971), editörlüğünü Timothy Ferris'in yaptığı *The World Treasury of Physics, Astronomy and Mathematics*'den alınmıştır (New York: Little, Brown, 1991), 826.
20. Erwin Schrödinger, *My View of the World* (Cambridge: Cambridge University Press, 1964), 93.
21. Max Planck, *Where is Science Going?,* tercüme eden James Murphy (New York: Norton, 1977), 168.
22. Max Planck, editörlüğünü Charles C. Gillespie'nin yaptığı *Dictionary of Scientific Biography*'den aktarılmıştır (New York: Scribner, 1975), 15.
23. Paul A. M. Dirac, "The Evolution of the Physicist's Picture of Nature," *Scientific American 208,* sayı 5 (Mayıs 1963): 53.

24. Charles Darwin, *The Autobiography of Charles Darwin 1809-1882*, editör Nora Barlow (Londra: Collins, 1958), 92-3.
25. Paul Davies, Templeton Ödül Töreni Konuşması, Mayıs 1995, http://aca.mq.edu.au/PaulDavies/prize_address.htm. Ayrıca bakınız Davies, "Where Do the Laws of Physics Come From?" (2006), http://www.ctnsstars.org/conference/papers/Wheredothelawsofphysicscomefrom.doc.
26. John Barrow, Templeton Ödül Töreni Konuşması, 15 Mart 2006, http://www.templetonprize.org/barrow_statement.html.
27. John Foster, *The Divine Lawmaker: Lectures on Induction, Laws of Nature and the Existence of God* (Oxford: Clarendon, 2004), 160.
28. Richard Swinburne, "Design Defended," *Think* (İlkbahar 2004): 14.
29. Editörlüğünü Russell Stannard'ın yaptığı *God fort the 21st* Century'de Paul Davies, "What Happened Before the Big Bang?" (Philadelphia: Templeton Foundation Press, 2000), 12.

BÖLÜM 6
EVREN BİZİM GELECEĞİMİZİ BİLİYOR MUYDU?

1. Freeman J. Dyson, *Disturbing the Universe* (New York: Harper & Row, 1979), 250. Ayrıca John Barrow ile Frank Tipler'in yazdığı *The Anthropic Cosmological Principle*'da da bahsedilmiştir (Oxford: Clarendon, 1988), 318.
2. John Leslie, *Infinite Minds* (Oxford: Clarendon, 2001), 213.

3. Leslie, *Infinite Minds,* 203-5.

4. Martin J. Rees, "Numerical Coincidences and "Tuning' in Cosmology," *Astrophysics and Space Science 285* (2003): 376.

5. Rees, "Numerical Coincidences and "Tuning' in Cosmology," 385.

6. Paul Davies, "Universes Galore: Where Will It All End?" http://aca.mq.edu.au/PaulDavies/publications/chapters/Universesgalore.pdf.

7. Richard Swinburne, "Design Defended," *Think* (İlkbahar 2004): 17.

8. Rees, "Numerical Coincidences and "Tuning' in Cosmology," 386.

9. Davies, "Universes Galore: Where Will It All End?"

10. Martin Rees, *The Frontiers of Space*'te "Exploring Our Universe and Others," (New York: Scientific American, 2000), 87.

BÖLÜM 7
YAŞAM NASIL BAŞLADI?

1. Antony Flew, *Tanrı ve Felsefe* (Amherst, NY: Prometheus, 2005), 11.

2. Richard Cameron, "Aristotle on the Animate: Problems and Prospects," *Bios:Epistemological and Philosophical Foundation of Life Sciences,* Roma, 23-24 Şubat 2006.

3. John Haldane, *Atheism and Theism*'de "Preface to the Second Edition," (Great Debates in Philosophy), J. J. C. Smart ve John Haldane (Oxford: Blackwell, 2003), 224.

4. David Conway, *The Rediscovery of Wisdom* (Londra: Macmillan, 2000), 125.
5. David Berlinski, "On the Origins of Life," *Commentary* (Şubat 2006): 25, 30-31.
6. Carl Woese, "Translation: In Retrospect and Prospect," *RNA* (2001): 1061, 1056, 1064.
7. Paul Davies, "The Origin of Life II: How Did It Begin?" http://aca.mq.edu.au/PaulDavies/publications/papers/OriginsOfLife_II.pdf.
8. Andy Knoll, PBS *Nova* röportajı, 3 Mayıs 2004.
9. Antonio Lazcano, "The Origins of Life," *Natural History* (Şubat 2006).
10. John Maddox, *What Remains to Be Discovered* (New York: Touchstone, 1998), 252.
11. Editörlüğünü Henry Margenau ve Roy Abraham Varghese'nin yaptığı *Cosmos, Bios, Theos* kitabında George Wald, "Life and Mind in the Universe," (La Salle, IL: Open Court, 1992), 218.

BÖLÜM 8
YOKTAN VAR OLAN BİR ŞEY OLDU MU?

1. "Something Good," söz ve müzik Richard Rodgers, 1965.
2. Stephen Hawking, *Zamanın Kısa Tarihi* (New York: Bantam, 1988), 174.
3. Antony Flew, "Stephen Hawking and the Mind of God" (1996), http://www.infidels.org/library/modern/antony_flew/hawking.html.
4. Hawking, *Zamanın Kısa Tarihi*, 9.

5. Editörlüğünü J.J. MacIntosh ile H. A. Meynell'in yaptığı *Faith, Scepticism and Personal Identity* kitabında Antony Flew, "The Legitimation of Factual Necessity," (Alberta: University of Calgary Press, 1994), 111-17.
6. David Conway, *The Rediscovery of Wisdom* (Londra: Macmillan, 2000), 111-12.
7. Richard Swinburne, *The Existence of God* (Oxford: Clarendon, 2004), 142.
8. Editörlüğünü Dudley Knowles'in yaptığı *Explanation and Its Limits* kitabında Richard Swinburne, "The Limits of Explanation," (Cambridge: Cambridge University Press, 1990), 178-79.
9. John Leslie, *Infinite Minds* (Oxford: Clarendon, 2001), 194-95.
10. Stephen Hawking, *Kara Delikler ve Bebek Evrenler* (New York: Bantam, 1993), 172.
11. Leslie, *Infinite Minds,* 193-94.
12. Swinburne, *The Existence of God,* 152.

BÖLÜM 9
TANRI'YA YER BULMAK

1. John Gaskin, "Gods, Ghosts and Curious Persons," yayınlanmamış taslak.
2. Thomas F. Tracy, *God, Action and Embodiment* (Grand Rapids, MI: Eerdmans, 1984), 147, 153. Ayrıca bakınız *The God Who Acts*, editör Thomas F. Tracy (University Park: Pennsylvania State University Press, 1994).
3. Brian Leftow, yazarla yapılan özel söyleşi, Oriel College, Oxford University, Ekim 2006.

4. David Conway, *The Rediscovery of Wisdom* (Londra: Macmillan, 2000), 134.

EK A: "YENİ ATEİZM"

1. Hao Wang, *A Logical Journey: From Gödel to Philosophy* (Cambridge, MA: MIT Press, 1996), 316.
2. Palle Yourgrau, *A World Without Time: The Forgotten Legacy of Gödel and Einstein* (New York: Basic Books, 2005), 104-5.
3. Daniel Dennett, *Breaking the Spell* (New York: Viking, 2006), 244.
4. Anthony Zee, *Fearful Symmetry* (New York: Macmillan, 1986), 280-81.
5. J. J. C. Smart ve John Haldane, *Atheism and Theism* (Great Debates in Philosophy) (Oxford: Blackwell, 2003), 228. ve sonraki sayfalar.
6. Howard H. Pattee, "The Physics of Symbols: Bridging the Epistemic Cut," *Biosystems 60* (2001): 5-21.
7. Lewis Wolpert, *Six Impossible Things Before Breakfast* (Londra: Faber and Faber, 2006), 212-13.
8. Richard Dawkins, *Tanrı Yanılgısı* (Londra: Bantam, 2006), 137.
9. Dawkins, *Tanrı Yanılgısı*, 137-38.
10. John Searle, *The Rediscovery of the Mind* (Cambridge, MA: MIT Press, 1992), 9.
11. Sam Harris, *The End of Faith* (New York: Norton, 2004), 208-9.
12. Richard Dawkins ve Steven Pinker, "Is Science Killing the Soul?" The Guardian-Dillons Debate, *Edge 53* (8 Nisan 1999).

13. Wolpert, *Six Impossible Things Before Breakfast, 78.*
14. David Hume, *A Treatise of Human Nature*, Ernest C. Mossner'in editörlüğü ve önsözüyle (Hammondsworth, Middlesex: Penguin Books, 1985), 300.

MATCHMAKER

BOOKS BY S.E. LYNES

Mother

The Pact

Valentina

The Proposal

The Women

The Lies We Hide

Can You See Her?

The Housewarming

Her Sister's Secret

The Baby Shower

The Ex

The Summer Holiday

The Split

The Perfect Boyfriend

Every Mother's Nightmare

MATCHMAKER

S. E. LYNES

bookouture

Published by Bookouture in 2026

An imprint of Storyfire Ltd.
Carmelite House
50 Victoria Embankment
London EC4Y 0DZ

www.bookouture.com

The authorised representative in the EEA is Hachette Ireland
8 Castlecourt Centre
Dublin 15 D15 XTP3
Ireland
(email: info@hbgi.ie)

ISBN: 978-1-80550-067-4
eBook ISBN: 978-1-80550-066-7

For my Lytes Cary Writing Crew: Callie Langridge, Clarissa Angus, Claire McGlasson, Emelie Olsson, Kate Riordan, Lisa Timoney, Nicola Rayner, Bev Thomas. Thank you for the days, the evenings, the readings and the giggling fits.

ONE

HER

In the dim porch of the Traveller's Rest pub, Freddie presses his hand against the small of Megan's back. If he feels her flinch, he doesn't show it. The sky is darkening, the September evening cool. It is a little after nine. They are two hours late.

'You look great, by the way,' he says, as if noticing her only now.

'Thanks.' She manages a smile. 'So do you.'

Freddie pushes open the heavy oak door, which gives a sly, Gothic creak. Inside, lining the bar, a crowd reveals itself by degrees. His colleagues are clumped together, flushed, already merry. The ra-ra-ra of chatter echoes off the walls, the high ceiling, the wooden floor. The smell of alcohol, bodies, a faint note of detergent.

She and Freddie step inside. A split second later, they are spotted and a raucous cheer goes up. All eyes fall on them. Megan has a flashing image of how they must look: him, well dressed, tall and handsome; her, worn around the edges but scrubbed up OK. The charismatic regional manager and his loyal wife. A united front.

'Freddaaaay,' someone shouts – a young man, she thinks.

Her husband's name is repeated then, over and over, bouncing like a ball around the room.

Smiling, Freddie forges into the crowd. His hand slides away, leaving a small patch of cold at the base of her spine.

Congratulations, she hears above the hubbub, and *nice one, man,* and *you did it, mate.*

'We did it,' comes the deep bass tone of her husband's voice, emphasis on the *we*. He hugs, back-slaps, even fist-bumps. No shaking hands for Freddie Crowther. Too formal. Too corporate. 'This wasn't just me,' he says. Emphasis this time on the *me*.

Megan allows herself a private smile. These are the words she heard him practising less than half an hour ago in the bathroom mirror. *Couldn't have done it without you guys.* Pushing back his still thick hair with gel, angling his face this way and that, throwing out his hands. *It's thanks to you lovely people. All I did was...*

She hangs back, lets him have his moment. The bid to host the annual television fundraiser here in the north instead of its usual home of London has been a year in the preparing, and on Monday they heard the good news. Various venues in the north-west will broadcast simultaneous live events in one great media extravaganza to bring in new funds for Haven, the nation's largest homeless charity. Freddie took over running the Liverpool office eight years ago. It is a massive coup, and tonight's drinks are to celebrate that.

Watching him, how people respond to him, it's hard not to feel proud. In fact, anyone glancing at her would imagine proud is how she feels.

'Megan.'

She turns to see Robbie Worth, Freddie's marketing director. She likes Robbie: a fresh-faced, hardy Mancunian, he is always warm, always friendly and seems to have a radar for the stranded person at the gathering – in this case, her.

'Robbie.' She greets him with a brief hug.

'Great to see you.' He stands back, his warm blue eyes crinkling behind black-framed glasses. He's grown a beard since she last saw him, a shade darker than his straw-blonde hair. Beards are trendy now, she supposes. It makes him look older, which might be the point. He must be all of twenty-eight.

'Let me get you a drink,' he adds. 'There's a tab. For as long as it lasts.'

'I'd love a Prosecco,' she says, 'if that's allowed.'

'Anything for the boss's wife! There's glasses going round actually. Oh, there they are. Hold on a sec.' He all but lunges at a waiter who looks like he's only recently out of short trousers and grabs a glass of fizz from the tray. 'Here.'

She takes the flute and taps it to Robbie's pint glass. 'Cheers.'

'Here's to your husband. That man is a bloody legend.'

Megan sips her drink, swallows it slowly. 'So,' she says, 'haven't seen you since you came over for the barbecue. When was that? July? Are you still going out with that lovely girl? Maya, wasn't it?'

He beams, apparently not noticing the change of subject. 'A year tomorrow.'

'Wow! Congratulations! Doing anything special?'

He tells her he's taking Maya to a Lebanese place in Liverpool, and from there they let themselves bathe in the warm waters of small talk. When Robbie asks after the kids, he remembers their names, which is, frankly, amazing. Still, she keeps her answers brief, not wanting to be she who can only talk about her children.

'I always think,' he says, looking wistful, 'if I had kids, I'd like them to be like yours.'

It is such a generous thing to say that for a moment her breath catches. 'Thank you,' she says, meaning it. 'Although you should know I often wake up and find them both in bed with me.'

Robbie raises his eyebrows. 'I bet Freddie has something to say about that.'

She laughs it off. Robbie doesn't need to know her husband often sleeps in the spare room, nor that his heavy snoring is the reason she and Freddie give themselves for this.

Robbie takes a long slug of his lager and asks her how work is going at the library. She's about to reply when two more of Freddie's colleagues come over to say hello and to tell her – loudly and boozily – what an amazing bloke her husband is. He's really put Liverpool on the map. It's going to be so great for the whole team. They couldn't have done it without him.

Megan nods. 'Thanks, thanks so much,' she says, though the praise is not for her.

They move on, leaving her with Robbie. Megan smiles vaguely, scanning the room, looking for familiar faces.

'See anyone you know?' Robbie asks.

'There's Helena.' On the far side of the lounge, Helena, her old school friend, is standing next to Freddie. Helena took a job at Haven last year. Her face is pink with alcohol and the cloying heat of the pub. Megan knows she should go over and say hello but hesitates. Robbie is saying something about the internet campaign, something about TikTok, but Megan isn't really listening. She's thinking about how Helena dropped out of touch a couple of months ago, around the same time Freddie took up squash. Megan's been feeling a bit funny about it, like she must have done something wrong, offended Helena in some way she's not aware of. Helena hasn't spotted her. So when the back of her hand touches the back of Freddie's, she doesn't see Megan notice. Nor does she see Megan blanch at the sight of her husband's fingers twitching against Helena's. Helena smiles then, a slow smile, secret and heavy with sex.

'Oh,' Megan whispers, heat climbing her neck. With a sick

feeling, she knows exactly why Helena has been ghosting her lately and why, come to think of it, Freddie has discovered a new racket sport. Without really thinking, she digs in her bag, as if she has heard her phone buzzing. She pulls it out and pretends to check it.

'Everything OK?' Robbie asks, frowning at her with concern.

'That's the babysitter,' she lies, glancing up apologetically. 'Olivia's got a temperature. Oh dear. Listen, can you tell Freddie I've had to go back? No rush. Let him do his thing. I don't want to ruin his night.'

Robbie wrinkles his nose. 'That's a shame. Poor Olivia. But sure. Let me take your glass. Can I run you home? I'm on the Lucky Saint. Saving myself for tomorrow night.' He gives a mischievous grin.

'No, it's OK. I've got the car.' She hands over her barely touched fizz. 'Thanks though.'

'It was good to see you.' Robbie takes hold of her arm and meets her gaze. 'Look after yourself, OK?'

'You too,' she replies, as breezily as she can, though the way he's holding her, the way he's looking at her, unsettles her. 'And good luck tomorrow! Maya's a lucky gal.'

Outside, the air is fresh against the blaze of her face. She closes her eyes for a second, heart beating fast, a hot sheen of humiliation spreading over her skin. Helena and Freddie. Helena. Helena, for God's sake.

'Fuck,' she mutters to no one but the night.

It must be two years since Freya Ditton, the perky twenty-two-year-old intern. Megan wonders how many others there have been, how many young women she doesn't know about. A few, she thinks now. A fair few. The charity employs a lot of graduates – squeaky, green, wet behind the ears. It must be quite the supply. And Freddie's work means he's often out in the evenings – schmoozing, socialising, sh... She cannot bear to finish the thought.

But the difference is, she didn't know those other faceless mistresses and they didn't know her. For them, she will simply have been 'the wife', as relevant as some old portrait on a wall, one you walk past without taking it in, never once thinking of the person who sat for long, cold, uncomfortable hours as their likeness was built brushstroke by painstaking brushstroke. But Helena? A woman who was until a few minutes ago Megan's close friend?

Robbie's words return to her. The way he held her arm just now, the intense blue of his eyes.

Look after yourself, OK?

Did he mean anything by that? Does he know? Does everyone know?

She opens her eyes. Inhales the fresh damp-leaf smell after the stifled air of the pub. The Traveller's Rest sits at the edge of the Hill, an area of rugged woodland, paths trodden muddy by dog walkers. When she feels able to move, she walks a little way across the car park. She reaches their tatty people carrier but doesn't feel ready to get in, so continues towards the gloom of the trees.

Freddie is becoming careless. Indiscreet. Lazy.

Not fancying the dark maw of the woods after all, she takes the steps down to the tennis courts instead. She shouldn't be here alone, but it's not even ten yet. Freddie insists they arrive late to these things. He says it's because he likes his younger colleagues to let themselves go without the boss being there to discourage them. But Megan knows it's because he likes to make an entrance. If he wanted them to let their hair down, he could easily leave early. Which he will not do. Everyone knows that the later, drunken hours are when inhibitions are lost.

Stepping up into the bandstand on the far side of the courts, she shivers. It's chilly now. A white stole of mist hovers low over the bowling green. She sits on the little pew, gut knotting. She wonders how far her husband's new brazenness will go, whether he will come home at all tonight, whether she will dare to challenge him about that. She remembers the last time she challenged him. Her hand rises involuntarily to her jaw, the memory of his fingers, hard like wood.

She will have to be more careful. She will have to think of some other way.

TWO

ME

Oh my God. Halton Libraries are advertising for a library information assistant. You need to have a degree and a keen interest in books and literacy.

That's literally me.

It's a sign. It's definitely a sign. I'd almost given up trying to talk to Megan Greenway, and now this happens. Only the other day, Mum said I'd have to start paying my way soon. It was high time I earned some money of my own, she said. So now I'm thinking: talk about killing two birds with one stone. When I first saw that Megan Greenway worked at the library, I thought it might be a sign, but if this isn't another sign, I don't know what is. It's a double sign, maybe even an omen.

When Mum told me Lucas Ashton had got out of prison, I already knew Megan Greenway worked in the library because I'd been in there since I got back from uni. The library is opposite the Co-op where Mum works, which also feels like a sign now. My plan was to get to know Megan so that she could lead me to Lucas. They used to go out together at school so I was hoping they'd still be in touch. It wasn't much of a plan, but it was all I had.

And the thing is, the plan hadn't been going very well because even though I've been hanging out at the library for months now, even though I've borrowed a million books and even started helping out, I've never got more than a hello from Megan Greenway. I was beginning to wonder how I'd ever get to know her, but now... now I know. I'm going to apply for that job. It said you can apply online or hand in a CV in person, so without further ado, I go in to use one of the library computers and the printer and make my CV. I'm going to take it home and check it, then hand it in tomorrow. I'm not going to give it to anyone other than Megan Greenway.

When I get home, I read through my CV. I've listed my GCSEs, which are patchy, but my A levels are good and my degree is a 2:1 from York, and that's a good university. I'm hoping she won't notice that I've not included which secondary school I went to. I'm worried it will give me away.

I put the CV in my red folder and put that in my rucksack ready for the morning. Then I take out my notepad and my biro. The end of my biro still has the gonk on it that Anna gave me. It's a troll with frizzy bright orange hair. I sit at my dressing table and write:

To whom this may concern,

I'm so sorry for the harm I have caused, but I couldn't see another way. I'd already waited so long. I couldn't wait another day. I never set out to hurt anyone. All I wanted was for justice to be done.

Please forgive me.

Yours sincerely,

Cat Gallagher

It's a bit premature, but it calms me to know that I've done this one thing. I've been getting nowhere, but today feels like the real start, even though it will come at the end.

I fold the note and slide it into an envelope, then put the envelope in my dressing-table drawer. If the police take me, if I end up in prison or die, they will search my room. They will find this note and give it to Mum. I haven't put *Dear Mum* because I don't want to implicate her in any way. She doesn't know anything about my plan. But when she told me Lucas Ashton had got out, I knew I had to do something. Finally, it's time.

Hopefully Mum will understand that I did this for us.

THREE

HER

Megan wakes early. Olivia and Harry are taking up approximately seven-eighths of the bed. Megan is lying on a sliver at the edge. One false move – a sneeze or a cough or something – and she'd be on the floor.

She shuts down the alarm before it goes off. In these seconds, lying listening to her children's soft, sleepy breaths as she comes round, she feels almost happy. And then, like a frying pan to the face, the memory hits: Helena. Helena and Freddie. Urgh.

In the stillness of the aftermath, she tries to pinpoint exactly how she feels. Depressed, she thinks. Not clinically, not the hopeless, exhausted feeling she had after the babies were born; more a kind of shoulder-slump at the inevitability, like when something goes wrong that is at one and the same time both shocking and entirely predictable.

She hauls herself up and makes her way onto the landing, where Freddie's rumbling snores reach her from the spare room. So. He did come home last night. Was it back to Helena's place after closing time? Or a quick knee-trembler behind the Traveller's Rest? By the bins perhaps. In amongst the stinking trash. Like foxes.

The spare-room door is open. Without looking in, she passes through the familiar miasma of stale alcohol, other people's cigarettes and dirty laundry. Downstairs, she makes tea and stares out of the back window. She feels highly alert, aware of her own self-awareness. Here she is, standing at the window, looking out at the garden: a woman alone, trying to keep it together. The grass is lush after a week of rain, but the flowers in the borders are beginning to droop now the summer is coming to an end. There's a familiar September chill in the mornings that holds a childish association with new beginnings – new school uniform, the smell of new shoes, and the pristine exercise books she would always vow to keep immaculate, only to vandalise with doodles and hearts and who-true-loves-whoms in a matter of days. The kids will need their coats for the walk to school, but by this afternoon they will be hot and bothered, dusty-legged, sticky and sour with sweat.

Freddie and Helena's intimate finger-play flashes in her mind's eye. That secret, sexy smile. Oh God. The same sinking sensation comes again. That grotty, sad *of course.*

Fifteen minutes later, she's fixing breakfast, taking comfort in the kids' chatter, the way they even eat their toast as themselves. Olivia folds hers and eats it like a sandwich, neat and somehow proper; Harry bites his into a jammy gun, shoots his sister, one eye closed, before demolishing it in two mouthfuls.

Once she's walked them the short distance to the primary school on the estate and waved until the very last centimetre of them has disappeared behind the big red door, she jogs home and jumps in the car. It is only as she starts the engine that it occurs to her: *They didn't even ask where their dad was.*

With a grim feeling in her belly, she drives to the old town and parks in the car park by the canal. She consoles herself with a flat white from Beans and Co. before making her way to the library. She unlocks the doors and lets herself in. She goes into her office and switches on her computer. She sits down. Logs on.

Because what else is she going to do? Her husband sleeping with her friend does not change the fact that she has a job to hold down, kids to feed, a life to live as best she can. Much as the thought of turning her face to the wall is tempting, much as she longs to return to her abandoned Facebook profile to shout the truth about her husband in ranty block capitals, she can't see where that would leave Olivia and Harry. Challenging Freddie is, at least for now, unthinkable. The memory of asking him about Freya can still give her a pain in her chest if she thinks about it too hard. The way he turned, eyes flashing with anger and violence, herself reduced so quickly to a shivering, crying wreck. That shivering, crying wreck haunts her, the way she apologised, over and over, like it was all her fault, all in her mind. She will never let him do that to her again. But still, the bald fact is that she doesn't know if she can face asking him about Helena.

Which means she does not have the courage of two years ago.

Her hands curl into fists. This is something she needs to address. She needs to make him face up to the truth, find a way around his slippery lies without putting herself at risk. Something public then, something undeniable.

But what?

She must spend the day on autopilot because she becomes aware of the girl talking the same way you come around from a daydream. It's the young woman who's been hanging around the library lately, the one who has started to offer help on occasion – once at the coffee morning, when she poured weak Nescafé for the over-sixties group, and the week before at

Scrabble club, when she set out the tables and chairs without being asked. A couple of times she's whispered *hi* to Megan before turning bright crimson and continuing to browse the shelves. Right now, she's standing in front of the loans desk, where Megan senses she's been for several minutes, her hands rolling in front of her waist as if she's winding invisible wool into a skein.

'... saw the position for library information assistant,' she is saying. 'I've always wanted to work in a library. I have a degree in English from York University. It's a two-one.' Her accent is north-west, vowels flat, like Megan's own, but softened by time away, the melting pot of higher education. 'I love reading,' she adds.

Megan knows this. The girl must've borrowed at least thirty books in the last few months alone. The surprise is that she's old enough to have graduated and to be applying for the LIA position, which is what she is doing, a fact that is slowly dawning on Megan as she emerges from the fug of Freddie's latest fuckery.

'York's a great university,' Megan says brightly.

'It's quiet,' the girl replies, 'but that suited me, to be honest.' She smiles, but on meeting Megan's gaze, her eyes take fright and drop to the floor.

It occurs to Megan that this girl has the same colouring as her: same dark hair, same pale, freckled skin, a complexion prone to pinking in moments of embarrassment such as this or, if she's anything like Megan, changes in temperature, alcohol consumption, excitement or fear. Telltale skin, skin that makes it hard to hide or to lie. Yes, this girl reminds her of herself, a version of herself from a long time ago.

Before Lucas.

She feels heat climbing her cheeks, pinking her own telltale skin. Lucas must surely be coming up for parole by now. He could be back in town within months, even weeks. She wonders if he'll seek her out, what they'll say to one another if he does.

'I've just graduated actually,' the girl is saying now, bringing Megan back to the conversation. There is something moving about the way she has to force herself to speak, to not be what she so obviously is: terribly, excruciatingly shy. And yet when Megan opens her mouth to respond, the girl continues before she can get a word in, and Megan feels oddly interrupted.

'We used to live here,' she says, looking around as if she means in the library rather than the town. 'But my parents moved to Frodsham after my brother died.' She blinks, her lips pressing themselves flat, as if she's said something she didn't mean to.

'Oh no,' Megan replies. 'I'm so sorry.'

The girl shakes her head, her eyes fluttering closed momentarily like a doll tipped on its back. 'It was ages ago.' She gives an awkward, breathy laugh. 'Anyway, I like coming here because this is where I used to come when I was little. I like to come on the bus. It's where I read. Sometimes I do the whole route until I'm back where I started and then I just stay on until I get home.' Another nervous giggle. 'Sorry.'

'I suppose it's a chance for some peace and quiet, isn't it?' Megan says, attempting to ease the girl out of her embarrassment. She smiles, willing the poor creature to relax. And sure enough, her shoulders lower a fraction, though her colour stays high, her facial muscles clenched.

'I love libraries,' she offers again quickly, as if to fill a silence that has not yet fallen. 'I'm happy to do voluntary.'

'But you'd like to apply for the LIA position? Do you have a CV to give me?'

'Yes!' The girl digs into her rucksack, which is hard-wearing, of the type used by hikers. It's tatty, as if she's had it for years and used it in all weathers.

Sometimes, when she's been here over the summer, Megan has caught the girl watching her but has pretended not to notice. Briefly, she wonders how she must appear to her, what qualities or faults she attributes, what conclusions she draws. She will see her as old, confident perhaps – a professional woman who has it all worked out.

How little we know of others. How wrong we often are.

Painstakingly, the girl produces a red cardboard folder and draws out a pristine sheet of paper.

'I did it here,' she says, nodding to the back room. 'On the computer.'

'Great.'

'I have a laptop, but it was easier to print it off here. I don't have a printer at home. It's not long or anything because I've only just graduated so I've not had, like, loads of jobs, but if there's one thing I know, it's libraries.'

'Marvellous.' Their eyes meet. The girl looks like she's entered a staring contest. It is Megan who breaks contact, holds the CV up, as if to say *Got it!* 'I'll take a look at it tonight, OK? It wouldn't be full-time, I'm afraid.'

'I know. It said three to four days a week on the ad. My address is on there. I mean my mum's address. Dad doesn't live with us. They got divorced. Ages ago.'

'Gotcha.' Megan smiles as kindly as she can.

'My phone number's on there as well,' the girl adds, pointing to the top of the document. 'It's my mobile. It's not a smartphone, but I can still get calls and texts.'

'Sure.' Megan attempts to sound friendly yet final. It's unusual for someone so young – anyone, in fact – not to have a smartphone, and she wonders why the girl doesn't have one. But she really needs to get on, and it feels as if, rather than trying to keep her talking out of any inflated sense of self-worth, the girl has no idea how to extract herself from the conversation. 'I'll let you know,' Megan adds, with what she hopes is a closing nod.

Understanding dawns in the girl's eyes, which widen to deep brown circles. 'Oh. Right. Yeah. Sure. Sorry. Thanks, thanks so much.' She raises a hand. 'B-Bye then.'

'Bye.'

She is out of the door before Megan realises that she didn't catch her name. She glances at the CV.

Cat Gallagher.

It means nothing to her.

FOUR

ME

Outside the library, I fall back against the brick wall. I can't get my breath, can't get it at all. It's hot outside, hotter than inside, the sun blazing down from above the Co-op. I slide down to a crouch, put my head between my knees and do my deep breathing. I stay there until eventually my lungs feel full when I breathe in, empty when I breathe out. That's what you're meant to do for a panic attack. Fill and empty, fill and empty. That's what I have to do anyway.

That was very stressful. But I've done it now, that's the main thing. I've finally made proper contact. I've applied for the job. I didn't tell Mum about it yesterday in case I couldn't go through with it, but when I get home, I'm going to tell her straight away. She will be so pleased. Even if I don't get it, she'll be pleased I tried. *I'm* pleased, if I'm honest – with myself. I've made the first real move in my plan. That took guts. I know you're not supposed to say things like that about yourself, but it did – more than anyone could ever know. But I've done it. I've really, truly done it.

I think I talked too much. I'm pretty sure I did. But the main thing is, Megan Greenway didn't recognise me *at all.*

Why would she? She and her lot were in Year 13 and I was only a Year 7 minion. That's what they called Year 7s in our school – minions – because of the film *Despicable Me*. The way she looked at me, I could've been anyone, literally anyone.

'Y'all right, love?'

I look up. There's a lady staring down at me. She's about Mum's age. In her late fifties or sixties. Her brow is furrowed and her green eyes are searching mine, and I realise she's worried about me.

'I'm fine,' I say, holding up my hand. 'Sorry.'

'Don't be sorry, love. Nothing to be sorry about. Do you want me to help you up?' She holds out her hand for me to take. I reach up and grab it. It helps actually, and I'm back on my feet in a second. 'There you go,' she says. 'Bit of a funny turn, was it?'

'Bit of a funny turn, yes,' I say. I like the way she's made it sound normal, not weird, like something that can happen to anyone from time to time.

She pats me on the arm and rifles in her bag. It's a Co-op bag. I spot some fish fingers and a sliced granary loaf and wonder if she saw Mum on the till. She's wearing a grey sweatshirt that says *Oxford University* on the front, but I don't think she went to Oxford University. I think I've seen that sweatshirt in the market. I wonder why someone would wear a sweatshirt from a university they didn't go to. I haven't even got a sweatshirt from York. Anna got one because according to her, uni sweatshirts are ironic. But Anna says lots of things are ironic, and I can never figure out what is and what isn't.

'Here,' the kind lady says. She's opening a packet of milk chocolate digestives. My stomach gurgles because I haven't eaten anything today. I'm pretty sure she hears it, but she pretends not to. 'Go on,' she says, offering me the packet. 'Take a couple. Your blood sugar's low, most probably. Happens to me all the time. You just need a bit of sugar, and make sure you have a glass of water when you can.'

I shake my head. 'Honestly, I'm fine. That's really kind, but—'

'Come on now.' She smiles, as if she thinks I'm just being polite. 'Take a couple – don't be shy. I could do with eating less of them.' She raises her eyebrows and smirks in what I think is a comical way.

I take one, remember to smile. 'Thank you. That's really kind.'

'Here! Don't be backward in coming forward.' She pulls another one out of the packet and presses it into my hand. Satisfied, she takes a step away, her brow still wrinkled, her green eyes still on mine. 'Will you be all right, love? Do you want me to walk you somewhere or call someone for you?'

'I'm fine. Thank you – thank you so much.' I hold up the biscuits as if to tell her I'm keen to eat them right away.

The lady smiles again, her head going to one side a bit. 'Look after yourself, all right? Ta-ra now.'

'Bye. Thanks again.'

I watch her walk away. Before she cuts across towards the bus station, she turns back and I hold up the biscuits again in thanks. She waves and disappears behind the wall of the chemist's. When she's out of sight, I throw the biscuits to the ground and grind them with my foot. I keep going until they're nothing but crumbs.

FIVE

HIM

Later

Sounds creep in. The intermittent swish of distant traffic. A smell – musty, heavy. Wine, he thinks. Stale air.

His throat is dry as sand.

He swallows but can't seem to generate any saliva. His eyes are sticky. When he opens them, his head spins, his lips strain to open. He's so dehydrated he can't even open his mouth. Wait. His lips have been taped shut.

What the hell?

He swallows again, hard. Feels his Adam's apple huge in his throat.

What the hell is going on?

Air shoots into his nostrils. His chest swells but feels constricted. He breathes out, ribcage sinking. His brain is foggy, scrambling to process. He's sitting on something hard. A hard chair. A dining-type chair. Arms stiff and pulled behind him. He tries to separate his hands, but they feel like they've been tied together with something thick and entirely unyielding. He glances down. There's thick silver tape around his belly, a wide band of it from the bottom of his ribs to his hips, wound round and round him and the chair so he can barely move. *Shit.* He's been taped to a fucking chair.

He struggles to free himself, but pain tracks from his ankles to his shins, from his wrists to his elbows. His feet have been crossed with yet more tape, tight, like a silver bandage. What the actual—

Take a moment. Stay still. Lower your heart rate. Breathe.

Look around.

In the corner of the room is an old television on a cheap white unit. Hang on. He knows where he is. He's in the flat. That TV is the one he nicked last week. Smuggled it into the boot of the car when no one was looking. The black leather sofa he picked up on Gumtree a month ago. He knows these bare scuffed walls. Knows these thick cream curtains. They were in a black bin bag – he swiped them along with the TV. They've been drawn closed. The lamp on the floor throws out weedy white light. It's late, he thinks. Midnight, later maybe. Or maybe it isn't. The dull distant gallop of a train. The last train. Or the first? It could be any time. The track is less than half a mile away.

He closes his eyes, tries to piece things together. The bistro. Low light, wine bottle as candle holder like something from the seventies.

From the kitchen, a melody trails like smoke under the cheap white door. Something soulful. An Aretha song, he thinks. A woman is singing thinly, telling him he's no good. He's a heartbreaker. Snippets of conversation drift...

Une table pour deux.

Everything except frogs' legs and snails...

I like steak frites...

Words she said. Staring at him over the flickering flame, a picture of self-doubt, of innocence, of purity.

I'd love to take you home tonight...
I'd love to take you home...
You need to know I'm in love with you.
Words he said. To her.
Oh God. It's her.

SIX

HER

The kids are wolfing down chicken nuggets, chips and peas – a Friday treat. Harry is learning about the solar system at school and for the last week has not been able to talk about anything else. Right now, he is listing the planets, has got as far as Saturn and has made the fatal error of pausing.

'Uranus, then Neptune,' Olivia fills in, with the tact of a child. Olivia did the planets last year.

'I *know*,' Harry whines. 'The sun isn't even a planet – it's actually a ball of hot gas.'

'I know that,' Olivia says. 'Miss Connor said you can fit 1.3 million Earths into it.'

Megan pours herself a large glass of Picpoul, her own Friday treat, and skim-reads the girl's CV. Cat Gallagher is twenty-seven. Older than she looks. Possibly on account of her being so slight, so diffident. Not a girl then, but a young woman. She must've gone to university as a mature student. Megan wonders why the delay. She didn't seem like the type to have gone travelling.

In the top right-hand corner is a thumbnail photograph. In it, Cat looks like the proverbial rabbit in the headlights. It's true, she was painfully shy, but Megan admired her determination not to let it hold her back. That took courage. She's also got a good degree, is passionate about books, and Megan knows she's not short on initiative. When she was helping out with the older library members the other week, she was fabulous actually – no trace of that painful awkwardness at all.

'Is that you, Mummy?' Olivia asks, eyeing the CV.

'She does look a bit like me, doesn't she? Looks a bit like me when I was at school.'

'Is she at school?'

'No, she's a grown-up now, love. She wants to work in Mummy's library.'

'Why?'

Megan laughs and takes a sip of her wine. 'Good question.'

'I'm going to work in your library when I grow up,' Harry says, fixing Megan with the kind of loving stare he'll one day learn to conceal.

'Well, if you work hard at school,' she tells him, ruffling his hair, 'I'm sure I'd give you a job.'

The key rattles in the door. Megan's stomach tightens. The children continue eating, though they have fallen silent. She notices Olivia moving her arm to form a wall around her plate. Harry, ever watchful of his older sister, does the same.

'Sorry I'm late, guys.' Freddie bursts into the kitchen, throws his keys on the table and folds his coat over the back of one of the chairs. In a smooth continuation of his movements, he reaches over Olivia's shoulder, pinches a few of her chips and stuffs them in his mouth. 'Work was mad.'

'No, Daddy!' Olivia's brow knits. Her arm circles closer around her dinner.

With lightning speed, Freddie nicks a couple of chips from Harry. 'There,' he says through a mushed potato grin. 'Even.'

Megan shoots him a withering look.

'What?' he says. 'It's only a few chips, for Christ's sake. They need to learn to share.'

'They've told you they don't like it when you do that. How would you like it if someone nicked your crispy duck without asking?'

'Not the same.' He pulls a crazy frown. 'Come on. It's funny.'

'If they thought it was funny,' she says as calmly, as reasonably as she can, 'they would laugh.' *Yes, Freddie. Laughing. That's the big clue.*

'Oh dear.' He shakes his head and rolls his eyes. 'So-o-o heavy.'

And just like that, the atmosphere has soured. It has taken seconds and somehow it is Megan's fault. Somehow, Freddie has made her feel like it's her fault, even though she knows it isn't.

Pulling another this-is-your-problem-not-mine face, Freddie opens the fridge door and pulls out a beer. She thinks about how ten or so years ago, few people knew what gaslighting even meant. She thinks about how round about then she was beginning to learn exactly what it meant.

Freddie drinks – glug, glug, glug. She knows he's doing this so she won't smell the beer he's already had – with Helena, she presumes. She's not sure what she finds more pathetic: the fact that she knows about him and Helena and dares not raise it or that Freddie has no idea how transparent he is. And he has not asked after Olivia, it occurs to her then. Has not texted at any point today to see how she is. There was never anything wrong with her, but that's not the point.

'Hair of the dog?' she asks fake-cheerfully, aware that the kids are still quiet and wanting to lighten the mood.

He stifles a belch. 'It's all go. Olivia Colman said yes, so that's a big win. I've put feelers out to Lone Justice for a single.'

'Who?'

'Lone Justice. Jason suggested them. They had a song called "Shelter" he thinks would be good for a charity single. It was a hit in the eighties, he said, long enough ago for it to be cool again, like retro vibes, you know? Anyway, I spoke to the US this afternoon and I'm pretty sure they'll let us use it on the show and maybe even let us re-release it for free. Without royalties, I mean.'

'I know.'

'What?'

'I know how a charity single works.' Another word she's come to know is mansplaining.

Freddie sighs, as if she's driven him to the very end of his heroically long tether. 'You asked. I'll grab a shower, shall I? Do you want to order the Chinese?'

'Oh, haven't you got it?' She glances at his hands redundantly. If he'd come in with the takeaway, she would've seen it, smelt it.

'Why would I have it?' he says.

'You agreed to grab it on your way home?'

'Did I? Since when?'

'I texted you and you put a thumbs-up, remember?'

He pushes out his bottom lip, frowns deeply. 'I've been so busy, can't remember even seeing it. Can you go? I feel really grubby.'

Megan wonders why he feels grubby. Perhaps he tumbled into Helena's flat by mistake on the way home and accidentally tripped into her bed – whoops-a-daisy. She holds up her wine. 'I'm over the limit, sorry.'

'So am I.'

'I thought you said you were late because you were busy?' She really needs to start recording their conversations.

'I said work was mad. I didn't say that was why I was late. Robbie's girlfriend finished with him, right on their anniversary, so I bought him a pint, that's all.'

'Oh, poor guy.' She feels genuinely gutted for him. Lovely, lovely Robbie. 'He was only telling me about her last night.'

Freddie shakes his head. 'He was pretty cut up.'

As sad as the news about Robbie is, and much as it could actually be the truth, she realises Freddie has managed to steer her off the point.

'You came home on the motorbike,' she says. 'So how can you be over the limit?'

'Oh, here we go with the whole paragon-of-virtue routine.' He has raised his voice – only slightly, but still. She feels herself shrink, hates that she has, that he can do this to her and so quickly. The kids' silence shimmers, spreads.

'It was just a pint, OK?' This he says more quietly, thank God.

'All I meant was...' Her chest tightens against the possibility of him accusing her of managing him – which she is, she absolutely is. 'I just meant you must be OK to drive, that's all.' She glances at Olivia and Harry, whose heads are bent over their remaining chips. 'Hey, guys,' she says, far too brightly. 'Anyone fancy ice cream?'

'Yay,' Olivia says, too loud, too quick. 'Can we have a Flake in it? Please?'

'I think we can manage that. As it's Friday.'

Avoiding Freddie's gaze, she crouches down to open the freezer and leans into its coldness. By the time she's grabbed the ice cream and the Flakes, Freddie has left the room. She serves the kids ice cream with sprinkles. She adds chocolate sauce and a Flake. She hears herself chirruping like a bird claiming its place on a branch and pours herself another large Picpoul. What is happening about the takeaway she has no idea. But her appetite has gone. And anyway, the Friday takeaway is Freddie's fantasy of the two of them as some cosy couple chilling out together after a busy week. It is a lie he tells himself, and by making her go along with it, he thinks he can make her complicit. But tonight he can shove his lies where the sun don't shine and pick them out with chopsticks for all she cares.

If only there was a way to look him dead in the eye and force him to admit to who he actually is as opposed to who he claims to be, who the world thinks he is. But it's like trying to catch a bar of wet soap. There has to be a way, there simply has to be. She just needs to think of what it is.

Because, as they say on TV shows these days, she's so done with this shit.

SEVEN

ME

After I hand in my CV, I head back to Mum's car, get inside and pull my hood up. Before I went to the library, I parked up by the canal near Megan Greenway's people carrier. I knew it was her people carrier from when I followed her to the car park the other day.

It's started to rain a bit, the sky a nothing grey. My heart is beating normally now, but it speeds up every time I think about what I'm doing. Mum would kill me if she knew I was using her car for what I call detective work but she would call stalking. *You can't be doing that*, she'd say. *You can't be following people home, love.* But she also says, *What the eye don't see, the heart won't grieve about*, so it should be OK because Megan won't see me, and even if she does, she won't recognise the car.

Two hours later, I'm almost nodding off when Megan walks into the car park. I push myself down in the driver's seat so she won't spot me. My heart starts going really fast again. I know it's not right. I know what I'm planning isn't right either, and I know the result will hurt Megan, but I can't help that, especially now everything has started to roll forward – it's like one push and I can't stop it. I have to find out where she lives – it's necessary, not personal. And anyway, I can't believe she doesn't know something about that night, so she's not completely innocent, is she? If she has to suffer, well, it's not like *I* haven't suffered.

She's digging in her bag, looking for her car keys. I always take my keys out in advance and hold them in my hand ready. It saves fumbling.

She's found them now. She's getting in the car.

A thought strikes me: I hope she goes home and not somewhere else. And now my mind's racing, thinking of all the things that could go wrong. Because I've realised that when you make a plan, you can fill in the details all you want, you can draw up a spreadsheet, print it off at the library and keep it hidden in a drawer, but you can't fill in the bits where other people come in. *Other people are a law unto themselves.* Mum says that. *Best-laid plans.* She says that as well. It's a sentence she never finishes, but I think she means pretty much everything I'm mulling over right now, which is that plans always change.

Megan Greenway's exhaust pipe spouts grey clouds. My chest goes tight. I sit up straight and start my engine. I'm really feeling like a TV detective now, not that I watch those shows; they're too stressful. Megan pulls out, and I pull out too. We drive out of the old town. I'm right behind her, but I keep my distance. She's heading in the direction of Halton Brow, not Greenway Road. I always thought it was funny that her surname was the same as the long road that goes up to the Cenotaph. But that's not the way she's going.

It's very stressful trying to drive and tail someone at the same time, I discover. Especially when I've only recently passed my test. And the engine in Mum's car is so small it makes a fizzing sound that gets higher when you need to change gear, like when you whip cream with the electric whisk and you go up and up to the highest setting and it goes *wheeeeeee* like it's about to blow up. It really shreds my nerves, and my nerves weren't exactly intact to start with.

As we drive up Heath Road towards the lights at the top, I begin to wonder if I can even do this. But I can't ask anyone to help. There is only one person in the entire world who can do what I have to do, and that is me.

Come to think of it, that's another best-laid plans issue, isn't it? Me. Because in my plan, I can't even know how I myself am going to be. And as I follow Megan left towards the golf club, I run through what I said today even though I ran over it tens of times while I was waiting for her to arrive. I think about how I'd written a whole script, how I'd rehearsed it over and over. But I hardly said any of it. When I told Megan Greenway I liked the bus, it just popped out, and I was like, *Where did that come from? That wasn't part of my script!* But it wasn't a lie either. I do prefer the bus because frankly I'm an absolute *breakdown* behind the wheel, what my friend Anna calls a *nervy b*. But the problem is, I can't follow someone by bus and I can't afford to get Ubers everywhere – or anywhere, for that matter.

Megan is heading past the Meadows now, where we all went to school. Megan's kids won't be old enough to be at secondary school yet. Since I saw her car, I've wondered how many kids she has. Of course the kids will be affected too by what I'm going to do, but that's just another thing that can't be helped. I can't afford to get stuck on that stuff or it will throw me off course. I wonder who she married in the end, whether I'll know them. She can't have married Lucas Ashton, at least not long ago enough to need a people carrier, because Lucas Ashton only got out of prison a few months back. I don't think he would have expected her to wait, not all these years, not when they were only eighteen when he was sentenced. He probably heard she got married while he was inside from someone, maybe even from Freddie Crowther.

When Mum told me Lucas Ashton was out of prison, it was

like something I'd been expecting but was still a kick in the guts. Mum looked so sad when she told me, but I said, 'Look, he did his time. We all have to move on.'

'Your brother can't move on though, can he?' she said, and I felt bad then.

That's the night I made my plan – later on, after Mum had gone to bed. I didn't tell her what I was up to because I knew she'd only try and stop me. She'd be worried I'd end up hurt or dead or in prison. And she'd be right to worry. It is dangerous, what I'm doing, I know that, and she only has me now.

But it has to be done.

As I drive past the Malpas estate, my eyes skim over the houses, and I wonder if Lucas Ashton might be in one of them. I've had no luck finding him so far. Is he even in Runcorn, or has he moved to another town? Might he be in a hostel, or one of those halfway houses you hear about? What's he doing? What threads of his life could he have picked up again? Not many, I reckon. I know his mother died a few years ago. Overdose. Mum told me that as well, down the phone when I was still at uni. She'd read it in the *Runcorn Weekly News* on the library computer. *It was on the cards*, she said.

It really put me back when she told me that. She must've heard it in my voice because she asked if she should come up to see me in York, which for Mum is like going to Australia, but I told her no, I was OK. I'd made friends with Anna by then, but I didn't talk to her about it. I booked to see the uni counsellor for a few sessions so I could get on top of things. Mum has enough to worry about without me going downhill again. That's one reason I prefer to deal with things by myself. Hearing Lucas had been released put me back a bit too obviously. That was harder to hide because I live with Mum now, and when it comes to me, her eyes are on stalks. I told her I was OK. Made an extra effort to eat my dinner that night. Since Lucas got out, I've been trying to eat as best I can, and I'm limiting myself to three 8K runs a week. So far, I'm OK. I'm OK.

Touch wood.

Megan Greenway has crossed the busway and seems to be heading towards the Beechwood estate. I do a little *hmm* to myself. I would have had her living in one of the Victorian houses up by the hill, or on one of the roads down from there, near the cottage hospital. Maybe she didn't live in Runcorn at all any more, I thought then. Maybe she was over in Frodsham like me, or up in old Halton. There's some lovely houses in old Halton.

Megan turns right into the road that leads to Beechwood Primary School. I follow but hang back, down to five miles an hour now. She parks at the gate and runs in. While she's inside, I turn the car round, and about five minutes later, she comes out with two kids who both have dark hair like her. The taller one is a girl, and the shorter one a boy. They're chattering non-stop as they climb into the car. She drives past me, no clue I'm there, and indicates to head back the way she's come. I follow, wondering if she'll leave the estate, but she turns left into Solway Grove. All the roads on Beechwood are named after lakes in the Lake District. There's Windermere and Coniston and Ullswater, et cetera. I turn into Solway after her. There's only her car and mine on the move and it's a cul-de-sac, so I stay right back. When it becomes clear she's going all the way down, I stop about halfway and watch her pull onto the drive of the house right at the bottom.

While she gets herself and the kids out of the car, I do a three-point turn, but I keep her in view in the mirrors. Her house is detached, and it has a garage and a red front door. The front garden has a magnolia tree in it. I remember the woodland to the left from hanging out round this estate as a kid. Between the closes there are all these dingley-dell bits where we used to get up to all sorts – trying to make fire by rubbing two sticks together, making dens, and once this lad Pete Tinsley was showing everyone his thing if you gave him a Haribo. I didn't give him a Haribo because I had no interest. And I can remember cycling home at breakneck speed at the first sign of the sun setting. When Dad lived with us, you didn't want to be late. I'd rather have gone under a car than be late for Dad.

Megan is going inside. She hasn't noticed me at all. Seeing no other car on the driveway, I decide to wait. If she has a husband or a partner, they might be here any second, and then I can see if I recognise them. They might be home already, I suppose, their car parked in the garage. But I don't have anything else to do, and I told Mum I was going to see a friend straight from the library. I know she didn't believe me because I don't have any friends here yet, but she didn't say anything because we both hate conflict. Mum says we've had enough cross words and tears to last a lifetime. She doesn't mean her and me; she means back when Dad lived with us and my brother was still alive. Cross words and tears – and the rest.

I must drift off because I wake up to the sound of a car driving so fast I feel the reverberations in Mum's Micra. When I've got my wits together and look out, I realise it isn't a car, it's a motorbike, and it's pulling into Megan Greenway's driveway. With a last roar, it stops. It looks powerful and a bit old-fashioned, the rider in all black leather and a blackout helmet like some middle-aged woman's sexual fantasy. Not my sexual fantasy. I don't really have one. No thanks.

The man gets off and kicks the stand with his boot, all macho. He pulls the helmet off and shakes out his thick nut-brown hair like a shampoo ad. Then he marches up to the front door and slides his key into the lock. He's too far away for me to see clearly, so I open the car door and turn right the way round so I can get a better look. Just in time. He glances back to check on his bike and it's then that I see his face. *Best-laid plans*, I think and feel myself go hot.

Because that's when everything turns upside down.

EIGHT

HER

'Sorry I was late home.' Freddie offers an olive branch, tearing open the foiled bag of crispy duck. A delicious aromatic smell fills the kitchen. He pulls open the fridge door. Seconds later, he's angling another bottle of Peroni to his lips like a toddler with a sippy cup.

Megan takes a pancake and spreads the hoisin, scatters shreds of cucumber, spring onion and the dense brown meat. The wine has hollowed her stomach, and now that the tension of earlier has passed, she is suddenly ravenous. Her mouth waters. She tries to focus on the simple pleasure of the food, the near-intoxicating smell, and somehow block the anxiety that lingers at the base of her gut.

Freddie has said he's sorry, which is rare. But the problem is, she has no real idea what he means any more. She barely follows what he says most of the time, just tries to hold on to what he does and doesn't do. That is reality, the only reality. We are what we do, after all, not what we say.

'How was the pub?' she asks.

'Oh, you know, the usual suspects. Jason, Bimla and those

guys were going for a hair of the dog, so I felt like I should join them, you know? Didn't want to be stand-offish.'

'I thought it was just you and Robbie?'

He clears his throat, as if he has food stuck in it. 'The others were already there when we arrived. I could've left, but I was worried about Robs.'

Freddie Crowther, you are all heart, she refrains from saying as he reaches for another beer from the fridge. The more he drinks, the more she refrains. Another nugget of wisdom from the things-she-has-learnt list.

'Was Helena there?' She feels heat rise up her neck, a quickening in her pulse. 'I meant to catch her last night, but...' Her face burns, belying her casual tone. She's standing so close to the fire, too close. She should challenge him openly, she knows she should. But the horrible truth is she is too scared of getting burnt.

His fingers curl in front of his mouth, a habit she has long found revolting because she knows he does it so he can carry on speaking while he's chewing. 'I think so,' he says, the words thick with food. 'Yeah, she was.'

I think so. The lie even in that.

'How's she doing? Not seen her in ages.' But really, what is there to be gained by asking him? Not information; she already knows he and Helena are sleeping together. And if she wasn't sure before, she is absolutely certain now.

His bottom lip pushes against the top, his eyebrows rising, as if he really has to think hard. 'She's well. So far as I know.' He stuffs the rest of his pancake into his mouth, possibly to save himself from saying any more. 'How was *your* day?' he deflects, his head cocking, brow creasing. That brow crease. That concerned cock of the head. She fell for all that once upon a time. After Lucas went down.

'I was thinking about Lucas today actually,' she says, cursing her own cowardice at backing out of the Helena conversation. 'He must be coming up for parole soon, surely?'

'Oh, he's out,' Freddie replies casually through the fat pink roll of his fingers. With his other hand, he is already grabbing another pancake, as if he has no idea he's just thrown a boulder at her and asked her to catch it.

Her hand flies to her chest. Against her palm, she can feel the galloping beat of her heart. 'Since when?' Her voice trembles, giving her away. Her face, she knows, will be crimson with her own rushing blood.

'Couple of months. Maybe three?' He busies himself with his pancake, not meeting her eye.

She holds on to the table's edge. Her eyes sting, and for one horrible moment she fears she might burst into tears. 'How do you... how do you know?'

'I've seen him a few times.'

'*What*?' Her pulse thumps in her ears. 'What do you mean, you've *seen* him a few times?'

Freddie flicks sauce from the spoon. It lands guano-like on the filling. He rolls it all up, bites half in one go.

'*Freddie*?' His name is almost a screech. 'You can't just say that and carry on eating. Why didn't you tell me? *Why*?' Tears threaten. But she will not let him make her cry. She will not let him win. She's not buying his fake blasé act. No way. He knows exactly what he's doing.

'I haven't seen you much the last couple of weeks,' he says, still speaking through his fat fist. 'I've been so busy.'

'But... it's pretty big, don't you think? It's call-me-at-work worthy, no?'

'We don't call each other at work. You said it was disrespectful.' His voice carries an edge, but she is too far gone to be as cautious as she needs to be.

'It's disrespectful when you call me to ask where the tennis rackets are on your day off.'

'For God's sake, that was one time. You're acting like this is some sort of secret. It was in the *Weekly News*.'

'Well, it can't have been a big article. And I don't read the *Weekly News*. You know I don't.'

'I'm just saying it was in there.' And there it is: the almost imperceptible hardness, the threat. 'It's in the public domain.'

'OK, OK, but...' She hates how she's already backing down, the way her voice quivers under the force of her trying to calm it. Her heart still feels irregular, her breathing erratic. Lucas is out, she thinks. Lucas, Lucas, Lucas. My darling lost boy. How did she not know he was out? How did she not *feel* it? 'Is he... I mean, is he OK?'

Did he ask after me?

Where is he?

What does he look like?

Has prison changed him?

Can you take me to him so I can cry and cry and tell him I'm sorry?

Freddie nods, indicating with a flapping gesture at his lips that he will resume talking in a moment. He's keeping up the *we're just having a conversation* act. It's the gaslighting again, so subtle and so devastating and so damn hard to catch in the moment let alone argue against. *This is a normal conversation*, he is saying but with different words. *My seeing your ex-boyfriend after fifteen years in prison even though we agreed to cut all contact is no biggie. I can't quite remember if Helena was in the pub. I never said I'd pick up the takeaway. It's funny when I nick the kids' food.*

He makes a show of swallowing. 'He's fine. I helped him find a flat and stuff.'

'What the *hell*? You helped him... Oh my *God*, Freddie!'

'What do you mean, what the hell? It's just a one-bedroom place I managed to wangle through work, that's all. I had to do the right thing. He's a mate.' He has raised his voice. Ordinarily, this would be enough to silence her, but a wild feeling is running through her now, hot and quick and completely out of her control.

'But we agreed.' She is almost crying – almost. 'We had an agreement. Christ, Freddie, don't pretend you don't know that. It was serious, a serious contract between us. You know it was.' Like a marriage vow, she thinks. Like the decision to bring children into the world.

He sighs and shakes his head, as if she's being tedious, and when he speaks, he speaks slowly, as if she's a child. 'He called and asked me to pick him up from the nick, OK? He didn't have anyone else. What was I going to say, no?'

'Oh my God.' Her hand flattens across her forehead. Her food blurs on the plate. Helena was one thing, Freya another, but this, this is...

'You're totally overreacting,' he says, as if bored.

She can't look at him. Nor can she silence the repulsive sound of the food churning in his mouth, the thump-thump-thump of her own pulse. 'You're talking as if...' The words slip away even as she reaches for them. She tries again. 'Why are you talking about it like we're discussing what colour to paint the bathroom? We agreed. You know we agreed. Zero contact, we said. It was the right thing to do.'

'I know, but Lucas was my best friend. I couldn't just drop him.'

'He was my friend too. But you encouraged *me* to drop him, didn't you? You *made* me do that. For us, you said. For our family, our marriage. *Under the circumstances*, you said.'

'I didn't *make* you do anything! It was the right thing to do because you guys were an item. Lucas and me were mates. It's different.'

'But you should've told me the moment you were in touch with him. When he asked you to pick him up, you should've discussed it with me beforehand, surely? I'm your wife!'

Freddie eats, sucks at his bottle, eats. Something lands.

'Wait,' she says. 'If he asked you to pick him up, that must mean you were in touch before. Before he got out.'

Freddie is spooning red sauce onto a mound of sticky white rice. A slimy bamboo slice lands on his chin. He picks it off, puts it in his mouth and wipes off the mess with the back of his hand.

'Freddie?' she says, boiling. 'Were you or were you not in touch with Lucas while he was inside?'

He can't meet her eye. A residue of shame then. She's amazed he has any left. 'This is why I didn't tell you.' He rolls his hand, gesturing at the sack of neuroses that is his wife. 'I went to see him a few times, all right? I knew you'd overreact.'

'Oh my God! Can you not see how shitty you've been? How shitty you've made me look? Like I'm some sort of cruel ice maiden while you've been playing the loyal, loving friend behind my back. I could have visited him.' Despite all her resolve, she has started to cry. 'All these years,' she says through sobs, 'I've felt so guilty. But I stuck to it because we agreed. Whenever I suggested going to see him, you said no. You said it would be cruel, it would be... *rubbing his nose in it*, you said. I left him to suffer alone for years... *years*... against my better instincts because you said it would be worse for him if he knew about us. You made me promise. *You* promised. But you didn't keep your promise, did you? Of course you didn't.' A bitter laugh escapes her, rage mushrooming, clouding her judgement. 'Always the hero, aren't you? The charity worker, the protest marcher, the loyal friend, and meanwhile I'm the cold-hearted bitch who abandoned him. You're *such* a shit, Freddie. It's... it's fucking breathtaking.'

He stands up so fast his stool crashes to the kitchen floor. 'I think that's a bit strong, don't you?' His knuckles whiten against the bar top. 'I've dedicated my life to others because—'

'Because you've got someone else to raise your kids and run the hotel that is your home while you wear the cape.'

'I just didn't think I could dump my best friend at his lowest ebb, that's all. He had no one else.'

'He had *me*.' Tears fall from her chin. 'He had me, oh God.'

'In case you'd forgotten, *you* are with *me*.' His fist thuds on the counter, making her flinch. A second later, his face is in hers, his fingers clamped around her wrist. 'You're with me, OK?' She shrinks back, closes her eyes at the spray of spit that lands on her cheek. 'And we didn't tell him back then because it would've broken him.'

'Are you saying he doesn't know we're married?' she manages, even as white-hot fear streaks through the length of her. She forces her eyes open a fraction, enough to see Freddie close his. He shakes his head, exasperated, but the fury is passing. Still she can't breathe. She dare not breathe. A second passes, two. She swallows, still cringing, before he lets go of her arm, throwing it roughly away, opening his eyes. But he's looking at the floor, not at her.

'I told him a few years ago,' he says quietly, the lacing of menace still there. 'He was cool with it.'

She gasps, blinks away tears, but they persist. 'Does he... does he know we have children?'

'It's all water under the bridge, OK?' He turns, walks back to his stool, rights it but does not sit down. 'Trust me, it was so much better the way we did it.' His tone is normalising with every word. They are back, apparently, to making conversation. 'We gave him time to settle in, which was the kindest thing to do. He didn't want you to visit. He wouldn't have seen you if you'd tried. And he'd never have expected... He was glad we got together. He was pleased you had someone to take care of you.' He smiles, holds out his arms for a hug. Tender Freddie. Compassionate Freddie.

'I don't need someone to take care of me,' she says.

'Really? What about when Olivia was born? Harry? Seem to remember you needed looking after then.'

To her horror, tears spill over. She brushes them away with her fingertips. 'Don't. Please don't.'

'Don't what? I'm just saying I took care of you after Olivia was born, that's all.'

'You mean you fetched your mother to look after me.'

'I took care of you after Harry too,' he says, ignoring her. 'Just like I did when Lucas got sent down. You do need looking after, Megan. You just don't like admitting it.'

Her hands tighten into fists. 'We were there for *each other*. For each other. Equally.'

In one stride, he's looming over her yet again. He's so tall, so big; she ducks her head, half closes her eyes. Braces.

'Stop cowering,' he says, grabbing her chin, hard, bringing his face so close, too close. 'Stop pretending to be frightened. You're not frightened, for God's sake.'

She closes her eyes, breath caught in her throat. She cannot believe this is happening. The speed of it, the violence. He holds her there a second longer, fingers pressing so hard she wonders if they'll bruise, before he lets go. 'If that's how you want to see it, fine,' he says, so quietly she barely hears it. 'Whatever you need to tell yourself.'

She opens her eyes. He spreads his hands, backing away now, sitting back on his stool, a weary, resigned expression on his face.

'Look,' he says, loading up another mouthful, avoiding eye contact while he shovels it in. 'Maybe I should've told you, OK? But it was tricky. I didn't want to hurt you or him, so I was in a difficult position. He's not the same guy you knew. He's changed. I don't... I don't want him near the kids.'

He sighs, glancing up at her, an earnest, pacifying furrow on his brow while she tries to make sense of what he's just said. Lucas has changed. Freddie doesn't want him near the kids. What?

'But the main thing,' Freddie is saying, smoothly, before she has time to form any kind of reply, 'is he's out, he's well, and I've sorted him with a flat and a job through the charity. It's only manual work, but he says it suits him for now. He did a degree while he was inside, but he needs time to get his head together.' He glances at her abandoned plate. 'Don't get so wound up about stuff. It doesn't affect you or us. Our lives are separate. That's just how it has to be. Eat your dinner, then we can choose a movie, and for God's sake let's stop with all this stress.'

And like that, he has closed it down.

Unable to speak, trembling from head to toe, she watches him stab at his food. She knows that if she asked him what he meant about Lucas, he'd just shrug and tell her to drop it; if she asked him why he grabbed her face like that, why he used his height, his strength, his deep, booming voice to intimidate her, he would tell her not to be silly, that he did no such thing.

NINE

ME

I drum on the steering wheel, thoughts whizzing about, banging into each other like bumper cars. Freddie Crowther. Megan Greenway married Freddie Crowther. She married Lucas Ashton's best friend. It was only a glimpse, and obviously fifteen years have gone by, but I'm pretty sure it was him.

I can't think what to do next. Megan Greenway and Freddie Crowther. Megan Greenway and Freddie Crowther. Like that, their names go round and round in my head. I applied for a job to get close to Megan Greenway, hoping she would lead me to Lucas Ashton. That was my plan. And now I have two people in my sights, both linked to Lucas.

Does that make things easier or harder?

I don't know.

I'm so temped to get out of the car. I could go and ring their doorbell, say I'm looking for Lucas, ask if they have his phone number or his address. I could be all breezy about it.

But how can I do that now I've made my move with Megan Greenway? Turning up at her house asking for Lucas Ashton's contact details hours after I've applied for a job with her would be so weird. Even I can see that. Her trust in me would evaporate quicker than a drop of water on a hotplate and I'd be back to square one – further back, in fact. No. I need her to trust me, maybe even like me. I need her to not figure out I already know her and her husband. There's no way I can tell them who I am – they'd run a mile. This is a slow game. I'll just have to keep my head.

So I stay in the car. I watch the house. How else am I going to gather the information I need? It's quite shocking that Freddie Crowther moved in on Megan Greenway after Lucas Ashton went to prison. Megan Crowther now, I suppose, even though it said Greenway on the library website. How did that happen? How long after Lucas Ashton got sent down? If I hadn't been hospitalised, I would know this, would have known it for years. But my ties with this town loosened a long time ago. I floated away. Now there's no one here I can reach out to. No one would remember me. If I hadn't got so ill, I'd have old school friends to look up, but any friends I made in Year 7 are long gone. I never even knew where they lived.

After another fifteen minutes or so, Freddie comes out of the house and gets into the people carrier, reverses like a maniac and drives really fast up the cul-de-sac. This is in keeping with what I remember about him from school and his speedy arrival on the motorbike earlier. I wonder what he would say if anyone challenged him about breaking the speed limit. Probably something like: *There's no speed cameras, so who cares?*

What about a kid running into the road after a ball? is what I would say to that. *What about a dog escaping from a house? It's not about being caught. It's about being careful with people, even people you don't know. Who you are is about how you behave when no one is watching.*

But it doesn't matter what I want to say – to anyone. No one hears about 99.9 per cent of what I want to say. And that's probably for the best.

About twenty minutes later, Freddie comes back, still

driving like Formula 1, which is a bit tragic in an old people carrier on a residential road. His parking is more like an emergency stop. He throws open the car door so hard it bounces on its hinges, gets out, slams the door and marches up the drive. He looks furious. A white plastic bag dangles from his left hand. He lets himself in. The front door bangs behind him.

I decide to stick around a bit longer. My surveillance has been eventful to say the least, much more so than I expected. I'm going to wait and see if anything else happens.

It does.

TEN

HER

She can't breathe. A different fear overtakes her – not for her safety, for once, but for her sanity. Another second of looking at Freddie's perplexed-innocent act and she will drive a chopstick through his eyeball.

'I won't forgive you for this,' she says once she can speak, her legs wobbling beneath her.

'Don't be so dramatic. Sit down and eat your dinner. Honestly, it's chill.'

'You do know how much of a dick you sound when you speak like a teenager, right?'

She almost runs from the kitchen before he has time to lay another hand on her. It's foolish, escalatory, but fury has propelled her to a place of no return, a dangerous place part of her knows she has to go to, to keep going to, no matter how scared she feels, if she is to hold on to even a scrap of herself. Rage will save her. Rage will conquer fear. Better to be furious than quivering in a corner. She's done that too many times already. She just did it. She couldn't even ask him about Helena tonight. She didn't dare.

He has never hit her. But he has hurt her. He has worn her

down. And in the glaring light of this new and shocking betrayal, she can see that he has diminished her. How long before rage is not enough?

From the kitchen comes no scrape of chair across floor tile. Tonight will not be the night he slams her head against the wall or breaks her cheekbone with his fist. What he *has* done, all of it, is already beyond anything she could admit. The thought of anyone seeing her like this, anyone learning the truth about what she puts up with, floods her with shame.

She grabs her coat and steps over the threshold, breathing heavily, shoulders tensed for the sudden grip of Freddie's big paw of a hand. But he doesn't shout after her. He doesn't follow her. It's as if she is not worth it, not important enough.

Outside, it's dark. The air is cold. Shivering, she pulls on her trench, cursing herself for having forgotten to grab her mobile on the way out. But there is no way she's going back in there, no way in hell. Too humiliating. Too dangerous.

She stands for a moment getting her breath back, staring at the blank windows of the close.

A movement catches her eye. There's a hooded figure near the woodland, disappearing beyond the trees. Her breath catches. In her altered state, it seems significant, but she knows deep down it is not. It's just a person in a hoodie, out on a Friday night.

She walks down the driveway but stops again at the sight of a white rose on the pavement, its stem snapped. She bends to pick it up, pricking herself on a thorn as she does so. The flower itself is beautiful, but the ragged stem causes a flutter of nerves in her belly. It looks deliberate, as if someone has broken it before throwing it down. She glances towards the figure, almost out of sight now, tries not to put him – she thinks it's a him – together with the rose, to see a connection when there is none. There's no connection. Most probably no connection. Frazzled nerves messing with her mind, that's all. Someone carrying a bunch of flowers home. One dropped out, fell without them noticing. That's it. Something like that.

A spot of blood swells on her thumb. Still uneasy, she sucks at it, but almost immediately it appears again, a dark, shining bead. Her blood tastes of copper, transports her not to a taste but a smell, a copper bangle her grandma used to wear to ward off arthritis, which as a child Megan always heard as Arthur Itus, someone to be kept away.

Thumb in her mouth and still clutching the rose, she heads towards the woodland. At the edge of the shortcut, she hesitates. She is standing where she just saw the man. At the far side, there is no one, as far as she can see. Her heart quickens at the thought of him hiding in the trees, jumping out at her as she passes. But that's nonsense. It's stress making her imagine things. Bloody Freddie turning her into a nervous wreck. The pathway is short, barely twenty paces before she'll be out the other end. The figure will have been a jogger, perhaps, though he wasn't running, she doesn't think. Probably just someone who lives on the estate walking from A to B.

Thumb still in her mouth, metal on her tongue, she dips her head and continues, her pace brisk. She is heading for Ellie's. Ellie will let her rant. She will be on her side, no matter what – even if she had actually put the chopstick through Freddie's eye and left him bleeding into his Szechuan king prawn.

She is halfway up the street before a creeping sensation makes her look back. There is another figure now, behind her. Smaller. A woman or a boy, head low, shoulders high against the chilly air. Megan moves on, walking quickly as she always does. Now that the rage is receding, it occurs to her that on a Friday night, Ellie will probably be cuddled up in front of a movie with John – feeling cosy and close for real the way she and Freddie pretend to. She can still walk though. Anything rather than go back to Freddie. Let him finish the food, drink as many stupid small bottles of lager as he likes, pass out in the spare room.

She can swing by Ellie's anyway. There's a chance John might be out.

Calmer but still electric, she continues to Eskdale so she can take the shortcut up Ullswater, past the school and the community centre. Conscious thought is sloping back in, processing the bomb Freddie just exploded while pretending he wasn't doing anything of the sort.

Lucas, her darling Lucas, is out of prison. He has been out for months.

He's not the same guy you knew. I don't want him near the kids.

Lucas is a danger to the children; that was the implication. My God, she thinks. Can that be true?

Years ago, when Lucas was convicted, Freddie said she should cut all ties and promised to do the same. But he has not done the same; he has kept up the friendship without telling her. For nearly fifteen years, she has kept her word for the sake of her marriage. For nothing. Nothing at all. She left her first love to face a life sentence alone without any support. She can still remember holding his hand over the bleak table, entirely at a loss for what to say, how to say it, how to comfort him.

At the memory, her eyes fill. Lucas in that stale and soulless room, his bitten nails, his black, sleepless eyes. They were eighteen, the two of them. How could they possibly have dealt with what had happened to him – to them? The truth was, they couldn't. When Lucas was convicted of murder, the shock ripped through everyone in that courtroom, then through the school, then the entire town. No one thought he'd get life, no one. It was a fight gone wrong. A terrible accident. An unlucky punch. A badly timed kick.

'Listen,' he said, on what was to be her last visit, 'I don't want you to come any more, all right?' This was September, days before she went to university. He'd been moved to HMP

Walton, a category B prison over half an hour's drive away – or a train, two buses and a taxi.

'Of course I'll still come,' she said, confusion filling her. Lucas wasn't meeting her eye. He wasn't looking at her. 'What are you talking about?'

'You won't be able to get here,' he said. He was staring down at his fingers spread on the tabletop. 'Not from Sheffield. And anyway, it'll ruin the whole uni thing for you. Most couples split after the first term anyway.'

'Why are you being like this?' She was beginning to panic. This wasn't like him. It wasn't like him at all. 'It won't ruin anything,' she insisted, desperate to take hold of his face and make him look at her but knowing that was against the rules. 'We love each other.' By now she was sobbing, suddenly and wildly, her chest heaving, her tissue already soaked. 'And I don't believe you did it, I just don't. I can't.'

'I did though.' He looked up finally, reached over and squeezed her hand. 'Look at me, Meg. Look at me.' She met his gaze, even as her shoulders shook. His face was serious, this new seriousness that had come with his arrest, the weight of the life he had taken, the ones he had ruined – including his own. 'I did it, OK? I need to take responsibility for that.'

'But you didn't mean to!'

'That's no comfort to his family, is it? I need to serve my time. It's what's right. You're young. You're beautiful. You're clever. Go to uni. Live your life. We're not married. We don't have kids.' He let go of her hand, brushed his bitten fingers across his pale blue eyes. 'I don't want you coming here any more. If you do, I won't see you. I'm sorry, but it's the way it has to be.' Abruptly, he stood up. 'Bye, Meg. Take care of yourself, all right? I'll see you on the other side.'

Before she could process what he'd said, he was walking towards the doorway that led back into the prison. She watched him, helpless, completely unable to believe what had just happened, what was happening, expecting him to look back, to grin and point and tell her he was joking.

'Lucas,' she called after him.

But he was nodding to the guard. He did not look back. He did not grin and point. A moment later, he was gone. He had finished with her. It was over.

Freddie, who had been waiting outside in his mother's car, as he had for every visit, must have seen her emerge from the prison because he appeared at her side as she staggered towards the car park, half blind with tears.

'Hey.' He threw his arm around her and helped her to the car. 'It's OK, it's OK.'

'It's not OK,' she sobbed. 'He told me not to come back. He's finished with me. He's actually finished with me.'

Freddie coaxed her gently into the passenger seat, his voice soothing, sympathetic. She can remember his hands, huge and firm on the steering wheel. He wouldn't have had to drive her, but her parents had refused to insure her for the family car, claiming it was too expensive, even though they had paid a fortune for lessons. Her mother had already advised her to forget about Lucas Ashton and focus on getting a decent degree. Lucas was bad news. He came from bad stock. She was better off without him.

And so it was Megan and Freddie, thrown together, the two people most devastated by what felt like the death of their mutually beloved friend. Freddie drove them up to the Hill. He understood. He got it. Through the shadowed tracks they walked, as they had done so often that summer, across the sandstone clifftops. Together they stood and stared out over the Mersey estuary, the cooling towers of the chemical works, their slow curls of steam rising into a grey sky. They talked until their throats were dry. Over and over, the same old ground, talking and crying, crying and talking.

'It's for the best,' Freddie said, placing his jacket over her shoulders as the sun began to fall. 'If that's what he's asked, you need to do it. I'm here for you – you know that.'

Freddie. With his cocked head, his good skin and his thick hair. He was all kindness, all attention. Over the summer, he'd organised things to help take their minds off Lucas and what had happened that dreadful night in the pub: ten-pin bowling, quiz nights, trips into Liverpool to see bands. And now he was here, steadfast, an offer of comfort in a world gone cold.

It wasn't an instant attraction. Despite him being head boy, football captain and inarguably the school's biggest all-round dreamboat, Megan had always preferred the skinny, offbeat charms of Lucas Ashton, whose asymmetrical features and haphazard quick intelligence drew her in from the moment he arrived at the Meadows. Everything about him drew her in – and she wasn't alone in that. Girls fell for him. She could see them giggle and fall into one another when he flashed a crooked smile their way. That his home life was complicated seemed only to make him more attractive. He'd moved house seventeen times due to problems with his father, who by the time Megan met him was serving time for murder – a history none of them could have known would repeat itself.

Lucas never moaned about the cards he'd been dealt, preferring instead to make people laugh. Perhaps that's why he cut all contact. It was impossible for him to turn what he had done and its consequences into any kind of routine or dismiss it with some flippant remark.

He never wrote to her. She never wrote to him. He had asked her not to. She did not visit. A month became two. Became six. Became her first year at Sheffield. She and Freddie texted constantly, long phone calls taken lying on the thin bed of her small room in halls. Meeting up in the holidays. They held hands now on their long walks. If Freddie had a girlfriend, he never mentioned her. Megan had no one, not even close.

And at some point the following summer, Freddie took both her hands in his and kissed her.

'We can't do this,' she said, even as he was pulling her back into his arms. 'We can't.'

Freddie held her while she cried for Lucas, for her own guilt and shame, for a kind of grief.

'He wouldn't want you to serve time for him,' he said gently. 'He told you that. You can't put your life on hold for his, OK? I love you, Megs. I know I'm not Lucas, but I can look after you. Let me.'

ELEVEN

ME

After about half an hour, maybe less, the front door opens again. I sit bolt upright in my seat, eyes peeled. Megan steps out and slams the front door. It's pretty dark by now, and I'm not sure, but her face looks a bit red. She's still putting her coat on as she walks down the driveway. I can't see her close up, but she wipes her face with her fingers. Is she crying?

She stops a second as if she's forgotten something. I stare into the wing mirror, straining to see. She bends down then and picks something up off the ground. When she stands up, I make out a white flower in her hand. She stares at it for a few seconds, then looks all around her as if she's wondering who dropped it. Then, with her thumb in her mouth, flower in the other hand, she stomps towards the woodland. She's leaning forward, her free arm swinging. She's walking as if she's angry about something and that's made her want to go really fast.

I pull the keys out of the ignition and get out of the car as quickly as I can. Megan is walking at a hell of a pace; it's all I can do to lock the car and still keep track of her.

I jog a little way behind. Next time I'm on surveillance, I'll bring my trainers with me. I'm still pretty light on my feet, even in my smart shoes, and I'm almost sure she won't hear me. Even so, I stay right back. My heartbeat evens out, my breathing. I'm used to controlling my breathing from running. I keep pace, take the little path between her house and the woodland into the next road, which is Ingleton Close. She doesn't let up.

I frown to myself. First Freddie comes home looking furious. Now Megan storms out, the same fury in every step. She seems fuelled by it. They must have argued. At the idea of that, a wave of something like happiness passes through me. I'm not sure why.

Just as I come out onto Ingleton, she stops and looks round. I dip my head but carry on walking because I know it would be weird to just stand there. After a few seconds, I risk a glance up. She's walking again. She hasn't recognised me. I let out a sigh of relief and follow. She's heading for the community centre or the primary school. Probably the community centre because the school will be closed now. I remember from when I was a kid that there's a bar in the community centre where people from the estate gather for things like bingo or concerts or plays by the amateur dramatics groups. Maybe Megan is meeting someone there. Maybe it isn't rage that's driving her but haste.

Another wave rolls through me – this time something closer to a thrill.

Could she be meeting Lucas Ashton?

Could she have been secretly seeing him since he got out?

The thought almost stops me in my tracks. Could that be it? They were boyfriend and girlfriend all through sixth form and everyone knew they were mad for each other. Wasn't I shocked to the roots of my hair just now to discover she'd ended up with his best friend? Although thinking about it, Megan and Freddie would've been close too because they all hung out in the same gang. I can see how it might have played out. I can't imagine Lucas would have expected to pick up where he left off, but as I trot in the world's slowest chase towards Eskdale, I let myself roll with fantasies of Megan and Lucas secretly writing to one another while he was in prison, her promising him she would leave Freddie for him when he got out, her cheating on Freddie with Lucas the moment he returned to town, rekindling the love they had all those years ago. Sweethearts reunited or some such.

I speed up a bit, closing in. Maybe I can follow her to wherever Lucas lives. Maybe I can sneak into his house and burst in. The element of surprise.

There'd be nothing to stop me. And then finally I'd be face to face with the man who spent fifteen years in prison for killing my brother.

TWELVE

HIM

Later

He breathes sharply. The tape presses against the base of his ribs.

What the hell? What the hell is going on?

This is the shirt he was wearing last night. These are the trousers, the shoes on the floor by the fireplace. After the bistro, he brought her here. Was it last night or earlier this evening? He has no idea, can't see his watch, and God knows where his phone is. Has he been here longer? Days? How long has he been out? She must have doped him. Was it in the wine? That would be ironic, wouldn't it? He only asked if she wanted a drink because *he* needed one.

'Have you got any red wine?' Yes, she asked for it, shy as a child. Bless, he thought. Bless her. He should've known right then something was off. Wine isn't her drink. Alcohol isn't her drink. She'd barely touched the one glass he persuaded her to have with her steak frites. But he didn't twig. He was too far gone, lost in his own anticipation, already imagining kissing her, easing her from her clothes, feeling the warmth of her skin under his hands.

She isn't like anyone I've ever met, he remembers thinking. *She's perfect.*

She's not perfect. She's very, very far from perfect.

'Sure. Merlot OK?' he asked her.

'Yeah, great, thanks.'

He went to get the wine. She waited in the living room. In the kitchen, he unscrewed a bottle of cheap plonk, poured it into the short tumblers he'd pilfered from work. Now he'd got her here, he saw the flat through her eyes and felt a wash of embarrassment. He hadn't quite got things sorted, he told her. The whole place needed a lick of paint. A woman's touch, he thought but didn't say. Didn't want to push too hard. Still in the kitchen, he took a large swig of wine. It tasted crap after the forty-five-quid bottle in the restaurant, but he topped himself up before bringing their glasses back into the living room.

'Hey, have you got any chocolate?' she asked, coy, almost suggestive.

Again, he should have known. It wasn't her, not her style. She wasn't coy, not like that, and she never asked for anything. That's what he loved about her. He laughed, masking his own nerves – or hers, he could no longer tell. He thought he had some Kit Kats somewhere. She'd have to forgive him. Next time he'd make sure he had more treats.

Next time.

He's going to fucking kill her for this. She has no idea who she's dealing with.

He looks around, searching for a way to escape. If he can get out of these ties, he can overpower her and then she'll see who's in charge.

There's a bottle of Merlot standing on the coffee table next to a tumbler half full of red. By his feet are two shiny red Kit Kat wrappers. Another tumbler, on its side, its base purple. *I don't have any wine glasses, sorry.* Words he said. All the stupid words. There's a hole in the toe of his left sock. It's all so sordid, so grubby.

The tinkle of a teaspoon in a cup. She's still singing, and this more than anything makes him feel afraid. He's a liar. He's a cheat... Aretha Franklin? She's too young for Aretha Franklin. They both are.

A cold feeling spreads through him. He's done nothing to her, nothing at all. He hasn't touched her. But he will. Oh yes, he will. She'll be sorry she ever met him.

But first he needs to trick her into untying him. If he can appeal to her sympathy...

Help, he tries. But the word is no more than stifled noise from behind taped-shut lips. His scalp prickles. His eyes dart, wrists chafing to loosen whatever it is she's tied him with – feels like more of that tape, that damned indestructible gorilla tape. It's so tight. He can't shift it one millimetre. This cannot be happening to him. It just can't. He's twice the size of her, for Christ's sake. She's a psycho, a psycho disguised as a fragile young woman, as sweetness, as innocence. Who does this? Who the hell does this to another person? And the worst of it is, no one knows about this place. No one knows where he is, who he's with. He could be here for days, weeks if...

If what? What does she want with him? This whole thing doesn't even make sense. He brought *her* here, not the reverse. And now he's been... has he been *kidnapped*? She must have put something in his drink. Must have. When he was looking for the Kit Kats. Yes. Must have been then. Excitement again doing for him, so keen to provide for her every whim so that he could have what he wanted. Her. He wanted her. She must have asked for red wine because she knew it would hide the taste. That's what she did, surely. He was tiddly, that's all, enough to smooth the edges, not pass out drunk. But how the hell did she get him on the chair? He's twelve and a half stone. She must be seven, eight at most.

The dull light dims. He looks up to find her leaning against the doorway, so much thinner than he realised in her black dress and without her coat. Her head leans at an angle as if she's curious or concerned or figuring something out. Fear tightens his chest. She's smiling at him, her girlish innocence replaced with flint. It's as if she's another person entirely. As if she was never the person he dated. She bewitched him. She was so shy, so gentle. But now she is a finger on a trigger. Now she is a blade raised high. She's a bomb. She's a guillotine. She's a poison dart.

'Hello, Lucas,' she says.

Only then does he notice the syringe in her hand.

THIRTEEN

HER

'Meg.' Framed in her front door, Ellie frowns. She is in her PJs, no make-up, woolly socks on her feet. 'Bloody hell. You're shaking. Are you OK?' She looks so homely, so herself, that Megan feels like she's going to start crying again. Instead, she offers up the rose and sniffs back tears. 'For you, m'lady.'

Ellie pulls a funny face, her gaze loaded. 'Come in, come in.'

'Is John in?'

'No. Come in.'

Megan follows her friend up the hall and into the living room. On the coffee table, a bottle sweats in a cooler beside a glass half full – or half empty, depending on how you look at things – of rosé. The TV is on, but Ellie reaches for the remote, turns it off and tells her to sit down. 'You can stop me drinking this by myself,' she says and disappears out of the room, returning a moment later with another glass and a tumbler of water, which she holds up. 'For the rose,' she says, then holds up the wine glass. 'For the rosé. *Olé!*'

'Thanks,' Megan says, smiling despite everything as her friend pours wine she definitely does not need. She's been here seconds and already she feels better and sort of... pampered. 'Sorry,' she adds and sniffs.

'What for?' Ellie strokes her arm. 'I'm made up to see you. John's at five-a-side. I was meant to be going to a karaoke night with work, but I'm too knackered so I just cancelled, which is why I'm here. Tell you what, sometimes it's great to just take your bra off and put your feet up, you know?'

Despite everything, Megan laughs. 'Sometimes you've got to be honest about the Friday night you actually want.'

'Exactly.' They chink glasses and drink.

After a moment, Ellie says, 'So. Let me take a guess. Freddie?'

'Helena Cox?' Ellie says, gratifyingly incredulous when Megan's finished telling her about the finger-play in the pub, the way Freddie lied through his teeth about seeing her again tonight. 'So *that*'s why she's been airing me. Probably couldn't look me in the eye. Bitch.'

'She's not the first fool to fall for the Freddie Crowther charm offensive.'

'I suppose.'

There's a short silence. Both of them, Megan knows, are thinking of Freya Ditton.

'So you asked him about it?' Ellie asks.

'I was going to, but... That's not actually why I'm pissed off.'

'Wow. You're having quite the Friday night, aren't you?'

'I've had better.' Their eyes meet. Silently, Ellie tells Megan to go on. So she does. 'We're having a takeaway, kids in bed, wine poured, and he tells me Lucas is out.'

'No!'

'Yep. I said I thought he must be coming up for parole, and Freddie just said, *Oh, he's out*. He just came out with it, like it was nothing. He's been out for months apparently. And Freddie's been looking after him like the saviour he is. Not only that, but it turns out he was visiting him in prison this whole time.'

Ellie's mouth drops open. 'But he said—'

Megan raises her hand in a stop sign. 'I know what he said. But as you and I know, there's a big difference between what Freddie Crowther says and what he does. Meanwhile, I didn't send one letter. I didn't make a single phone call. And now Lucas must think I'm such a cold-hearted bitch, and all the while Freddie and him are still...' Somewhere in this speech, she has started to cry. She digs in her pocket for a tissue and wipes her eyes. 'I just can't believe he'd do that to me. Fifteen years. Fifteen.'

Ellie shakes her head. 'That's really shitty.'

'I don't know how I'll ever face him.'

'Lucas? Oh, Lucas won't hold a grudge. He's not like that.'

'He wasn't. But Freddie sort of hinted that he'd changed. He doesn't want him near the kids, he said. I don't know what to think. I know his mum died while he was inside, his dad will either be dead or still rotting in a cell somewhere, and his best friend married his girlfriend. He has no one. Absolutely no one. Except Saint Freddie obviously. God knows what he's been through in that place. Of course it will have changed him; how can it not have? He was so weird the last time I saw him. It was like he'd already changed. Like he didn't want anything to do with me.'

Ellie sighs. 'He didn't want you to wait, that's all. He told you to live your life, and that's what you did.'

'But he was cold, you know? Like it was nothing to him. Freddie even reckons he was glad the two of us got together.'

'I said the same thing at the time, didn't I? I said, I bet Lucas will think, well, if it can't be me, it's good that it's Freddie.'

'How can he have been glad his best friend ended up with his girlfriend? No one's that magnanimous.'

'Lucas is.' Ellie sips her wine, smiles as she replaces her

glass on the coffee table. 'Was anyway. Rough around the edges, anger management issues, sure, but the softest heart. He never meant to kill that boy. It was a flash. A young lad's temper and a ton of booze. But it's not who he is, is it? Even if he was pissed off when he found out about you and Freddie, he's had years to come to terms with it. I'm not saying he won't have been gutted, but he would also have known he couldn't give you anything.'

'I guess. But prison has obviously hardened him. He'll have been mixing with all kinds. Maybe if I'd—'

'Meg.' Ellie is giving her the stern face. 'I know you're not convinced, but I'm telling you. Lucas didn't want you to spend your best years visiting him, and he wouldn't have wanted you to be alone. He would've given his blessing, just like Freddie said he did. And if he's changed, well, that's not on you either.'

'I could've waited for him. I should have.' But then she wouldn't have Olivia and Harry. And she can't imagine a world without them.

Ellie is shaking her head. 'At eighteen? Your first proper boyfriend? That's a fantasy and you know it. It's a dream you've held on to because it never got to run its course. Nothing against Lucas, but you've idealised him, you know you have.' She smiles to show she means it kindly. 'You guys were super cute together, I'm not saying you weren't, but he was hot-headed and he drank too much. He lost it and he paid the price. He did that, not you. You have to stop beating yourself up, babes. It's just Freddie's bombshell that's brought it all up again. Don't let him do that to you. It's his betrayal, not yours. You haven't done anything wrong.'

Megan's chest feels heavy, like it's full of water. 'Sometimes,' she says as Ellie tops up her wine. 'Sometimes I think... I mean, I do think I ended up with Freddie because of... after what happened. I mean, he was there and I...'

'I know,' Ellie says softly.

He shouts, Megan wants to say. *He shouts in my face and he holds me so tight it hurts. He says things aren't true when I know they are true. He turns all his bad behaviours into my fault. I am trying so hard just to keep hold of myself, I'm telling myself I'm not scared of him, but I am. I'm more scared of him with every week that passes.*

'He was an absolute rock after Lucas and I split,' she says instead. 'And then Olivia came along unexpectedly, and he was so keen to get married and it was this big unstoppable thing, and then I was pregnant again before I even knew who I was or who I was going to be. I never took the reins of my own life. I suppose I never really stopped to ask myself if any of it was right. And then I didn't dare. Ask myself, I mean.'

'But you're asking now? Because of Lucas?'

'Because of Freddie not telling me. It's just one betrayal too many, you know? I should leave him, but I don't want to hurt the kids. And I don't want to be the villain of the piece, but I just know I would be. That's how he'd paint me, and everyone would believe him. The world loves Freddie Crowther. And Mum would be gutted if we split up.'

'It's not about what your mum wants.'

'I know, but I've never told her about his cheating or... how he can get sometimes.' She makes herself stop. She has already said more than she meant to.

Ellie is watching her. 'What do you mean, how he can get?'

Megan shrugs. 'Oh, just... grumpy, you know. Unpleasant.'

Silence drifts down. *Unpleasant* is such a huge word, Megan thinks. It is a dark screen behind which you hastily shove the shitty mess of what you really mean.

A noise comes from the back of the house – a dull rattle – but when she tunes in, there's nothing.

'I didn't realise it was that bad,' Ellie says, sounding as miserable as Megan feels. 'I mean, I know this thing with Lucas is awful, but I'd have thought the cheating was worse? Helena? Really? What the hell is he thinking? What's *she* thinking?'

Megan blows a dismissive puff of air. 'I almost don't care about that. As long as he doesn't rub my face in it.'

'OK. What about divorce?'

She plunges her head into her hands. 'That's what I'm saying. I can't bear the spin he'd put on it. He'd wash all my dirty laundry in public just so he could come out squeaky clean. Honestly, he wouldn't be able to help himself. And I'd still have to hand the kids over to him every other weekend knowing he'll pretty much ignore them while he's busy saving the world or... worse. I thought I could stick it out, at least till the kids left home. I thought I could grin and bear it, you know? But now...'

Ellie's sharp green eyes flicker with doubt. She has always maintained that if John ever slept with anyone else, she would kick him out immediately and change the locks. Now she is asking a different question. *I'd have thought the cheating was worse?*

Is the cheating worse than lying about Lucas? For Ellie, the answer is yes, clearly. For Megan, unreservedly no.

She's just not sure she can tell her best friend why. God knows, she's not sure she can admit it to herself.

FOURTEEN

ME

By the time I get home, I'm exhausted. Mum has saved me some shepherd's pie, which she microwaves. I'm so hungry I eat it without even thinking about the calories. Mum watches, asking about my day and pretending not to stand over me to check I finish. For once, she doesn't have to worry.

'I handed in my CV,' I say. 'For that library job.'

She claps her hands in front of her chest. 'Did you now? Well, that's smashing, isn't it? Well done, love.' She looks like I've just told her I've won the Nobel Peace Prize. The atmosphere between us relaxes, and it feels nice, but she goes to bed quite soon after that – once it's too late for me to throw anything up. She has a headache, she says, and will see me in the morning.

I sit in the silent kitchen thinking about my day. I know so much more than I did when I set out this morning, and this is only day one of my plan. I know where Megan lives, know she married Freddie Crowther and that she's still friends with Ellie Walters, her bestie from school – because she didn't go to the community centre and she didn't go to Lucas Ashton's. She did go to a house, but it was Ellie who answered the door. The way she let Megan in was like she was saying, *Come on in and tell me all about it*. I was desperate to know what Megan was so obviously going to share with her. But they went inside and the windows were closed, and all I could see were shadows through the living-room curtains.

Obviously, I wasn't going to break into Ellie Walters' house, not at this early stage. That wasn't part of the plan. Her back door was locked, which meant I couldn't creep in and listen to what they were saying through the living-room door or something. In the end, I gave up and walked back to the car. The affair with Lucas Ashton had been my imagination running wild, I realised. I wonder if Megan even knows he's out.

Now I've done all my thinking, I put on an episode of *The Great British Bake Off*. I keep my hands on my belly, which helps me until the stressful feeling of being full subsides. I have to watch it in the living room because Mum doesn't like me having a TV in my bedroom. TV is our luxury because we don't go out much, and social media makes me anxious. TV is OK though, as long as I choose wisely. While I watch, I think about the magnolia tree in Megan's garden. I guess I'll have to wait till next spring to see it blossom, but none of us will care about magnolia trees by then. We'll have bigger things to worry about.

The programme finishes and I realise I've not even taken it in. An antsy feeling starts up, so I make myself a peppermint tea and decide to watch one more episode, promising myself I'll go to bed after it's finished. Not enough sleep is bad for me. But watching people make cakes is relaxing. It's almost as good as eating them, except you don't have to ingest any calories. I enjoy watching people eat too. It's what's called a vicarious pleasure. I need it tonight. I need something to help me process the fact of Megan Greenway being married to Freddie Crowther, her face when she stormed out. I wonder if she and Freddie just had a fight or if their marriage is seriously on the rocks.

And then a bit more plan starts to dawn. Sometimes that

happens when you let your mind wander; it's like your subconscious does the work. If I can get the library information assistant job, maybe I can get Megan to open up to me about her marriage. That would be a way into her confidence, wouldn't it? It might take a while, but I'm happy to play the long game, and there has to be a way in, a chink. Being unhappily married is sad for her obviously, but most people with problems need someone to talk to. People pay therapists because it's easier to talk to someone you don't know. Sometimes you don't want your friends to know your private business. I know I don't. So if I can steer the conversation around to Freddie, making sure to be careful not to say his name until she does, then maybe she'll tell me what the situation is.

Bingo.

It's a good modification. I'm not sure how it will get me to Lucas yet, but it's a start.

But how does anyone start a conversation about love?

On the television, one of the hosts, Paul Hollywood, is talking to a woman about her showstopper cake. He's staring at her intently, his blue eyes sparkly, his mouth twitching. He has the same Liverpudlian accent as a lot of people here in Runcorn. The lady he is talking to is also from Liverpool, and she's made what she's calling *an old-school dance floor* out of salted caramel sponge, with people dancing on it made out of fudge fondant icing. There's a DJ, also made out of icing, with vinyl records made out of liquorice whirls and flashing lights made out of jelly cubes. It looks a bit ugly but kind of amazing at the same time, and she says it's to remind her of how she met her husband at a club called Cream *back in the day*. She's quite old, in her fifties, I reckon, but she has an undercut, five piercings in her ear and tattoos on her arms. If Mum was watching with me, she'd probably say *mutton dressed as lamb*, but Mum's quite old-fashioned in her views sometimes.

'He was a fabulous dancer,' the woman says and giggles.

I have no idea what's funny. I can see there's something funny about someone being a bad dancer, but I can't see what's funny about someone being a good dancer.

But the cake gives me an idea about how to subtly shift from talking about Freddie to talking about first love. It relies on the first bit of the plan working, i.e. Megan Greenway giving me the job, me building a relationship with her and her telling me about where she stands marriage-wise with Freddie. And if I can't figure out how to ask her about her marriage, I can still ask her how they met, can't I? Simple enough question. She doesn't know I know them from school, so I can just come out and ask her how they got together or if he was her first love or something like that. That will surely lead us to first loves, which for her is Lucas Ashton. From there, the idea, from my original plan, would be that she'd either be in touch with Lucas or I could urge her to get in touch with him, reach out, go and see him.

Then all I'll have to do is follow her.

One big spanner in the works is that I've never been great at getting people to like me, apart from Anna and Shell at uni. But I've been reading up on it. A lot of it is about being your authentic self, and that's actually quite complicated for me because it's the one thing I can't be right now. If Megan Greenway knew who I was and what I'm planning to do, she'd freak. Worse, she'd try and stop me. And I can't even think about what I'd do if she tried to stop me.

Let's hope it doesn't come to that.

FIFTEEN

HER

Freddie makes his usual fuss about having to babysit on a Saturday morning. He too needs to work, he's so up against it, blah blah blah. She grabs her bag, checks she has the library keys, plucks Cat's CV from the worktop. She is unable to look at her husband, let alone explain that *babysit* is not a term you use for your own children.

'When will you be back?' he calls plaintively from the front door as she's getting into the car. His face looks like he's stood on a piece of Lego.

'When I've finished work.'

She drives away, knowing that all he'll do is load the kids with snacks and stick them in front of a movie. But that's just white noise compared to the Lucas bombshell. He didn't mention it this morning and neither did she as they moved around one another carefully in the kitchen, but she feels it just as keenly as she did last night: the seismic shift within her. She's not sure she can get over it, especially when she adds it to all the rest. And when she does add it to all the rest, her life goes from... from... oh God, whatever it was to whatever this is.

If she had any guts, she would pack hers and the kids' things tonight and walk out.

But leaving Freddie is not so simple. Divorce will be hell. Whatever stories he makes up, no matter how many lies he sprinkles into the scraps of truth he will pick with the dexterity of a magpie, everyone will believe him. He will brand her as depressive, uptight, an alcoholic, a nag, a misery, a recluse... the list goes on and on. People will slap him on the back and say, *Hey, mate, so sorry, didn't realise she was like that.*

Unless she can head him off at the pass somehow, get ahead of the narrative. Could she somehow set her husband up for a very public fall? Could she be the one with whom others commiserate and say, *Hey, mate, so sorry, didn't realise he was like that*?

A knock at the door breaks her from her thoughts. Issy, the LIA, pops her head around the office door and tells her there's a Cat Gallagher to see her.

'Thanks,' Megan says. 'I'll be out in a second.'

She inhales deeply. Exhales. On the desk, Cat Gallagher's CV catches her eye, the photograph.

Is that you, Mummy?

She picks up the CV, scrutinises it, an idea sparking in the darkest recesses of her mind. She lets the paper fall, an attempt to extinguish the thought with a mental *no*. But the embers don't quite die. They glow. Wink. Cat is like Megan, only younger. Adorably shy, just like Megan once was. Cat is Freddie's type, clay he can model. Cat wants a job. If Megan were to offer her that job... somehow find a way to make Freddie aware of her... If Freddie were to somehow get hold of Cat's phone number, say, or something... something...

No. That wouldn't be right. That's using people. She can't.

Freddie's betrayal comes back to her. His pompous, affected *Oh, he's out...*

Rage fires. That man needs taking down once and for all.

Could she set him up for a fall without appearing to do any such thing? Get him to pursue Cat somehow then catch him in the act? Cat wouldn't know he was her husband. She's never met him. Megan would have to find a way for them to meet without appearing to be involved. Through Cat – Megan can't quite think how – could she catch Freddie red-handed in a way even he would not be able to deny? If she could, then maybe, just maybe, the world might finally see how wonderful he really... isn't.

She'd have to tread carefully. Act cleanly and swiftly. One date. Two tops. That's all it would need. She cannot allow Cat to get hurt.

But how to introduce them without showing her hand?

Tricky. To be filed under *Things to Figure Out Later*. But right now... Cat.

Megan rises from her desk. Stands still a moment in the cocooned hush of her office. Closes her eyes, opens them and gives the smallest nod – to herself, her private, dark intention. She hasn't worked it out, but she will. And giving Cat the LIA job is a good-enough place to start.

Another deep breath. Shoulders back. Let's do this.

Cat is hovering by the main desk, fingers locked at her chest, face nervous and hopeful.

'Hi there.' Megan takes care to be as warm as she can be. 'Are you free for a chat now?'

Cat reddens, but nods and says, 'Yes, sure. Of course.'

'Great. Follow me.'

In the office, Megan tells Cat not to be nervous and to sit down, before taking her own seat on the other side of the desk.

'You're lucky,' she says. 'Ordinarily, this would be a panel interview, but we've got three people off sick and we need someone urgently, so you've got me.' The white lie slides out with worrying ease.

'Oh,' Cat breathes. 'That's OK.'

'It's super informal, don't worry. I'm not trying to catch you out.' Megan glances down at Cat's CV. 'So. You've got a two-one in English from York.'

Cat nods. 'Yes, that's right.'

'What I really liked about our conversation yesterday is how passionate you are about libraries and about reading. Can you tell me a little bit about that?'

Cat tucks her hands underneath her thighs and shifts from right to left before appearing to settle. 'I was an early reader. There were never enough books for me at primary school, so my mum used to take me to the library. This library, I mean, when it was down near the railway. I used to take out three books every week and read them in my bedroom.'

'Did your mum read to you as a kid?'

'Not really. She was too busy with work and with Dad and my brother.' The poor girl blushes. 'It was fine,' she adds. 'I like reading on my own. Always did. It was a way to go to other worlds and have adventures.'

Megan picks up a book from her desk. *Where the Wild Things Are*. She slides it towards Cat. Being shy is not in itself an issue, not if the girl can break out of it in order to do the more social parts of the job.

'I want you to imagine you have a group of primary school kids in front of you,' she says. 'They're maybe a little bit younger than you were when you used to come and get your books. They're just starting to sound out letters, and their big treat is to listen to you read a story. Do you think you could read from this book for me, as if you're reading to those children? I want you to put as much expression into it as you can, OK? Don't be shy.'

Cat's complexion deepens to crimson, but apart from that, she looks calm, even pleased. She takes the book from the desk, opens it up and begins to read. As she does so, her spine straightens; her entire face opens up. Immediately, there is a smile in her voice, and she is so expressive that her whole demeanour transforms.

Megan has already seen two people for the position, both no-goes. Cat needs only to be adequate, but now Megan's pretty sure she won't find a stronger candidate, and certainly not a more passionate one. It's as if the gods are telling her to go ahead, keeping her darker purpose alive by providing a viable cover story. She feels her idea pulse beneath her speech and action like a living, breathing thing; feels it sprout and grow in her mind.

Giving Cat the job is step one; the specifics will follow.

'That was fabulous,' she announces. 'Ordinarily, there'd be a panel discussion and we'd call you later today or tomorrow. But as it's just me, and no one's looking' – she laughs, to show she's joking – 'I'd be happy to offer you the job subject to a twelve-week probationary period. It's nothing to worry about; it's standard procedure. Basically, it just means we'll have regular progress meetings to assess your training and performance. It'll be a formality, as I know you'll be great, OK? It's part-time, as you know, but there'll hopefully be full-time work down the line if things go well.'

'Oh my goodness,' Cat gushes, enough to cause a painful fist of guilt in Megan's chest. The girl's eyes are positively shining. 'Oh my goodness, really? Are you really offering me the job?'

'Subject to your probation, yes. Congratulations, and welcome to the team.' Megan rises and offers her hand, suddenly wanting the girl to leave before she can change her mind.

Cat practically jumps out of her chair and shakes Megan's hand with her own rather clammy one. 'Thank you so, so much. I'm so happy. I won't let you down. Honestly, this is, like, the best day of my life. Thank you. Thank you so much.' She stops abruptly, red as a berry, and asks, 'Can I start right now?'

Megan smiles. 'Sure, unofficially and on a voluntary basis, but officially on Monday. You can start by putting some books on the shelves, if you'd like. The courier came this morning and there's a lot to do.'

'Sure,' Cat replies. 'No problem!' But her smile fades, and she looks suddenly not sure at all.

'Are you OK?' Megan asks.

Cat blinks hard, shaking her head a fraction. 'Just a bit overwhelmed. But in a good way! I'm so excited! I can do the books for you, no problem. Leave it to me.'

Once Cat has left the office, Megan drops into her chair, pushes her face into her hands and sighs. She's done it now. It doesn't mean she has to go through with anything more; it just means there's a possibility. Cat is twenty-seven. Whatever happens, it would be good to bring her out of herself. Get her to open up a little. Win her trust. Megan can find out if she's attached. She guesses not. But the girl is pretty and diligent, not to mention charmingly gauche. A little more all-round confidence and she could really shine – in a naïve, innocent way.

And pretty, shiny, naïve young women attract the attention of men like Freddie.

SIXTEEN

ME

Oh my God. Oh my God oh my God oh my GOD. Megan Greenway has offered me the job as library information assistant! I can't believe it. Even now, two hours later, I'm looking at all these other people on the bus and I want to shout, *Hey, everyone, I only went and got the job!* at the top of my lungs. It actually feels weird that they don't know this momentous thing has happened. This is the most successful day of my life! Probably. And only me and Megan Greenway know about it.

It almost makes me feel guilty because she has no idea what I'm planning to do.

When I followed her into her office, I was so nervous I had to hold on to the arm of the chair when I sat down for fear of ending up on the floor. I couldn't believe she'd asked me to have an interview there and then. But then she said she liked how passionate I was about books, and when she asked me to read from *Where the Wild Things Are,* I sort of knew I'd be OK. I've been reading in my head all my life. I do all the voices and always put loads of expression into it. So I just did that, only out loud, and Megan seemed really pleased, which made me feel more confident. And then when she said I'd got the job, as long as I passed the trial period, I nearly burst. I thanked her and thanked her, but then I saw in her face that I'd gone on too long so I made myself stop. Note to self: *Use fewer words. Thank you is like sorry. Just say it once and mean it.* I worried then she'd change her mind so I asked her if I could start right away, but she said not until Monday, so I just did some helping and then I left.

'See you on Monday,' I called out, my voice all chirrupy.

'Indeed you will,' Megan said, smiling. 'Have a great week-end, Cat.'

So that's it. Phase two. Come Monday, my plan is to work hard. That's it. Work hard, learn everything, focus. I can't afford to think about Megan or her kids and the impact I'm going to have on them. I need to build trust. That's what it said to do in *How To Be a Success In and Out of Work* by Francesca Joseph. So that's what I'm going to do. Then in week two or three, I'll start the second part of phase two: getting her to talk about Freddie, with a view to moving on to Lucas.

Usually, I don't like going home, but today I can't wait. I can't wait to tell Mum. I can start contributing. Mum will be pleased about that, even if she doesn't know why I've gone for this job and not another. *What the eye don't see, the heart won't grieve about.* I've hidden things from her before. There's no reason to tell her what I'm up to now.

SEVENTEEN

HER

Only her second week, and Cat already seems to have an encyclopedic knowledge of the computer system, the weekly events and the procedures for checking in and out, not to mention where everything is. No task is ever too big or too small, no request too much trouble. Last week, she put out all the chairs for the over-sixties coffee morning, then stacked them all up again before Megan had even asked. But as friendly as Cat is towards the visitors, she is still anxious around Megan, skittish as a rabbit. Megan has to be careful to say her name softly if she needs her attention, otherwise the poor girl jumps three feet in the air. She needs her to relax, to trust her. And then she can casually find out whether or not she has a boyfriend.

'Do you want me to put these back?' Cat cuts into her thoughts. Her bony hands are too large for her tiny frame, tinged with blue and barely resting on the wheelie bookshelf. The girl hovers, Megan thinks. As if she dares not land.

Getting up from her desk, Megan feels the stiffness in her legs. 'Sure,' she says. 'I'll help.'

'It's OK,' Cat replies, forehead wrinkling, the image of pure earnestness. 'I can manage.'

'No, no. I could do with a stretch. My bum's gone numb.'

Cat giggles as if Megan has said something outrageous, flushing pink beneath her freckles. There is something really so adorable about this girl. When she isn't frowning or tensing her jaw, that is. Megan senses that it wouldn't take much to build her confidence, even a little. *You're such a rescuer*, Ellie would say. She said the same thing about Freddie when he and Megan first got romantically involved. And Lucas actually, for that matter. Ellie reckoned Megan tried to save Freddie from the loss of his best friend just as she'd previously tried to save Lucas from his past. *But you can't save anyone*, Megan remembers her saying with something approaching triumph. *People have to save themselves.*

But Ellie's wrong. Didn't Megan save Ellie from years of dating when she set her up with John?

But as she follows Cat towards the crime fiction section, Freddie's PTSD after that terrible night drifts into her mind. Ellie was right, at least in part. Helping Freddie gave Megan something to cling on to while she tried to survive her own grief and shock at losing Lucas. Freddie had seen the whole thing first-hand, that was the difference, and his night terrors were so bad she'd had to hold him while he sweated them out. Being there for him helped pull her out of herself – and, if she's honest, helped ease the horror at what Lucas had done to that poor boy. But she didn't save either of them, did she? Maybe Ellie had a point. And of course, to listen to Freddie now, it was him who helped her. That's his narrative. Freddie the caped crusader, the superhero.

Cat is in *Crime, T to W*, silently filing the books with an almost constipated look of concentration. Megan waits a moment before asking, 'So how long have you been back in Runcorn?'

'Since the end of June,' Cat says without diverting from her task for one second. This is a typical Cat response, Megan has come to realise. This childlike lack of elaboration. If Megan asks, *How was your weekend?* Cat replies, *Great, thanks, how was yours?* Literal interpretation, the drummed-in politeness you get in a well-brought-up child. But she's not a child. She's twenty-seven. Maybe she was never encouraged to share her day-to-day news around the dinner table. Maybe her family never ate together. Maybe it wasn't a happy home.

'And you're living in Frodsham now,' Megan adds, keeping it conversational. 'With your mum, is that right?'

'Yeah.'

'And does your mum work?'

Cat picks up a Sue Watson thriller and slots it in beside Minette Walters. 'She works at the Co-op.'

'Really?' Megan hears the overenthusiasm in her voice, but frankly she's amazed Cat hasn't mentioned this before. 'Do you mean the Co-op opposite? You can practically wave to her!'

'Not really. She works on the till, so she always has her back to the window.'

At Cat's flat response, Megan feels herself deflate. No one could be that literal, surely? She picks up a slightly dog-eared Denise Mina and heads for the Ms. 'And did you go to school round here?'

Cat nods. 'Yeah.'

Crikey, this really is like the proverbial teeth extraction. 'And you said your dad no longer lives with you?'

'My parents got divorced, so we had to sell the house, and Dad moved to Ellesmere Port.'

'And that was after you lost your brother?' Megan presses, after a hesitation. 'Was that quite recently?' She is being disingenuous, distinctly remembers Cat telling her it was a long time ago.

Cat's ears pink, and Megan feels her own face grow hot in

response. She's being horribly nosy. She shouldn't have asked. In trying to create confidences, she's losing sight of professional boundaries. Although, she supposes, in employing this girl without proper procedures, she's already crossed a pretty bold line, one she'll have to square away at some point. She's about to apologise when Cat says, 'He was sixteen. I was twelve.'

'I'm so sorry,' Megan says, meaning it.

'That's OK.' Cat is not looking at her; perhaps she can't.

Megan waits a beat before curiosity gets the better of her once again. 'Was it... I mean, how did he—'

'Are you, like, married or anything?' Cat is one step up the foot ladder. She has turned away from the shelves and is staring right at Megan. She blinks once, twice, three times, a Sophie Hannah mystery clutched to her chest. Deep pink climbs her neck, in sharp contrast to the old-fashioned aquamarine blouse that Megan suspects belongs to her mother. 'Sorry,' Cat says, inspecting the book spines as if they contain the secret to eternal life. 'None of my beeswax. Sorry.'

'Not at all.' Megan smiles. Actually, this is good. If she shares something of herself, that might encourage Cat to see her as a confidante. 'I was the one asking all the questions,' she adds. 'Only fair you should ask me something. I am married actually.'

'What's his name?'

'Freddie.'

'Do you have kids?'

'Two. A girl and a boy. Olivia and Harry.'

'Aw. How did you guys meet?'

'At school.' Megan finds herself smiling inanely, as if Freddie and she were love's young dream. That smile, she thinks, even that smile is a lie. 'The Meadows – do you know it?'

Cat is frowning as if considering the information. 'You guys met really young. Were you, like, teenagers?'

'We were.' Megan picks up the latest Emma Curtis. There is something soothing about the analogue side of her job, the smell of the books, the physical act of replacing them on the shelves; something technology can't touch.

'Is it nice being married to someone who knew you when you were a girl?' Cat asks. 'And who you knew when they were a boy?'

The questions take Megan aback. Is it nice? Not really, she wants to say. But confidences are one thing, painful self-revelation quite another.

'We've certainly... evolved together,' she says eventually. Feeling a bit sick suddenly, she tries again to return the focus to Cat. 'And what about you? Do you have anyone special in your life?' God, she sounds ancient, but Cat doesn't appear to mind – or even notice.

'No, I'm not good at...' She shakes her head, apparently searching for what she wants to say, how to say it.

Megan bites her lip, curbing her natural tendency to jump in, to fix, to *rescue*.

'Putting myself out there,' Cat manages eventually. 'I went out with a guy at uni, but I didn't love him. Well, I did but not enough, if you know what I mean. Not enough to marry him, I mean.'

Not enough to marry him. Megan switches her gaze to the books. From one moment to the next, she is flailing, a little breathless. At random, she picks up Dan Brown's *The Da Vinci Code* and holds it up. 'I'll just pop this back.'

She heads for the Bs. In the next aisle but one, she puts the book next to *Angels and Demons*. She is breathing really quite heavily now, and her head is light.

I didn't love him... Not enough to marry him.

The frankness. The clear-eyed honesty. Ellie's semi-rhetorical question returns, as it has several times since the other week: *I'd have thought the cheating was worse?*

Why is cheating not worse than Freddie staying in touch with Lucas without telling her?

It's a question Cat has just answered, in a way. Maybe that's why the statement knocked Megan out of whack. Why she finds herself cringing behind the bookshelves, trying to get herself together enough to continue as if she's not at all bothered.

Not enough to marry him.

I didn't love Freddie enough to marry him, she thinks. And by the time I realised that was the case, I'd already gone through the whole white dress, vintage car, local church fandango, dinner and speeches and drunken disco. Olivia was on the way, not that anyone besides her and Freddie knew that. *Not enough.* Not enough to care if he sleeps with other women, she thinks bitterly. Perhaps not enough to stay with him, stick it out, even for the kids. *I'd have thought the cheating was worse?* No, it isn't. Not to Megan. That Freddie secretly kept up his friendship with Lucas is, for her, a far graver betrayal. Why?

Because she loved Lucas more.

Because Lucas she loved enough.

Enough, she wonders, to give her the courage to bring Freddie down?

EIGHTEEN

ME

Two big things have happened. The first big thing happened last Thursday. The second big thing happened today. I would call the first a breakthrough; the second I would file under *Another Tricky Development.*

But I need to think about the part *before* the second big thing, when Megan went a bit strange. One minute she was going all gooey over Freddie; the next, when I said something about not having much experience in the romance department, she went all red and pretended she had to go and put Dan Brown on his shelf as a matter of urgency. I couldn't think of a single reason why she would do that. We have three copies of *The Da Vinci Code.*

By the time she came back, she was less red and we carried on our conversation. It was difficult because every time I tried to get her to talk about Freddie, she batted it back to me. I tried so hard to get her onto the subject of her schooldays, thinking she'd be bound to mention Lucas Ashton sooner or later. I even thought I could get her to talk about the night he punched my brother, maybe wonder aloud where I'd heard that name, get her to fill in the details, see how she felt about it all. She wasn't at the pub that night, sure. But I bet she knows more about it than she lets on.

But she did ask about our Ed. Not that she knows my brother's name. Well, she might know his name – I should hope she does – but she won't know he's my brother because his surname was the same as Dad's – Jennings. Like mine before I changed it after the divorce because I didn't want to be associated with him. She even asked how Ed died – or tried to. I deflected it with a question. If I told her he'd been killed in a pub fight, she'd figure out who I was quicker than you can say *elementary, my dear Watson*. I knew it was a mistake to have let his death slip that first time I spoke to her. But now I'm thinking, if she was asking how my brother died, then she definitely doesn't know that the guy who died at the pub that night is my brother, which means she has no clue who I am.

But now to the second big thing, which is topsy-turvy, coming before the first, but it makes sense to me. The second big thing is that when we were closing up, Megan turned to me and said:

'Hey, would you like to come over for dinner one evening? I feel like we should get to know one another a bit. I could cook, and we could share a bottle of something?'

A bottle of something. I knew she meant wine. I'd already had her pegged for the sort of woman who pours herself a glass of wine and stares pensively out of the window of her perfect home. Like the ads for those TV dramas, where you see the beautiful woman but you know all is not well because the voice-over is telling you it isn't and you kind of want to be that woman but at the same time you don't because her perfect life is secretly terrible and built on lies and you know the drama will reveal it all episode by episode.

I can't watch dramas like that. Too tense. But that could be me, I'm thinking now. I'm a woman built on lies. Except I don't have a perfect home, and I'm not the kind of woman people imagine sipping cold white wine in a pensive manner. One look at me and people are more likely to imagine lemonade and a packet of crisps, a kid waiting in the car while her dad drinks beer with his friends. Or maybe that's how I imagine myself. How I remember myself: my brother dead and only me in our old Mondeo in the car park of the Round House, waiting, waiting, waiting, knowing that with each minute Dad was drinking more and more of the black stout he loved so much, downing the whisky chasers, me dropping crushed crisps out of the car window for the pigeons, sucking Diet Coke through a straw, dreading him returning unsteadily through the car park, terrified of the turning of his attention from Ed to me.

He never did. Turn his attention to me, I mean. I was too ill by then. I suppose hospitalising myself was a way out of that house, out of his reach.

Funny, that's never occurred to me before.

But maybe that white-wine woman is who I'll be when I finish this. I'll find a window to stare out of, except it'll be the end of the series, not the start, because all my troubles will be behind me. Or maybe the story will be about all the people I've harmed, and when the camera pans back, the twist is that it's a prison window I'm looking out of.

That's if I make it out of this alive.

'I'm free on Thursday,' I said. And the reason I said that is because of the first big thing.

The first big thing is that last week, also on Thursday, I did another observation and found out something truly shocking. This time, I was more prepared because I wore trainers and I took along some binoculars that used to belong to our Ed. They were the only thing of his I'd kept.

At ten to seven, Freddie came out of his red front door and got on his motorbike. On his back was a bag that was the shape of a racket. I wasn't sure if it was a tennis racket, a squash racket or a badminton racket, but that's irrelevant.

I followed him. But he didn't go to a leisure centre or down to the tennis courts at Heath Park. He drove all the way to Helsby, to the Netherton Arms, which is a pub. And they definitely don't have sport facilities of any kind.

I drove past, mainly because I was scared he would recognise me if I pulled into the car park. I thought there was a chance he might have seen my CV if Megan had left it lying around at home. But then I realised that was ridiculous and paranoid. It was a tiny photograph, and why would he even look at it?

I found a side street and turned around. When I got back to the pub, his motorbike was still there. I parked up. My heart started racing. I felt like a proper detective or a spy, and for the first time, I thought about how stressful that job must be. It's just not something you think about until you do it.

In Mum's glovebox there's a lipstick and a hairbrush – for emergencies, she says, although I can't see what kind of emergency can be met with a lipstick and a hairbrush. Anyway, I grabbed the brush and gave my hair a quick tidy. The lipstick I didn't touch because I can't bear the feel of it, but I pressed my lips together hard because Anna says that brings the blood into them and makes them look pink.

I got out of the car, locked it and went into the pub.

Inside, I kept my head low, but my eyes were bouncing around all over the place.

'Can I help you, love?'

I looked up to see the barmaid staring at me, which is rude.

'I'm... I'm meeting someone,' I said. 'I was just checking to see if they were here yet. Is that OK?'

'Course,' she said. 'Knock yourself out. Give us a shout if you need owt.'

'Thank you.'

I walked into the bar area and stopped dead. Then I did a

classic detective move, which was: I quickly retreated behind the wall.

But the split second had been enough for me to take in the whole scene. Freddie Crowther was sitting at a little table in the corner, holding hands with a woman who was not Megan.

I let out a little gasp, the image of them flickering through my brain like an old, old film. The woman had long blonde hair like a TV presenter. She had been laughing with her mouth open, so wide I thought I caught sight of a filling, although it could have been a piece of food, like an olive or something. Freddie was staring at her, his head on one side, his eyes all soft.

Slowly, those same images repeating and repeating, I walked out of the bar. I was shaking with shock. Outside, I lifted my face to the cool air. How could Freddie do that to Megan? Megan Greenway was the most beautiful girl in our school. She was like the queen of the school – head girl, in fact. She was kind and pretty and clever; she didn't deserve what Freddie was doing to her, no way. How dare he? I wanted to storm back in there and ask him, *What the hell?*

I thought about going home then, that's how disgusted I felt, but I had to be sure that what I'd seen meant that Freddie was definitely cheating on Megan with this woman. I already knew it couldn't have been his sister because Freddie Crowther didn't have a sister. But I might have misread it. She might be just a friend or a close colleague. But then why would he pretend he was going to play tennis or squash? Because I was pretty sure that's what he had done.

I didn't have to wait long, and at least it wasn't cold in the car. They only stayed an hour. When they came out, I hunkered down, but I could still see them. They were holding hands, their heads turned to one another, too wrapped up in their maybe love affair to notice the world around them. Their hands slid apart, both of them keeping their arms straight like parting was such sweet sorrow, et cetera. But they didn't kiss. It could still have been joking around or flirting. She got into a silver Ford Focus, and he got back on his motorbike. I followed them all the way back through Beechwood, past Freddie and Megan's road and on past the bus depot. At the Malpas estate, she turned right. My heart raced when his indicator flashed and he turned off after her. I almost chickened out of following because the estate would be super quiet by now.

But I followed them, and about halfway down that road, she parked her car on a driveway and he pulled in and parked on the road. I swung Mum's car into a space behind a blue Mini. The woman got out of her car and waited. I couldn't see him from where I was, but then he appeared on the driveway, taking off his helmet as he walked, shaking out his hair in the way I remembered. He gave her a wide cheesy smile and held out his hand. I couldn't see her face, only her hair, but she took his hand, and they walked towards the house. It was a bungalow with dormer windows in the roof. They were making their hands swing like children do. By the time they stepped inside, I had pulled out of my parking space. I still wasn't one hundred per cent sure, but then, as I drove past, I glanced towards the bungalow, and in that precise second, I glimpsed Freddie pushing the woman against the open door and kissing her on the mouth like they were in a Bond film and he was James Bond.

There was no doubt left. Poor Megan. She had been so kind to me. Guilt swept in, a big wave of it. Megan Greenway's life really was like the woman who sips wine and stares out of the window in her perfect house. It was riddled with lies and betrayal. And I was about to make it much, much worse. But it's her or me. And for once, I have to pick me.

Which brings me back to the second big thing, the dinner invitation. After work today, Megan texted me and said: *Hey, Cat. Thursday works because Freddie has squash that evening.*

That's how the second big thing ties into the first, even though Megan Greenway has no idea.

Squash, my eye, I thought. It's what Mum says when someone is saying something dodgy. The rest of the message said:

Why don't you come over at eight and I'll do pasta or something? Does that suit?

That was the exact wording. I stared at it. *Do pasta or something* was the same as *a bottle of something*, but I wasn't sure why. Megan could just as well have said *a bite to eat*. I'm trying to figure out how it works. I think it's to do with making something sound small and, like, low-key but somehow sophisticated at the same time.

Thinking ahead, I'll take a bottle of wine because that's good manners. I don't like alcohol, but I'll drink some because I don't want to appear unsophisticated or rude. And she'll make something fresh and light and absolutely incredible without even opening a recipe book, I just know she will, something worthy of Jamie Oliver or some other TV chef, and I'll taste it and say, *Oh my God, this is delicious. Can I have the recipe?* And she'll laugh and say, *Recipe? Oh I just made it up*, and I'll smile and eat, but inside I'll be wondering why Mum always cooks stuff like cottage pie or chicken curry or roast dinners. Except I won't be wondering that because I know all that stodgy stuff is what Dad liked, and if Mum didn't cook him what he wanted, there was always hell to pay, and by the time he left, she didn't know how to cook anything else, and besides, after my brother died, I got ill and then she had to think about sneaking calories in, thinking I wouldn't notice, something she's still doing even though I've told her a million times I'm better I'm better I'm better.

I'm better, OK?

Great, I typed to Megan. *See you then! X*

I was sweating, my stomach a hive of bees. I pressed send. After, I worried about what I'd written for forty-five minutes before I remembered my CBT. Even if my reply was not right in some way I didn't understand, what were the odds Megan would be offended? Answer: very low. Even if she were offended, what were the odds she would be furious with me and sack me? Answer: very low indeed.

And now I need to stop thinking about Megan and Freddie and Lucas. I need to stop thinking full stop. It's not good for me, all this intrigue, I know that. It will lead to darkness and paranoia, and I can feel myself getting worse. But I have to hope my plan will be the end of all that forever – the end of fifteen years of anguish.

I control my immediate environment by putting on my headphones and playing my whale sounds while I pull on my sports kit. The house is silent. Mum is in bed asleep. I sneak out the front door. Outside, it is pitch-black, my feet white flashes on the dark pavement. I stare at them. Their rhythm soothes me almost instantly. I shouldn't run at this time of night. Mum would be cross with me, but Mum won't even know I've been. This is an extra run. It's not part of my three scheduled ones. I know where increasing my running leads, but I can't think about that now. And I don't care if it's dangerous to be out alone in the dark. I don't care what happens to me, not really.

I just want to look Lucas Ashton in the eye.

NINETEEN

HIM

Later

She pushes the end of the syringe. Droplets fountain out of the needle and onto the floor. Grunting, terrified, he strains against the ties, against the chair, but the chair tips, almost falls backward. He gives up, hopelessness pressing into his chest.

She is walking towards him now, slowly, like she's enjoying every step. Her smile is devilish, literally like a she-devil, and for one horrific second he feels a loosening in his bowels. *Please,* he says, but the word is smothered. Tears nettle his eyes.

'I'm so sorry to have trussed you up like this,' she says, gesturing to the tape at his wrists and ankles. 'But the thing is, you're so much stronger than me, and what with your propensity for *violence*, I can't afford to take any chances. You're an ex-con, after all. A murderer. You could kill me with your bare hands.'

Is she toying with him? She said she understood when he told her about prison. Seemed to be attracted by the whole bad-boy backstory. He should have recognised the saviour complex – he's seen it so many times before, but the truth is, she's mad, he thinks with a slick lacing of fear. She's really, frighteningly mad.

She draws closer still, making miles of the inches. All he can focus on is the syringe. He feels the wide, dry stretch of his eyes as the clear plastic tube creeps nearer, until it vanishes, too close to see. He longs to grab for it, for her, to overpower her. Maybe he can launch himself forward, headbutt her? He tries. But the chair shifts no more than an inch. He is thrown backward by his own force, almost topples to the ground. She backs away, laughing.

'I'm afraid you're going to have to calm down,' she says. 'You're going to have to accept that I'm in charge. I know that's hard for you.' She holds up the syringe. 'I won't use this unless I have to, but you're going to have to work for your privileges. I'm prepared to take off the tape, but only when I'm sure you've understood the rules.'

She checks her phone, then heads out of the flat. He hears the front door opening. A second later, she's back. What the hell is she setting up here? Who the hell is she expecting? Some sort of lynch mob?

Sweat is pouring off him. He has to get her to talk before whoever she's waiting for gets here. She wants a conversation. He'll give her a fucking conversation. But this isn't conversation – it's theatre. It's a one-woman show. If he could just persuade her to take the tape off, he could talk her round. And if he can't talk her round, then she can hardly blame him if he gets physical.

He has to get out of here, one way or another.

TWENTY

HER

Freddie pecks her on the cheek before leaving, his alibi in squash racket form slung across his back.

'The lads will probably want to go for a drink after,' he says wearily, as if he doesn't really want to. Poor Freddie. 'So don't wait up.'

'Where are you playing?' She likes to humour him in his whopping lies – a pyrrhic victory if ever there was one.

'Oh. Norton Rec, I think.'

'Who with?'

'Oh,' he says again. *Oh*, the great stalling device. *Oh*, the pause for scrambling thoughts. *Oh* for the man who is never quite sure of anything because he's too damn lazy even to create his alibi in advance. His hand is on the catch. He's seconds away from freedom. It must be tantalising. 'There's a bunch of us. Not really sure.'

She smiles. 'Well, have a good game. I'll probably be in bed when you get back, so see you tomorrow.'

'OK. Bye then. Have a nice evening with... that new girl.'

The door slams behind him. She waits in the hallway for the roar of his bike, the gear changes clicking and fading as he disappears up the cul-de-sac. Last time, with Freya, it was tennis. It got tricky for him when the weather grew cold and rainy. Megan has never been sure whether it was her challenging him, the change in season or simple boredom that ended things between him and his young mistress. And now he has Helena. She could follow him, she supposes. But there's the kids to think about; she can't just leave them. Maybe she could get Ellie to come over next week and follow him then. It's an idea. But if she does manage to set him up with Cat, it will be easier to plan, easier to stay one step ahead. There'd be hard evidence, not this endlessly plausible deniability. Helena is his colleague. He could – he will – claim they needed to discuss urgent work matters. If Megan confronts Helena, she will deny it or dissolve into tears, and whatever happens, they will never speak again. Whereas, once Cat finds out Freddie is her husband, she'll feel bad, bad enough to tell her everything, even let her see the text thread.

Cat then. If he does go for it, she wonders if he'll take up a new racket sport. Badminton perhaps.

She wanders back towards the kitchen, texting Ellie as she goes:

Freddie's off to squash.

Quick as a flash, Ellie replies: *Squash who?*

Megan laughs, really laughs, before typing: *Helena.*

Yuck. Want me to come over?

That would've been lovely, but the new library assistant I told you about is coming for dinner.

The mouse?

Megan feels a stab of guilt. She must have called the poor girl a mouse in one of her text exchanges with Ellie. Not mouse, but Cat, she thinks, mildly amused.

She's actually really sweet, she replies. *I don't think she's got many friends. Or a boyfriend. I felt a bit sorry for her.* She bites her lip before adding: *I might try and find a bf for her.*

Rescuer! Is she straight?

Think so. Megan pauses a second. *Know any single men?*

Lol! All the men I know are too old, too boring or both, Ellie says, followed by a second message: *Will think.* Followed by a third: *Xx.*

Ta. See you soon, babes xx

A heart.

Megan stares at the heart and tries not to think about how her text exchanges with Ellie are the most romantic thing in her life right now, how perhaps her friendships are her main source of love these days, apart from the kids. But now that she's openly suggested finding a boyfriend for Cat, it occurs to her that this is the simplest way into her own idea. Isn't it? Aren't Ellie and John a perfect match? And aren't Suki and Lizzie still together after Megan introduced them at a party? Under the guise of her famous matchmaking skills and wanting to help her new assistant, Megan could casually ask Freddie if he knows anyone. She could tell him how wonderful Cat is, send him a decent photo of her and ask him to set up a date with one of his young colleagues... She could do that, leave the engine running and take her hands off the wheel.

No one would ever know she was driving the car.

She sighs, flat of her hand to her chest. Can she really do this? No one can know the endgame, an endgame that has finally become clear: catching Freddie out.

So how does this go? One, Freddie will see the nice photo, hear about how sweet this girl is, how much she needs a great guy. Two, he will agree to find a date for Cat because, hey, he's always thinking of others, right? Three, he will do nothing of the sort because he will not be able to resist being the great guy and dating the pretty, malleable girl himself. Four, Cat will not know Freddie is her husband – not like he'd admit to that, is it? Five, if Megan can set Cat up with Freddie without seeming to do anything of the sort, she can use her professional friendship with Cat to find out exactly where her husband is taking her. Six, all she needs to do is rock up at the pub or restaurant or whatever and catch them in the act. Even Freddie won't be able to wriggle out of that one. And then – finally, finally, hallelujah – the world will see that the legend that is Freddie Crowther is not such a legend after all.

This way, when they divorce – and they will divorce – he will not be quite so keen to drag her name through the mud. The glimmer of hope wanes. She shivers. It might be harder for him to rubbish her publicly. But what he will do to her in private is another matter. She needs to plan this carefully.

A little after seven, Megan leaves the sauce simmering on a low heat and climbs the stairs. The kids are in Harry's bed, reading their books side by side, so cute in their PJs, their hair damp around the edges from their bath, their skin pink in the warmth. She flops onto the duvet face-first and groans, which makes them giggle. She wriggles between them, making them giggle more.

'Mummy!' Harry complains. 'I'm nearly falling out.'

She nudges him so he slides over the edge of the bed, hanging on to his arm and lowering him slowly to the carpet. 'Man overboard,' she cries. 'Help!'

He's giggling so hard now she knows she should rein it in or he'll never settle. She hauls him back up, and the three of them lie like sardines while she reads them a few pages of *The Puffin Keeper* by Michael Morpurgo. It's a little childish for Olivia, but she doesn't mind; she'll get an extra half hour reading her own book before lights-out in return.

After story time, Megan kisses Harry on the forehead while Olivia caterpillars her way out of the covers and over to her bed on the other side of the room. They could have their own rooms if they wanted, but so far they prefer to share. Most parents would feel pride at their closeness, and she does, but at the same time she can't help worrying they're holding on tight to one another in the face of her and Freddie's slow-burning war.

After several rounds of kisses and cuddles, she makes her way to the door.

'Mummy,' Harry says.

'Ye-es.' She pauses at the doorway, already knowing he has nothing whatsoever to tell her, that this is only his dislike of the moment of separation.

'Do you know that Saturn has over eighty moons?'

'Does it indeed?'

'It's the planet that has the rings.'

'That's right. Very good.' She makes to leave.

'The rings are actually particles of ice and rock,' Olivia says, looking up from her Philip Pullman.

'I knew that,' Harry says. 'Miss Connor said the whole planet is made of gas.'

'OK!' Megan drums her hands on the door jamb. 'This is all fascinating and you're both very clever, but let's talk about it at breakfast, OK? Mummy's got to go now because my new library assistant is coming for tea.'

'Can I come down and say hello?' Olivia asks, her face alight with hope.

'Next time. But only if I see that light go off at bang on eight o'clock, OK?'

'OK.' Content, Olivia snuggles further down into the covers.

'Night, night, angels,' Megan says softly.

'N-Night, Mummy.'

Heart full, she descends the stairs. There have been moments when exhaustion has made her resentful that Freddie never puts the kids to bed, managing to time his return from work or his *racket sports* so that he's either too late or too early. It's his loss, she thinks, the sweet-savoury smell of the sauce reaching her as she makes her way towards the kitchen. Sometimes she thinks the kids have a sixth sense for when she's at her lowest. And just by being themselves, stalling her at the door with news of the solar system or whatever their latest passion is, they remind her that at least she got to have them and share her life with them. If she's made the wrong choices, and boy, has she ever, at least she got to make those choices.

Unlike Lucas.

What lies ahead for him now that he's out? What choices will he have with a violent criminal record? If only he hadn't killed that poor boy, Edward Jennings, how different everything would have been. But to think like this is to do little more than revive old and impossible yearnings that only lead to pain.

At the stove, she tastes the sauce, adds a little more salt, tastes again. Not bad. From the cupboard, she grabs a couple of bowls and shakes some crisps into one, olives into the other. She grabs a few crisps from the bag and pops them into her mouth because straight from the bag they don't count – everyone knows that. She chases the crisps with a swig of wine before topping up her glass. She's still on her first, right?

At eight o'clock, she stands at the foot of the stairs and is about to call up, *Sleeping time now!* when Olivia's light goes out. Megan stands there a moment, moved by her daughter's deep desire to be good. Will it serve her? she wonders. Or sabotage her?

The doorbell goes. Cat is bang on time.

Megan smiles to herself and turns to answer it.

On the driveway, Cat is shivering in skinny jeans and a tiny blazer, her shoulders up around her ears. She is wearing heels and looks very thin.

'Come in,' Megan says. 'You look frozen.'

'I got the bus,' Cat replies. 'Here.' She holds up a bottle of Pinot Grigio. 'I didn't know what wine you like, so I just got this. It's dry, I think. I don't really know much about wine. You might prefer red. I didn't really—'

'Cat.' Megan holds up her hand. 'It's lovely. You didn't need to bring anything, but thank you very much. I'm very much a white-wine gal. Come in, come in.'

'Thank you.'

'My God,' Megan says once the poor girl is in the door. 'Your teeth are *chattering*. Wait there.' She runs upstairs and grabs a long cosy cardi from her room. 'Here,' she says as she comes back down. 'Put this on.'

Cat shrugs off her jacket, her shoulders bony as coat hangers. Megan helps her into the cardi, noticing as she does so how the young woman's eyes close at her touch, how very still she goes, so still that for one second Megan thinks she's about to fall back into her arms. It's not romantic, not chemistry, but something else, something deep and melancholy – a kind of longing, or a surrender; Megan doesn't know if she can even explain it to herself.

'There,' she says, throwing briskness over intensity. 'Kitchen's this way.' She edges past and strides ahead.

'It smells amazing,' Cat says, following her up the hall.

'Let's hope it tastes as good as it smells. Pasta alla Norma. Do you like aubergines?' She is aware of herself talking quickly, bustling, not quite able to look at her guest. It's nothing, less than nothing, but she can't get that moment in the hallway out of her mind, the haunting loneliness of it.

'I love aubergines,' Cat says, looking all around her. 'They're, like, my favourite.'

'Well, that's lucky. It's just aubergines in a tomato sauce. This is where you tell me you hate tomatoes.'

'I love tomato sauce.' Cat giggles. 'It's literally my favourite thing.'

Megan smiles to herself. Cat's gauche schoolgirl enthusiasm is so endearing it's hard to keep in mind that she's an adult, and a capable adult at that. She's put so much effort into her outfit, while Megan is in her jogging bottoms and slippers, hair scraped back in a ponytail. It almost seems wrong to offer her wine.

'I've opened a Picpoul,' she says. 'Would you like a glass of that, or would you prefer this one? I'm sure we'll get to both.'

The poor creature looks flustered, almost panic-stricken by the choice. 'Erm, just, whatever you're having, thank you. Thank you so much.'

'Right you are. Sit down, sit down.' Megan puts the Pinot Grigio in the fridge and pulls out the Picpoul, already a third gone. She turns to see Cat adjusting her position on the bar stool, unaware of Megan's eyes on her. She pulls at her silky top and wraps the cardigan tight around her before bringing it to her nose. Her eyes close again. She inhales. There is no mistaking it: the girl is sniffing Megan's cardigan.

'Here we are,' Megan announces, more loudly than she means to, pretending she has turned around just at that moment. She pours the wine and hands it to Cat, whose eyes are of course open by now and who has stopped smelling what Megan presumes is the perfume infused in the wool. It should be creepy, but creeped out is not what Megan feels.

Sad. Achingly sad is what she feels.

'Thank you,' Cat says with far too much enthusiasm, taking the glass.

'Get it down you.'

She giggles again, her face a deep pink. She sips minutely, as if she's never had an alcoholic drink before, or as if testing for poison. Megan wants to give her a hug and tell her everything is all right, but judging by her reaction in the hallway, Cat might just vanish in a puff of smoke.

It occurs to Megan that this strange fragility might stem from nothing more than a terrible lack of physical affection. Could that be it? This too reminds her of her younger self. Even now, she finds hugging difficult, can only really stand it from a few of her close friends. She wonders if, like her own mother, Cat's was never affectionate or even particularly loving. But such confidences would be highly inappropriate, given that they are colleagues. Tonight is simply an ice-breaker, an out-of-office bonding session designed to help them work more easily together.

This is what she tells herself.

'Cheers,' she says, holding up her glass.

'Cheers.' Cat clinks her glass to Megan's without making eye contact and takes another cautious sip. She puts the glass on the bar and adds, 'It's delicious. Fresh.'

'I like it. And it does the job.' Megan pops a crisp in her mouth and lifts the bowl to Cat. Cat takes one and bites the edge, as if it's a cracker. 'Help yourself or I'll eat them all.' Megan turns away to stir the sauce. The evening seems suddenly very long. Cat is so young, not in years but in her ways. Can she really set this girl up with her own husband? One date. Two tops. She will not let it go further than that.

'By the way, I won't keep you late,' she says, turning back to see the nibbles untouched. 'School night and all that. You came by bus, did you say? Where do you live again?' She takes an olive. Someone has to.

'I'm over in Frodsham,' Cat says.

It's the third time they've talked about this. Yikes.

'Ah, that's right,' Megan replies, ploughing gamely forward. 'But you used to live round here, right?'

'Yes. Coronation Drive.'

'Oh yes! Down by Saint Edward's church?'

'Yes.'

'And which school did you say you went to?'

Cat swallows hard. 'Erm, the Meadows.'

'That's where I went!' How odd that she didn't mention

that the other day. And Megan's pretty sure it wasn't on her CV either. 'I think I might have left by the time you went there?'

Cat nods. 'Probably. I really like your house. It's so tasteful and nice.'

Megan follows her gaze, wondering what the girl sees. An absence of photos is what Megan sees. She's glad she didn't let Freddie persuade her to hang that godawful professional family portrait he made them have done downstairs. She hates its grandiosity, its touched-up perfection, its fakery – she can still remember the photographer telling them to pretend to laugh, the sound of her own hollow ah-ha-ha – the unbearable smugness of the black-and-white filter, not to mention how obvious it is that it cost a fortune.

Not that she told Freddie any of this at the time. At the time, she simply said she preferred it to hang in their room, where they would be reminded of their family as they fell asleep. It was, like her life, one whopping white lie.

Cat doesn't touch the snacks. Megan plies her with questions but finds herself prattling on to fill the pauses: all about the kids, about Freddie's charity work, then talking shop – almost an informal progress review. Like that, they get through the minutes. Megan drinks too fast. As for Cat, Megan has seen wine evaporate quicker. When she tops them up, Cat's glass is still pretty much full, her own almost empty. When she serves dinner, Cat holds up her hand – stop – after one scoop. Megan doesn't insist. She doesn't comment. But she does think of Cat's secretive packed lunches and, once, her refusal of a chocolate. When Cat allows her to sprinkle a little Parmesan, she is almost relieved, tries not to watch as Cat loads her fork and puts some in her mouth. For the third time this evening, her eyes close and something in Megan's heart twinges.

'Oh, that's so good,' the girl says with heartfelt sincerity. 'That's like the nicest pasta I've ever had.'

'Really? That *is* a compliment. I got the recipe off the internet.'

'My mum doesn't really cook stuff like this. Dad liked more traditional meals.'

'But he's not around any more...' Megan trails off, an attempt to get the girl to fill in.

But Cat actually squirms in her seat. She shakes her head, takes another mouthful, as if to stop herself from answering any further, and covers her mouth when she asks, 'Do you still have your parents? I mean, are they alive?'

'Even at my grand age,' Megan replies, smiling, 'I still have my parents.'

'Sorry,' Cat says, face ablaze. 'I didn't mean...'

'I know! I was just teasing. They live over in Chester now. Which is good because it means my mother has to call ahead.' Megan raises her eyebrows and pulls a conspiratorial expression, but Cat's shoulders simply slump with relief. Her anxiety is beginning to transfer itself to Megan. She pours herself another top-up. The bottle empties. She goes to grab the Pinot Grigio. On the fridge door is a magnet Ellie bought her: a woman and a man in an office. The man is asking the woman why she doesn't just press control-alt-delete. The woman is asking him why he doesn't just fuck off. It still makes Megan smile. Ellie's idea returns... a boyfriend for this shy girl.

Except it wasn't Ellie's idea, was it?

'I was telling my friend Ellie you were coming over,' she says as she sits back on her bar stool. 'She asked if I was going to find you a boyfriend.' Not quite how the conversation went, but Megan powers through the half-lie with a grin. She's kept her tone light. The last thing she wants to do is embarrass Cat, but then everything seems to embarrass her, and Megan's running out of questions. 'I'm a bit of a matchmaker, you see. Don't wanna brag, but I have a pretty good strike rate.' She mimes filing her nails.

'What about you?' Cat blurts as if she hasn't heard. 'Who fixed you up with your husband?'

The questions are so abrupt, so direct, they take Megan aback momentarily. Cat glances up, eyes meeting Megan's. There is something in that gaze, something fiery, something determined, almost defiant.

'I thought I said?' Megan says, still a bit on the back foot. 'I met Freddie at school.'

'You did, yes.' Cat's tone is insistent, like a political interviewer on a late-night news show. 'But I just wondered how you guys got, like, *together* together? Like, were you friends first, or did someone matchmake you guys?' She colours slightly, as if suddenly remembering who she's talking to. 'I mean, sorry, did you get together at school or was it... after? Like, years later or something?'

It's Megan's turn to feel the heat, though this girl knows nothing about her. How to play this? It's not exactly something she shares widely. Anyone who knew her back then watched it unfold in real time: the shock, the aftermath, the close friends who turned to one another in a time of crisis. With new acquaintances, it's much trickier to explain. 'We became close after...' She falters. 'Well,' she goes on, when she can, 'there's no easy way to say this. Freddie and I got together after a mutual friend of ours went to prison. He was Freddie's best friend.'

The air shifts. The room feels wadded, as if soundproofed. Megan bites her lip, regretting instantly what she's just said, how much she's shared. She must have drunk too much wine on an empty stomach. It's impairing her judgement.

'Oh my God,' Cat says after a moment and hangs her head. The tips of her ears are crimson. 'I'm so sorry. I didn't mean to... I wasn't being nosy, I swear. My mum says if you want to make conversation, you have to ask questions, but sometimes I—'

'Don't worry at all.' Megan waves it off, even as she feels the heat in her face. 'You've done nothing wrong. It was me who just came out with it. It was a long time ago. I was his girlfriend actually. The guy who went to prison, I mean. Freddie was his best friend, as I said, so we were both close to him. When he... went, we kind of clung to one another.' She looks up brightly, recovering. 'And the rest is history, as they say.' She hasn't said Lucas's name. She's not sure she can.

But the poor girl is almost glowing. She looks hot to the touch, burning with mortification. A mirror, Megan suspects, of her own complexion.

'Seriously,' Megan says, 'it's fine. It was a terrible time. But as I say, a long time ago.'

'What did he do?'

Megan frowns. 'What did who do?'

'Your friend who went to prison?'

'Oh... well that's not easy to say either. He... he killed someone.'

Cat's eyes are as round as plates. 'He *killed* someone?' she whispers, her cheeks colouring with shock.

'I'm afraid so.'

'Does he know?'

'I'm sorry? Know what? That he killed someone?'

'No. I mean, does your boyfriend know you married his best friend?'

'M-My ex,' Megan stutters. 'My ex-boyfriend. It was over between us when Freddie and I...' Christ, for a shy girl, Cat Gallagher doesn't half cut to the chase. Megan takes a forkful of pasta, takes a moment to chew, to swallow. She sips her wine, clears her throat, composes herself.

'So yes, he's not my boyfriend any more,' she says, exhaling heavily. 'Hasn't been since he was sentenced, pretty much. It was all very sad. Traumatic actually. For him too.'

'And for the victim's family.'

'Well, yes. Obviously. That goes without saying.'

Megan knows she's already said too much, far too much, but

she can't seem to stop herself. There's something about the girl's unwavering stare that's making her babble. It's like a void she feels compelled to fill. 'It is what it is,' she goes on. 'He wouldn't have wanted me to wait for him. He told me that. We were very young, you see. I think in the end he's happy Freddie and I were there for one another. And anyway, it's unlikely I would've ended up with him. He was my first love, you know? We were very different. I'm sure it would have fizzled out eventually.'

This is what she tells Cat. It is what she tells, has always told, herself. But we don't always believe what we are told, do we?

'Is he still in prison?'

'He...' A surge of emotion silences her. She really needs to change the subject, is feeling more and more out of control. She cannot afford to let herself cry, not in front of her employee, for God's sake. It was a mistake to invite her here. 'We're not in touch any more,' she says. Best not to admit that actually her husband is very much in touch. 'Anyway,' she adds, desperate to move on, 'this is all very depressing! We were supposed to be talking about finding *you* a boyfriend, weren't we? Unless you're not interested? If you are, I could ask around. I have a couple of ideas.' This is better. Turn the conversation around. Make a start on the idea. Not that she will go for it, not in a million years.

But she might. And he might. And right now, that's all she's got.

Cat pushes a chunk of tomato-sauce-glazed aubergine around her plate, toying with it. Megan wonders if she'll flip the conversation back to her again, how she'll do that, or if she'll simply give a flat *no*. But...

'That would be great actually,' she says to Megan's surprise. 'Maybe if this friend of yours is out of prison, maybe I could meet *him*?'

TWENTY-ONE

ME

When I suggested Megan set me up with Lucas Ashton, she dropped her fork and it clanked against the plate. I didn't say his name because she hadn't said it, but thinking about it now, as I sip camomile tea in bed, half listening to Mum pottering about downstairs, it was so dramatic. Like something out of a stage play.

'Whoops,' she said and pretended to cough into her hand. She took a long gulp of wine and fake-coughed again. 'Sorry about that,' she said, her voice all thin. 'I think my food must've gone down the wrong way.' Still pretending to choke, she topped herself up. She must've been quite drunk because the bottle was half empty, although I didn't put two and two together at the time. My head was spinning and I'd only had half a glass. But then I'm not really supposed to mix alcohol with my meds.

'Shall I get some water?' I asked.

'Thanks. There's some in the fridge.'

'OK.' I slid down from my high stool. They have four leather high stools around a kitchen island like the ones you see on adverts. They have a normal table too with six chairs. The table has a patterned plastic cloth on it, I guess to protect the wood from the kids spilling drinks or whatever. It must be weird having a choice of where to sit when you eat.

I crossed over to the fridge and filled a glass with water from one of those chiller things inside the door, taking care not to splash the lovely soft cardigan she'd let me borrow, which smelt of nice perfume and cosiness and was like being hugged. There were so many nice fresh things in the fridge, like tomatoes with the vine still attached, and those salad leaves that come ready-washed. As I closed the door, I noticed that her sink was stainless steel, like ours, but she had a posher tap with a shower function on it. I was dying to have a go, but I could tell it wasn't the right moment.

'Here,' I said.

'Thanks.' She drank it down, closed her eyes for a second and sighed. She was so convincing, I began to doubt she'd been faking the coughing fit. Plus, I couldn't guess why anyone would fake coughing. 'Sorry about that.' She cleared her throat one last time and blinked a few times. Her eyes were shiny, maybe from drinking the water so fast.

'Sorry,' I said.

'Not at all, not your fault.' She wiped her eyes. 'What were we talking about?'

'About finding someone for me? Like a date?' I didn't mention her ex-boyfriend again because I didn't want her to start coughing, but I did a sort of crazy grin, as if the idea was so fun, and climbed back onto my bar stool. I knew I had to make sure not to mention his name or the jig would be up.

'Have you finished?' she asked, eyeing my plate. I'd managed to eat most of it. The rest I'd hidden under my paper napkin. 'Was it OK?'

'It was absolutely delicious,' I said. 'I would normally eat so much more, but my tummy gets spooked when I'm nervous, you know?' That's actually true, but it wasn't what had happened.

What had happened was that I know aubergines absorb a lot of oil, so I'd made a pact with myself that I'd eat half then leave the rest. I'd already eaten more than I'd meant to because it really was good, but I wasn't too full so I wasn't stressing too much.

Her face softened. 'I don't make you nervous, do I?'

I shook my head, worried that I'd made an awkward situation even more awkward. 'Not at all. I mean, a bit, but only because I don't know you very well. It's nothing you've done, I swear. You've been so kind to me, letting me borrow your cardi and everything. I'm so grateful you've given me a chance at the library and that you've asked me to your lovely house. Honestly, that pasta was so nice. Your house is so nice. I wish I lived in a house like this.'

I made myself stop talking, tried to gauge if I'd gone on too much, but she just smiled and lifted my plate and turned away to plonk the dishes in the sink without even washing them. When she faced me again, she wasn't smiling any more. In fact, her expression was stern, like she had something very serious to say. I worried I'd said something wrong without realising, and got a sharp stress pain in my belly.

'Listen,' she said. 'About Lucas. That's his name, my... friend, my ex, who went to prison. Even if he is out, you don't want to be dating an ex-con, do you?'

I couldn't believe she didn't know Lucas was out because it had been in the *Weekly News* online. 'I don't mind,' I said. 'I'm not prejudiced about things like that. I think people deserve a second chance in life.'

'Well, that's very open-minded, but I still don't think it's a good idea.'

'It might be a good idea because I haven't had many boyfriends and he won't have had many girlfriends because he's been in prison all this time. Unless you don't want me to because you... I mean because you and him were...'

'Oh no. No, it's not that. God, no, not at all. It's just, he committed a violent crime. I don't think I could allow that. As your employer. It's a safeguarding issue.'

I was losing my chance. I had to get her to agree to me meeting Lucas.

'Honestly,' I said. 'If you don't mind and I don't mind, it's fine. If you used to go out with him, he must be really nice. He made a mistake, that's all.' I can't believe I got the words out. Beneath the kitchen counter, my leg was jiggling like mad.

'Let me talk to Freddie,' Megan said, and I got the impression she was closing the idea of Lucas Ashton down without saying it to my face. I opened my mouth to argue, but I had to be careful I didn't give the game away. And then she carried on talking before I could say anything anyway. 'My husband's got quite a few younger colleagues,' she said. 'There's a guy called Robbie who he works with, and he's just split up with his girlfriend. Now he's really nice, about your age, and not at all bad-looking. In fact, Freddie's playing squash with him this evening.'

She raised her eyebrows, as if she'd had a light-bulb moment. I felt like raising my eyebrows too and telling her he wasn't playing squash, with Robbie or with anyone else for that matter.

'Sure.' I swallowed hard, trying to hide my disappointment. Lucas Ashton had been in my hands, only to slip through my fingers. I sipped my wine and tried not to pull a face. It tasted like liquid acid. Why the hell did people drink it?

'We're not in touch,' Megan said, as if she was answering a question, despite the fact I hadn't asked one. 'Lucas and I, I mean,' she added, even though I knew exactly who she meant. 'But trust me, it's for the best. He's served a long sentence. There's no way of knowing what that's done to him. And even though when I knew him he was just a bit of a scallywag, the crime he committed was... All I'm saying is, I don't know him any more. And I'd never forgive myself if something bad happened.'

Something bad *will* happen, I thought. Something very bad. But not in the way you think, Megan Greenway. If this goes to plan, something bad will happen to you, not me. Your life will be something you don't even recognise if this goes to plan.

Mum's in the bathroom now. I can hear the buzzing sound from her electric toothbrush. She never does it for the full two minutes. I always do two minutes, and I floss every third day. The buzzing sound stops. One minute thirty-eight seconds. The water runs. Mum clears her throat. A second later, the rattle of the doorknob, her footsteps outside my bedroom door.

'Night, love,' she calls.

'Night.'

I should get some sleep. Tiredness is bad for me.

I finish my camomile and snuggle down under the covers. The walls in Mum's spare room are bare. She threw out all my posters, my old school books, all my cuddly toys, when she moved here. This room has never really felt like mine or even like she wants me to stay here. But then again, the house I grew up in didn't exactly feel like home either. I wonder what it would be like to live in a lovely home like Megan's, with a choice of where to sit down for your tea and nice shiny surfaces in the kitchen and modern furniture that looks like it's from John Lewis or IKEA and healthy foreign food and wine just there, just *there* in the fridge.

Megan Greenway has everything. I have nothing. It's so unfair that she gets to have it all when she must know something about that night. She's guilty too, in some ways. By association. Even if she knows nothing about that night, to hear her talk, it's like my brother dying was nothing, just another bad thing that happened.

A thought hits me, a kind of weird equation: for me to have a happy life, Megan will have to lose hers. But her perfect life has been built on the ruins of mine, so it's fair, in a way. She's had fifteen good years while I've been in hell.

It's my turn to live now.

I close my eyes and tell myself not to spiral. I'm only thinking these thoughts because I'm pissed off about how close I got to meeting Lucas Ashton before she snatched him away. All she had to do was get his number or at least find out where he's living! She could have asked her husband. Maybe Lucas has a new name. Or perhaps he's been moved to a halfway house or somewhere, to start a new life away from his dark past. I don't care where he is. I just need to find him.

Of course, it's possible neither Megan or Freddie know where he is or what his number is. But that's too much for me to contemplate right now. I believe, I have to believe, that he's here and that they can take me to him. They must know something. I mean, you can't do anything in this town without someone somewhere knowing about it. Yes, the two people closest to him must know.

And now I'm thinking that if Megan does know he's out, which she must, why did she say she didn't? That's a lie. And if she lied about that, does that mean she knows where he lives? So why wouldn't she set me up with him? It's not like they're together any more! She said it was just young love, that it would have fizzled out, so why hide him from me like a toy I'm not allowed to play with? She said she didn't think it was a good idea, but I don't believe that. She can't think Lucas doesn't deserve a second chance. And she can't employ me for a responsible job then turn round and start treating me like a child.

There must be another reason.

I sit bolt upright in bed.

'Oh my God,' I whisper. 'Of course.'

I can't believe I didn't think of this before. If I'd ever been out with anyone, I would have probably thought of it immediately, but I didn't.

Maybe... probably actually... Megan Greenway doesn't want me to meet Lucas Ashton because she would be too jealous. If she's too jealous, that means she still loves him, doesn't it? If it really had fizzled out like she said it had, she wouldn't care who met him. So she does still love him. Which is bad for my plan. Because if she loves him, there's no way she'll let me go on a date with him.

I'll have to find another way. The fact is, whichever way I do this, and whether Megan loves Lucas or Freddie, she and the kids will suffer. It's inevitable.

But so be it.

TWENTY-TWO

HER

Cat leaves at a prim 10.30. It's only when Megan closes the door and turns unsteadily in the hall that she realises she's a little drunk. She grabs hold of the banister to steady herself a second before climbing the stairs with excessive care. Peering in on the children, she sees both are out for the count. Listens a moment to the soft, slow shush of their sleeping breaths.

Back downstairs in the kitchen, she is greeted by the sight of Cat's glass, still full, the empty Picpoul bottle next to the sink. The pan is on the stove, the remaining pasta cold and coated in sticky red sauce. Lazily, she trails her finger around the rim and sucks. In the sink, a slimy nest of spaghetti lies congealed in Cat's bowl. She can't eat when she's nervous, she said. She must be nervous all the time.

Megan stacks the dishwasher, the task softened by alcohol. She runs a cloth over the surfaces, sets the dishwasher running. Only when she takes in the immaculate clean-up job does it occur to her that her thoroughness is a stalling device. She's been waiting for Freddie. Usually, she gets to bed as soon as possible so she can at least pretend to be asleep. Tonight, she wants to talk to him. There is something specific she wants to ask him, in a way that will hide her darker purpose. She cannot afford to let him detect her intentions. But how to manipulate a master manipulator? How to play a player?

It's after eleven. Freddie is late, even by his standards. Perhaps he presumed she'd be in bed by now so figures his timings don't need to correspond so neatly to his chosen alibi. His second affair – that she knows of – and he's getting sloppy. Laziness born of arrogance, his Achilles heel. All narcissists fall from their pedestals in the end. Ironic, considering how he put *her* on a pedestal for so long. She was perfect. She was the only one. The love-bombing, the excessive care, the romance. At the time, she didn't realise this was all straight out of a playbook. She was perfect until she wasn't perfect any more. And not being perfect was her unforgivable failing.

The trouble is, Ellie's the only one besides Megan who sees Freddie Crowther for who he really is. Megan's mother thinks the sun shines out of his behind, his own parents are in full agreement and his colleagues seem to think he's the second coming. She longs to puncture him and watch him deflate, so much so she fears it will drive her – is already driving her – quite mad.

She runs herself a glass of water, wonders what he'll say when he walks through the door and finds her still up. Is there any part of him, any last ember, that will be pleased that she's awake? Presumably, he will be planning a shower before getting into bed, one he can explain away by needing to wash off the sweat from an evening's sport rather than the scent of another woman.

Can she reveal to the world who he really is without being seen to be the one pulling back the curtain? Could there be a silver lining to his wanton disregard for her, for their marriage, their family? If Megan plays her hand carefully, it will look as if she simply discovered Freddie's infidelity by chance. Freddie's mistress will be Megan's witness. He won't be able to accuse her of spying or making deluded accusations or behaving in a jealous and obsessive way. He won't be able to gaslight his way out of it.

Yes, Cat could be the gun with which Freddie finally shoots himself in the foot.

From outside comes the growl of his bike. She's glad the wine has not yet worn off. It has desensitised her, and right now this feels useful rather than dangerous – useful *and* dangerous possibly. But it's better to rummage through the discarded jumble of her pride and find the cool detachment that has been her life jacket for so long she barely knows she's wearing it. Yes, better that than bend into a hunched obedience from which, she fears, there will be no way back.

'You're still up,' he says, appearing at the kitchen door and allowing his face to register a modicum of surprise, no more than is appropriate for a man who has played sport with his friends, gone for a few soft drinks and come home to find his wife awake and waiting instead of pretending to be fast asleep in bed.

Her stomach clenches. It has taken him longer than it should to reach the kitchen. He will have placed his feet carefully one after the other along the hall floor, taking time to compose his features, readying himself to face the long-suffering, careworn mother of his children against her backdrop of domesticity. It must be quite the contrast after having spent the last hours having hot, noisy, illicit sex in the disinhibiting environment of Helena's child-free converted bungalow.

Control the rage, Megan. Manage the fear. Cool detachment. The life jacket. If you play this right, there is no need for a showdown until you have incontrovertible evidence in your grasp.

Consciously, she slows her breathing and studies him as if through a crystal-clear lens from which the haze of love has been well and truly wiped. His hair is flat, his skin greasy. The lines on his left cheek could be from the other woman's bed linen, or perhaps now, in his thirties, his skin, like his hair, does not spring back like it used to from the crush of his helmet.

'I was just cleaning up,' she says, neutral as Switzerland.

'Did you have a good evening with... your new assistant?' His voice is breathy. He sounds bashful, almost apologetic.

Guilty.

'Cat,' she says. 'I did actually. She's very shy, but she's such a sweet girl.' She plucks Cat's CV from the paperwork rack where she filed it last week. 'This photograph doesn't really do her justice, but that's her.' She slides it across the bar.

Freddie picks it up, studies it, frowns.

'Looks like me when I was younger, doesn't she?' she adds.

He raises his eyebrows, pushes his bottom lip up against the top, as if he doesn't really have an opinion on women and their physical appearances. 'I suppose so. A bit.'

'Actually, she's lookin' for lurv,' she adds, hamming it up. 'I said I'd ask around and see if there were any eligible men. You work with some nice young guys, don't you? They'd have to be gentle though. She needs someone gentle but confident, d'you know what I mean? Someone who knows what they're doing. I don't think she's very experienced. She said she'd had a boyfriend at uni, but I'm not sure how true that was.' The burning feeling comes again. She feels like she's offering a virgin to the gods. A trade for herself and her children. Blood on the altar. Sacrifice.

'She's at uni?' Freddie breaks into her rather Gothic train of thought.

She shakes her head. 'She graduated last year. But she went late, I think. She's twenty-seven.'

He nods, handing the paper back to her, relieved no doubt not to be asked about his evening.

'Do you know anyone?'

'Anyone what?' If feigning indifference were a superpower, Freddie would be its hero.

'Any men that might be looking to meet a nice girl. Young woman, I should say. I was thinking of Robbie.'

'Rob Worth?' Stalling, stalling, stalling.

'Unless there's another Rob? He's about the right age, isn't he? It might cheer him up after splitting with Maya?'

'I suppose so.'

'It's just, you were saying what a great guy he was, and I think that's what she needs. Someone *truly great*, you know? Do you think he'd be interested? She's really sweet and clever, and actually quite beautiful in the flesh. She just needs... someone with confidence who can give *her* confidence. With the right person, someone kind and sensitive who can bring her out of herself, I think she could really blossom.' She worries she's laid it on too thick. But now she's started, she can't seem to stop. 'She's really chatty once you find the right buttons to press, and she's totally open to a date. She even suggested Lucas!' She laughs – ahahahahaaa.

'Lucas?' Freddie frowns. 'How does she know Lucas?'

'She doesn't! She asked me how you and I met, and I mentioned we had a friend who went to prison. She said if he was out, she wouldn't mind meeting him. She seemed really keen actually. The idealism of the young, eh? Probably thinks she can save him or something.'

'Surely that'd be a safeguarding issue?'

Megan feels herself bristle. 'Hardly. This is our friend we're talking about.'

'A lot's happened since then,' he says. 'He's not the same – I told you that. No, it's not appropriate. You absolutely can't set up a young, inexperienced colleague with an ex-con.'

'An ex-con? Is that how you think of him?' Megan bites her lip. Why is she getting drawn into this conversation? She doesn't even want to set Lucas up with Cat, albeit for different reasons. But she can't let Freddie talk about him like that.

'I don't mean it that way,' Freddie says, palms raised as if to calm a crazy horse. '*We* know he's a good guy, but at the end of the day, he did kill someone. He's done a lot of time, and as I keep telling you, he's not the person you remember. Look, forget Lucas, OK? Just forget him.'

'I didn't suggest him,' she says, recovering. 'I just said Cat suggested him. I suggested Robbie.'

'Sure. Robbie. Robbie's a good guy. Send me the photo and I'll show it to him.'

'I'd need to get permission from Cat,' she says coolly. 'She might want me to take a nicer photograph.'

'For fuck's sake.' He sighs, pinches the bridge of his nose in exasperation before making his eyes wide. 'Whatever. Just do what you have to do. It was you who started the conversation in the first place. Send me the photo, don't send it. I don't care.' Throwing both hands in the air – a final flourish – he strides out of the room, shaking his head, muttering loudly enough that she can pick up the withering tone but too quietly for her to hear the words themselves.

He has dismissed her as if she were no more than a child, made her feel irresponsible for mentioning Lucas, ranting about safeguarding as if she'd actually recommended her ex. He turns everything she says on her. He is absolutely impossible to talk to; their every interaction chews away at her for hours afterwards. Days. Months. Years.

He will eat me alive, she thinks. Like a parasite. He will kill me from the inside.

But at least he's bitten. She needs to hold on to that. Because if what she *thinks* she has just set in motion goes the way she hopes, her days of negotiating his endless bullshit will soon be over.

TWENTY-THREE

HER

'So, were you serious about being open to a blind date?' she asks Cat. It's Monday morning. Cat has chosen to spend her break hanging out with Megan even while Megan's covering the checkout desk, which doesn't seem like much of a break. She worries the girl is developing a crush. That would fit with her theory that Cat doesn't come from a kind home. To the emotionally neglected, kindness can be overpowering. Megan knows that all too well. She promises herself that after her little matchmaking game, she will set Cat up with Robbie or someone like him for real.

Cat nods timidly. 'I really don't mind meeting that friend of yours. Did you find out if he was out of prison? Honestly, I've been thinking about it and I'd like to meet him.'

'My other half works in the charity sector,' Megan says, pretending she hasn't heard or hasn't understood. Really, the girl's like a dog with a bone. 'A lot of his colleagues are younger – I think I said that. I hope you don't mind, but I did ask him if any of them might be available. Remember that guy Robbie I told you about? The one who's newly single?'

'Oh.' Reddening, she looks down at her feet. 'Oh, right.'

'Sorry,' Megan says. 'Should I not have said anything?' She laughs, and Cat, thank goodness, lets out a giggle. 'I didn't pass on your details or anything. I can easily say you're not interested after all.'

'No, it's fine,' she says, managing to glance up. 'I think I'd be better with an introduction, then at least I'd know they were vouched for. If you say this Robbie's nice, then he must be. I'd meet him... if he wanted to meet me, I mean.'

Her words are at odds with her eyes, Megan thinks, but she presses on. 'Freddie said to send a photo, but the only one I have is the one on your CV.'

'I hate that one.' She pulls a face. 'It's from ages ago. I look about twelve.'

'Well, I think you look lovely in it, but yeah, it's a bit... driving licence.' Megan looks out through the front windows. 'Sky's a bit grey at the moment, but this afternoon the clouds are supposedly going to clear, and that'll be just when the sun comes around the building. The light will be lovely. If it's quiet, I could take a couple of photos then. I'm sure we can do better than the mugshot.'

Again Cat giggles. The blush, which hadn't quite gone, darkens, tracks down her neck. She looks utterly adorable, her eyelashes a dark sweep as she glances towards the floor, her freckles childlike and quite irresistible. Megan wishes she could take a photograph right now, right this second, and send it. If she knows Freddie, he probably wouldn't even bother to show it to Robbie; he'd be too busy licking his lips.

She closes the thought down, but it persists, lurks. It's the kind of trick Freddie would play – the kind you can claim you never meant when the shit hits the fan. The worst kind of trick. She's not sure she can go through with it. But then it probably won't work. If it doesn't, then no harm done. And if it does, whatever happens, she'll make sure it doesn't go too far. No one needs to know her true intentions. No one needs to get hurt.

Except Freddie.

Later, the sun drifts over to the west, casting dusty shafts of light through the display books in the window. The library is quiet before the after-school visitors, so Megan grabs the opportunity.

Cat is shelving books, lost in concentration.

'Hey.' Megan taps her gently on the shoulder; feels the electric reaction course through the girl from head to toe. 'Ready for your close-up, Miss Gallagher?'

They share a giggle. On Cat's cheeks, that familiar creep of pink.

Megan persuades her to take her hair out of its ponytail, which she does, combing it out with her fingers. She offers Cat her make-up bag to rifle through, telling her to help herself, but she shakes her head.

'I don't wear make-up,' she says. 'I don't like the feel of it on my skin.'

'Sure,' Megan says with fake breezy cheer. She's keen for her to look as beautiful as possible, knows that this will help her idea along. 'You don't need it anyway. I never wore any till I hit thirty, but I know women who'd pay a fortune for your eyelashes.' She performs a chef's kiss and gives Cat a warm, encouraging smile.

Cat gazes at the floor as if she's trying to disappear into it. The compliments have been too much for her. She looks like she's going to spontaneously combust.

'Why don't you fetch a plastic chair from the computer zone,' Megan offers, thinking it will give Cat something to do while she recovers.

Sure enough, by the time she gets back, her colour has almost normalised. But still, she stands quite uselessly, holding on to the chair for dear life.

'Pop it over there,' Megan suggests. 'Facing the window.'

Cat does as she's told with the assiduity of a five-year-old. 'Here OK?'

'Perfect. Sit yourself down and make sure you're super comfortable.' Megan checks the door, but there's no sign of anyone, so she returns to the task at hand. 'My daughter, Olivia, told me that the way to take a good photo is to make someone laugh,' she says, chatting away to put Cat at her ease. 'I have to say, it troubles me that at the age of ten, she knows how to work the lens, but the information comes in handy sometimes. Comfy? OK, let me think of a joke.' She racks her brains, trying to think of something funny. It doesn't need to be side-splitting. Cat will laugh at anything, just to be polite. 'Oh God, my mind's gone completely blank,' she says. 'Why can I never remember jokes? Do you know any?' She holds out little hope, but without a moment's hesitation, Cat says:

'Two ducks are sitting side by side in a pond. One says to the other: *Quack*. The other replies, *Aw, I was gonna say that*.'

Megan laughs, quite genuinely and partly out of surprise, which makes Cat laugh too. The joke is like Cat, she thinks: innocent, childish, a little quirky. While Cat is still laughing, Megan takes several photographs, eggs her on by calling out at her: *Laugh, laugh your head off*, giving a loud *ho ho ho*, all of which makes her laugh all the more. It moves Megan to see her like this. It's like the moment in the hallway, the cardigan, the deep blushes. Something about this kid gets under her skin, makes Megan want to look after her.

Makes her question what she's almost about to do.

They bend together over the phone, swiping through the shots. They're all pretty good save for a couple in which Cat's eyes are closed. They whittle it down to three. Then two. Then one. In it, Cat is laughing, her hands folded loosely on her crossed legs, her eyes thrown slightly upwards and to the side, the deep brown lightened to hazelnut in the afternoon sunlight. Her hair falls thick and shiny over her shoulders. Megan doesn't comment on how like her at seventeen she looks. And she certainly doesn't tell her she encouraged her to wear her hair down for this very reason. The fact that Cat refused make-up only helps the cause. The fact that she looks so innocent, so young, so fresh.

She's perfect.

TWENTY-FOUR

HER

Later, Megan picks up the kids from after-school club. She's unlocking the door when Olivia says:

'Mummy, look.'

Megan glances down. Between her thumb and forefinger, her daughter is holding a crushed white rose.

Fear flickers in Megan's gut. 'Where did you find that?' she asks, glancing around at the street.

Olivia points to the end of the driveway. 'There. You squashed it with the car.'

Megan throws open the front door. 'I didn't see it.'

'It's all flat,' Harry says, stepping into the house after his sister.

'I'm going to press it,' Olivia replies, not to be beaten. 'You put it in a book, then you put other books on top and...'

Leaving the door ajar, Megan walks slowly down to the pavement. Hands on hips, she scans the close, the houses, the windows in the houses. There is no one, no one at all, not even the old guy at number 33 who is constantly manicuring his lawn.

But someone was here. Someone left that rose. That's the second one. One could have fallen or been dropped or something. But two? She's read about stalkers, has twice been the victim of something similar. There was the guy at the library, just after she started there, who left her little love poems until her manager kindly told him to stop. Further back, a student in her halls who always just happened to be going out or coming home at the same time, ready for a cosy chat in the hallway.

So who is it this time? Who does she know? Who is watching her, wanting her attention? White flowers mean purity, don't they? But they're also, she's pretty sure, synonymous with death. A threat then? The thought brings a flashing sense of dread. After a last glance about her, she follows the children.

Once the kids are settled with their homework, she finds her old phone in her bedside table, the photo of herself and Lucas still saved there among other images from her life before. Since her husband broke the news, since he told her that Lucas was someone they should keep away from, she has been looking at these photos every day, sometimes several times a day, flicking through, remembering the old Lucas, the one she knew and loved. It's as if by scrutinising images of who he was then, she can protect herself from Freddie's troubling account of who he is now.

Whether she should feel guilty or ashamed for poring over old photos, she doesn't know. She's never forgotten him, of course she hasn't, but somehow, over the years, his image had faded from her mind's eye. As if he'd died. Maybe dead is how she's had to think of him to be able to live, the same way she's had to lie about her marriage in order to survive it. Her kids need her to push the truth away so that she can be a good mum. They need her to not look into the abyss. And for herself, she's scared that if she does, she'll feel the vertiginous pull, tumble headlong into it. Since Lucas got out, despite what Freddie has told her, she can feel herself creeping towards its edge, knowing that in its depths lie both the memory of lost love and the reality of the man she married.

Could Lucas have left the roses? The thought hits her like a rock. She gasps, her hand flying to her mouth. Is he bitter about her abandonment of him? If he's changed, been brutalised by prison, could he wish her harm? Could he be warning her?

She shakes her head, an attempt to rid herself of the thought, which feels like the most terrible betrayal. She can't let Freddie poison her mind against Lucas. She can't be sure her husband isn't just saying that stuff to keep her away from him. She needs to remember Lucas as he was, remember what it was like to love the way she loved him. Because he is not dead. Because she did love that way once. And because he has not moved away. He is here in the town where she lives. He is here in this photograph, his arm around her shoulders, the two of them in school uniform. This was just before GCSEs, the year he started at the school. In the picture, they are not together yet, but they are clearly close. They are in front of the parade of shops on Langdale Road. They will have gone there at lunch break to buy chips, which means this photograph was taken on a Friday. Lucas is wearing a cheeky smirk, as he always did. She is laughing. She knows without a doubt that it is Lucas who has made her laugh like this, even if she can't remember what he said. The shot is a little out of focus. His pale eyelashes make his eyes look small, his sandy hair a blur at the front. He never used hair gel – said it made his hair too sticky. She always told him it looked a mess.

It must have been a week or two after this photo was taken that they got together. Sally, a girl in their year, had a house party. Her parents had gone away for the weekend. Megan and Lucas danced in the living room, her arms around his neck, his arms around her waist, and kissed and kissed and kissed. How oblivious they were to the people around them. She feels herself blush. The things you grow out of. But she'd been utterly lost in it, could have carried on for hours. The memory of Lucas is physical – the weight of his hands, the surprising softness of his mouth, the soapy smell of his neck, the smell of him beneath something she's never really been able to put into words. The way her body responded – the ache and thrill of that.

He walked her home that night. Every time they met up, usually with the others to hang out in the park or go to Wetherspoons for cheap beer, he always walked her home, even though he lived over a mile in the other direction. She always said she was fine to get home by herself. He would reply that he needed the walk, patting his non-existent belly and claiming he was getting fat. God, he was as skinny as a pole. But muscular too. Strong. He could lift her up as if she were made of polystyrene. The day they all went to Frith Beach in Freddie's parents' car, Lucas scooped her up, threw her over his shoulder and carried her along the sand, running, pretending to kidnap her. She was helpless with giggles. Once they'd left the others far enough behind, he laid her gently down.

'I love you,' he said, still breathless. His eyes were so pale and blue.

'I love you too.'

She wipes her eyes. This is self-inflicted torture. It is a shimmering line between pleasure and pain, a sweet melancholy that makes her feel old by throwing her lost youth in her face. It strikes her now as it struck her then: the decentness of him, his uncanny ability to make her feel completely loved.

She hopes Olivia will find someone as decent as Lucas.

She hopes she won't end up with someone like Freddie.

Her chest tightens. After Lucas went to prison, she would sit in her room and pore over this photo – and the others – alone in her despair since there was no sympathy for her at home. Her father never got involved in emotional matters, and her mother did little to hide her impatience with Megan's broken heart. She could never see or didn't want to see how her daughter could possibly have fallen for Lucas Ashton, who in her opinion was the son of a criminal and a drug addict and that was all.

'I don't see why you're so upset,' she said the night Megan returned from her last visit to the prison. 'Why on earth would you want to carry on going out with a murderer?'

'He's not a murderer! Don't say that!'

'He is. And the sooner you face up to that, the better, young lady.'

When, to her mother's eternal delight, Freddie and Megan became an item, Megan felt too guilty to look at these pictures. Time passed. The months, then the years, the pregnancy, the wedding, the kids, the work, the life, the life, the relentless life. Now, maybe because she finds herself alone again, maybe because she can almost feel Lucas nearby, he comes back to her, alive, a flash of arms circling her waist, his lips on hers, the smell of soap and tobacco, spearmint chewing gum, day-old sweat on those awful polyester V-neck sweaters they had to wear, cheap aftershave. Him.

He will smell different now. He will look different. Be different. Can he really have changed in the way Freddie said? Has prison ruined him forever? Enough to want to hurt her?

On her current phone, she finds Cat's photo from earlier today. Zooms in and holds it against the old image of herself. Really, the resemblance is uncanny. She uses the brightness filter to lighten it, increases the warmth, which gives Cat's skin a subtle glow. There is little to do. Beauty is youth, youth beauty, she thinks, misquoting her A-level Keats. If truth is beauty, then her life is ugly. Maybe that's why she can't look at it directly.

Heart in her mouth and with a deep gut feeling of guilt, she sends Cat's photo to Freddie on WhatsApp with the caption:

This is a better photo. Her name's Cat Gallagher. She's 27, bright but shy. See what Robbie thinks.

Minutes later, Freddie replies: *Rob's a yes. Send her number and I'll pass it on.*

Her hair follicles lift.

Gotcha, she thinks.

TWENTY-FIVE

ME

In my room, I lie on my bed and put my pillow over my face. I press it down until I can't breathe and groan into its clean, soft whiteness so that Mum can't hear me. I can hear her though, banging about in the kitchen, making another high-calorie meal I don't want. It's all she does – go to work, come home, cook for me. All I ever hear is her moving about: pans, plates, the creak of the stairs, the running of the tap.

Just when I feel myself getting light-headed, I release the pillow. I jump up off the bed, fling my arms out to stop myself falling over and wait for the dizziness to pass.

I need to get out of this house. I need to find a flat to rent, but I don't have any money, not until I get paid. I thought it would be OK in the new place without Dad. I thought Mum would step out of his long shadow once he was gone, but it's like the light would kill her or something. I don't even know what she was like before him. Maybe she was always like this, a subdued housekeeper, simmering, watchful. I don't think so though. I think Dad did that to her. When he came in from work, it was like the whole house held its breath.

Maybe once I've done what I have to do, Mum will flood with colour instead of walking around in black and white. Once this is over, if I get out of it alive, I'm going to get better. And when I'm finally better, she can stop looking after me and take up line dancing or something. Something fun. Maybe we both can. Go on holiday even. *Who are you?* I think sometimes. *Who did you think you'd be? Because I can't imagine you're living the life you dreamt of when you were little.* Maybe after this, we can try and create a different life together. Be different people. Then again, she might never speak to me again. I might not even be here to speak to, lost in the fallout, a sacrifice to justice.

But I'm jumping ahead. I still haven't found Lucas Ashton. Before I made my plan, back when Mum told me he'd got out, I tried ringing the prison and pretending to be his auntie. But no, the information was data-protected. His mother is dead, his father untraceable, probably in prison. Maybe I could hang around the old town or the Shopping City – he's bound to go up there sooner or later. I could even go to the Red Admiral – would he go back there?

They say people return to the scene of the crime, don't they?

He could be in France, for all I know. Australia. But something in my gut tells me he'd come back here. I don't know why. Maybe because I have to hope he will for my plan to work. I don't know anyone else who he was friends with apart from Freddie and Megan. Surely he'd want to get back in touch with them?

And now my plan is going wrong before it's even off the blocks. Instead of Megan taking me into her confidence, she's taken me under her wing. She seems to think I'm this fragile little child, so the last thing she's going to do is confide in me, isn't it? She doesn't see me as a friend or a wise confidante, and I guess she's right; I'm neither of those things. Besides, she has

Ellie, and those two always were as thick as thieves. And that is probably why my attempts to get her to introduce me to Lucas Ashton have somehow ended up with her presuming that I'm in need of a boyfriend. I've played along, but all that's happened is a stupid photo shoot for some randomer I've never met called Robbie Worth. I don't want to go on a stupid date! I hate dates – the idea of them anyway. Just thinking about going on one makes me hyperventilate. And if this Robbie person does want to meet me, I don't know how to get out of it without coming across like a time-waster, and I'm scared I'll annoy her if I don't go and she won't want to set me up on any more dates. Because surely if she runs out of available men, she'll eventually let me meet Lucas. Not like she can have him, is it?

How the hell did I get here?

Stupid, comes a whisper I haven't heard in a long time. My skin heats.

I stop dead still and listen, hard, but she doesn't say anything else. Thank God. Maybe it was Mum calling herself stupid in the kitchen. Yes. It was Mum. Not her.

'I'm not stupid,' I say, in case it *was* her, just in case she's listening, even though I know she can't, that she's not real. 'It's a long game, that's all. What would you know?'

I make myself stop. I can't be talking to her otherwise I'll unravel. I need to keep it together for a few more weeks, that's all. Couple of months tops. I'll do what I have to do. I'll go along with Megan's stupid Cupid routine. I'll meet every single man she throws my way if I can eventually persuade her that Lucas Ashton would be a good match for me. I believe in second chances, I told her. I already know what I'll suggest. We'll go somewhere quiet, Lucas and me. I'll wait until we're alone.

'Catherine!' Mum's voice reaches me from the kitchen. 'Dinner's ready.'

'Coming.'

The whole house smells of meat and gravy. In the kitchen,

Mum is dishing out shepherd's pie onto two plates. I'm so sick of shepherd's pie.

'Not too much,' I say, even though she won't take any notice.

On the table, there is broccoli in a bowl, red cabbage in a jar. The broccoli is shiny with butter; she must take me for a fool. I tried to go vegetarian, but vegetarian is a word Mum can't utter without it sounding like an insult. *One of those vegetarians*, she would say, slight pause before the word *vegetarians*, her mouth turning down at the edges. Or worse, vegans. Mum says *vegan* like most people say *idiot*.

I sit down. Mum pushes the plate in front of me. It makes me think of old films where they slide prisoners' meals under the door, but maybe that's because I've been thinking about prisons a lot today. The mince concoction steams, filling my nose with its savoury smell. Silently, I calculate the calories: about 700 for the shepherd's pie plus 80 or so for the broccoli because of the butter. The clock on the kitchen wall says just before seven. At seven, the cuckoo will spring out and Mum will jump out of her skin and say, *Good lord in heaven, we need to get rid of that bloody thing*. Vegetarians, vegans, cuckoo clocks. Oh, and air fryers. She can't stand them either. I think she absorbed all this impatience with modern life from Dad. Dad thought progress stopped in his lifetime. Literally all progress since the dawn of man halted the day Kevin Jennings was born. She's so jumpy too, and that's definitely because of Dad. She's frightened of any sudden noise: the slam of the front door, the cuckoo clock, the thud of my brother being thrown against the wall of his room.

I take some red cabbage and shake it off my fork onto the plate. I take a second forkful. Pink juice splashes on the plastic veneer tabletop. Mum jumps up like she's been electrocuted and grabs the cloth from where she's draped it over the tap.

'You don't need to wipe it straight away,' I say. 'Not like it can soak into plastic, is it?'

'I know but we don't want to be eating with splashes on the table, do we? Not very civilised.'

I want to tell her to chill, that it's fine, that Dad isn't here to shout at her any more, that what's the point of him not being here if she's still going to live stretched out on tenterhooks? But I suppose it isn't something she can stop doing just because he's gone. She's still taut, still pinned to the frame. Probably always will be.

'You could make dinner sometimes, you know,' she says. 'You get back before me.'

'I don't know how to do shepherd's pie.'

'There's my Delia Smith *Complete Cookery Course* on the shelf if you're stuck. We could've eaten an hour earlier, which would've been better for my tummy.'

Tummy. Like I'm six.

'Megan and her husband don't eat until eight,' I say.

'Bully for Megan. She must be a martyr to indigestion.'

'She does fresher things. Like with tomatoes and stuff.'

'Well, pardon me for making you a proper tea, your ladyship.' Mum scowls and takes an angry swig from her mug, mutters, 'There's tomatoes in this.'

Tinned, I think but don't say. Nor do I say that Megan doesn't serve cups of tea with meals either because that would be World War III.

'Have you been paid yet?' Mum asks.

'Not yet. End of the month.'

She sighs.

'I could see about something on the council,' I say, my gut sludgy with angst. 'Go on a waiting list.'

'You don't need to do that. That's not what I'm saying. Just wouldn't say no to some housekeeping, that's all. Minimum wage doesn't stretch very far, and I got nothing from your father.'

'We can survive without him.'

'We'll have to.' With her knife, she drives mashed potato onto her fork and shovels it in. I take a mouthful, then another, feeling like I've been told to eat a woolly mammoth.

'I'm not hungry,' I say, resting my cutlery on the side of the plate.

'I only gave you a small portion. Just finish it, love. Then it's done.'

I push a mouth-sized lump around the plate.

'Come on,' Mum says. 'It'll slide down.'

Later, we watch TV. Mum puts mixed nuts, raisins and chocolate chips in a bowl on the coffee table. They are very moreish and she knows it. I take a handful, about 200 calories, feel her eyes on me even though she's looking at the TV screen. Like a squirrel, I pretend to eat from my hand, smile when she turns to help herself. When I'm sure her attention is fully on the programme, I push it all between the sofa cushions. I'll clear it away tomorrow morning before she wakes up. I pull my phone out of my pocket so I can set an alarm with the label: *Nuts*. I am nuts, I think. Not like I don't know that.

On my phone, there's a message from an unknown number:

Hi, Cat. Freddie Crowther gave me your number. Let me know if you'd like to meet for a coffee or whatever. Cheers, Robbie.

My hair feels like it's standing on end. An actual message from an actual man. Robbie Worth wants to meet. Oh my days. I've never been on a date before. I don't know if I can do it. I don't know if I can pass as normal.

I pretend to yawn so Mum thinks I'm tired. 'Think I'm going to head up.'

Mum smiles, her tension softened by the fact that her daughter has eaten a decent dinner, even if she suspects, rightly, that the packed lunch she made for me to take to work is lurking in a bin somewhere in Runcorn old town.

'Night, love,' she says. 'Sleep tight.'

'Night.'

We don't hug or kiss. Never have. Dad wasn't keen on what he called *all this sickly I-love-you business*. Dad said *affection* like Mum says *vegan*.

Upstairs, I sit on my bed and stare at Robbie's message, heart quickening. I don't know what to do, how to reply. I suppose I could call Anna or Shell for advice, but I don't want to bring them into this. I could text Megan, but even though this is her doing, she's my boss and it's not office hours. No, I need to do it myself.

Coffee sounds good, I type. *I'm free on Saturday.*

I think that sounds like I have some sort of life, like I have other social arrangements.

He replies quickly:

Great! How about an early drink at the Bear's Paw? Say five-ish?

The Bear's Paw is in Frodsham. He's chosen a pub near me. My scalp feels like it's shrunk to my head. Does he know that's where I live or is it a coincidence? He said coffee, but now he's saying a drink, and a drink's not coffee. It's not in the morning. That's when coffee time is. But it's not the evening either. I can have a cup of tea, I think. They serve tea in pubs now. It's not weird to have a cuppa at five in the afternoon. I hope it's not.

OK, I type. *See you there.*

I stare at the message, deliberating over whether or not to put a kiss. I decide against. I don't know the man. Which is a good point. How will I recognise him if I don't know what he looks like? I go back to the message and add:

Do you have a photo? Just so I'll recognise you.

Sure. Give me one sec.

It must take him ages to scroll through his pictures looking for the best one because it's about ten minutes before the photo lands.

When it does, I am so shocked I drop my phone on the floor.

'Oh my God,' I whisper, my hands over my face. I'm hyperventilating, rocking back and forth as I try and process what I've just seen. The photo. Him.

TWENTY-SIX

HER

The next day there is no white rose on the path. It's only when she checks and sees nothing that Megan realises she's been expecting one and that her stomach has been tight all day. In the night, she couldn't stop her thoughts looping to Lucas leaving the roses. She dreamt of him, his face hard, his hood up, bending to leave the warning, backing away, looking up at the house in menacing surveillance. He's watching her. He's coming for her. He's changed. She wonders now how much, and if these nightmarish images are possible. Could Freddie be telling the truth? Could Lucas be a danger to her?

Chilled, she finds herself glancing up the street, then towards the dell. But there is no one there.

She opens the boot, where the supermarket shop sits in its bags for life. Over the years, she's tried to turn the day-to-day chores into activities she can enjoy with the kids. If Olivia and Harry come to the supermarket, it takes longer, but it's more fun than trailing the aisles waiting for inspiration to strike. They love it too because they're allowed to choose one thing each. Today Olivia has chosen a butternut squash, which means veggie curry one night soon. Harry has chosen four chocolate mousses. *So we can have one each,* he said, eyes round with sincerity. She worries he will turn out like his father, using his good looks to disguise his desires as selfless acts of service.

For God's sake, Megan. He's just a kid.

Right now, the children are climbing down from the car. It's warm out, a late-September early-evening sun. She rolls her shoulders, tries to absorb that mellow heat into her bones. Lifts her face and closes her eyes. Take this moment, she thinks. This moment is yours. Just take it.

In her pocket, her phone vibrates.

'Hey, guys,' she says as the kids run towards the front door, shopping completely forgotten. 'Can you give me a hand with the bags, please?'

She takes out her phone. *Mother*.

'Megan? Is that you?'

'Of course it's me; it's my phone. Hi.' Suppressing a private eye-roll, she lifts two bags from the boot.

'You sound breathless,' her mother says. 'Where are you? What's that dreadful noise?'

'I'm just back from the supermarket. The kids are helping me bring the shopping in, that's all.'

'But it's Tuesday.'

Megan banks this to tell Ellie later before replying, 'Shops are open on Tuesdays.'

'You know what I mean.'

'Not really.' Having taken the heaviest bags, she lumbers towards the house. 'We just picked up some bits and bobs. Olivia's making scones at school tomorrow.'

'That's all store-cupboard stuff, surely?'

'Were you calling for anything in particular?' *Or was it just to make me feel inadequate about my lack of readily available self-raising flour?* She's back out on the driveway, pulling the last two bags out of the boot. Olivia, who has already taken a bag while her brother does a wee, dashes out, her face bright. Megan hands her the pack of loo rolls and blows her a kiss.

'Just calling to see how you are,' her mother says. 'Haven't heard from you in a while.'

'I called at the weekend, but you didn't pick up.'

'We were at a barbecue. Do you remember the Gaskins and the Gowers?'

'You mean our family friends of many years? I don't have amnesia.'

'All right. No need to be sarcastic.'

'We're all well,' Megan appeases. 'Olivia got a commendation postcard last week, and Harry passed his Grade 1 piano.'

'Commendation postcard?' Her mother delivers this in a tone better suited to the news that Olivia has booked herself onto the next space mission.

'The school send them if your child has done something particularly kind or excelled at something.'

Her mother sighs. 'It's all so over-the-top now, isn't it? Can't they just say well done? So needy.'

Megan flattens her lips and presses them together – hard.

'How's Freddie?' At the mention of her husband's name, Mother's voice fills with syrup.

'He's... you know... busy.'

'That man works far too hard.' The words are limp with admiration. Really, Megan needs a notepad and pen. But she endures. She lasts the time it takes to put the shopping away, phone pushed to one ear with her shoulder while her mother goes on. And on.

'... I was telling the Gowers about all Freddie's successes with Haven. He's really put that place on the map, and to think of all those people he helps out of such desperate situations. You'd think with him being so handsome and so gifted academically, he'd go and work for some big corporate salary, but no, he just gets on with it, doesn't he? Never complains. I bet his staff adore—'

'Hey, listen,' Megan says before she scratches off her own skin, 'I have to go. I need to make the kids' tea.'

'Dinner,' Mother corrects her.

'We're northern,' Megan replies. 'We say tea.'

'I know, but you've been to university, love. You have an English degree.'

She has never got over the fact that Megan's degree didn't launch her into a career with the BBC. To listen to Mother, you'd think only Freddie had a job. Megan's career is a hobby, a dalliance – to listen to Mother.

'Really gotta go,' she says. 'See you later.' She ends the call and take a few seconds to stand with her fingertips pressed against her eyes. She doesn't know why this helps, but it does, and it's better than drinking wine directly from the bottle. Although she could always do that in a minute.

'Mum, are you OK?'

She opens her eyes to her darling girl, whose own eyes are so like her father's. And yet not. Where Olivia's expression, her good faith, could easily move Megan to tears, Freddie's could move her to violence.

'I'm grand,' she says now and smiles. 'Thanks for all that help. Let me see those muscles.'

Olivia flexes her arm. Megan gives her bicep a squeeze. 'Rock. Hard.'

Olivia giggles.

'Feel my muscles.' Harry is right there, not missing a trick.

She does the same to him and pronounces him Britain's Strongest Boy.

Her phone beeps. It's a message from Cat.

Robbie got in touch last night. I'm seeing him on Saturday for a drink.

Megan goes hot. *Robbie?* No. Oh no, no, no, no, no.

Did Freddie ask Robbie after all? He must have.

Oh God, Robbie must have been next to him when he got the message. Shit! Megan sighs. She didn't think Robbie would be anywhere near ready for a date, not after the break-up. That's why she suggested him. And now he's meeting Cat! My God, how quickly even the nicest guys move on.

Of course, Robbie would be perfect for Cat. He's gentle, easy, someone with whom she could relax and blossom.

Her heart sinks. This hasn't gone the way she wanted at all.

Maybe she should just ask Freddie for a divorce and face the consequences. No unmasking. Face the inevitable shitstorm, then go their separate ways. Maybe even stay civil for the sake of the kids. Instantly, she feels sick. A tidal wave of abuse, lies told to anyone who will listen – and there are so many people who would listen to Freddie Crowther. What that would do to the kids. Two homes but no real separation. A weekly handover of Olivia and Harry to a man who will not wash their clothes, not know when they have PE, not cook for them, not watch their childish films with them. Megan biting her lip against his apathy and awfulness as she always has, still swallowing acid. Forever.

Of course, she'll have to face the full force of Freddie's wrath whatever happens. But just for a moment there, just for one fleeting moment, she dared to hope that at least his reputation would be in tatters. And that would at least have weakened him. Meant she would have had a chance of holding her head high in the town where she was born.

It would have made the bitterest of pills just that little bit easier to swallow.

TWENTY-SEVEN

ME

It's today. Five o'clock at the Bear's Paw. I wonder what Megan has said about me, how she described me. I guess he wants to come across as a gentleman or something by coming my way. I don't mind. Since he sent his photo, I can see through him like a window. The plan is galloping along now, faster than I ever thought it would. It's almost frightening. But at least he didn't suggest the Red Admiral. No one's that brazen. Even if I'm ahead in this game he doesn't realise he's playing, I don't think I could have faced that. If I felt more in control, I would have suggested it – just to see what he would do. I would have leant in and whispered:

I know who you are. I know what you did.

There've been several messages since then – a couple of cute memes, an arty photo he took of a sunset over Runcorn–Widnes bridge. I sent a photo of some ducks on the canal when I was on a lunch break. I put my duck joke underneath. I hope he doesn't think I'm funny, because that's literally the only joke I know. When Anna told me about her dating app, she said people send messages to put each other at ease and establish a rapport. His tone was friendly and then it got a bit flirtatious. I think it did anyway. But at least he didn't send any aubergines.

I haven't felt well since I woke up. I'm achy and sweaty, like I'm coming down with something. I want to tell Mum everything, but I can't. So I'm avoiding her because I'm scared she'll be able to tell what I'm up to just by looking at me. If she knew what I was doing, she would flip her lid.

Yes she would, whispers the voice, right on cue.

'Go away,' I say. I count to three and throw back the covers, then put on my slippers and my dressing gown. As I go downstairs, I have to hold the handrail because I feel like I'm going to faint. It would be so typical that after all these years, when my chance finally comes, I can't take it. I need to eat. I know that. It's no coincidence that *she*'s come back with her malicious whisperings.

In the kitchen, I tell Mum I'm feeling a bit hot. She takes my temperature, but it's normal.

'It's just nerves,' she says. She knows I'm going on a date, but that's all. 'It'll do you good to get out. Now, sit yourself down – I'm making scrambled eggs on toast.'

With loads of butter, I think. Stealth calories. SAS eggs.

'There,' she says a few minutes later, loading up two slices of brown toast with what looks like a big yellow blancmange. My stomach heaves.

'Aren't you having any?'

She laughs. Not an *it's funny* laugh, more of a scoff, like when you find something ridiculous.

'I had mine hours ago. I had to get on. House doesn't clean itself, you know.'

'I can do some cleaning tomorrow,' I offer.

'It's done now.' She smiles, to show she's not cross. She is, just not with me; or even if she is cross with me, she's more afraid she'll send me on a downward spiral. Mainly, she's cross with the world. I know that because it came up in my uni counselling. I had to carry on with it after I was discharged from hospital, otherwise they wouldn't let me live away from home. One thing I learnt was that things are rarely personal. That's what my counsellor reckoned. Unhappy people lash out even at those they love. Mum is pass-agg, but she never lets me do housework. It burns calories.

I lift a wobbly, eggy mouthful to my lips. My throat feels like it's closing, but as Mum always says, it'll slide down. Put it this way, if it doesn't, she'll slide me right down to the doctor's. It's delicious, of course. My insides knot because I know she's just trying to make sure I don't go back to the way I was. She's just trying to make me live.

I know what I need to live well, but I can't tell her.

It's a conundrum.

'What's his name again, this fella?' She sits down opposite me, places her mug of tea on the table.

'Robbie.'

'Robert?'

'Robbie.'

'Robbie.'

'That's what I said.'

'All right. No need to be sharp.'

'Sorry.' I eat. It feels like the only way to please her sometimes. Sometimes I dream of getting out of here, out of this town, away, away to God knows where.

'I was just wondering if he was a Robert by birth,' she muses. 'They give out shortened names as Christian names now,' she adds, as if she's come in a time capsule from the nineteenth century. 'Where's he taking you, do you know?'

'He's not *taking* me anywhere.' This is petulant; I know it even while I'm saying it, and it makes me not like myself even more than usual. 'We're just going for a drink. Probably a walk.'

She purses her lips. Or maybe she's just blowing on her tea to cool it. I wish I hadn't told her I'm going on a date. But if I told her I was seeing a friend, she'd ask who and then I'd have to think of a name. She wouldn't believe it was Megan because I only saw Megan recently and she's my boss, and from what I've told Mum about her, she'll think Megan Greenway is too good for the likes of us.

I haven't told Mum that Megan's married to Freddie Crowther because that would be far too close to home and she might start getting suspicious. I told her about the date because it's better to include truth in the lie. Like when I got the library job – I told her I really wanted to be a librarian, which I do, but that's not the whole story. I could've applied at the big library up at the Shopping City, or Liverpool or Manchester, but I didn't because Megan doesn't work in those libraries. I've told Mum I work full-time too. Apparently she believes me. And I do go to the library all the time, just not in the way she thinks.

Once my eggs are digested beyond the point of no return, Mum announces she's going to the market to have a look for a new pair of what she's calling smart jeans. Once I'm sure she's definitely gone, I go for a run. I try and run when Mum's not home because even though she doesn't say anything, I can tell she doesn't like me going. I always run 8K, which takes me forty-three minutes, give or take. It's the maximum I'm allowed, or what I agreed with my counsellor at any rate. I'm trying to be moderate, not extreme. Running makes me feel a bit less jittery, but it's also an addiction that has to be managed. Afterwards, I have a shower and wash my hair, which takes me up to half past three. If I leave at half past four, I'll be early, but I can walk slowly. There's still an hour to kill.

In my room, I try on all my clothes, but nothing looks right. I feel fat, even though I know that this is body dysmorphia and that objectively, medically, I'm not. It's a long time since I've looked on those so-called healthy-eating websites, but the images and the messages are like tattoos; I'd need lasers to get rid of them. Mind lasers; that's what they'd be. I suppose that's what therapy was: a laser, designed to leave a plain surface. Except my mind is not plain; the scars are still there. The only way of lasering out the memories is doing what I have to do about Lucas Ashton. Then I'll be clean. Only then.

In the end, I choose a jumpsuit. It's from Anna. I miss her and Shell. I liked sharing a flat with them at uni. They were kind to me, and they didn't interfere with my routines. The jumpsuit was too small for Anna, so she said I could have it. It's denim and it has a denim tie at the waist and a seventies-style collar, which I like. Anna always said I looked fab in it. It's a bit looser than it was, and that gives me the boost I need, even though I know it shouldn't. Wearing my friend's jumpsuit is a bit like having her with me, like a hug or something, and that feels nice.

I stare at myself one last time. There are shadows under my eyes that weren't there a week ago. I know this whole plan is putting me back. It feels like I'm in over my head, but I can't stop now, especially now I've made this huge leap. In the mirror, I make a promise to myself:

'Once this is over, I'll get back on track.'

I listen out for *her*, but she says nothing. Good. I nod solemnly to myself to seal the deal. That's it. I've made a contract. I won't go back to the way I was after Ed was killed.

I can't.

TWENTY-EIGHT

HER

After lunch on Saturday, the children go into the garden, where Megan has set up a goal at the far end of the lawn. Hoping they can keep themselves amused, she wanders into the utility room, where a huge plastic basket of clean laundry awaits. Another load revolves in the machine. To her surprise, as she picks up the first two socks to pair, Freddie appears and leans against the door jamb, yawns and announces:

'Hey, listen, I have to go out at about four thirty.'

Her senses prick. Freddie often yawns when he lies. But Cat is meeting Robbie for a drink, Megan is pretty sure. A drink is usually around seven, not four thirty.

'I thought we were having tea with the kids,' she says as casually as she can, picking up a T-shirt and shaking it.

'It's only an hour, two tops. It's just a work thing.'

An hour. Four thirty. That's too short and too early for a date... isn't it?

'OK.'

'I need to check out a venue site,' he adds, even though she hasn't asked. Her chest tightens. 'It's over in Helsby, and five was the only time they could do.' He says it so smoothly. Not too much detail, no overexplaining. It could, of course, be the truth. That's what's so weird about living with a compulsive liar – the one time there actually is a wolf, you don't believe it's there until it's sunk its teeth in your leg. Cat is meeting Robbie is what Megan believed was happening until about twenty seconds ago. But now Freddie could be seeing Cat. Or checking out a site. Or seeing Helena.

Freddie pulls an apologetic face. Really, he is so sorry. Poor Freddie.

'Will you be back for dinner?' she asks lightly.

'Definitely,' he says. 'I'll be back by half six, seven.'

His brow clears. It's relief, she thinks. Relief and surprise. He was expecting her to give him a hard time. He must be seeing Helena. Only an established mistress would agree to such a short time window. A booty call then. A wham-bam-thank-you-ma'am. Or the venue site. But not Cat.

'I'll take the kids to the park,' she says, pairing Freddie's socks, which will appear magically in his drawer just by dint of him opening it. Mischief needles her. But she needs to be careful. 'Might see if Helena wants to come.' She turns away, focusing hard on folding Harry's PJs. 'I never got a chance to chat to her at your drinks thing.' She makes herself face him, blows at her hairline, as if the temperature is to blame for her reddening face.

He frowns, then looks up at the ceiling, as if in thought. 'I think she said she was away this weekend. Dublin, I think. Some girls' weekend.'

Very good, Megan almost says. *Dublin, eh?* Really, Freddie could do improv.

'Ah, OK,' she says, convinced he's seeing Helena now. 'I'll give Ellie a shout.'

'Do you want me to pick anything up on the way home?'

It's questions like this that convince her he isn't going where he says he's going. Freddie never offers to pick up shopping. He never even *thinks* about shopping.

'It's fine. I'll call in at the Co-op and get some bits. Stir-fry OK?'

'Amazing. We can open a bottle.'

'Sure. Sounds good.'

How civilised. How nice to one another they are. Anyone witnessing them would think they were happy. And imagine: Freddie thinks he's the only one who's lying through his teeth.

She doesn't wait for him to leave. She's not sure she wants to witness the spectacle of him showering and changing into his trendiest clothes, maybe dabbing a little eau de toilette on his neck, in order to view a local club. She chivvies the kids into their coats and out the door, calls a cheery *See you later* up the stairs. It goes unanswered.

On the way to the park, she texts Ellie to see if she fancies a breath of air and a takeaway coffee. Ellie says she'll be there in half an hour or so, that she'll pick up coffee on the way.

Angel, Megan replies with a thank-you emoji.

Ellie arrives forty-five minutes later, grimacing into the wind as she strides across the grass carrying two takeaway cups. Olivia and Harry are on the big slide. They have met some kids from their school and are lost in play. Around them, lone parents fold their arms and wince at the cold. They are mostly fathers, Megan tries not to notice but inevitably does. Fathers giving their wives a break from the job they have assumed the women will do. Could be worse. They could be tarting themselves up for afternoon delight with their mistresses.

Her plan has failed. A rubbish plan that was never going to work. How is this her life? If she was her own friend, would she judge her or sympathise? She is not sure.

'Here you go,' Ellie says, handing her a terracotta-coloured cardboard cup. 'I made the pilgrimage to Beans.'

'You're the best. Chilly, isn't it?'

'It is a bit.' Ellie sits beside her, and for a moment neither of them speak. In easy silence, they sip their coffee and watch the kids with vacant stares while the working week drains through their bones and settles somewhere in their legs.

'So, how's it going?' Ellie asks.

Megan gives Ellie her best mysterious smirk. 'Guess who set their new library assistant up on a date?'

'Hmm.' Ellie sips her coffee. 'Let me think.' She narrows her eyes. 'Library assistant. You work in a library...'

'All right, all right. Sarky.'

'So who? Was it that guy Robbie?'

'The very same.' Megan feigns being pleased. 'She's meeting him tonight.'

Ellie raises her eyebrows. 'Do I need to buy a hat?'

Megan shakes her head. 'Register office. Just family and a few close friends.'

Ellie laughs. After a beat, she asks, 'And how're you feeling about the Lucas thing?'

Megan shrugs. 'It's weird, knowing I could bump into him at any moment.'

'Can you arrange to meet him?'

'I think I lost that right a long time ago.'

'Meg...'

'I did, Ellie.' From nowhere, her eyes fill. 'I have no right to reach out to him. He knows where I am. He's in touch with Freddie. If he wants to see me, he can get my number from Freddie or come to the house.'

'He might not know where you live.'

'Freddie will have told him.' It occurs to her as she says this that it is true. So her theory about Lucas leaving the roses is not so wild after all. If he'd wanted to talk to her, he would have knocked on the door.

Which means talking is not his intention.

'But it'd be hard for him,' Ellie says. 'He can't just rock up after… everything.'

'I guess so.' Megan steadies herself. She can't share her theory about the roses with Ellie; Ellie would be appalled. 'I can't exactly phone him, can I?'

Freddie would never give her his number. And there's no way she would dare ask for it. Freddie has made his jealousy of Lucas clear, even if he didn't mean to. On some deep level, and despite all his gaslighting, he must know he's a shitty husband, that his wife is unhappy. And that unhappy women leave. Men don't get out of bed until the heating is on, they say. But women leave. They face the cold.

And now her thoughts swing to her husband's motivations, his insistence that their lives and their children should be kept away from their former friend. Lucas might not have changed one bit. Freddie would not think twice about lying, even if it meant bad-mouthing his best friend. So Lucas might *not* have left the roses. Which is even more confusing because at the thought that he didn't, Megan feels something she can only describe as… disappointment.

'It's all such a shame,' Ellie says, as if to herself.

In the silence that falls, they sip at their flat whites. Not wanting the Lucas thing to bring them down, Megan asks what Ellie's been up to; Ellie tells her she and John are going to spend Christmas in the Maldives. Megan knows this is because, with no children on the way yet, they find the festive season challenging.

'Sounds great,' she says.

'Where's Freddie today anyway?'

'Oh. Get this: he's going to check out a venue.'

'Is that what they're calling it now?'

They share an ironic smile, though for Megan the irony is wearing thin.

'Can't you just ask for a divorce?' Ellie says after a moment. 'Enough already, no?'

'I'm... building up to it. I need to feel strong enough.'

They sit quietly again. Megan remembers – cannot help but remember – the time she finally plucked up the courage to challenge Freddie about Freya, the first and only time she asked him for a divorce.

'I know you've not been playing tennis,' she said, her voice already trembling. She had waited until the kids were in bed, had put on soft music to cover what she hoped against all hope would be a civil conversation. 'I know you've... Look, I know you've been seeing Freya Ditton.' Her breath shook out of her. 'Freddie,' she made herself say, 'I want a divorce.'

'You want a divorce?' He looked at her with amused disdain. Her heart thumped. Unable to speak, she nodded.

He crossed the living room in two strides, coming so close to her she gasped. 'You have absolutely no proof,' he said, his voice terrifyingly low. 'Freya's an intern. She works for me. That would be totally unprofessional.' He spoke his almost-denials like he was reading a list, like she was stupid to not have considered these reasons and realised they proved his innocence. 'And if you think you'd get the children and the house, you're fucking deluded.'

That's when he grabbed her chin for the first time, his face up in hers, his spit spraying her cheek. 'My parents paid the deposit. I pay the mortgage. This house is *mine*.'

Her throat closed, fear running through her from head to toe. But he wasn't finished.

'Go if you want. Fuck off. But there is no way I'm ending up in some sad bedsit like a fucking loser while you get to live in this palace with my kids. I'll get Liv and Harry. You're mentally unstable. You're... unsuitable.' He let go. She could still feel the pain of his fingers clamped around her jaw.

'What? What d'you mean, unsuitable?' But even as she asked the question, she knew on some deep gut level exactly what he was saying. 'You can't do that. Freddie, you can't...'

The look of utter hatred silenced her. Freddie walked to the doorway, where he paused for effect and turned back. 'You're vulnerable,' he said quite reasonably, almost kindly. 'Your moods are erratic. And you drink. There's no way you could be their caregiver.'

'*You* drink! You don't even look after them.'

'But you drink in private. You have this... problem. I haven't talked about it because I didn't want anyone to know. You've been on antidepressants. When I come home at night, I dread what I'm going to find. Really, I'd be worried about leaving the children in your care.'

'What are you talking about?' She was flailing, still catching up with the gut-punch of his reckless lies.

'My mother will back me up.' He shrugged. 'God knows, even *your* mother would back me up.' He laughed – cruelly.

'You wouldn't.' She felt hot, burning hot, her pulse throbbing in her head. 'You couldn't.'

'I'm sure I won't need to say too much.' He cocked his head in mock sympathy. 'There are plenty of people who remember how worried I was when the kids were born. I never told them about the drinking, the abuse.'

'*Abuse*? What the hell?' More lies falling, falling, Megan grasping at them only to have them dissolve like snowflakes in her hands.

'And how you were so low you couldn't get dressed, let alone leave the house. I had to take the kids to nursery for a week.'

'That never happened,' she said, horrified. 'If you mean that one time I had flu, I...'

She stopped, understanding finally. None of this had ever happened. They both knew that. That was the point. It was a threat. He was threatening her. *These are the lies I will tell against you if you so much as try and divorce me.* And yes, she was depressed after both babies. Yes, she took SSRIs for six months, eight months tops, before weaning herself off them. But she had Ellie, her friends. She was OK, no worse than a lot of new mothers. And she was young, so young, and her mother, of course, said it was just what women had to put up with and she had to pull her socks up and get on with it. She should keep the house clean and make herself look nice for her husband or he would look elsewhere.

But here was her husband informing her, quite coldly, that he was prepared to invent a whole different reality, one based on a small truth, one that everyone would believe precisely because it was built on something they knew about: that she had struggled a bit at first when the kids were born. *I didn't realise she was drinking too*, they would say. *Oh, that's so sad. Apparently she was an abusive drunk. Poor Freddie.*

Freddie shook his head in mock sadness. 'There were so many things I never told anyone because... well, it was private. I was protecting you.' He drummed on the door jamb, then left, whistling through the house like the happiest man on earth.

Dread coursed through her. Hate. And something worse – a heavy sense of utter defeat. He was telling her it would be his word against hers, that his word would be cruel lies and that his word would be believed. He wouldn't get the kids. It didn't work like that, not these days. She was pretty sure. She was almost positive. But oh God, he might, and even if he didn't, he would make life absolutely unbearable for her. Freddie Crowther, pillar of the community, would spin his lying narrative against Megan Greenway, the shy librarian he'd taken pity on and married after her teenage sweetheart went to jail. She saw it all in that moment, and it horrified her.

And that's how she knows exactly how it would go if she asks again, if she follows through and hires a solicitor. She would not even be able to leave this town. She would have to walk through it, live in it, knowing that everyone was gossiping about her, judging her, because she would still have to share the children with this awful, awful man.

'How does anyone divorce Freddie Crowther?' she asks her oldest and best friend now as they watch Harry slide head-first down the wide metal slide, giggling all the way. 'My own mother thinks the sun shines out of his arse. The day Lucas went to prison was the best day of her life.'

But if I could catch him out, she thinks, at least I could dent his untarnished image. Maybe then people would see what he's really like. Maybe then they won't believe him so readily.

'I don't think the sun shines out of his arse,' Ellie says. 'I'd be very happy to broadcast the truth from the rooftops.'

Megan leans into her friend's shoulder. 'I know that, babes. Thank God someone else sees him for what he really is.'

Except that even Ellie doesn't know all of it – the casual yet terrifying cruelty, the bone-deep fear of provoking him, how so many of her days involve treading a line between fear and self-obliteration, how hard she has to try to keep hold of her courage, knowing that if she loses it, she'll lose herself entirely.

'I worry about you,' Ellie says. 'You've lost weight. You don't go out in the evenings any more.'

'I'm too tired. But I'm fine, don't worry. Me and the kids are our own little gang. Freddie's rarely home. Once Liv and Harry go to uni, I'll get my own place and...' She bites her lip. How easy it would be to tell Ellie everything, just come out with it right now, here on this bench as September creeps towards October in the year her lovely, lovely Lucas got out of prison. How impossible it actually is.

'You're such a gorgeous mum.' Ellie takes her hand and squeezes it a moment. 'You deserve so much better.'

'I had better,' Megan says quietly, a huge wave of sadness washing over her. 'But I threw him away.'

She leans her head into Ellie's shoulder, grateful for her friend. Ellie says nothing, lets her be with her thoughts, her regrets and what ifs. No matter how hard Megan tries to rationalise it, she still can't wholly shake the feeling that this is all her fault. When Lucas told her not to come back, she should never have obeyed. Because by doing as he asked, she let him down. She proved to him that he was better left alone, that he was not loved, not worth fighting for.

And now he's bitter, damaged, possibly dangerous. That's on her, and Lucas knows it.

TWENTY-NINE

ME

It's colder out than I expected, my thin jacket no barrier against a wind that feels too icy for September. But that's not why I'm shaking as I reach the pub. This whole thing is nerve-racking. It's hard to keep my wits together. I keep telling myself that all I can do is react and adapt.

But I'm going to have to be very careful.

Inside, the pub is nice. Cosy. There's a fire in the grate even though it's not quite October. I do a lap of the place, hoping I don't look suspicious, but there's no sign of my date. At the thought of him, my mouth fills with saliva. But I'm not going to be sick. I'm not. I'm going to keep it together.

I'm a few minutes early, as I always am. At the bar, I order a tea. The barman hesitates.

'Is that OK?' I ask. 'Do you do tea?'

'Yeah,' he says. 'We can do you a tea, no problem.' He goes over to the girl who is on the bar with him and has a word with her. She glances at me, turns back to him and nods. Then he disappears through the back.

I wait, drumming my fingers, trying not to bite my thumbnail, which has only just stopped bleeding from when I attacked it with my teeth earlier. The barman returns with tea things on a tray. The teapot is a metal one, but I don't let the disappointment show. Shoddy, Mum would call that. She likes a nice pottery teapot. But at least there's a matching cup and saucer. I smile and say thanks and pay with my debit card.

I look around, towards the door. My date still hasn't arrived, even though he's now officially late by one and a half minutes. I pick up the tray and step away from the bar. The cup jingles against the saucer because my hands are shaking. I can feel the pull of my eyes darting left and right. There's nowhere to sit. I don't know where or how to stand, whether to put the tray back on the bar or what. I can't even reach for my phone to look at. I need to get my nerves under control. If I could only sit down. That's all I need. A seat, where I can be less conspicuous. My breathing quickens. Sweat runs down from my armpits. I think about dropping the tray and just running out of here. I can't do this. I can't do this.

I turn back towards the bar, but a couple at a little table stand up and I pretty much slide in while their seats are still warm.

I sigh, but even my sigh trembles out of me.

In my notebook I write the amount I've spent and subtract it from my measly balance. I can't risk going overdrawn. The tea gives me something to do with my hands, and I'm glad of it. I'm glad we arranged to meet indoors, in public and near my home rather than his – it feels safer. If he suggests going for a walk, I'll say no. I'm not ready for that yet. I'm going to tell him I've got to be back by seven. I've already got that straight in my head. It won't even be a lie. I've told Mum I'll be back for tea, and we always have tea at seven. Whatever happens, I can't afford to stay in his company for too long or I'll fall apart right in front of him. I need to ease myself in, stay in control. I can't cry. I can't shout. I can't make a scene. I just need long enough to see what his game is and how I can play it to my advantage. I have the upper hand. I need to remember that.

'Cat?'

I look up, and there he is: tall, handsome, the hint of something playing at the corners of his mouth. He's aged. I don't think I'd have recognised him if I'd passed him on the street, out of context. Little laughter lines spike at the corners of his eyes. He's filled out a bit since school. He's wearing dark blue jeans, a blue T-shirt with a collar and a lightweight beige jacket with ribbed elastic round the bottom. It's such a shock, after all these years. It's so weird to know who someone is when they don't have a clue who you are. I'm not confident I can speak.

'It is Cat, isn't it?'

'Robbie?' I manage. The name comes out all uneven, like I'm a boy whose voice is breaking.

'Indeed,' he says, plonking himself down on a stool.

'Aren't you getting a drink?' I feel like I'm interrupting, even though he hasn't said anything else. The power of knowing who he is, of knowing he is pretending to be someone else, gives me a kind of rush. I had no idea it would feel this good in the moment. I imagine this is how cops feel when they're interviewing a criminal, when they have all the evidence stacked up like cards and all they have to do is ask basic questions to lay the inescapable trap.

'Good point.' He stands up again, his forefinger extended like he has to physically make a point as well as say it. His eyes drop to the teapot, cup and saucer, the bowl of sugar sachets, the little jug of milk. 'You're having tea?'

'Not much of a drinker, I'm afraid.' I make myself meet his eye.

He gives a slow nod, his brow wrinkling. 'I could get you a brandy? A settler?'

'Not today, thank you. Not when I'm meeting someone I don't know.' *Except I do know you, mister. I know all about you.*

'I see.' There's something paternal in his smile, not that I have much experience of the kind smiles fathers give. 'Well, you have nothing to fear from me. Back in a tick.'

I watch him go to the bar, the way he gets served so quickly. He has what Mum would call presence. Charm too. Always did have. If I didn't know him better, and if I wasn't so scared, I would probably fall for it myself.

He returns with a pint of beer, takes a long pull and places it down on the table.

'You look like you needed that,' I say, then worry that I've suggested he's an alcoholic or something.

But he only grins and says, 'I did indeed.' He takes another gulp, sets his glass carefully on the cardboard coaster, as though he's using the time to think of something to say. 'So, Cat.' He smiles – a smile to melt the girls' hearts.

'So, Robbie,' I say and give him a look.

He chuckles, as if we both know that's not his real name, which we both do, but not in the way he thinks. 'First things first,' he says. 'This is going to sound strange. I should have said it over text, but I was nervous in case it put you off. Thing is, things are a bit complicated on the name front.'

'Right.' I frown. Because that would be the normal reaction. But underneath, I can't believe he's going to come clean. Scratch that. I'm *amazed*.

'Robbie's not actually my name.'

I know that, I almost say but don't, of course. My plan can only work if I keep my powder dry.

'That's very mysterious,' I say. Which sounds good, I think.

'Not really. Just, things have been... difficult, you might say. I've been through a bit of a tough time. So much so that when Freddie suggested a date, I was like, no way.'

I lean towards him, quite involuntarily. I don't even have to think what the right move would be. If I look intrigued, it's because I am. 'So you didn't want to meet me? I don't understand.'

He throws up his hands. 'Oh no, I mean, yes, I did. I absolutely did. When he showed me your photograph, I was like, wow! But I was nervous.' He shifts a bit in his seat, as if he's just remembered he's supposed to be nervous but also as if he actually is nervous. It's so hard reading people. It's exhausting.

'Nervous to meet *me*?' I say. Not nearly as nervous as you should be. And nowhere near as nervous as me.

'I haven't done this in a while, you see, and I just wanted everything to work out. You could say I've been out of circulation, so I might be a bit rough around the edges, you know? But I'll be honest about everything else. It was Freddie's idea, the name thing. Robbie's a colleague of his. I think Megan wanted to set you up with him, so we thought—'

'It's OK,' I say, impatient now. 'So what's your real name?'

'It's Lucas. Lucas Ashton.'

THIRTY

HIM

She's gone. He can hear her in the bathroom. A moment later, the flush of the loo. These sounds, so banal, so mundane, fill him with a terror he has never known. He brought her here, but it feels like she brought *him* here. She says she wants a conversation, but she won't tell him about what and she won't take the damn tape off his mouth. How can they have a conversation if he can't open his mouth?

The rattle of the bathroom lock. Weird that she locked the door when he's tied to a chair. She's weird. She's so weird. Oh God, how did he not see how weird she was?

Outside, a car drives slowly past, its headlights filtered by the cheap curtains. Even if he could shout, the window is closed. There's no way anyone could hear him. That there are people so close by – in that car, in these houses all stuck together in a row – is the cruellest torture. A glass of water just out of reach on a parching-hot day. An itch right in the middle of your back. He is a one-armed man hanging from a cliff.

Help, he thinks. Help me.

The door opens. She's still carrying the syringe. He wants to stick it in her neck, strangle her with his bare hands.

'Mmm,' he groans, pleading with his eyes. 'Mmm, mmm.'

'I can't tell what you're saying,' she says and walks off into the kitchen. A moment later, she reappears with a roll of silver tape. It is the same tape that binds his hands and feet. Gorilla tape. There's no way he can rip through it. 'Do you want me to take the tape off your mouth?'

He nods violently. If he can speak, he can talk her out of whatever it is she has planned. She likes him. Somewhere down deep, she does like him. She can't have faked all that.

He needs to pee.

'If you shout,' she almost whispers, 'or make any loud noise at all, I will send you back to sleep so quickly you won't have time to form a sentence. Do you understand?'

He nods. When he closes his eyes, a tear leaks from each, runs down the sides of his face.

'It's very important you understand, or this won't work.' She steps forward and reaches out. A moment later, it feels like she's ripped the skin from his face.

'Aargh!' he cries out.

'What did I say?' She holds up the roll of tape. 'Do you want this back on?'

He shakes his head, tries to meet her gaze, but she won't look him in the eye. 'I'm sorry,' he says, his voice no more than a croak. 'It was involuntary. It hurt when you... but I get it. You want to talk. I get that. We can talk.'

'So let's talk.' She smiles, but it's not a friendly smile. 'Let's talk about the night at the Red Admiral, shall we? End of exams, you and Freddie and the boys, all drunk and rowdy and having a good time, right?' She says this in a cajoling, almost merry way. It is terrifying.

'But I've told you all that,' he says, tastes blood on the end of his tongue – she must have ripped some skin when she tore off the tape. 'It's something I'll regret for the rest of my life,' he adds desperately. 'I didn't mean to kill him.'

'What was his name?'

'What?'

'The boy you killed. You never told me his name. I really need to hear you say it, Lucas.'

Dread floods his veins, sure and cold. She knew the boy. Of course she knew him. *That's* what this is about, oh God.

THIRTY-ONE

HER

To Megan's astonishment, Freddie gets home at quarter to seven. He doesn't go immediately for a shower or avoid close physical contact. In fact, he takes her into his arms and hugs her, kisses her on the cheek as if he cherishes her. He smells her hair, a deep inhalation. A sigh then, as if she is his and this makes him happy.

'You smell amazing,' he says.

'I grabbed a shower while the kids were having quiet reading time.' That her husband smells of beer she tries to put out of her mind. It is spoiling this moment, this rare moment, when she could close her eyes and pretend that this was her life, her every day, that she and Freddie made it work.

'You're such a good mum,' he says, and by now she's halfway to freaking out. He lets go of her and pulls open the fridge, takes out a beer and wiggles it. 'Want one?'

'Sure, why not?' She can feel her heart beating, as if her body is telling her she's in danger, that she must not fall for this act. She's not in danger. At least, she doesn't think she is. When that is the case, there are signs – a lack of eye contact, a certain bullish belligerence.

Freddie levers the bottle against the wall-mounted beer opener: *tsss.*

'Here,' he says, handing it to her, reaching into the fridge for one for himself. 'I have to admit, I did call in for a pint on the way home. Just the one though. I was very good.' His tone is... she searches for the word... avuncular? My husband is my uncle, she thinks. That's not good either, is it?

'And how was the venue?'

'Not perfect, but one to have in the back pocket if we don't get the Mersey View. We want somewhere with a proper stage ideally, and lights, and seating for the TV audience. This place had space, but we'd have to rig something up. The Beeb want us to use the studio at Salford, but I'd like more local vibes, you know? Somewhere with a bit of history and character. I want to showcase who we are.'

She stares at him. It's entirely possible he's telling the truth. He's back too early for a Saturday drink with a new love interest, and short of calling Helena to find out if he literally screeched in, skipped the foreplay and put his clothes back on, it's so damn hard to know for sure.

'You hungry?' she asks. 'The kids have eaten, sorry. They can't wait till seven just yet.' Why is she apologising? When did she start to do this?

'Just you and me then.' Again, he reaches for her and pulls her in. As if she's his, as if he is happy with her and only her. Silently, she curses the fact that his arms feel good around her waist, that everything about this feels good – the smell of cologne warmed by his skin, the solidity of his torso a reminder of what a man's body feels like pressed against her own.

It's too much. She wriggles out of his arms. 'Just need the loo. Then I'll make dinner, OK?'

He keeps hold of her arm, grinning lazily as he lets his grip slide, his fingers trailing against hers as she slips away. On the way out of the kitchen, she grabs her phone and takes it with her to the loo. There, she sits, phone in her hands, wired with confusion. What the hell just happened? Why is he behaving like this – affectionate, appreciative, flirtatious? What the hell happened in the short while he was out of the house?

Helena. It has to be. He's amped up on love, on sex. But he didn't rush for the shower. He didn't avoid physical closeness. Quite the opposite. Not Helena then. The venue. Just that. He's feeling good about the live broadcast, about coming into some power, high because the world is finally reflecting back to him the greatness he believes he has. Right?

She brings up her texts and scrolls down to the thread with Helena. The last message dates from two months ago, which is pretty much when Freddie started 'playing squash'. Megan has written: *Hey, let's catch up. Send dates.*

Nothing.

She holds her breath and types:

Hey, H. We never did get that date in. Was hoping to catch you at the drinks the other night, but Olivia was sick and I had to skedaddle. Are you free tomorrow for a coffee? Xxx

Friendly, light. Nothing to suggest she's checking that Helena is in Dublin on a girls' weekend. She sends it. A moment later, her stomach clenches at the rolling dots.

Am actually down with a bad cold, Helena replies. *Sorry. Be in touch when I'm better. I'd really like to see you though. X*

She sits back. Not in Dublin then. A heavy cold. Is that true? If it is, Freddie lied. An inventive but lazy fib. Megan could have easily spotted Helena around town this weekend. It's not like Freddie to drop the ball like that. Why would he lie when Helena being ill would have worked just as well as her being away? But if Helena is too ill with a cold to make coffee, surely she wouldn't have been up for a spot of late-afternoon delight? And there's no way Freddie would rush round there to make her chicken soup. What would be in it for him?

So where has he been, why would he lie and why is he in

such a good mood? Gah. It's so hard to know; it just goes round and round and round until she's so dizzy she could fall over. She sends Ellie a quick text:

Hey, babes, have you heard anything from Helena recently?

I told you, haven't heard from her in months. Why? Has something happened?

Megan starts to type a reply but gives up and calls.

'Hi,' she says, keeping her voice low. 'Just realised my text would be a scroll. Easier to call.'

'Everything OK?'

'Nothing serious, and I have to be quick, but Freddie's behaving really strangely.'

'Strangely how?'

'He's just come home and pulled me into a big hug. Then he gave me a beer *before* he opened one for himself. It's freaking me out.'

'God, that's so sad.'

'What? Sad how?'

Ellie sighs. 'That flipping the top off a bottle of Peroni constitutes suspicious levels of kindness.'

This lands like a kick in the chest. Ellie's right, of course. Oh God, she's so right.

'I guess,' Megan says, not wanting to go there. 'But get this: when he was on his way out, I asked after Helena, just to, you know, toy with him a bit.' Oh God, the conversation is getting worse, the idea that this is where she's getting her sad kicks nowadays. But she ploughs on. 'He said she was away in Dublin. But I've just texted her for coffee tomorrow and she reckons she's down with a cold.'

'So that's her alibi? You think he did go to her?'

'Yes, but... I can't believe he wouldn't get his story straight. He doesn't know Helena and I aren't really in touch any more, so why would he need to lie if he wasn't seeing her?'

'OK. So you think it might be legit, the venue thing?'

'I don't know.' Megan sighs. 'But he was only out for a couple of hours. He said he called in for a pint on the way home. I guess the venue story could be true, but he's just freaking me out with all the lovey-dovey stuff. He smelt my hair, Ell! He practically inhaled it like I was aromatherapy or something and told me I smelt good.'

They both start to giggle.

'I know,' she says. 'It's tragic. But I need someone to call Helena and see if she really is ill. Isn't your mate Tara still in touch with her? Tara Munday? Would she call her?'

'To be honest, it'd be easier if I did it. It's not like we've acknowledged she's ghosting me. I could just say I was calling to catch up, it's been ages, et cetera.'

'Would you?'

'Sure. I'll do it now.'

'You're amazing. Thank you so much.'

Megan rings off, flushes the chain and returns to the kitchen. No sign of Freddie. She finds him in the living room, one arm around each of the children, watching a movie with them. *Their* movie, not something he has chosen because he wants to watch it. This is so weird. Freddie would never sit through a Disney just to be close to his kids. Her heart tightens. Olivia and Harry look so happy. The whole tableau is a dream. A handsome, mellow father who wants nothing more from a Saturday night than to be with his family. A husband who pulls his wife into his arms in the kitchen and tells her she smells great. It is everything anyone could ever need to be happy. And it's making her feel like she's having a breakdown.

'I'll start dinner,' she calls through, Stepford-like, adding, 'No, you stay there,' when he makes to stand up.

'You're the best,' he replies, snuggling back into the sofa.

Back in the kitchen, she presses her hands to the countertop and closes her eyes. If only this were real. This vision, this dream. It feels so near, as if all she has to do is reach out and grasp it and it will belong to her. This is when it's hardest, these increasingly rare moments when Freddie is like he was when they were first together. This parallel reality. This showcase of a life. This mirage that shimmers and vanishes when you touch it.

She takes the vegetables from the fridge and begins chopping.

Against the worktop, her phone vibrates, buzzes. Ellie.

She slides to open the call. 'Hold on,' she whispers and heads towards the utility room at the back of the house. Once inside, she closes the door. It's cramped in here, humid. More of a cupboard than a room. She opens the window. 'Hi.'

'I called her,' Ellie says. 'She sounded really awful.'

'So she *has* got a cold?'

'Cold adjacent. As in, suffering physically but actually in bed with a bottle of vodka and a box of Milk Tray.'

'How very seventies. Wait, *what*?'

'As soon as I asked her how she was, she started crying down the phone, saying she missed me, she missed you, she loved me, she loved you, she'd fucked up, we'd hate her, blah, blah. When I managed to get some sense out of her, she told me she'd been seeing a guy but he's married. She didn't come clean obviously, but she kept going on about how awful she felt, how she knew it was wrong but she couldn't help herself. But then, get this – he ended it *this afternoon*.'

'He *ended* it?'

'Over text.'

'Over *text*? Oh my God.'

It all plummets into place, so fast Megan feels faint. She slides down the wall until her bottom hits the floor. Freddie's good mood, the renewal of his affections. He will have driven to a pub, bought himself a pint and done the deed from there. He will have chosen somewhere noisy, somewhere he could hide if Helena called to ask why, why, why until, like a crying baby in an orphanage, the calls stopped. Because there was no chance of them ever being picked up.

'Meg?'

'I'm here. Sorry. Just in shock. So he's not loved up at all. He's demob happy.' She knew the reason for his joy couldn't be her and the kids, of course she did, but it's still devastating. 'My God,' she adds, still processing, 'he really is a piece of work.'

'She sounded terrible.'

'You'll forgive me if I don't feel hugely sympathetic.' Strangely, though, she does.

'No, I don't mean we owe her—'

'I know you don't, don't worry. Thank you though. Thanks so much for doing that. Honestly, if I didn't have you, I don't know what I'd do.'

'Give over. Got to go though. John's out of the bath and demanding a G and T.' She giggles. John has obviously just walked into the room.

Megan feels a pang of envy for their easy rapport, the fact that Ellie doesn't sound stressed, that their Saturday-night plans will be nothing more than being together, happy in their home and in their love. But Ellie deserves it, so much; it's been a long time coming. And Megan has her friendships, the kids, her work. She has a lot. Really, she does.

'Bye, love,' she manages. 'Thanks again. Say hi to John.'

'Will do. Love you, babes.'

'Love you too.' She rings off, choked.

Back in the kitchen, she brushes at her eyes and continues with dinner. Because this is life, and life doesn't pause, however much you want it to sometimes. You carry on, wrapping yourself in routine, wadding yourself against the noise and the pain until you can't hear, can't feel. It is surreal. She feels like she's watching herself through the lens of a camera hidden in the ceiling, simultaneously the contestant and the viewer on the reality show of her own life: *Meanwhile, in the Big Brother kitchen, Megan is chopping onions, trying not to cry.*

Everything makes such perfect, warped sense. Freddie being so loving not because he loves her but because it's over with Helena. It will be over for the same reason it ended with Freya and possibly others – because he realised she was just a person, a person with mundane chatter and weakness and faults, just like anyone. He got bored. Because people are boring ultimately. When the heat cools, they have dull needs, domestic loads, financial concerns. Admin. Practicalities. Freddie will have hated that. Helena will have sensed him pulling away, possibly become needy. And he will have dumped the weight of her like a corpse off the side of a boat. No wonder he was home early. He's decided he wants his family back.

Ironic, she thinks. She's been desperate for this for so long, and now that she has it, even if it's just for tonight, or this week, or this month, she no longer wants it. Even when he's being kind, he's still ruining her life because she can never relax into it, never believe it.

And by coming back to her now, he's foiling her plan.

Typical fucking Freddie.

THIRTY-TWO

ME

'Lucas Ashton?' I repeat, as if I've never heard the name before. I'm buying myself time while I recover from the shock. There was no way I'd expected him to admit to the false name, let alone come out with Lucas Ashton. He must think I've never read a newspaper. Surely he must know most women would run a mile at the mention of that name?

He looks at me from under his brow, lips curling upwards at the edges, as if to ask whether I forgive him for the false-name thing, or maybe to see if I recognise this new name. He looks cute, but I don't know if his expression is ironic or something else.

'I don't understand,' I say, to give myself time. 'Why is it so complicated you couldn't just tell me?' I know why. I know exactly why. I just want to hear what he'll say.

'Because... well, because if I'd told you who I really was, you might have mentioned it to Megan. It's better if Megan thinks you're meeting Robbie because... well, we used to go out, you see. Me and her, back in the day. And because... But I can see the name means nothing to you...'

I don't hear the rest. All I can hear are my own thoughts. He thinks the name Lucas Ashton means nothing to me. I have completely fooled him. He's thinking that if I knew who he was, I would run a mile. Meanwhile, if he knew who *I* was, he'd run out of that door so fast there would be mass panic.

'... but if I explain who I am,' he's saying when I tune back in, 'promise you won't bolt?'

'Bolt? Like a horse, you mean?'

He smiles, as if what I've said is funny.

'Depends what it is. Why should I know the name Lucas Ashley?' I keep a straight face, but I'm pleased with myself. That was a good touch. I didn't even plan that.

'Ash*ton*.' He pushes his hands over his face and drags them down so that the bottom rims of his eyes protrude, red and spongy. 'God, this is difficult.' He throws up his palms. 'I'm just gonna come out and say it, OK? And if you want to leave, I'll understand. One hundred per cent. All I ask is that you let me finish.'

'OK.' I decide more drama is needed. If I didn't know what he was going to say, I'd be more worried than I'm being right now. 'Oh my God,' I add, furrowing my brow. 'What on earth can it be?' To my own ears, I sound like someone in a pantomime, but he doesn't appear to notice. Probably because he's in a pantomime of his own, playing the role of Mr Nice Guy when we both know exactly what he did.

He takes a deep breath and places his hands on his knees. Here it comes, I think. I am breathing through my mouth, I realise. I close it, but it feels hard to get enough air through just my nostrils.

'I...' He stops, as if he can't go on. But after a few seconds, he does. 'Only recently... about three months ago actually... I got out of... out of prison.' He winces, his eyes finding mine and locking on to them. He looks so worried. If I didn't know what he'd done, it would be almost moving. What it is is weird. Like I have a power I've never had before. I find tears welling despite everything. I'm so desperate to tell him I know everything, but I can't, not yet. He has to pay, and I can't make him pay here.

I look down into my lap, my hands closing into fists. I wonder if he can hear my heart racing.

'Prison,' I say slowly. I give a grave nod. 'That's... that's a lot to take in.'

'I know.' He puts one hand on the tabletop, then turns it over, as if to beg for loose change. It's an odd gesture. I have no idea what it means. I stare at his fingers, how pink the undersides are compared to the backs. Does he expect me to put my hand in his? Bestow some sort of blessing? He has no idea who I am, let alone what I intend to do to him. Nerves whir in my belly. I don't know what to do, how to be, what to say. 'Thank you,' he says, and when I manage to look up, I see that his eyes are shining.

'What for?'

He smiles, the shine in his eyes brimming. 'For not bolting.'

'Oh. I was waiting for you to finish. Were you in prison for a long time?'

He nods.

'So... it was something bad?'

Again he nods, looking like the sorriest person there ever was. But he's not sorry. He's not sorry at all. He's pretending to be sorry so that I feel sorry for him. If he knew who I was, if he knew I was the sister of the boy he killed, he'd be the one bolting like a horse.

'I was very young,' he says. 'Very young. Eighteen. A kid really. Something really bad happened. I mean, I did something bad. I didn't mean to, but that doesn't change that I did it and that I'm going to have to live with it for the rest of my life. But I've done my time. That doesn't change what I did, I'm not saying that, but I paid my debt to society.'

'Paid your debt to society,' I say quietly. It sounds like I'm doing active listening. I've read up on active listening, and sometimes it's good to repeat back to the person what they've just said. It shows you're really giving it some thought, which I am, just not in the way he thinks. All I'm doing is trying to get my head around how he thinks he's paid any kind of debt to me or my mother.

'I can never escape what I did,' he says – getting a bit poor-me for my taste. He spreads his hands. 'All I can do is move forward and try to be good, a good person.' He picks up his pint and sups it like he deserves it.

'So let me get this straight,' I say. 'You've been to actual *prison*?' I sound super shocked. It's hard, trying to keep thinking what the most natural reaction would be, but then I guess I've been doing that for as long as I can remember – watching people, figuring out how they behave in different situations, imitating them. I pinch my fingers at my brow, like Dad used to when he read Ed's school report. I'm struggling to accept what he's told me; that's what I'm going for. I'm struggling almost to hear it. *Prison? What?*

I remember that from when the police came to the house; me watching through the banisters from halfway up the stairs in the early hours of the morning. Mum in her nightie, dropping to her knees.

'What did you say? What?' She said it over and over, as if she couldn't hear the cop telling her a boy they believed to be Ed had died in the ambulance on the way to Warrington Hospital. And then, when she could finally hear, it was as if she couldn't understand or believe. 'It can't be our Edward,' she said. 'It can't be because he's in bed. He's fast asleep in bed.'

Dad tying the cord on his dressing gown. 'I'm afraid you've made a terrible mistake. There's no way Edward could have been the victim of a fatal assault. As my wife says, he's in bed.' Dad's voice was grumpy, impatient. He pointed upstairs. 'You're very welcome to go and look.'

Even after the police had checked, after they'd told my

parents that Ed was not there, been forced to reiterate that a young man they believed to be Edward Jennings had been killed in a brawl at the Red Admiral pub earlier that night, even then my parents did not believe. Not until they went with those same cops to identify my brother's body, maybe not even until they got home and sat on the sofa with their heads in their hands and no more sound in the room than the carriage clock quietly ticking.

'As I said, I'll understand if you want to leave.' He picks up his beer again and drinks. There is only an inch or two left in the bottom of the glass. I wonder if he's drinking so fast because he's nervous.

'I...' I can't think what the words are. I have to take a moment, get my advantage back, figure out what all of this means.

'I should have told you before we met,' he says. 'But I wanted to tell you face to face. All I wanted was a chance. Robbie, the guy you thought you were meeting, he's Freddie's colleague. Freddie is Megan's husband.'

'Oh,' I say, unsure if I'm supposed know that or not.

'Freddie's my best mate. Has been since we were in school.'

My spine straightens. 'Oh, right.'

'He's been helping me out,' he says. 'He got me a place and a job, and then last week he asked me if I'd like to meet someone. Said I could do with a girlfriend, like. To help me readjust to being outside. He said he hadn't met you personally, but that Megan had said you were shy but lovely. You're friends with Megan, aren't you?'

'She's my boss.'

'And you are, of course.'

'I'm what, sorry?'

'Lovely. You're very lovely. As I said, when I saw the photograph, I was like, wow.'

'What happened?' I ask. 'I mean, what did you do? You said it was something bad, but you didn't say what it was.'

He sits back, as if burnt. I realise I haven't reacted to his compliment, that I'm only hearing it now, like an echo. I also realise I've asked a too-direct question, the kind Mum says can come across as rude. I feel myself grow hot. I need to remember to react to what people say before forging ahead with my agenda. I need to be more subtle about that agenda.

'Sorry,' I say. 'I didn't mean to ask like that. I'm a bit overwhelmed. I've not exactly been on a lot of dates. I've not been on any dates, to be honest.'

'You haven't been on any dates?' His face softens. 'So you've never... oh my God, that's so sweet.'

I feel a bit patronised, but I say nothing. I can't think of anything to say. But he continues, thank goodness, so there's not a big silence.

'I get it,' he says. 'Of course you're a bit knocked back. It's a lot to take in. But I should be the one apologising. I wasn't flattering you, I promise. I really meant it. I'm not trying to... I'm not trying anything. That would be crass.' He looks about him before returning his apologetic gaze to me. 'I suppose I'm not used to this whole being-on-the-outside thing. I mean, here I am, in a pub, with a beautiful woman. It's like...' With his fingers, he mimes an explosion at his forehead. 'Sorry! I did it again, didn't I? Pretend I didn't say that. Shut up, Lucas!' He shakes his head, blows at his hair and drinks, as if to shut himself up. It's so adorable, I almost fall for it. 'And come to think of it, it's my first date too. You could definitely say that.'

'How can it be your first date?' I ask.

He throws out his hands and pulls a silly face. 'I didn't really fancy any of the other inmates enough to take them for a candlelit dinner in the canteen.'

He smiles. I realise it's a joke. I laugh, but it sounds watery.

'Tell me what happened,' I say, sitting back and leaning my

cheek on my hand. Except my elbow has nowhere to rest and I feel like I'm going to fall off my chair. I sit up straight, cross my legs instead, glad of my loose jumpsuit.

'Are you sure you won't have a drink?' he says, standing up. 'Even a Coke or a lemonade?'

'I'm fine with tea, thank you.' My tea is cold. Stewed.

'OK. Just let me...' He waggles his empty glass before going up to the bar. I wonder if I should have asked for another drink, maybe a lime and soda, but I'm not thirsty.

It takes barely a minute for him to get served. When he comes back, he strides over his stool like a giant stepping over a tree and plonks himself down. He gives me a sad smile, places his pint on the coaster and takes a deep, doleful breath. 'We were kids, as I said. Me and Freddie and the lads from school. We'd finished our A levels and gone to the pub.'

'Which pub?' I ask, just to see how much truth he'll tell.

'Megan said you're from round here? So, it was the Red Admiral, the pub down by the town hall?'

'Bottom of Heath Road and turn right?' I say, like I'm not one hundred percent sure.

He nods. 'Yep. We were all there. Me and Freds and the whole crew.'

'Freddie? Oh yes. Your best friend, you said.'

He glances up at me. 'Freddie Crowther. He really stuck by me when I was inside, you know? When everyone else let me go, he was there. Even set me up with this date, as I said. And I know I shouldn't say it, but you really are... you're very pretty, and you seem so nice. You're so... I don't know how to say it... innocent maybe? This might sound weird, but you feel like... like a fresh start?' His eyes widen, and he throws up his hands. 'Sorry. That was too much, wasn't it? God, I'm making such a mess of this, aren't I?'

This is surreal, I think. Impossible to get my head around any of it. I am furious, yes, but also other things. It's hard to admit it even to myself, but I can feel myself sort of glowing when he says these kind things.

But I'm not what he thinks, am I, so I keep that card glued to my chest and say nothing more than it's OK and not to worry, and eventually he gets back to the story. I say story because that's all it is – an old story, worn with age, full of moth holes.

'Anyway, so.' He shifts in his chair. 'Yeah, that night we were all really drunk. There were some other lads from the school there. I'd had beef with another kid earlier that day.'

I go very still. If I say one word now, I will give myself away.

'He was in the year below,' he says. 'He was after Megan. He'd been chatting her up, hassling her.'

A thrill passes through me. 'Megan.'

He gives what I think is called a rueful smile. 'It's all a big circle.'

'But *Freddie's* married to Megan,' I say. I'm being disingenuous, I know. I wonder if he will say my brother's name, whether he even remembers it, or if Ed is just *another kid* to him. A pit of anger starts then, down low in my belly. *Say his name*, I think. *Say his damn name*.

But he pulls a sad, sorry expression, and when he speaks, I realise he's moved past it. Moved past Edward and what he did to him as if it's a minor detail.

'After I went down,' he says, 'I let Megan go. I had to. It was just a teenage romance, you know, and it would've been wrong to make her waste her twenties waiting for a guy with no prospects and a serious criminal record. I hate the term murderer, but... that's what I am. Nothing I can do will ever change that, and there are times when it's felt... well, it's felt like too much to bear, to be honest. But it's what I deserve. Megan though... Megan was clever and beautiful. She had a bright future ahead of her. I couldn't offer her anything. Her parents couldn't stand me. Maybe they knew, without things even going the way they did, maybe they knew I wouldn't amount to much. Anyway, that's not the point.

'The point is, I told Freddie to look after her, and he did. They got close. It was bound to happen, you know? I kind of expected it. So I don't blame them, not at all. Megan's mum always loved Freddie. Everyone does. Football captain at school, head boy, all that.' He smiles, looks down, shakes his lousy, lying head.

'Just because someone's a football captain,' I say, catching the meanness in my tone, 'doesn't mean they're a great person. Not necessarily.'

He frowns, and a thrill passes through me. This is almost fun. I should feel bad, deceiving him like this. But what he did is far worse.

He checks his watch. Instinctively, I check mine. It's quarter past six. I don't have long.

'Listen,' he says. 'I have a favour to ask.'

'What?'

'Do you mind if I tell you the rest next time? If there is a next time? I'm just finding this a bit overwhelming. I know my feelings aren't important, but it might give you a chance to think about it. About me. If you don't want to see me again, I'll totally understand, but I have to be honest, I'd love a chance with you.'

'I have to go soon anyway,' I say.

He smiles, like I've said something funny. 'Thank you. You're special. Different but special. Megan was always a good judge of character.' He checks his watch again. 'So now, Cat Gallagher, for the rest of our time together, I'd like to hear all about you.'

Outside the pub, it's cold. It's started to spit with rain too, and I don't have my umbrella with me.

'Want me to walk you home?' He is threading his arms through the sleeves of his jacket.

I shake my head. There is no way I can face that. Now that we're outside, the exhaustion from concentrating so hard is lead in my veins. And I don't want him to know where I live. 'It's OK. I like to walk. It'll give me time to think.'

'Fair. Listen, before you go, I need to ask another favour.'

'OK.' I shiver and stamp my feet on the tarmac path. Hurry up, I think. I don't even have a hood on my jacket.

'If you tell Megan about our date, can you call me Robbie?' He looks pained. 'Things were quite sticky for us at the end, and I just think it would be hard for her to hear you're seeing me. Freddie mentioned she wasn't keen for you to meet me, and it might make things awkward for you. I wouldn't want that.'

I pretend to think about this. It's better than punching him in his stupid face, which is what I want to do. *Bastard*, I want to say. *You conniving bastard.* Instead, I say, 'It feels a bit like lying.'

'It's a white lie. There's no point saying anything unless we... you know, unless you decide you like me enough for things to...' He widens his eyes. 'Why is this so difficult? I feel like everything I say sounds like I'm assuming...' He laughs and throws out his hands. 'I don't even know if you'll let me see you again.'

A bigger spot of rain lands on my cheek. 'You mean if we do end up going out together more seriously, we can tell her then. But there's no point upsetting her now while there's nothing between us.'

He blinks hard, and I worry I've been too on the nose again, but either he recovers or it really was just a blink because he points at me and smiles and says, 'Exactly. I love the honesty!'

'I'm an honest person,' I say. Which is true, apart from right now.

'I promise I'll talk to Megan at some point. We all just need a bit of time to breathe. What happened was traumatic for all of us, and now that I'm back in town, I know I'll be opening old wounds.' He shoves his hands deep into the pockets of his jeans. 'Anyway, I have no expectations, I promise, but I'd love to see you again, if you'll let me. You're so original and such a good listener, and you're funny too. I'd love to take you out for dinner. Like I say, you're my first real date, and it's quite shocking to strike gold straight away.'

'Wait,' I say. 'Do you mean your first ever date in your life? I thought you meant since you got out of prison.'

He winces, glances about.

'Sorry,' I say, switching to a whisper after the fact. 'Thank you for the compliment, but you must have been on a date before?'

He puffs his cheeks and blows out air. 'Nope.'

I make a face. 'But how can that be true? You and Megan...'

He shrugs. 'Before I went to the Meadows, I'd never stayed anywhere long enough to have a girlfriend, and at fifteen you're not exactly a man of the world, are you? Megan and me were part of a group, until we were something more. We just hung out, you know, and ended up together. And then... that night. I've only been out of the nick for a few months. That's a lot of life I've missed. A lot of normal experiences. Like dates. Buying a car. Going to the theatre. There's a lot of things I haven't done. I didn't think I was ready for romance, but I'm glad you were my first ever date.'

Again, despite everything I know about him, I feel myself grow hot. To be spoken to like this feels like I imagine being drunk feels – my head light, my blood fizzy, the need to giggle even though nothing is funny.

'So wait,' I say. 'When we're together, what do I call you?'

'I think it's best to stick to Robbie. I just wanted you to know my real name so I didn't feel like I was deceiving you. But yeah, let's go with Robbie. If Megan hears from someone else that you're seeing Lucas Ashton, that would be terrible. That's if you decide to… As I said, I don't want to assume.'

I hold up my hand for him to stop. 'I get it. I'll call you Robbie, even in my head, until things develop, if that's what happens. I don't want to hurt Megan either. She's been so kind to me, and she's such a good boss.' *And when I suggested meeting her ex, she dropped her fork on her plate.*

He smiles, as if he's proud of me, and again I feel a mix of weird and fluffy. 'OK, well, bye then.' He bends forward and kisses me on the cheek. I can smell nice soap or aftershave or whatever it is. His lips are soft. 'Robbie,' he says. 'Just for now.'

'One hundred per cent. Bye, Robbie.'

I walk away, pulling out my phone to text Mum that I'm on my way home. Once I've done that, I bring up his number and change the name in the contacts from Robbie to Lucas. It's a small act of rebellion, something to remind me I'm not doing what he says, something to help me focus on the plan.

Something to remind me who I'm dealing with.

THIRTY-THREE

HER

When Cat comes into work on Monday, she gives Megan a coy smile.

'You look pleased with yourself, missy.' Megan risks a gentle tease.

Cat smiles shyly. She is carrying two takeaway coffees, one of which she puts on the desk in front of Megan. It's so generous, but Megan's heart sinks. They look like the crap ones from the stall in the market.

'Single-shot flat white,' Cat says. 'That's right, isn't it? It's to say thanks.'

'Thanks? What for?'

The poor girl can't meet her eye. 'For setting me up with Robbie.'

Now it's Megan's turn to avoid eye contact. With all the Helena shenanigans and Freddie acting like Mr Perfect at the weekend, she'd almost forgotten Cat was meeting Robbie. She minimises her spreadsheet, just to have something to do with her hands. 'So! Tell me! Was he nice?'

Cat smiles again, lowering her face to her coffee cup, pink

spreading to her ears. 'He was actually. Really nice. It was super low-key. Just a couple of drinks and a chat.'

'That sounds perfect.'

'Usually, I'm so nervous I can't think of anything to say, but he made it so easy.'

'Yeah, Robbie's great company. He's a really nice guy. Told you I'm a matchmaker, didn't I? Just knew you two would hit it off.' Megan smiles. The plan she didn't want to admit to herself has failed, but seeing Cat's face all lit up is more than enough compensation. 'Do you think you'll see him again?'

'I'm seeing him on Thursday actually.' Cat beams but just as quickly stares at her shoes. If Megan didn't know how shy and socially awkward the girl was, she'd say she looked guilty.

'Second date already! Is he taking you anywhere nice?'

'We haven't decided yet. I've told him I prefer to take it slow, and he was cool about it.' Cat risks a glance at Megan, who lifts up her paper cup.

'Well,' she says. 'Thanks for this. You didn't need to do that.'

'I wanted to,' Cat blurts with an intensity that takes her aback. 'You've been so kind to me. Giving me a job here and everything. And inviting me to yours for tea. And finding me a boyfriend – not that he's a boyfriend yet or anything...'

'You can't beat a good old-fashioned introduction. Now, there are two trolleys to shelve and I've got to finish this spreadsheet, so I'll let you get on.' Megan's tone is jolly, but underneath it, anxiety is rising like hot water in a vat. Now that she's absorbed the young woman's joy, her own predicament is returning to her at breakneck speed. She waits for Cat to go and hang up her coat before she exhales shakily.

She never expected Freddie to carry out her wishes so comprehensively. Never expected him to carry them out at all. And she certainly never expected him to dump Helena via text and return to his family. How typical: the one time Megan had even a half-baked plan, one that relied on him behaving in classic Freddie fashion, he goes out of character and does the decent thing.

And now Robbie and Cat have not only met but got on like the proverbial house on fire – just when Megan's trying to set light to her own.

THIRTY-FOUR

ME

'Robbie, Robbie, Robbie, Robbie,' I sing to myself as I moisturise my face. In the song it's Ruby, but I've changed it to make my own aide-memoire. That's French for memory aid. Anna told me. She did French at uni. I'm drumming it into my head because I can't afford to get this wrong. I have to stay one step ahead.

'Robbie, Robbie, Robbie, Robbie, woahahohahoh.' I'm eyeing myself this way and that in the bathroom mirror, smiling at myself. I like how I look with my hair in a towel, my skin pulled taut across my cheekbones. As I lean forward, my hips knock painfully against the sink, which pleases me in a way I know isn't good. I must've lost weight in the last week or two. I must have if *she's* starting to whisper in my head again. But there's no way of knowing for sure because Mum threw out the scales a long time ago. 'Robbie, Robbie, Robbie, Robbie,' I sing, because I'm about to go downstairs and Mum will give me a grilling and I can't afford to mess up and say, *Oh yeah, I'm off to meet the guy who killed our Ed*, can I?

That would not go down well.

'Robbie, Robbie, Robbie, Robbie.' I pull the towel from my

head and shake my hair out. He said to call him Robbie even when we're together. It occurs to me that this is the reason he didn't want to meet in Runcorn. He was scared of being recognised. Personally, I think Frodsham is risky too. It's really not that far away.

I step into an old dress, black and slinky with spaghetti straps, the type of dress that if you wore it with heels, you could go to a prom, which is exactly what it's from – my Year 10 prom, which I never went to because I was in hospital for the second time then. I'm wearing it with my Doc Martens and a second-hand mohair cardigan the colour of French mustard, which Mum said brings out the flecks of amber in my brown eyes – except she doesn't say flecks of amber, she says yellow bits; it was Anna who said flecks of amber.

I add some long chains, which are cheap and nowhere near silver or anything, but they look kind of grungy. The whole outfit was styled by Anna and Shell when we went clubbing one time, so I know it's cool. I put on some tinted lip balm and stand back. Nerves rush through me, but at least I don't hate how I look, which is a miracle. I try not to think about how my plan keeps changing. It feels like trying to sail a ship in a storm or drive a car with no brakes. But it's OK. I just need to stay alert and flexible and not let myself go under. I'm not great at improvising. I like things to be set out. This whole thing is even more stressful than I thought it would be. But there's no going back. Too many years have passed already. There's only one direction and that's forward. I've already figured out what I'm going to do. I'd call it plan B, but it's more like D or E. It'll take a week or two, and it's going to need every scrap of nerve I have. It might finish me. It probably will. I know it's already putting me back – I can feel it. But once this is over, I'll get back on track. I will. I have to.

Catherine. You don't have to do this.

I swing round, but there's no one there. I knew there

wouldn't be. It was a reflex, looking round like that. A pit tightens in my stomach.

'Theodora,' I whisper. It's the first time I've said her name in a long, long time. I know now it was her the other day. She's only faint like she was then, and she's gone quiet again, like me turning round, ready to face her, has nipped her in the bud. There's nothing to get het up about. Just something to keep an eye on. I hope saying her name hasn't strengthened her. I just need to make sure she doesn't get any louder. I know the best way to shut her up is to get back to my maintenance weight, but that might not be possible until this is over.

Go lower, she whispers. *Running on empty keeps you lean and sharp.*

'Go away,' I hiss, pressing my forehead against the steamy glass. I know I shouldn't reply to her because that feeds the delusion, and it is a delusion it is a delusion it is a delusion. But I can't help it. It feels unlucky not to reply, and I can't risk bad luck. 'I need to do this.'

I'm OK. I'm fine. And anyway, anyone watching would just think I was talking to myself. Lots of people do that. Anna used to say it's the only way you get a decent answer.

Downstairs, Mum is sitting at the kitchen table eating sardines on toast and reading the free local paper. A mug of tea sends up curls of steam. The smell of the tinned fish makes me feel sick, but it's hungry sick not disgusted sick. Mum has black lines under her eyes, and her cheeks are kind of baggy. She always looks like this when she's just home from her shift at the Co-op.

'Is that all you're having for tea?' I ask.

She looks up. 'The manager was giving them away. They're near their sell-by date so they need getting on with. I've got nine tins to get through. Not all tonight, mind.' She smiles like she's made a joke.

'You look nice,' she adds when I don't reply, and it's only when she says it that I realise I should have reacted to the thing about the sardines – laughed maybe, or given her a smile in return – but I haven't figured out what the joke is yet.

'Thanks,' I say, brushing my hands down my sides.

'Very poshed up. Where's he taking you? Where are you going? I should say.'

I open the fridge even though I'm not eating here. Or anywhere, not that I'm admitting that. There's half a carton of milk, a six-pack of eggs with a yellow label, a lump of Cheddar and a packet of tomatoes, also with yellow labels. I imagine that cheese melted in a non-stick frying pan with the tomatoes, the gooey, savoury, orangey-red mess poured over thick white toast and butter. That was my favourite when I was a kid. We called it runny cheese and tomato on toast, which is like a name and a recipe in one. My mouth waters.

'Catherine?'

'Hm?' I shut the fridge door.

'You said you were going out to eat?'

I can't remember telling her that, but I must have. That's why all she's having is sardines on toast. She only cooks proper dinners when I'm at home, which is every night usually.

'It's some Chinese place, I think.'

'The Yuet Ben? You said he was coming to Frodsham?'

'Not sure.' I need to stay vague. There's a chance she'll check, although I don't think she will. 'We're going to the Bear's Paw again first, so maybe.'

'That makes sense. Just over the road then, in't it? Hop, skip and a jump.'

She goes back to her paper. The air between us vibrates. She doesn't believe me. I can tell by the set of her brow and the merest glimmer of red on her neck. It might be the dress. It's more fitted than the jumpsuit and the old blouses of hers I've been borrowing for work, so she might have realised I've dropped a few pounds. But I only need her not to challenge me, which she won't.

Robbie is sitting in the bar area, a pint of beer on the little table in front of him. There's a fire in the grate again, even though it's not particularly cold out. I take a moment to study him. He's wearing jeans and a navy cotton shirt. I know there's only six years between us, but he looks much older than me. It's his confidence, I think. He always was confident; their whole gang had that way about them. For a moment, I think about turning on my heel and leaving, texting him from outside to say I've been taken ill. I feel like I can't go through with it, with any of it. But he must feel me staring because he looks round, spots me and waves, his face breaking into a smile. Too late now, I think, and I walk towards him.

'Hey.' He sounds breathless, and he's looking at me very intensely.

'Hey,' I reply, but the eye contact is too much, so I break it.

'I'm so glad you came.'

I frown, not sure what he means. 'I said I would.'

'Sure, sure.' He smiles, as if to himself. 'Can I get you a drink?'

'Would it be OK to have a vodka and slimline tonic, please?'

His smile widens, making his whole face look soft, and for a split second I forget who he is and what he did, the insult of him sitting there like the picture of innocence. 'Of course it's OK,' he says, still through his curled-up mouth. 'You're so sweet. Sit. I'll be back in a jiffy.'

I sit down and shrug off my jacket. I'm glad of the fire because I actually feel quite chilly. I know this is because I haven't eaten since breakfast, which both thrills and worries me. At least Theodora hasn't returned at full force yet, so that's something.

I glance back towards the bar and see him leaning in, chatting to the barman like they're old friends. I don't think they're friends. I think that's just his way. I feel so guilty on account of Megan. I know now without any doubt that my plan will ruin her life. She and the kids are collateral damage, but sometimes it's about the greater good. It's not about revenge; it's about justice.

THIRTY-FIVE

HER

Lucas and Megan are at school. They're in the canteen, in their sixth-form clothes – Lucas in an off-white T-shirt with a faded black denim shirt open over the top, Megan in ripped jeans and a leather jacket. Except they are older. Lucas has fine worry lines that Megan's mind has drawn on his forehead. But he has the same messy candyfloss quiff, the same crooked smile. His eyes are sad, the way they were when she last saw him, purple beneath with the weight of fifteen years inside, with all that wasted time, with love lost, hopes dashed, a life taken. He is young and old, yesterday and today.

'You and me against the world, babe,' he says with a smirk, just like he used to. 'What d'you say?'

'What?' she says. 'What do you mean?'

She feels panicked. She should know what he means, but every time she leans in for the answer, the dream repeats itself. She knows it's a dream, even in the dream, but at the same time, it's real. It's so, so real. She knows what he means, but it's out of reach; she can't grasp it.

'You and me against the world, babe,' he says again. 'What d'you say?'

'What?' she asks, leaning in. 'What do you mean?'

'You and me against the world, babe. What d'you say?'

'Lucas!' She wakes up, face and neck wet with tears. The pillow is soft under her head. A salty taste runs down her throat, a trickle in her ears.

She throws her legs over the side of the bed and creeps into the en-suite bathroom. As she pees, still fuzzy with sleep, she thinks how strange it is to be close enough to someone that you can pee in an adjacent room without even closing the door and at the same time not trust that person one bit. The room darkens. She looks up to see Freddie in the doorway, glaring at her. His eyes are so dark that for a moment she wonders if he's sleepwalking.

'Freddie?'

'You tell me.'

'What?' Her throat closes.

'You tell me.'

Slowly, she reaches for the loo roll, gathers a few sheets, wipes herself. 'I don't understand what you mean.' How small her voice is, how quiet. White dread flashes through her.

'You're the one dreaming about someone else, not me.'

Shit. Lucas. Caught between the dream and wakefulness, she must have called his name out loud. Oh God.

She has no time to move. Freddie is standing over her, so close, so massive, she can't get up off the loo. She is horribly aware of herself, her nightie rucked up, her nakedness beneath. Freddie straddles her. She hears herself whimper. He sits down, enough for her to feel the threat of his weight, the power of it. He relaxes further. The weight of him intensifies. Pain spreads through her thighs.

'Freddie,' she says. 'You're hurting me. Please, love.' She keeps her voice low. The kids can't hear this. They must not.

'I could break you,' he whispers, his lips brushing her ear. 'I could pick you up and throw you out of the window if I wanted to.'

'I... I know that. I wasn't... I was dreaming about school, that's all.'

He lowers himself another fraction. A crushing ache fills her legs. She whimpers again.

'You were dreaming about him,' he says, matter-of-fact. 'What were you doing? Were you fucking him? Were you?' He grabs her chin and squeezes it hard. 'Sounded like you were enjoying yourself.'

'No! Oh my God, no! I was just remembering. We were all there. Together. All of us. Freddie, please. I wasn't. Please. You're really hurting me.'

A second passes, two. Megan's heart gallops. The pain throbs in her thighs, almost unbearable. She doesn't dare breathe. She can't shout for help. The kids cannot, must not see this. A second passes, another.

Freddie eases himself up. The relief is instant. She gasps, pulls at her nightie as he stands then backs away from her. Without a word, he turns away and lumbers out of the room. She's still sitting on the loo seat, still catching her breath, when she hears the thud of him hitting the bed.

She sits crying into her hands. It is the only sound she can hear: her own small, half-formed sobs. She's cold – has started to shake from head to toe, her teeth chattering. She grips the towel rail, uses it to pull herself up. Her legs are trembling so much she's not sure she can walk. She flushes the chain. Washes her hands. A glance in the mirror shows her pale and red-eyed as a Halloween mask. She averts her gaze. She does not want to see herself – her – that frightened woman. She cannot be her, she cannot. She will not be that woman.

But she is. She is that woman.

She creeps back into the bedroom. Stands over her sleeping husband, letting her breathing return to normal. He is already snoring, completely out of it. Will he remember what he just did? It hardly matters. If she asks him about it, he will say he doesn't know what she's talking about, and she won't ever know if that's true or not.

Did she, Megan Greenway, really take this man for her loyal wedded husband? Yes, she did. He is lying on his side, boxers scrunched up at the thigh, the hint of belly at the base of his T-shirt. His mouth is open, one hairy leg crooked over the duvet, the skin pale in the dimness of the small hours. The bedroom smells of stale beer. He was out last night with some guys from work. Was he? Who knows? The vaguer he is, the surer she is he's back with Helena or that he's found someone else whose layers he can peel away with all the illicit thrill of a striptease until he finds nothing more special than a body, a human body, with its pores and its scars, its broken veins and imperfections. For Freddie, it's all about the chase, the first thrill of it, when everything is intense and new. This is his only understanding of love.

She could check his phone. It's in the drawer in his bedside table. She could get it right now, find his secret messages with Helena, screen-shot them, send it to her phone – solid proof he can't deny. She could hold his phone in front of his face to unlock it and say, *Here, shitbag, deny this.* It would just be so good to catch him, irrefutably catch him, stick a pin in him and watch him writhe.

But it's out of the question. Look at the state of her: shivering with fear standing over him, weeping while he sleeps like a baby. If he were to wake and catch her on his phone, God knows what he'd do in the privacy of their room where none of his adoring colleagues can see. That his threats are always so quiet when the kids are in the house somehow makes them more frightening – the control of it, the cold psychopathy. She thinks of Ellie, their conversation at the park. *You've lost weight. You don't go out in the evenings any more.* Megan had believed she was holding on to herself, but her grip is slipping. She can hide behind her job, her children, her smile. But her husband is her dirtiest secret.

Freddie's breath falters. His head shifts against the pillow. Objectively, even slack with sleep, he is a very good-looking man – in his prime at thirty-two despite the thickening midriff. She has had two children with a man other women would regard as a real catch. She has given birth in front of this man while he held her hand and wept. The midwives will have seen happiness, maybe even gratitude. Perhaps it was like that. Perhaps. Although these days, in her bitterness, she is inclined to think those tears came from the narcissistic joy of procreation, populating the world with more versions of his own glorious self. This is the man whose underwear she washes. The man in front of whom she undresses without self-consciousness, sometimes while they're talking about his day at work – never hers. And yet when she searches their life for true intimacy, she finds nothing, nothing at all. Undressing is not the same as self-revelation. A striptease is something you pay a stranger for.

Eyes sticky with sleep, she stands there in her nightie, still shaking in the dark. *I married him out of friendship*, she thinks. She can look that in the eye now and know it is partly the reason she feels so disappointed – because surely we expect more from friendship than we do from romantic love? She did as Lucas bid her and went to university. She left him alone. But in the reeling aftermath, she let Freddie bind her to him. She did this, she knows, because of and in spite of Lucas. Freddie was her only touchstone, the only person who understood, and in that moment, she felt their bond as something deep and true.

Fresh out of uni, still unsure where her life would lead, she let him persuade her to stay in their home town, to move into the house his parents helped him buy and become his wife. She looked at him and thought, yes, I love him. Did she? Or did trauma and friendship, hormones and a desire for a family of her own make her blind? Yes, she did love him – as an old, loyal friend. Freddie took that friendship, turned it into an invisible contract they signed in the darkest moment of their lives, and then betrayed that contract so many times she wonders if he ever put his name to it at all. Sometimes she wonders if he only married her to get one over on Lucas. It was Lucas she chose over Freddie after all, back in the mists of their schooldays.

But Lucas was locked away. And it was Freddie who put a ring on her finger.

THIRTY-SIX

ME

I'm lying in bed. It's Friday, it's six in the morning and I can hear Mum in the kitchen getting ready for her shift. I need to open a window. I can smell the alcohol in here, and my head hurts from not sleeping well. Booze doesn't agree with me, and I shouldn't mix it with my meds. Only three units, but we didn't eat because I said I'd misunderstood and didn't think we were eating. I shouldn't have done that. I'm supposed to be looking after myself. If I don't, everything will be in pieces around my ears before I get to the end.

Downstairs, the kettle clicks off. I hear it even from my room. That's how quiet this tiny house is. The sound breaks me out of my thoughts. Last night, when I apologised and said I hadn't realised we were meant to be going out for dinner, Lucas said it was fine, not to worry, and got bags of crisps and nuts. I've dropped the stupid Robbie alias, at least in my mind; it was doing my head in. And calling him Lucas keeps me on track, reminds me that he doesn't control me, helps me remember my aim. Anyway, *Lucas* was really sweet about it, said bar snacks were better than prison food. He tore the packets down the side and flattened them like little plates.

'Tapas,' he said and grinned.

I knew that was humour, so I laughed. I also knew that if I took one nut or one crisp, I'd go mad for the lot, but I couldn't not take one or he'd think I was really uptight and maybe even finish with me and then my plan would be dead in the water. I had one nut and one crisp and then, of course, ended up scoffing the rest like a pig. He got more with our third drink.

'I love girls who eat,' he said, opening the dry-roasted peanuts and some Kettle Chips – what Anna calls the crack cocaine of snacks. I get that joke. 'Sometimes it's good to have the bad stuff,' he said. 'At school, the girls were always on diets. They were no fun.'

'Yeah,' I said, like I agreed. 'I love dry-roasted peanuts. They're like my favourite thing. I'd have them instead of dinner every night if I could.'

I *was* having them instead of dinner.

'Me too,' he said, making his eyes all crinkly like we'd discovered something massive in common.

We did have something massive in common: my dead brother.

We had two packets of nuts and two of salt-and-black-pepper crisps in the end. I'm panicking about that this morning – so much fat! – but at least it'll make it easier to tell Mum about the date. I can say we didn't go to the Chinese restaurant in the end, just got some bar snacks instead. It's the truth, after all.

After our second drink, he said, 'Hey, I was thinking maybe after this you could come back to mine for a bit? We could chill and listen to some music?'

I knew this was code for S-E-X, so I said, 'Not tonight, sorry. It's too soon. I need to get to know you first.'

He smiled and cocked his head to one side, his eyes creasing up a bit. 'You're a wise, wise woman, Cat Gallagher.'

I tried to figure out what he was really saying, but his expression was affectionate. What I wanted to say was that I needed him to tell me exactly what happened that night. He'd started to tell me last time, then claimed he felt overwhelmed, which was a bit rich, given he was the killer not the victim. How the hell did he think I'd felt hearing about it? I still wanted to understand how he saw it, how much responsibility he took. If he knew I was his victim's sister, he'd never give me the full story.

'Hey,' he said then and reached for my hand. 'Where have you gone?'

I frowned at him. 'What do you mean? I'm here.'

He gave a laugh and shook his head. 'Oh, Cat,' he said. 'You are a one-off. I meant where did you go in your mind? You were miles away. Penny for your thoughts, that's what my old mum used to say.'

You'd need a lot more than that, I thought. I wouldn't tell you my thoughts right now if you gave me a million pounds.

'I'm fine,' I said.

'I understand, you know,' he said. 'You want to take it slow, and I respect that. I knew you were sweet. I could tell the moment I met you. I'm just happy to be with you.'

His kindness was still very confusing. I got another rush of guilt about Megan. She wouldn't want the two of us to be meeting like this. Intrusive thoughts flashed – her walking in and seeing us here together, practically holding hands. I felt like I was living a double life. I knew I hated the man in front of me, but at the same time, it was lovely to have someone pour kind attention onto me like clear warm water.

But I had to ignore his charms and finish what I'd started.

On our third drink, I bit the bullet.

'You said you'd tell me more about what happened,' I said. 'About why you went to prison.'

If I'd waited like this on purpose, I would've been proud of myself. In reality, though, I had spent the whole evening trying to get him to talk about it, but he kept distracting me. 'You were in the pub,' I prompted. 'You were all drunk after your A levels and there'd been beef with a lad in the year below.'

Say it. Say my brother's name, you bastard.

I worried then he'd read my face, but he didn't have a clue. He looked up, his expression a mix of guilt and a plea for sympathy. I had no sympathy for him, none whatsoever. All I felt was cold. I wanted to shout in his face, tell him what a complete shit he was. But it was my turn to act my part.

'He was in the year below you,' I said again, my determination a precarious rope bridge across the black canyon of his soul. 'He must have been underage.'

'Fake ID. Everyone did it.' He shrugged, eyed me cheekily. 'I bet you didn't though, did you? Too damn sweet.'

He'd done it again. Distracted me. I got why he wouldn't want to talk about it, but I forced myself to stay strong. Mirroring him, I raised my shoulders, let them fall. But said nothing.

He coughed into his hand and shifted in his seat. 'Yeah, so...' He trailed off.

'So what happened?' I was becoming frustrated. I could hear it in my voice. 'Did you shoot him or stab him or what?'

He looked alarmed. Or appalled. It was hard to tell. 'God, no. It was just a fight gone wrong, that's all. We were kids. Kicking-out time, all drunk as skunks, coming out of the pub. I see him and he sees me, and he's all in my face with his fists up saying, *Come on, come on then. You said you'd kill me, so kill me.*'

'He said that?' The heat of genuine shock washed through me. I could barely breathe.

'Yeah. I'm not trying to excuse what I did. It was a long time ago, but even at the time, I couldn't remember much about it. The CCTV and the witness statements... built a picture, let's say.'

This tallies. In court, Lucas said he couldn't remember

anything. Couldn't remember stashing his shoes after administering the final, fatal kick. Couldn't remember disposing of vital evidence. Handy, that.

'And *had* you said you'd kill him?' I asked.

'I'd said something like *You ever go near her again and I'll kill you*. Something like that. In the school yard, you know? He'd been sniffing round Megan. Everyone was after her, but she was mine. Mine.' He pointed to his chest, his face red. He seemed angry, furious even, but then he appeared to return to himself, the red fading to pale pink. He took a sip of his beer and put the pint back down. 'She was mine,' he said for the third time, quietly now. 'My Megan.'

The front door slams shut. That'll be Mum, off to work. I need to make the next bit of my plan. Maybe it's a good idea to go back to his flat next time. I want to know what he did afterwards, how he tried to get away with it, what he did with the shoes. I need to get him alone, but I worry there'd be no escape. He could overpower me as easy as one, two, three. He could try it on the moment we got in the door. I don't want to end up having to sleep with him. I will do whatever it takes, but that would be a step too far. I just need to get him somewhere where no one can see us. I've been thinking I could spike him. Mum has some sleeping pills. I could grind them up, put them in his drink – not enough to kill him, just to make him dozy – and then... I don't know. I don't know what comes after that. I've got to figure out what comes after that.

I'm glad I'm not in the library today. I don't think I can face Megan. I feel like if she's kind to me, I'll end up breaking down and telling her everything. But she's part of this too. I don't believe she's totally in the dark about that night. Freddie will have told her what went down. He must have, which means she can hardly complain when the time comes.

I throw back the covers and go downstairs. Mum has left a note on the kitchen table:

Didn't want to wake you. There's bread for toast and eggs. Love, Mum. X

I throw the note in the pedal bin and make myself a black Nescafé. While it's cooling, I pop upstairs and go into her room. She keeps her sleeping pills in the top drawer of her bedside table.

She won't miss a few.

THIRTY-SEVEN

HER

On Monday, Cat is waiting for her at the door of the library, two plain white takeaway cups in her hands.

'You got coffee *again*,' Megan says. 'Honestly, you really don't need to do that.'

Cat shrugs, the usual pink behind her freckles. 'I wanted to.'

'Well, thank you. You're very kind. But next time I'll get them, OK?'

Cat holds one out to her, but she can't take it because she needs to open the door, which has three locks.

'Hold on a sec,' she says, wrestling with the keys.

'Sorry.'

For some reason, the exchange feels incredibly awkward. Cat looks simultaneously crushed and embarrassed, like Megan's rejecting her or something. She finds herself rushing so she can take the coffee as soon as possible. Haste makes her fumble. The first lock clunk-clunks against the turn of the key. Her mind offers her prison doors, endless keys, endless locks.

She needs to see Lucas. But there's no way she can ask Freddie for his number, not after the other night. She still has no idea if he remembers what he did to her in the bathroom. If he does, he's showing no sign of remorse. As for her, she's walking on eggshells. Funny how it's never bullies who correct their behaviour; it's the victims who frantically make the changes, who become smaller, quieter. Less.

Door open at last, she takes her coffee from Cat. As they make their way inside, she asks her how her date went last week. She's hoping Cat's going to tell her Robbie isn't for her after all. Surely then Freddie will step in and sweep the girl off her dainty little feet. But...

'It went really well actually,' is what she says. 'We chatted for hours.' The smile is wistful. Yes, wistful. Bugger.

Megan puts the coffee on her desk. The worst thing is, she can't pop out to Beans now for fear of offending Cat. Very British problems.

'How was the restaurant?' she asks.

Cat shakes her head. 'We just stayed at the pub in the end.'

'I thought you were going to the Chinese?'

'We stayed in the pub.' She stares down at the floor, one hand reaching round the back of her neck 'He...er, I mean Robbie... um, got some bar snacks. He...'

Megan doesn't hear the rest. Heat is flashing through her, blood pulsing in her ears. Cat's focus on the floor, gripping herself by the neck, the stumble over Robbie's name. Why can't the girl look at her? What was she about to say? Megan didn't hear her properly above the rustle of her coat as she was putting it on the back of her chair. What or who did she almost say? Why would she stumble over his name?

There's only one reason Megan can think of.

Cat is staring at her, face crimson. The air is electric. 'Are you all right?' she asks. She looks scared.

'What? Yeah. Sure. Sorry, miles away. So did you go back to his place? To Robbie's?'

Her eyes widen, all innocence, but she still can't hold Megan's gaze. 'No, we didn't go back to his.' She's blushing so deeply now the tips of her ears are glowing. She's lying, lying through her perfect little teeth.

But then she's painfully shy. Mortified when it comes to anything romantic. And Megan's question was so out of order. She can't believe she just asked if her assistant, her colleague, went back to her date's place, which is basically asking her if they slept together. Christ! Her suspicions are making her crazy. She is, she thinks, already crazy.

Breathe, Megan. Chill the hell out. So she stumbled over his name. So what? It could be nothing, nothing at all. You're reading too much into it, that's all.

After a few more minutes of stilted conversation, Megan tells Cat she has to make some calls and sends her to keep an eye on the loans desk. Once the girl disappears, she sits down, exhales as if winded. She's imagining things. She is. But could Cat be lying? Or is Megan driving herself mad, on high alert because of her own secret agenda? But if Cat is lying, there's only one reason she would do that. And Megan is married to that reason.

With a strange sense of watching her own hands pick up the phone as if they belong to someone else, Megan calls Freddie's office.

'Good morning,' comes a woman's voice. 'You're through to Haven Charity. How can I help?'

'Hi there. Can I speak to Robert Worth, please?'

'Can I say who's calling?'

'It's Megan.' Her skin heats. What the hell is she doing?

'Megan,' the woman says, loud in Megan's ear. 'OMG, hi! It's Becca. So sorry you had to leave the drinks thing the other week. I really wanted to come over and tell you how amazing your husband is. Honestly.'

'Oh. Er, thanks.'

'Is that weird?' She laughs, all bright and young and sparkly.

'Honestly, though, you should see what he's doing with Haven. This TV launch is going to be *epic*.'

'I'm sure it is. So nice to talk to you. Is Robbie there? He asked me to find something out for him. So, I was just—'

'Sorry! Putting you through now, OK? Bye! See you soon!'

'Bye. Yes. See you soon.'

The hold music starts. Nerves flare in Megan's gut. She's not thought this through, has no idea what she's going to say. What if Robbie tells Freddie she's called him? How can she possibly ask him if he's seeing Cat? She can't. No way. What the hell is she doing? She's about to close the call when...

'Rob Worth speaking,' Robbie says, sounding serious and professional.

'Robbie?' Adrenaline courses through her. 'It's Megan Crowther.'

'Megan.' His tone changes instantly to the warm and friendly guy she knows. 'So nice to hear from you. How the hell are you?'

'I'm very well, thank you,' she coos back, nerves jangling, on full improv mode now. 'I was actually ringing to talk to Freddie, not sure why I've been put through to you. Tell me how you are anyway! How did your anniversary go?' Her face burns. What did she just do? Who even is she?

'Ah,' he says, as she knew he would. 'It went pretty badly, you could say. She dumped me. The night I saw you actually. She was waiting up for me when I got home. I guess she saw through me in the end.'

'Oh, Robbie,' Megan says, oozing sympathy, the only genuine thing she feels in the midst of her own morally bankrupt behaviour. 'She didn't see you for the great guy you are, that's all. I'm so sorry. But it's her loss. You are a total catch.'

'Not gonna lie, I'm pretty gutted.'

'Oh, you'll soon be back out there,' she says. 'Plenty more fish in the sea. God, how ancient do I sound?' She gives a merry laugh, which makes her feel sick. 'Can you even say that now or is it offensive to... I dunno, aquatic species or something?' Because that's going to make her sound so much younger.

He indulges her with a mirthless laugh. 'S'pose. Shall I put you through to Freddie?'

'Sure, but listen, before you go, if you're up for a date sometime, my library assistant is *very* cute. I think you'd really like her. I could set you guys up, no bother.' Hot shame floods her veins. It's as if she's lost all sense of what's decent and what's... whatever this is.

'That's really kind of you,' he says, sounding sad. 'But I think I need to lick my wounds for a bit. Maybe in a few months?'

'OK. Yeah. I get it. But when you're up to it, just say the word. And don't mention it to Freddie, will you? He hates it when I try and matchmake, even though I'm spectacularly good at it.'

He laughs. 'I won't, don't worry. Nice talking to you.'

'You too. Hang in there. Her loss, remember.'

She hangs up before the hold music even starts and throws herself back in her chair. Her pulse is racing. She cannot believe what she's just done, but at the same time it is so validating to know she was right. She was right! Robbie had no idea who or what she was talking about. It is so exactly as she thought. It is absolutely stunning. Cat has been lying to her face. After she gave her a job! After she cooked for her, was kind to her, found a boyfriend for her. OK, maybe not that last bit. But Freddie has done exactly what she thought he'd do after all.

Does this mean that Cat, mousy little Cat, is the reason Freddie finished with Helena? Did he finish with her while he was on a date with Cat? A text doesn't exactly take very long, does it? And knowing Freddie, he won't have agonised over it.

And if the hesitation over his name was just an innocent

stumble, what does that mean about Cat? Does she know who she's seeing? Does she even realise this guy isn't Robbie?

Megan pushes her face into her hands and groans. Let's take a step back, she tells herself. Apply some logic here. One thing is certain: whoever Cat is meeting, it isn't Rob Worth.

Now that her pulse is beginning to return to normal, Megan is more inclined to think that Cat won't know this is a fake name. The girl is so guileless; Megan can't imagine she's capable of lying. In her embarrassment, she could simply have stumbled. It's most likely that Megan's own paranoia has led her to this frankly shocking discovery.

Her plan has worked; she just didn't know it.

THIRTY-EIGHT

ME

Megan was really weird with me today. When I nearly said *Lucas* instead of *Robbie*, she went bright red and sort of flinched. I wonder if she guessed, but I can't see how. She'd have to be completely psychic.

I need to move things along. But I still don't know how. I thought it would be easier than this. Best-laid plans. But I do have an advantage: Mr Call Me Robbie Clever-Clogs doesn't know who I am, and that counts for something. If he had any idea, he wouldn't be asking for a third date, that's for sure.

Because I am going to *ruin him*.

Last time he hinted he had a place: a small flat, he said. Nothing special. It took all I had not to tell him it's a damn sight more than I've got.

'Freddie helped me get it,' he said. 'He works for a homeless charity, and part of their remit is to house ex-offenders and help them start a new life.'

'He sounds amazing,' I said, all gooey-eyed, humouring him. Not to brag, but I'm getting better at the double-agent thing.

He nodded thoughtfully. 'Don't know where I'd be without him, to be honest.'

Honest, ha.

Now I think about it, realistically, he's going to want to sleep with me next time. Anna said the third date is when you sleep with a guy. The thought terrifies me. I don't think he'll make me because we've agreed to go slow, but I can't stall him forever. Maybe he'll wait till the fourth date.

But he won't wait till the fifth.

Mum is still at work. I go into her room and open her dressing-table drawer. I used to love this dressing table when I was a kid. I would open the drawer and study all her make-up, her powder brushes and eyeshadow sets. It's all gone now. Mum doesn't wear make-up any more. She says the last thing she wants is a fella. She always says fella, never boyfriend or partner. I know that's because of Dad – the not wanting anyone part. He never hit her. At least, I don't think he did, but she was terrified of him anyway. We all were. But it was our Edward Dad hit. I know it was horrible for her to watch. To hear.

The night of Ed's funeral, she said she'd never forgive herself. Dad wasn't in the room. It was the only time she ever talked to me about what had happened, the years of it. 'I should have left,' she said. 'I should have protected your brother.'

'It's not your fault,' I said because it wasn't. 'And Dad didn't kill Eddie, did he? Someone else did that.'

'But if he hadn't been such a tyrant, your brother would've told us where he was going, wouldn't he? He wouldn't have been so keen to get himself into a fight he couldn't win.'

I shook my head. 'He'd still have gone to the pub. If Dad hadn't been a tyrant, he would've let him go out. Going through the front door or the bedroom window, it's the same difference.'

I closed my mouth tight so I wouldn't say any more. I didn't tell her I'd snuck out that night too. It was after eleven and I could hear Dad awake in the spare room, coughing and clearing his throat. Years of smoking meant he was short of breath and had to sleep propped up on pillows. I could see the light on under the door.

All I wanted to do was tell Ed to come home, that it wasn't safe to stay out late. I was scared that Dad would come and check on him and find his bed stuffed with clothes. Then I thought Dad was waiting up, that he knew Ed had gone out without permission. Dad had a way of making you think he knew things, even if he didn't. He also had a way of making you think he didn't know things when actually he did. Which meant you never knew where you were. The only thing I knew was that I didn't have time to wait for him to fall asleep. If he heard our Ed come in through the window after midnight, there'd be hell to pay. So I gathered all my courage and I climbed out the back window.

But I never got to tell Ed anything at all. I was too late. By the time the police came to the house, I was back in bed, shivering with shock. When I heard the doorbell go, I knew who it was. I lay there listening to the bustle of my parents making their way downstairs.

'Who the heck is that at this time of night?' Mum asked.

'How would I know, woman? Just answer the door.'

The clunk of the mortice lock, the rattle of the chain, the creak of the front door opening. Voices. By then I was on the landing, watching two police officers step slowly into the hallway and take off their hats.

'What's going on?' I made my voice all bleary, as if I'd just woken up. But I knew what had gone on because I'd seen it. I didn't know Ed was dead, not then. I'd seen him on the ground, but I didn't know he'd died in the ambulance on the way to hospital.

Liar, Theodora whispers.

'Go away,' I whisper back. 'Leave me alone.'

Trying to distract myself enough to shut Theodora up, I go downstairs into the kitchen. Mum always hints that I should make dinner, but when I open the fridge, I can't see anything to eat. There's only a forlorn-looking chicken breast and some vegetables in the salad drawer. I close the fridge and open cupboards at random. There are tins of Heinz soup, most of them with yellow labels. There are tins of tomatoes and tins of peaches. It reminds me of a war bunker, one you build underground and survive in after the apocalypse. Maybe there's some truth in that. Mum and me clinging together after the apocalypse.

I rifle through the messy drawer, looking for paracetamol. I've got a headache coming. I think it's from all the stress. Theodora is getting louder. I don't know how to go forward without breaking my cover or getting involved in a kissing situation, but I need to progress before she gets so loud I can't shut her up. I don't want to end up in hospital, not again.

I close my eyes to the flash. It's a long time since I've had one, but it's as vivid as always.

'How many times?' My father's voice, coming through the wall of Ed's bedroom. I'm here on the kitchen chair and there in my bed in our old house all at once. My hands are over my ears. It doesn't block out the thump, the thump-thump-thump.

'Please, Dad.' My brother's voice. Another thump through the wall. 'Please. I'm sorry. I'm sorry.'

Dad then: 'No point apologising if you do it again, is there? What's the point in that?'

'I won't do it again. I won't. Please!'

Thump.

Later, my brother crying, sniffs and little moans through the wall.

I can hear crying, but it's not my brother. It sounds like Mum.

'My boy,' she's saying in a moan, and I know it's her then. I can see her on the sofa with her face in her hands even though my eyes are tight shut. 'Oh my boy, my boy.'

I put my hands over my ears. But I learnt a long time ago that it never blocks the sound. The sound isn't coming from outside; it's coming from inside my head and all I'm doing is sealing it in. It doesn't make any difference. It'll never go away. No matter what I do, it's in there forever.

Unless my plan works. Me. Lucas Ashton. Alone and face to face. If I can make the world right, maybe I will finally have some peace.

Even if a lot of people will get hurt.

THIRTY-NINE

HER

Megan is sitting at her desk, face in her hands, working through the facts in obsessive detail. She texted Freddie a photo of Cat and told him to ask if Robbie might fancy a date. Freddie replied too quickly and she assumed he'd decided to go himself. But then Freddie wasn't out long enough for a date, and Cat said she'd met Robbie and that they'd talked and talked. But now Megan knows Robbie never met Cat. And if that's the case, it means her original suspicion is correct.

Doesn't it?

Freddie was lazy and stupid enough to use Robbie's name after all. Freddie is seeing Cat.

Megan sighs, hauls her face from her hands. And does the only thing she can think of: calls Ellie.

To Ellie's credit, while Megan tells her the whole convoluted story, she simply listens.

When she's finished, there's a pause. It's horrible.

'Ellie?'

'I'm here. Just processing. So... hang on. Why would you actively want Freddie to date Cat?'

'Because for once, just once, I wanted him on a hook he

couldn't wriggle off. I wanted people to know who he really is instead of this... this hero-worship. A divorce will be bad enough without having to endure him spinning lies about me. I'll still have to live in this town, won't I? I can't move away because of the kids.'

'I get it,' Ellie says quietly.

'I thought if I'd been the one to set it up, I could find out where they were going. And then all I had to do was rock up there and catch him in the act. And then I'd finally have proof that he is, among other things, a two-timing bastard and he wouldn't be able to gaslight me into thinking he isn't because Cat would be there as witness.'

'Right.'

'Look, I know I've done a bad thing, but I never intended for Cat to get hurt or for things to get serious. I just needed to confront him, you know? I thought I could get the text thread from Cat's phone once I'd explained he was my husband... Cat would be mortified, but I could tell her it was fine, she wasn't to know, and smooth it over. I mean, even now, they haven't got serious. It's only a couple of dates. She hasn't been back to his place yet.'

'But that would be your house.'

'Look, the details don't matter. What matters is I've got him. I've bloody got him.'

FORTY

ME

Mum and me are watching *The Repair Shop*. I find it soothing. I can only watch soothing programmes. Most programmes, like dramas or even comedies sometimes, stress me out. This week there is a skateboard from the eighties and a teddy bear that is even older. It has no eyes, and its fur is all grimy and matted. The seams are coming apart and it has lost half its stuffing. The boy who owns it inherited it from his mum, who inherited it from her dad. The boy is nine and he takes it with him to his chemotherapy treatments. It's his comforter.

When a text buzzes in on my phone, Mum asks:

'Who's that?'

I check.

'It's Robbie,' I say.

'Robert?'

I roll my eyes but leave it. 'He's asking if I'm free this weekend.'

'Well, you are, aren't you?' She shifts on the sofa. The implication is clear: I'm always free. On the coffee table are chocolate raisins. We have had chicken curry for tea. Just from a tin. It was delicious, unfortunately, and reminded me of camping holidays when I was little, before Dad really started laying into Ed. I ate too much. And now I can feel it in my belly like a big lump.

I stare at Lucas's text. I need to figure out what I'm going to do. I need to google how many sleeping pills are enough to make a grown man pass out so I can tie him up and then do what I need to do. What happens after that is in the lap of the gods.

Mum has turned to look at me. 'You look a bit peaky, love. And you barely touched your dinner.'

'I ate loads.'

She sighs. She's desperate. Desperate for me to eat, desperate for me to be well and meet someone and move out and leave her in peace. She hasn't said anything directly, but I can tell. I want to tell her I'll be OK. My life is on hold, that's all. It's been on hold for fifteen years. But the reckoning is almost here. And after the reckoning, I can start to live a normal life.

Another text buzzes. It's from Megan.

Hey! Just wondering if you're free on Sunday for a roast dinner with Freddie, me and the kids. No worries if you're busy.

I stare at the text. The average roast dinner has between 1,400 and 1,900 calories, and that's before you've even factored in dessert. It's so kind. But I can't go. Even if I could, I can't with things as they are. I'm not confident I can hold on to everything building up inside me. And that makes me scared of what I might do if I went to her house.

I'm so sorry, I write. *I'm seeing Robbie on Sunday.*

'They're on the skateboard now,' Mum says. 'Not literally.' She laughs and takes a handful of chocolate raisins.

I need to plan when I'll make my move. If I leave it much longer, Lucas will start expecting things from me, or Megan will find me out, whichever comes first. I need to get this done. I will text Lucas back and then I'll organise myself. I need to do research, and I need to get to a hardware store. And I'll need more money than I have. It's all gone on bus fares and takeaway coffees. Megan texts back:

What a shame. Let me know if anything changes. Have a great weekend. See you on Monday. Xxx

The three kisses make me feel terrible. I'm lying to the one person who has been kind to me. I've used her, and now I'm going to blow up her life. But it can't be helped. None of this can be helped. Justice needs to be done.

I ask Mum if she wants a cup of tea. She brightens, her face lit up like I've given her a birthday present.

'That would be lovely,' she says.

In the kitchen, I put the kettle on. It's full of calcium and makes these terrible bangs and crackles. Under the cover of all that noise, I find Mum's purse in her bag. I'm feeling so terrible already, I may as well do this now and feel all the yuckiness at once. There are two twenty-pound notes and a ten. I take the ten. I have some money left in my account from my Jobseeker's Allowance, and I'll put the tenner back once my library wages come in. I fold the note into my pocket and make the tea. When I come back, Mum says thank you, that it was kind of me. For some reason, that makes me feel upset. I think of everything she's done for me, all the hospital visits, all the coaxing and cajoling, the terror and hope in her eyes. I am her only child now. She can't lose me. *I* can't lose me, for her sake. I can't let Theodora get any louder.

After this is over, I'll make Mum a cup of tea every day. I'll clean the house and be helpful instead of letting her do everything. I'll cook. I can get her to try new things, healthy things like Megan makes. Maybe she'll want me to stay here, if I can get a job and be helpful round the house. It wouldn't be so bad to live here, just the two of us, safe and at peace. That wouldn't be such a bad life, would it?

The teddy bear has been repaired. They took all the stuffing out and washed the fabric in special detergent. They replaced the stuffing, and before they sewed up the seams, they inserted this tiny red cushion in the shape of a heart. They attached new eyes and new black stitching for its nose and paws. When they give it to the boy, his face looks like he's had all his Christmases at once. I hear a sniff, and when I look at Mum, I see she's crying. Mum's not an emotional person. She's not one for grand displays. So it's a shock when she turns to me and says in a voice barely above a whisper:

'I wish I could repair you, love.'

FORTY-ONE

HER

Saturday afternoon. Ellie has come over for coffee. Freddie's playing squash. For real? Who knows? Cat said she was seeing 'Robbie' on Sunday, not Saturday, so it's entirely possible that Freddie's racket is actually making contact with a small rubber ball for a change.

It will be interesting to see how he plays Sunday.

Olivia and Harry are engaged in a painting project on the kitchen table: a giant picture of the animals going into Noah's Ark on a length of wallpaper liner. Megan can't claim credit for the idea; that was all Ellie, who is grinning at her now as she leaves the kids utterly engrossed in their project.

'That was genius,' Megan says. 'If I wasn't straight, I'd marry you.'

'You're a better cook than me. But you should know I hate pairing socks.'

'Hardly a deal-breaker. Coffee?'

'You didn't think I'd come to see you, did you?'

They share a smile, and Megan makes the coffee.

'Thanks again for calling Helena,' she says. 'And for

listening the other day and not screaming at me. I think I might be losing it. I mean, I am losing it.'

Ellie shakes her head and waves a hand, as if it's nothing. 'It might not have been your finest hour, but it's done now.'

'I know. Speaking of which, I need to ask you a favour. You don't have to say yes obviously. I'm just... floating it.'

Ellie's eyebrows rise. 'Floating it.'

'Running it up the flagpole to see how it flies.'

'Blue-sky thinking.'

'Stop.'

Another smile. They sip their coffee.

'Go on then,' Ellie says.

Megan spreads her hands. 'So. We know Cat's seeing' – she glances at the kids, back to Ellie – '*him* this weekend because I invited her over for Sunday lunch and she said she couldn't because she's seeing *Robbie*. And now I'm fascinated by how Freddie is going to disappear. Maybe there'll be another venue to view or, who knows, a Sunday squash match.'

Ellie exhales heavily, her eyes sad and exasperated all at once.

'Problem is, I've boxed myself into a corner,' Megan goes on. 'Because the whole point was that I was going to catch them, but I can't because I'll be knee-deep in kids and roast chicken.'

'I could babysit?'

'Thank you, you're lovely, but it's your Sunday, and anyway that won't work because I'll have to leave when he does. I'd have to know where and when they're meeting in advance really.'

'Gotcha.'

'Mum, Auntie Ellie, we did lions, look!' Olivia is looking up at them. She has yellow paint on her forehead.

Good-humouredly, Megan and Ellie eye-roll at one another and slide off the bar stools to go and admire the kids' handiwork.

'Brilliant,' Ellie says. 'I think one of them needs a mane. Do you know why?'

'I do.' Olivia's hand shoots up, as if she's at school. 'It's because one is a male lion.'

'Clever.' Ellie grins. 'You need one male and one female in each pair. And why's that?'

Olivia is giggling with excitement. 'Because they need to have babies!'

Ellie points at her. 'That is *spot on*.'

Olivia giggles, the tips of her ears pinking.

'So,' Megan says, once they're sitting down, away from the kids again. 'Back to... what we were talking about. I was thinking, if I wait for their next date, I can find out from Cat where they're going, then I could ask my mum to babysit and we could say we're going out for a drink. That way, Mum'll be here when I come home devastated after finding him with another woman. You'd be there to back me up when she inevitably leaps to Freddie's defence.'

'It's a plan. I have life drawing on Wednesdays and a drinks thing on Thursday, but nothing I can't get out of.'

'I'm running up a big debt,' Megan says. 'I'll have to buy you a yacht at this rate.'

Ellie shakes her head, placing her coffee cup neatly back on its saucer. 'You're going to be my babysitter, remember?'

But Sunday does not play out as Megan expected. In the morning, she and Freddie take the kids to the park. It's unusual for Freddie to come – he usually pleads having work to catch up on – but this time he does come, and he doesn't even look at his phone, at least not that Megan is aware of. She's the one who checks her phone, looking, she realises, for a text from Cat, maybe a hint about where she's going later. But no, nothing.

In the afternoon, it is, amazingly, warm enough to sit out, so Megan suggests eating in the garden. Usually, Freddie would wrinkle his nose at the extra work, but today he jollies the kids along, cleaning and setting the patio table, and once they are all sitting down together, he tells them to thank Mum for the delicious meal. After dessert, the kids become fidgety. Megan checks her watch. Still Freddie doesn't look at his phone, doesn't leave her to clear up while he 'just checks something' only to discover he has to dash off urgently.

She sips her wine, bewildered, wondering when exactly the emergency or the forgotten squash match or the must-see venue will transpire. But the next thing that happens is that Freddie starts to set up the Swingball for the kids, and before she knows it, he's playing with them as the sun lowers behind the trees. If he's meeting someone, he's leaving it incredibly late. And he won't leave without smartening himself up.

'Excuse me one sec,' she says, rising from the table.

'Leave the dishes,' Freddie calls, face flushed with the exertion of a genuine racket game for a change. 'We'll do the washing-up.'

It's all she can do to make it to the downstairs loo, where she bursts into tears. She sits, scrabbling for toilet roll to dab her eyes, stifling sobs. It is unbearable, this taste of what might be, what could have been all these years: simple cooperation, the sharing of domestic labour, the four of them sitting chatting around the table. Affection. Appreciation. Love.

Not wanting to cause a scene, she splashes water on her face and dries it off before returning to her family. The sight of them there in the garden almost sends her running for cover once again, but she holds on. Somehow, she draws herself up tall and steps out. By now, Freddie is sitting down, looking puffed out but happy as he drinks the extra beer he must have fetched while she was crying. He can't possibly drive now, surely?

'Are you OK?' he asks. 'You look a bit hot.'

She waves it off. 'Touch of late hay fever, I think. Thanks

for entertaining the troops.' She lets her fingers graze his shoulder as she passes.

He grasps her hand and presses it to his lips. 'It was fun. The meal was delicious, by the way. Kids, wasn't dinner amazing?'

Later, Freddie corrals the kids into the kitchen.

'Go and sit down,' he says when Megan tries to help. 'Go on, shoo. We've got this, haven't we, guys?'

It is hard letting them do this. Force of habit means she barely knows what to do with herself. Still, *still*, her husband doesn't look at his phone. Still he doesn't say, *Gah, I'm gonna have to pop out for a few hours*. What does it mean? What does it say about her and what she thinks she knows?

She tries to relax into the perfect picture, despite her rattled nerves and the near-hysterical enthusiasm of the children. It isn't normal. Kids are supposed to procrastinate, whine, suddenly remember they need to do something else. Olivia is by nature helpful, Harry will always help when asked, but not like this, not this near-gratitude at their father shining his light on them for once. And what a light it is. Freddie is hilarious, physical. Through the glass doors that lead from the living room, Megan can see that he's so much more fun than she ever could be. But then he only has to do it once every blue moon.

Still later, bath and story time come around, moments he normally avoids like the plague. Here it comes, she thinks. Someone outside this house will suddenly, urgently need him. Cat didn't specify when her date was, but it's getting on for seven and they're running out of time. Megan tests the water temperature with her hands as it thunders into the tub. Waits without appearing to wait. But there is no buzz, no bleep, no sudden declaration. Freddie and Megan bathe their kids together. The memory of him sitting on her legs the other night flashes – the pain, the cruelty of that. She has not dared to ask him about it. Doesn't even know if he was fully awake. And now here he is, kneeling on the bathroom floor, blowing suds, larking about while she sits laughing – on a loo seat once again – and then she's fighting tears, her emotions all over the place. Who is he? Who the hell is he?

As if he has sensed something, he glances up, into her eyes, and smiles. In his expression she reads pride, happiness, even love.

Why is this not enough? she wants to cry, so much she fears she might. *Why are* we *not enough?*

But it would break the mood. And she can't do that to the children.

In bed, they kiss and make something that feels like love, like a really great fake – an astonishingly realistic special effect in a movie. But her mind is elsewhere. She is thinking about who the hell Cat is meeting right now, if it's not Freddie. She was so sure. *So* sure. But it can't be Freddie because Freddie is right here.

Once he has fallen asleep, she almost texts Cat to see how her date went but stops herself. That crazy feeling again. That urge to be reckless. She has already behaved in ways she thought she never would, and she needs to stop.

Since discovering Lucas was out of prison, she has been in the grip of a kind of madness. She can see that now. But even as she tells herself the madness needs to end, she knows she can't stop it consuming her. Because this idyllic day has been a mirage, that is all. And before its shimmering edges have even disappeared, Freddie will be back to his old ways. The madness will return stronger than ever. It will be unstoppable.

One way or another, she will find a way to unmask Freddie Crowther, if it's the last thing she does.

FORTY-TWO

ME

I wish I was going to Megan's later. It would be a chance to see what a happy family Sunday is like. Probably my last chance. But I'm not sure I could keep up the pretence, and I sure as hell can't cope with all those calories.

You could skip lunch altogether, Theodora whispers. *You could run ten K instead of eight.*

'Go away,' I whisper back.

I pull on my trainers. Mum is out with her friend Maria, so she won't know how long I've run for. If I leave right now, I could do a couple of hours. That should do it. That should shut Theodora up.

The voice of Stan, my therapist, comes to me then. It's not direct, not right inside my head like Theodora. It's different, more like a memory than an invisible person.

'Do you have a name for this voice?' Stan is asking.

'Theodora.' That's me, my voice, from the past. I can see myself sitting on Stan's comfy corduroy sofa, Stan sitting in the armchair. I'm stroking his cairn terrier, Mike, behind the ears. Mike always used to hop up to sit beside me during my sessions. He was like that teddy on *The Repair Shop*: my comforter.

Stan asks, 'Does the name Theodora mean something specific to you?'

'It's the name of the Wicked Witch from *The Wizard of Oz*,' I say. 'Not many people know it's her name because you only find out in *Oz: The Great and Powerful*. I watched it in hospital on one of my stays.'

'I see. And why do you think you've given the voice that name in particular?'

'Because she's evil and she's trying to stop me getting over the rainbow.'

Stan steeples his hands and bounces them against his lips. 'Sometimes it's good to separate out the illness from yourself. That way, you can avoid unhelpful feelings like shame or self-blame, and that could help you get over the rainbow, as you put it. Can you tell me what's at the end of the rainbow?'

'Er... me, I think. Like, not me but who I'd like to be. At home. But like home is me. I can't explain it.'

'You'd like to feel at home with yourself?'

'Yeah. Yeah, that's it.'

'And what would you say to Theodora if she came into this room right now?'

'I'd tell her to go away. I'd tell her to leave me alone so I can get home.'

'Let's try something. Let's imagine she's sitting where I'm sitting now. That I'm Theodora.' Stan places his hands on the arms of his chair. 'I'm Theodora,' he says. 'Why don't you say exactly what you want to say to me?'

I shake my head. 'I can't.'

'That's OK. Can I ask why?'

'Because it's ridiculous.'

I run along the main road out of Frodsham until I get to the Holiday Inn. I carry on past the houses on one side, the wooded ditch on the other, and make a left into the Beechwood estate. It's not great running along the main road here because there's no pavement, and I have to run on the actual tarmac because the grass verge is too sloped. My trainers flash, flash, flash. My breathing is regular, one breath for every two steps, and I feel better. There aren't too many cars, but every time one passes, I feel the urge to close my eyes, step into the middle of the road and let it hit me. The idea is like a dream, like the promise of one big, long holiday.

Do it, Theodora whispers. It's a loud whisper, her lips right by my ear.

'Leave me alone,' I tell her, out loud, and run faster. I'm not going to throw myself under a car for that witch. Doing that will not fix anything. Doing what I need to do, that's the only way to make things right. That way, that horrible night, my brother and everything else that happened will no longer have any power over me and Theodora will be dead under the house where she belongs, just her feet sticking out. That's the real dream. That's my home over the rainbow.

As I run, I think of that night, the steps leading up to the pub, the light above the steps, the way it blurred into the darkness of the car park. Myself, twelve years old in my pyjamas and my coat, so worried, worried sick. My brother, Freddie, Lucas. The other lads, whose names I have forgotten or never knew, coming out of the door at the top of those steps. Shouting. *You gonna let him get away with that? Did you hear what he said? Mate, you gonna let him diss you like that? He's after your girl, man.* Lucas Ashton's fist flying. Our Ed falling down the bottom three steps. The shouts, the shouts, the shouts. The huddle of them, the barely dark midsummer's night. Them legging it away. My brother on the ground, left for dead. And me, twelve years old, running, running, running.

I am still running – running away. I don't need Stan to tell me that.

When I get home, Mum is back.

'You've been running,' she says, matter-of-fact, even though I know she doesn't like it.

'Just a short one,' I reply.

'I've put a chicken in for lunch.'

'Can we have it with salad?'

'Salad? With roast chicken?' She says it like she says *air fryer* or *vegan*, like it's unthinkable. But when I was chatting to Megan the other day, she said they often have salad with roast chicken. Salads, she said, like it was plural. She said her favourite one is little cubes of cucumber and tomato with lots of chopped parsley and lemon juice and extra-virgin olive oil. It sounded delicious, and you could easily do it without the oil, I think.

'Lots of people have salad with chicken,' I say while I'm thinking all this, but I don't say it comes from Megan because I don't want Mum to think that I think Megan's better than her. I just want us to try new things. And then I have a brainwave.

'I could make it,' I say. 'I found this recipe with cucumber and tomato.'

She looks like she's been stung by a wasp. 'Well, we could have had that if we had any cucumber,' she says. 'But we haven't got any tomato.'

Mum always says this – not this exactly, but, for example, on Sundays she often says we could have had bacon and eggs if we had any eggs, except we haven't got any bacon. She always gives a little laugh afterwards. But she's not laughing now.

'OK,' I say. Something tells me I shouldn't ask if she has parsley.

'Why don't you have a shower and then you can peel the carrots?' She's smiling.

I remember her face lighting up when I made her the tea, so I smile back and say, 'Yes, OK. I can peel the potatoes too.'

I feel like we've been getting on better since I made her that tea. I know she only wants what's best for me. She wants me to get over the rainbow just as much as I do. Once I'm done with Lucas Ashton, we might even become close again. Like we were before our Ed was murdered. Like we were after Dad died.

FORTY-THREE

HER

Here's Cat, loping down the road, blowing at her hairline, taking the coffees from Megan's hands while Megan wrestles with the locks.

'Good weekend?' Megan asks, already fishing, desperate for information.

'Really good, thanks.' Cat beams.

'Still keen on him?' Megan can't bring herself to say *Robbie*.

Cat nods. 'We're going to Chester tomorrow. To a nice restaurant, he said.'

'Wow. So soon. Getting serious!'

They go inside.

'It's not serious,' Cat says, hanging up her trench coat, which looks second-hand. 'We're taking it slow.'

'Wise woman.' That means Cat still hasn't slept with him. Probably. Although given that it's not Freddie, who she sleeps with and when is no longer an issue, nor indeed any of Megan's business. She wonders if she even knows this person. She could, she supposes, ask Freddie, but then he will know she knows he lied. 'Where are you going?' she asks Cat, who is still fussing with her coat.

Cat shakes her head. 'Not sure. He's picking me up at six.'

'At your mum's place?'

Again she shakes her head but doesn't look up. 'He's picking me up outside the Bear's Paw.'

Later, in her office, Megan catches herself about to text Ellie to arrange the sting operation. But there is no sting operation, is there? It's not Freddie. Her mind is eating itself. What is she going to do, follow her library assistant on a date with someone she doesn't know? And now that she knows it's not her husband, what does she care? She doesn't. And yet she kind of does. Something's not sitting right. And whatever it is, she can't shake the constantly circling questions.

If the guy isn't Robbie and isn't Freddie, who is it? And why would he use Robbie's name? That's so weird. Could Robbie have been playing things down? She did speak to him after only one date, didn't she? Maybe two. That was just coffee, just a drink. Maybe Cat sees it as romantic in a way Robbie doesn't. She's inexperienced, so that tracks. Plus, it would explain why it's been so... chaste, for want of a better word.

Megan knows this no longer concerns her.

So why is it bugging her so much?

She texts Ellie:

Fancy a glass of vino chez moi tomorrow night? Tuesday is still the weekend, right?

Ellie replies with a GIF of someone running. Megan marks it with a laughing emoji, even though she's far from laughing. A low feeling has settled in her gut. She'd believed that anticipating her husband's moves was so clever. A girl who looked just like her, an ingénue Freddie could mould and ultimately control – not that she would have let him do that, but that's what he would have seen. She'd heaped on the praise for the hypothetical great guy who would be Cat's perfect match, thinking her husband would listen and hear only himself. She thought it was a way to get out of this sham of a marriage with her dignity, reputation and friendships intact, her children still able to live with her in their home.

She was so convinced she had Freddie where she wanted him.

But now she is back to square one. Helena might be off the scene, but there will be another Helena. And with her will come a renewal of the disdain, the aggression, the gaslighting. The violence. Except it will be worse because it was already worse with Helena than it was with Freya, and it was worse than it's ever been the night she called out Lucas's name. Freddie's hard fingers gripping her face, his heavy legs pressing down, down, down on hers... What will happen next time? How far is she, really, from a black eye, a cracked rib? How long can she keep being brave? How long can she keep her dirty secret?

She has lied and she has manipulated. She has played puppeteer with someone young and vulnerable to save not even herself but her reputation. And it has backfired. Which serves her right.

And now what? She doesn't know.

Maybe this low and lonely ebb is to blame for what she finds herself doing next. Maybe she is already so far beyond herself and what she finds acceptable as to be lost in a smoky moral wilderness. Or maybe she's just a bad person. Whatever, she leaves the office and finds Cat at the loans desk.

'Hey,' she says, all smiles. 'Would you mind holding the fort for me while I run an errand?'

'Of course,' says this shy, innocent young woman, making herself taller even as the words leave her. 'I can do that.'

'Amazing.' A wash of shame heats Megan's face. 'I won't be long. I'll just grab my coat. It's chilly out.'

Their coats are on hooks in the little cloakroom off the loo.

Megan knows Cat won't come anywhere near because she won't leave the library floor now she's been given the responsibility of manning the loans desk. Heart quickening, she digs into Cat's coat pocket. Cat has no handbag that she's seen, only a tatty rucksack. Her phone is in her coat pocket together with a little cloth purse – a child's purse, embroidered with flowers and little plastic beads. Megan puts the purse back and stares at the phone, willing it to open. It's not a smartphone, but it is locked and needs a passcode. She stands there uselessly, staring at it, the wrongness of what she's doing almost unbearable.

Then she drops the phone back into the pocket and sighs. But she doesn't walk away. Instead, she stands there chewing her fingernail and trying to think what Cat's passcode might be. Probably her date of birth. She jogs to the office, crosses to her desk and finds Cat's CV in the drawer.

18 February 1998.

Face aflame, she returns to the coats, takes out the phone and types in 180298. Nothing. Muttering curses, she drops the phone back for the second time. If it's not Cat's date of birth, she has no idea what the hell it could be.

A buzz. Megan's pretty sure it came from Cat's pocket. Heart thudding, she lifts the phone out for the third time. There is a message on the screen. She can't see the body of it, but she can see the sender ID. And at the sight, her knees buckle. She sinks to the floor.

'Oh my God,' she whispers. 'Oh my God.'

And like that, it all makes such horrible, perfect sense she cannot believe she didn't work it out immediately. Why the man Cat's been seeing used a false name. Why Cat would potentially be embarrassed about using his alias and why she would have to. Why Freddie was around all day yesterday when Megan thought he was meant to be with Cat. Why it's not in fact Freddie who's seeing Cat.

Because the name on Cat's phone screen is Lucas. Freddie set Cat up not with Robbie but with Lucas. Lucas who he said had changed. Lucas who should be kept away from the kids. Lucas who, if Freddie is to be believed, is dangerous.

And now Lucas is dating Cat.

FORTY-FOUR

ME

Megan's being pretty weird again this week. I mean, she's been friendly, but something about her is off. It's making me feel paranoid, like she can read my mind and know I'm lying to her and that my intentions towards her aren't good. Or it could just be me knowing my intentions are not good. I'm not eating enough. I couldn't now even if I wanted to. Theodora is on the rise, green and pointy and whispering in my ear, not only when I'm alone but when I'm on the bus, on the street, in a shop, telling me to throw my packed lunch in the bin, to get off two stops early, to buy cigarettes to kill my appetite.

When I say goodbye, Megan doesn't really look at me or wish me luck, as she has done the other times I've had a date. She just locks the door after me when I leave and it's like she's locking me out forever, which makes me feel very sad.

I get an Uber home – needs must. I get changed quickly and write a note for Mum because her shift doesn't finish till six.

Gone to Chester with Robbie. Might stay at his. Don't wait up. X

I read it back, the note trembling in my hand. Mum and I have never even talked about what would happen if I met someone. I suppose because the chances of that were very slim. But I'm twenty-seven. I'm not a child any more.

At ten to six, I set off. I walk fast, I always do, but today I walk even faster than usual and get to the Bear's Paw at six on the dot. I'm breathing heavily, and even though the evening is quite chilly, I'm sweating a bit. At five past, a small white car pulls up. The window goes down and I see him peering at me from inside. There he is, I think. The murderer.

'Get in, you,' he says, as if we've known each other for a long time, which of course we have – over fifteen years, not that he remembers.

Nerves swarm in my belly at the thought of where tonight is heading. For it to work, all the final elements need to come together. In my bag there is a roll of extra-strong tape I got from the hardware store, a sharp knife from the kitchen. The sleeping pills are safe in my pocket in a wrap of foil. I ground them to powder last night.

I get into the car. He leans over to kiss me, and I offer my cheek. He seems excited to see me. We haven't kissed on the mouth yet. Maybe that's why he's more excited than a grown man should be. But I might not even have to kiss him, like, properly if it all goes my way.

'You've brought a rucksack?'

My face heats. 'Er, yeah. I'm not really a handbag kind of girl.'

He laughs and shakes his head, then grins at me. 'You really are a one-off,' he says. 'I've never met anyone like you.'

'Maybe there is no one like me.' I smile, to show him that I'm being ironic. At least I think I am. I'm pretty sure it would be ironic to figure out what ironic means just before I die. That I will die tonight is not definite, but it's a definite possibility. My life is not worth living if I don't do this. But my life might end if I do.

It's a catch-22 situation.

Before I can start wondering if catch-22 is also ironic, he starts the engine. 'I thought we could go for a stroll along the Rows first,' he says. 'And then I'm taking you to this lovely little French place. It's a wine bar, but they do great food.' He turns to me and grins.

Eyes on the road, I almost say out loud. *Hands at ten to two.* When he looks forward again, I sigh with relief.

'I love French food,' I say instead. French food is rich, is what I think. That means many, many calories. But tonight I'll do whatever it takes. I'll eat everything from garlic bread to *gâteau au chocolat* if I have to. Another ironic thing would be if after being hungry for fifteen years, I end up dying with a full stomach.

'Are you OK?' he asks.

I nod.

'You seem a bit lost in your thoughts.'

I swallow. 'Maybe I am a bit. I get nervous.'

'That's because you're the sweetest woman I've ever met.' He reaches over and puts his hand on my knee. His pinkie finger is too high on my thigh for my liking, and I feel hot with stress, but I say nothing.

He parks the car in a side road near the town centre. We walk in, and when we get to the Tudor Rows, he takes my hand and leads me up to the little balcony walkway thing. It's the first time he's held my hand. My hand is sweaty, and I worry that will be disgusting, but he doesn't complain, only smiles at me and tells me not to panic.

'You're shaking,' he says. 'I won't bite, you know.'

'I know.'

'Would you prefer not to hold hands?'

'No, it's OK. It's fine.' I try to smile, fighting a flashing worry. I've left my rucksack in the car. What if we don't go back to the car? What if he drinks too much to drive to his flat and we end up getting a cab? What then? I could offer to drive. I don't really drink anyway. Why am I so stupid?

Yes, Catherine. Why are you? Theodora. Theodora has followed me here, oh God.

'Shut up.'

'What did you say?' He is looking at me. I must have spoken out loud.

'Nothing.'

He smiles again, that same idiot smile. We look in shop windows. There are so many luxury items, but there are no prices. He tells me his mum used to say that if you have to ask what the price is, it means you can't afford it, which sounds stupid. Why would a shop put anyone through the embarrassment of asking how much something is, only to have that person leave the shop because they don't have enough money?

But I keep up the act, giggling and saying *oh* and *really*. When I say *heavens above*, he laughs and I'm not sure why. I'm just trying to go along with whatever he says. I feel like a film I saw ages ago where the woman was a professional escort. She had to smile and go along with everything. Pandering, that's the word. Pandering to the man because he had all the money. But it's not forever. And it's not about money.

At seven fifteen, he says we're near the restaurant and that he's booked a table for two.

'*Une table pour deux*,' I say because it's a French restaurant and wiggle my eyebrows at him in a way I saw a comedian do once. '*Très bien*.'

'You speak French?'

'*Un petit peu*.' All my French is from Anna, who used to drop French words here and there like seasoning. She would do the gestures too, and Shell and me would laugh. This reminds me that I do laugh when I'm relaxed, and it makes me think I haven't relaxed in a very long time.

He's laughing now. Again. I don't know why he laughs so much. Maybe he's super relaxed. Well, more fool him because it's the last thing he should be. He squeezes my hand and gives me another grin. I'm starting to feel sick. I'm not sure I can go through with this.

Stupid, Theodora whispers. *You're so stupid.*

I ignore her.

'You're amazing,' he says.

'So are you.'

In the restaurant, the waitress says hello in a way I remember from school, the way the girls always said hello to him, the way they smiled and giggled when he said hello back. I don't hear what he says to her, but her eyes flick over his shoulder to me, and then, with a Mona Lisa smile, she leads us to a table in the corner. The table is in the darkest bit of the restaurant, and there is an empty bottle with a candle in it and all the drips from all the candles before it run in solid trickles down the outside. I wonder how many candles you'd get if you melted all those drips and remade them into candles. Whether you'd get the same amount as there were originally or if some of the wax is lost. I don't tell him that's what I'm thinking. I've learnt over the years to hide thoughts like that. I just sit down and smile. My teeth are chattering.

'Are you cold?' His brow furrows like he cares, like he's capable of caring.

'I'm fine, don't worry. Just a bit nervous, that's all.'

He takes my hand. 'Don't be nervous. I think you're amazing. I'm nervous too. Look!' He holds out his hand to show me that it's shaking, but he's making it shake, I can tell. 'I haven't been in a restaurant for over fifteen years.'

'Really?' I say. 'Oh yeah,' I add, to correct my faux pas. 'Of course, sorry.'

'That's OK,' he says, making very intense eye contact. I try to keep it up, but I can't. I look at the menu, which is in French. *Très prétentieux*. 'Would you like me to order?'

I smile, feigning relief. 'If you don't mind. I eat everything except frogs' legs and snails. I like steak frites.'

'The best choice.' He laughs again, more than the comment deserves. He's a clown, I think. A laughing clown. I flatten my foot to stop my leg from jiggling.

He orders a bottle of Saint-Émilion, two onion soups, two steak frites medium rare and a side salad to share. My stomach growls. I haven't eaten anything all day, but I know I need to eat now, for strength. When they bring the wine and some little slices of French stick in a basket, I take one, slather it in butter and almost put it into my mouth whole.

'I love your appetite,' he says, pouring wine for us both. 'You're one of those lucky people who just burn calories, aren't you? I bet you can eat anything you want. Since I've been out, I've put on so much weight.' He presses the flat of his hands to his belly. 'I'll have to get to the gym at some point.' He drinks deeply from his glass.

I smile. I think I'm supposed to tell him not to be silly, that he looks great as he is, but I say nothing, partly because my mouth is full of bread but also because, as Mum says, people who fish for compliments are pretending to be modest but are usually just vain.

'You're so sweet,' he says, putting his glass down carefully. *Sweet, sweet, sweet,* I think. Like he can't think of another word or like sweet is the best thing anyone can be, or maybe the best thing a woman can be. 'I think you're the sweetest girl I've ever known.'

'Apart from Megan,' I say. To my surprise, I wink. It's like I've already winked before I realise I've done it.

He dips his head. 'Ah yes. Well, you're at least as sweet as Megan. The Megan I used to know anyway.' He fixes me with his gaze. 'Megan was the love of my life.' He says it like she still is. The air shifts. I don't know how to react, so I say and do nothing.

'But then,' he adds, raising his glass, 'I met you. Here's to you, Cat Gallagher.'

I pick up my glass and clink it against his. For a horrible moment, I wonder if he knows who I am and is stringing me along just as I am stringing him along. 'To us.'

Our soups arrive. The relief of having something to do other than look at him feels like someone's let the air out of a valve in my arm or something. The soup is lovely. I slurp it from the spoon and feel myself colour. I look up, mortified, but he is grinning.

'That's exactly how to do it,' he says and takes a slurp himself.

I giggle and slurp a second spoonful. And so it goes on, the two of us slurping our soup and giggling the whole time. And just for that moment, I honestly believe that if I didn't know who he was and what he'd done, I'd think he was nice. I'd think I was enjoying myself.

'The thing I love about you,' he says, throwing his napkin on the table once our empty bowls have been taken away, 'is that you have absolutely no cynicism.' He picks up his glass and gestures with it, waving it about so much I feel stressed in case some wine splashes out. 'You're not playing any kind of game. It's like life hasn't got to you yet, you know? That's why you get nervous. I guess you must be waiting for something bad to happen because it hasn't happened yet.'

He takes my hand again. It's hard for me to let him do this because what he's said has caused a fire of anger inside me. What does he know about bad things happening to me? I've had terrible things happen to me. *I* am a bad thing, and in an hour or two I'm going to happen to him.

'Nothing bad's gonna happen, OK? I can look after you. I can stop bad things happening to you, Cat.'

'I—'

He holds up his hand. 'Just let me say this, OK? I'd love to take you home tonight. There's no pressure. But you need to know I think I'm in love with you, OK? I know it's crazy, but I felt it the moment we met.'

'I...' My head spins.

'Sorry,' he says, shaking his head.

The waitress arrives with our steaks. They smell delicious. There's a medallion of butter with herbs in it on the top of the meat, and I slide it off with my knife. My ears are ringing. He is even worse than I thought. Even lower, even more despicable. I barely even feel guilty about Megan any more. I don't care if she still loves him or if she feels betrayed. She's better off without this murdering, bullshitting villain.

The waitress leaves.

'I'm sorry,' he says again and reaches for my hand. I fight the urge to pull away. Focus, Cat. 'That was too much. It's just... I'm so mad about you I can't help myself. I'm racing ahead and I haven't even stopped to ask you what you want or what you think.'

'I... I don't know,' I say. 'I could come back to your place?'

He smiles, and I don't know how he does this, but he makes his eyes go shiny. He draws my fingers to his lips and kisses my knuckles.

'Thank you,' he says before letting my hand fall. 'We can take it slow, OK?' he adds. 'I promise I won't tell you you're the one, even if you are.' He grins to show me he's being humorous. I understand that he's said one thing and done the opposite, which is deliberately confusing.

But there isn't long to go now, so I grin back and eat my steak the same way you eat an elephant – one bite at a time. I have no idea what else to do. I just need to get through this, get him back to the flat, and then it'll be time for phase three.

FORTY-FIVE

HER

Freddie is working late. Which could mean anything, anything at all. For the last twenty-four hours, Megan has barely been able to concentrate. Because it's no longer about Freddie; it's about Cat. Vulnerable, naïve Cat is dating Lucas, who for all Megan knows could be a hardened criminal capable of God only knows what. Cat is seeing Lucas. The four words churn in her mind. She both can and can't believe it. She both wants to put a stop to it and knows she can do no such thing. Cat knows what Lucas did. She is a grown woman. If she has chosen to date a man who has served time for murder, then that's her decision.

Besides, Lucas doesn't belong to Megan any more. Any right she had to care about him in that way was lost the day she agreed to walk out of his life. Lucas will have explained the connection between them to Cat, and she can see how Cat wouldn't have wanted to tell her she was seeing him. Lucas might even have told her not to tell. Despite everything, he would worry about hurting her feelings. Or if he does wish her ill, he would hardly share that with Cat. The trouble is, Megan doesn't really know Cat very well and she has no idea who Lucas is any more. And yet for reasons she can't name, the whole Robbie alias feels like a betrayal... by both of them.

But then you did try and set Cat up with your own husband, comes the weary voice of her conscience. *Didn't you?*

This is too true. Megan is the last person who can start throwing around accusations of dishonesty. Right this second, it feels like she's not been honest with anyone in years. Least of all herself.

Lucas. Cat is dating Lucas.

Can she be honest with herself, now in this moment of silence, waiting for her friend to come and join her for a glass of wine? Can she acknowledge how much closer the walls have become, how much tighter the binds Freddie tied around her all those years ago, since she heard Lucas was out? Can she admit to herself that the thought of Cat having a relationship with Lucas is far, far more painful than her being with Freddie?

She thinks of Freddie's legs pressing down onto hers. The accusation, the insecurity he let show despite himself. Of course. How has this not occurred to her before? By defending Lucas to Freddie, she showed her hand. Freddie must have understood that she still had feelings for him. *That's* why he asked Lucas, not Robbie. That's why he didn't meet Cat himself. He wanted Lucas paired off with someone else before letting him back into Megan's life, even if it meant setting up a deeply damaged man with an innocent young girl. Cat was Freddie's insurance against Lucas and Megan getting back together.

Good God. How did she get here?

By lying to herself. By being deceitful. By playing with people. She's supposed to be a matchmaker, not a puppeteer. But she was trying to beat Freddie at his own game. By doing so, she has lost sight of herself, of who she wants to be. And now she has lost, full stop.

She sniffs, knuckles away a rogue tear of regret, self-pity perhaps.

The doorbell rings. Five minutes later, she and Ellie are in the front room armed with a bottle of rosé, a cooler and two glasses.

'Do you want crisps?' Megan asks.

'No.' Ellie pats her stomach. 'I'm trying to be good during the week.'

'Just half a bottle of wine then?'

'Exactly. Crisps are just empty calories.'

And like that, Ellie has broken her out of herself. Megan finds she is laughing, pouring the wine. They say cheers and drink that first blissful mouthful, both of them sighing in unison, then laughing at themselves, at their reverence for this pause, this end-of-day moment.

'And it's only Tuesday,' Megan says.

'I know. We're terrible. So. No sleuthing? The plot thickens.'

'No sleuthing. And something much... well, I suppose it's worse, in some ways.'

'What?' Ellie leans forward. 'Come on, spill.'

Megan tells her that Freddie didn't leave her side on Sunday, how his affectionate behaviour continued into the evening, the night. She does not admit to crying in the loo.

'So that's how I knew it couldn't have been Freddie that Cat met on Sunday. But then the bombshell really landed.'

'Ooh.' Ellie shifts on the sofa, holding up her glass while she tucks her legs beneath her. 'Intrigue.' She must see something in Megan's face because her own falls into seriousness and she reaches for her hand. 'Hey. What happened?'

'It's not Freddie she's seeing.' Megan swallows. To her absolute shame, her eyes fill. 'It's Lucas.'

'*Lucas*?' Ellie's voice rises with gratifying levels of shock. 'She's seeing Lucas Ashton? Our Lucas?'

My Lucas, Megan thinks.

Ellie's face crumples a bit. 'Oh, that sucks,' she says. 'I'm sorry, babe.'

'Thank you.'

'What for?'

'For being the only person I know who would understand why it sucks. For letting me... I dunno... have it without feeling wrong.' Megan blinks back the tears. 'It's such a kick in the teeth. But at the same time, why not, you know? Not like he's mine, is it? The fake name and the subterfuge stings, I have to admit, but it's Freddie who's really pulled the wool over my eyes. He said there was no way Lucas should meet Cat. It was a safeguarding issue, he said. He said Lucas had changed and not for the better. He actually intimated that he was a danger to me and the kids. But of course it's all a bluff, isn't it?' She sounds surer than she is. 'Or it could be. Freddie doesn't care if Lucas is dating a young, vulnerable woman; he just wants him away from me. I can't believe I didn't see through him. I have no idea if Lucas is dangerous or not, but since when did Freddie care about safeguarding? Not when he was sleeping with the intern, that's for sure.

'And now I don't know if he was lying about Lucas or not. The only thing I did get right was that Freddie would never do what I'd asked him to. I told him Cat had suggested Lucas, and he said Lucas was out of the question! It wouldn't surprise me one bit if it was Freddie who told Lucas to use a fake name so I wouldn't find out.' She sighs. 'Serves me right for trying to be clever.'

'Don't say that. You're just in a shitty situation, that's all. This plan wasn't your finest hour, but we all make mistakes. Are you going to confront Cat?'

Megan shakes her head. 'It's got nothing to do with me. But I don't think I'll be inviting her over for any more cosy dinners.'

'No.' Ellie sips her wine. 'I suppose Freddie could have told Lucas to use another name because he didn't want to hurt you.'

'That's a nice thought, and I'm sure that's how he phrased it to Lucas, but Freddie knew what he was doing. I reckon he wanted Lucas out of the way.'

'You think he was worried you'd actually run off with him?'

'Maybe. I don't know. But he didn't get to Robbie in time to tighten his alibi. He's been getting sloppy lately. Lazy. The fatal flaw with people like Freddie is arrogance. They never think other people are as clever as them. Freddie has no idea he's as transparent as a window. But I guess this time I didn't see through him.' Megan presses her hands to her cheeks and sighs.

Ellie pours more wine. 'What are you thinking?'

'I'm definitely going for a divorce. I'm going to contact a solicitor next week. Even if he does take the house, I don't care. I don't care if I have to live at Mum and Dad's for a bit, and I don't care what lies he tells about me. I know who my friends are. I'll survive. I wish I didn't have to do it to the kids, but I can't live like this any more. It won't be long before they pick up on what's going on, and I don't want them seeing that. I don't want them hearing—'

'Wait,' Ellie says. 'Seeing what? Hearing what? Meg?'

Megan glances up, meets her friend's gaze.

'Is he...' Ellie falters, and when she speaks again, her voice is so quiet Megan almost doesn't hear her. 'Does he... Meg?'

She exhales shakily. 'He can be... physical. He's so big, you know? His voice is so loud.'

Ellie nods slowly, her eyes wet. 'Oh God, Megan. I'm so sorry.' She shakes her head, her face creasing in anger. 'Bastard.'

'We're all right. I'm all right. I just need to leave him before it escalates any further. Because I'm pretty sure it will. I just have to hope that ultimately it's what's best for Liv and Harry.'

'You can stay with me and John. Move out tomorrow. Tonight.'

'You're so bloody kind. I don't know what I'd do—'

A knock comes from the hallway, a soft rat-tat-tat.

'Did you hear that?' Megan asks.

They wait. Again it comes: knock, knock. Knock, knock, knock.

'Why don't they ring the bell?' Ellie asks, rising.

'I don't know.' Megan gets up too and walks ahead, out into the hallway. At the door, she can see a tall figure through the bobbly glass. A man, she thinks. Ellie's right – why didn't he ring the doorbell? What does he want?

She puts the chain on and, after a quick glance towards Ellie, hovering by the living-room door, opens the door a crack. Outside is a guy in a dark hoodie, hands in his pockets. He's standing back, as if unsure he's got the right house, his face in shadow. And he's holding a white rose. Megan's chest tightens.

'Hello?'

The man steps forward then, into the dim light leaking from the house.

'Megan.' He lifts his head, his face blooming from the shadows.

She gasps, grips the door edge. 'Lucas.'

FORTY-SIX

ME

'I can't eat another thing,' I say, pushing my plate away.

'Are you sure? You've hardly touched it. Not like you.'

How would he know what's like me and what isn't?

'I think I ate too much at lunch,' I say. 'And then Megan had some of those chocolate brioches and I *might* have eaten a couple. Well, three.' I giggle through the lie, but he falls for it, grinning back like a chimp.

'You're such a kid.' He says it fondly, like being a child when you're a grown-up is a good thing.

'I'm twenty-seven.'

'I know, but you seem... younger. Tell me, what's your dream?'

'I'd like to be a senior librarian.'

He laughs and laughs and laughs.

'What's so funny?' I hear the irritation in my voice. It's getting harder to play this game.

He shakes his head. 'You're just like Megan. Always underselling yourself. You're so beautiful and clever. You've got so much potential. You could be anything you wanted to be. You just have to believe it.'

Imposter, I think. *Murderer.* The thought is so loud I worry I might have said it instead of just thinking it.

'I believe I could be a really good librarian,' I say quickly, partly to shut my mind up. 'I'm good with people, and I care about books and about the power of literacy to change people's lives.'

The murderer throws up his hands and grins. 'You're not thinking big enough,' he says. 'You could work for the government, be the education secretary. Working in a library is just the start. That was Megan's problem. She never had the confidence to aim higher. She let Freddie take the strain and contented herself with a job she can do standing on her head. She settled.'

I frown. 'But doesn't she, like, do everything, like pick the kids up and do all the house stuff as well as her job?'

He shrugs and makes a twisty gesture with his hands as if to say fifty-fifty. 'I just worry she's made the children her excuse. And now she'll just get old and bitter. She's bitter already. Full of resentment.'

My frown deepens. 'How do you know?'

'Freddie told me. He was pretty down about it. No matter what he does for her – the house, the holidays, the kids – he says it's never enough, you know? Must be hard living like that. With someone who won't step up. For Freddie, I mean.'

My cheeks blaze. How dare he talk about Megan like that?

'I heard he cheated on her,' I say.

He looks genuinely shocked. 'Who told you that?'

Shit. Shit, shit, shit. I need to calm down. Phase three is about to begin. I can't lose it now.

He's staring at me like I've lost my mind. I'm sailing too close to the wind. I need to pull back, but it's like I can't stop.

'I don't know,' I manage. 'Maybe I heard wrong. I must have heard wrong. Shall we get the bill?'

His eyes bore into me a moment longer, as if he's trying to

read my mind, before he throws himself back in his chair. 'Sure, let's get out of here.'

Once we're outside, he puts his arm around me. I compose myself, remind myself to stop talking, keep the mask on. Another hour. That's all.

FORTY-SEVEN

HER

She feels like someone's kicked her in the chest.

'Lucas,' she gasps.

She's about to undo the chain and open the door but stops. *He's not the person you remember*, Freddie said. *I don't want him near the kids.*

But here he is, her darling boy. Here, after all this time. And something buried rises to the surface, some deep knowledge, a truth she cannot believe she ever denied. Freddie was lying. It is as clear to her as the man standing in front of her. Lucas is exactly the person he always was. She knows it in every cell of her being.

'Lucas,' she says again. 'Sorry.'

She undoes the chain and opens the door. Puts one foot on the front step, then two. He looks taller, thinner, but somehow broader, athletic. Older, but not old. Wise maybe. Mischievous too, behind the earnestness in his gaze – a spark not entirely extinguished. His smile is still crooked, still diffident. His skin is tanned and clear, much clearer than it was at school. Pale laughter lines star the edges of his eyes. His hair is cut in a shaggy style that suits him, not the shaved head with the fuzzy quiff. Changed but somehow the same. A man, she thinks. Last time she saw him, he was a boy: a frightened, defeated boy.

'Last time I saw you, you were just a girl,' he says, as if reading her mind. 'Look at you now. Just... look at you.' He chokes, wipes the back of his hand across his eyes and shakes his head. His hands plonk themselves on his hips and he exhales. There is something old about him, she thinks. Something tough and timeless.

She laughs, a laugh of confusion. 'I literally just had that same thought. Not that you were a girl, I mean. That I was. And you were a boy. Last time... last time I...' She has started to cry, to laugh, she can't tell which. Her legs feel like they're going to give way. Rain has begun to fall, spotting the tarmac. His sandy hair darkens, flattens against his head. He blinks away raindrops but doesn't take his questioning eyes from hers. She steps further outside, beyond the shelter of the roof, feels the raindrops on her face, reaches her hand to his cheek. 'It's you,' she says, though she barely believes it. She says it to make it true. It is him. 'It's really you.'

''Fraid so,' he says, the soft Scouse accent so like Freddie's, but warmer, his voice deeper. 'Hello.'

'Hello.'

She has imagined this moment for fifteen years. She has imagined what he would say to her and what she would say to him. And maybe this is all there is: hello.

And then she's tumbling into him, falling the way you collapse into bed exhausted. The relief of his arms around her. The rightness of her head on his chest, of them together in this moment when all time has stopped still. She wants to tell him she loves him, that her love never went away, that he was wrong to think he could set her free just by telling her not to wait. She has not been free. She is not free. But how can she tell him? Too much has happened; she doesn't have the right. They are too far from one another now. She has lost him, and it is her fault for ever agreeing to his terms.

And yet here he is.

'I'm so sorry,' she says, easy now she no longer has to meet his eye. 'I'm so, so sorry.'

With the flat of his hand, he smooths her hair and kisses the top of her head. Rain runs down her collar, trickles down her spine. 'Don't be sorry,' he says. 'You've nothing to be sorry for. It's me who should be sorry. It's all my fault.'

'No,' she sobs. 'It's no one's fault. You were a kid.'

'It is, babe. I can't bring that boy back, but it's something I have to carry, not you. You lived. That's all I wanted.'

'But I left you.'

'I told you to.' His arms tighten around her. Neither of them speak for a moment. She wants to stay there for the rest of her life, or at least for long enough that when she wakes up, she will be eighteen again and they'll have just finished exams and she can stop him from going out with the boys.

'Stop,' she will say. 'Stay in with me.'

But she can't say that, she never could, nor would she have – he wouldn't have listened anyway – and already, too soon, his arms are loosening and he is standing back, staring at her as if to take her in. Rain is running into his eyes, down his face, dripping off his chin. Only then does she remember Ellie, waiting in the hall. Only then does she think it would be a good idea to go indoors.

'Ellie's here,' she says and takes his hand. 'You remember Ellie Walters?'

'Ellie.' He smiles and lets her lead him towards the house. 'Course I do. Good old Ellie.' He hands her the white rose awkwardly. 'For you.'

'Thank you.' She takes the flower but says nothing about the others left broken on the driveway. Not death, not a threat, but a fragile man unsure of how to say hello. A mystery solved. So obvious now.

Together they step inside.

Five minutes later, hair rubbed dry with towels amid slightly hysterical reintroductions, they take cups of tea into the living room and sit down. Lucas's gaze flickers around as if to take in every detail.

'Don't worry,' he says when he catches Megan watching him. 'I'm not casing the joint.'

She and Ellie laugh more than they should.

'Oh, Lucas,' she says. 'It's been too long.'

'It has, yeah.' He smiles shyly and looks at his feet. He insisted on taking off his shoes at the door. His white towelling socks are blue at the ends where his shoe dye has run. He is wearing an old plain grey T-shirt and jeans that have seen better days, but they hang beautifully on his slim frame. He looks fit and healthy. Megan guesses he won't have eaten too much inside. Will perhaps have had the use of a gym. And no alcohol, of course.

'Freddie said he'd helped you get a place,' she says.

He nods. 'Freddie's been top. And a job too. All through the charity, like. It's good. On a building site. Some new flats down Dukesfield way. I like it. I like the manual work, you know. Good for the old demons while I figure out what comes next.' He taps his head with his forefinger.

Silence drifts.

Ellie yawns massively. 'I'm actually really tired,' she says. 'And it's a school night, so I might head off.' She stands up and hands her phone to Lucas. 'Stick your number in there, matey. We can get together next week or something. You can meet John.'

He looks up and smiles, but his eyes are rimmed with red. 'You'd... you'd want me round to yours?'

'Why the hell not?' Ellie's frown is deep and genuine. In that moment, Megan loves her more than ever. 'Took me feckin' ages to find a husband, so you'll be meeting him whether you want to or not.' She laughs, and Lucas laughs along, sniffing, thumbing his number into her phone, his expression a mix of disbelief and gratitude.

'Congratulations,' he says. 'I didn't mean... I just didn't want to assume...'

'Well, you should've assumed.' Ellie smiles. 'And we should've visited you whether you wanted us to or not, and for that I'm really, really sorry.'

'Don't be. It's what I wanted. Just something I had to do on my own, you know?'

Ellie closes her eyes momentarily, visibly moved. Megan wonders if she's thinking, as she herself is, how utterly Lucas he is being. An old familiar refusal she had quite forgotten – to ever feel sorry for himself or to let anyone else feel pity for him.

'Let's not start on the full catch-up now,' Ellie says as she opens her eyes, 'or we'll be here all night. I've got your number now, so good luck hiding from me.'

Megan tries not to think about Freddie never once offering to share Lucas's number. How he appointed himself sole custodian of this man who was not only his friend but theirs too.

Lucas hands back the phone to Ellie. 'That's my direct line,' he says. 'Otherwise you'll just get my secretary and she'll say I'm in a meeting, and you know how it goes...' He rolls his hand, and like that, they're back to laughing. Impossible, yet true. Megan remembers this ability he had to take what was heavy and make it bearable. He's been through more than they could ever imagine, and yet here he is making silly jokes just like he did at school. He isn't making light of what he's done. He's never tried to do that. He is simply saying it is his burden, not theirs.

Ellie gives her a look. 'I'll see myself out,' she says, bending to kiss Megan's cheek and whispering, 'Be good. And if you can't be good, be careful, eh?'

Megan suppresses a giggle.

For the seconds it takes Ellie to walk out of the living room, down the short hallway and out of the front door, Lucas and Megan try and fail to maintain eye contact. The door slams shut. Silence rushes in. Megan makes herself look at him: his long legs, his thin T-shirt, his face. His tan must be from working outdoors all summer. His eyes are clear and pale blue.

'So it was you,' she says, picking up the rose from the little side table. 'Very... literary.'

He winces. 'Bit creepy?' He throws out his hands, palms to the ceiling as if to catch a package. There's a small ink cross fuzzing on his wrist. No track lines. She curses herself inwardly for checking. 'I meant to knock,' he says. 'I came to see you, genuinely. Thought the rose would be a nice touch. But every time I came, I lost my nerve, and I left the rose thinking you might know it was me. Which, looking back, is a bit mad.'

'That is quite mad.'

'I looked up flowers and their meanings on the internet when I got out. Apparently a white rose can mean a new start.' He glances up. Their eyes meet. He did not leave a red rose, she thinks. He researched the meanings. Wanted to be precise.

'I shouldn't be here,' he says, gripping his knees as if to stand.

'Why not?'

He sinks back against the sofa but immediately sits up straight again, as if he's scared to get comfortable. 'I just wanted to say hello, that's all. But now I'm here, I...' He closes his eyes, opens them, and when he speaks, it is with difficulty. 'I'm glad I came.' His voice cracks. 'I'm glad you made a good life. I mean that, Meg. I really do. You deserve to be happy.'

This is it. The true end of something almost ended long ago. She presses her face into her hands. From one second to the next, she is crying so much she can't speak. A pain lands in her chest, hardens to rock. She wants so badly to tell him she is not happy, she is so, so far from being happy. But she hears him shift, knows that he's standing up and that she cannot watch him, cannot watch him leave. She cannot move. She cannot take her hands from her face.

'Please,' she sobs. 'Please don't leave me again.' But even as she says the words, she knows she has no right to say them. That she left him.

The press of his hand on her shoulder. 'Freddie's my best mate,' he says softly. 'You take care of yourself, all right?'

The swish of his jeans as he walks away. The fumble of him putting on his shoes in the hallway. The click of the catch. The quiet thud of the front door closing. Megan gasps for breath. He is gone. She wanted to see him so badly, but when he came, he came to say goodbye. And now she is alone, more alone than she has ever been. She clutches the white rose, pushes it to her nose. But it smells of nothing, nothing at all. She thought it was hello. But it was goodbye.

Outside, a dog barks. She sniffs, pushes her tears away. She stands up, just to move, and goes to the window. Lucas is walking up the road, his head low, his tread slow and heavy. It feels like he has tied a weight to her guts, and as he walks, he is dragging them out of her.

'Wait,' she whispers, fingers pressed to the glass. 'Wait.'

But he doesn't hear her. He doesn't wait.

She turns away from the window, picks up the wine and the cooler, the empty mugs. It is after ten. Freddie still isn't home from work or wherever he is. Reality or alibi, it's late, even for him, but she doesn't care where he is or who he's with. She doesn't care she doesn't care she doesn't care...

She stops dead.

She believed Freddie was at work because Cat was seeing Lucas. But how can Cat be seeing Lucas when Lucas was here?

FORTY-EIGHT

ME

In the car, he tells me it's not much, the flat, and I tell him I don't care about stuff like that. In the footwell, I can feel my rucksack against my leg. Now that I'm almost there, he seems too big next to me. Too big, too powerful. This is the closest I've been to him. This wasn't my plan. But now it is.

'I've done my best,' he says. 'But I'm still getting on my feet.'

'It must be so hard getting out of prison and having to start from scratch.' My stomach is one big knot. Even my breathing has changed, like I can't get enough air into my lungs. I revise the evening's plan in my head, run it over and over to relax myself. The sleeping powder is key. As long as I can get him to swallow that, I'll be OK. I've checked the dose. I know how dangerous sleeping pills can be. Against my shin, I can feel the shape of the roll of extra-strong tape inside the rucksack. The knot in my stomach tightens.

'It is,' he says.

'It is what?' I wonder how long he's been talking, if I've missed minutes or seconds.

'Hard getting out. And I know you don't care about material

things. Most women are obsessed with property and cars and keeping up with the Joneses, but not you. You're a free spirit. You're... This sounds wrong, but you're perfect, you know? I feel like I have a chance to be happy with you in a way I've never been before. I know it sounds cheesy, but I feel like you can make me whole somehow.'

'Er, thanks.' *You are a piece of work, mister.*

'I'm no good at this,' he says, shaking his head. 'I'm coming on too strong.'

'No, no, it's fine. Don't worry about it. I understand. Me neither.'

'Maybe that's why we're so good together. Kindred spirits.'

'Maybe.' What the hell is he talking about? Anna and Shell used to say that, and this is nothing like it was with Anna and Shell. We finished each other's sentences, laughed at the smallest, silliest things. They reminded me of how I was before this man murdered my brother – not that I was in particularly great shape then, but I was better than this... this empty thing.

We stop at a red light, and he turns to me and strokes my face. Leans in and kisses me right on the mouth. His mouth is soft, but his breath smells of garlic and wine. I try to relax and let my lips move with his, try not to fling myself backward when his tongue slides in. I've never done this before, just seen people doing it in films, at school and sometimes at uni. Hopefully I'm not too crap. I don't get it though. I don't get the appeal. His tongue feels like a warm toad.

He draws back and smiles tenderly. 'Thank you.'

'What for?'

'For letting me do that. You're so beautiful.'

'I'm really not.'

He shakes his head sadly. 'Just like Megs. You'll never know how beautiful you are.'

'You talk about Megan a lot. Are you... are you still in love with her?'

'What?' His eyes widen. 'We were just kids. It's just... nostalgia, that's all it is. She was my life before. My youth. You're my life now. A new start.'

We're driving over the pale green arch of the bridge. I can't believe he's driving after how much he drank. There's no way I'd normally get in a car with someone over the limit, but what choice do I have? He turns off and now we're down in the old town, near where the library used to be when I was a little girl. We're near the mouth of the river, almost under the bridge. On the dashboard clock, I note the time: ten twenty-five. He turns into Egerton Street. I take out my phone. I need to text my location to Megan. The plan was to do this later, once I'd stabilised the situation, but if I've learnt one thing, it's that the plan keeps changing and I can't risk no one knowing where I am.

'What are you doing?' he asks. He seems nervous.

'I'm just... I was just going to text my mum to let her know I'll be late.'

He smiles. It makes me feel sick. He grabs the phone from my hand and throws it down onto his lap.

'I need to text my mum,' I say, fear rising.

'You're twenty-seven,' he says. 'You're a grown woman.'

'I know, but we live together. She'll worry.'

He rolls his eyes. But he's parking up outside a small red-brick terraced house, and when he turns off the engine, he tosses the phone back to me.

'Go on then,' he says, all smiles once again. 'Text your mum.'

I breathe, letting out what feels like a bunch of trapped air from my lungs. It isn't relief though. My heart feels small and dry, like a nut. He's still watching me, and the size of him fills me with dread again. I can't text Megan if he's watching or he'll suspect something. I text Mum.

Going back to Robbie's in Egerton Street. See you in the morning.

I can't ask the house number. That would be weird. At least now Mum has my rough location. But that's my absolute last resort. She can't witness this.

It has to work. It must.

FORTY-NINE

HER

Megan flies out of the door. 'Lucas!'

He's about fifty metres away, almost where the road turns right. His hood is up, shoulders high. He is still walking slowly, a funereal pace.

She runs. 'Lucas! Lucas!'

He can't hear her. As her breath quickens, legs and arms pumping as fast as they will go, it occurs to her that the night Freddie told her he was in touch with Lucas, the night she found the first white rose on the ground, it was this hooded figure she saw. Now she knows it's him, she can't believe she didn't see it before. She can't say what it is about his gait or the set of his body, only that this is how Lucas moves.

'Lucas,' she shouts again. 'Lucas!'

Just before the bend, he turns, his head cocking in question. She stops, puts her hands to her knees, panting.

He is walking back towards her. She breathes deeply, filling her lungs, cursing her lack of fitness. At least the rain has stopped.

'Are you all right?' he asks, no more than a metre away now.

'I...' she begins. 'Why aren't you with Cat?'

He screws up his eyes. 'Who's Cat?'

'What do you mean, who's Cat? The girl you're seeing! My library assistant!'

His eyebrows shoot up. 'Oh my God,' he says, shaking his head. 'I'm not ready for any of that.' He pushes his fingers through his hair. It sticks up, collapses slowly.

'But Freddie set you up? With my assistant, Cat Gallagher? I told him not to. I said it was too soon.' It's a white lie, but she would rather that than hurt him in any way. 'You texted her. I wasn't looking – your name just flashed up on her screen. So I... I thought...'

Lucas presses his mouth firmly closed, still shaking his head. 'Freddie never mentioned anything about a Cat. Or a dog. Or a goat for that matter.'

She doesn't laugh. For some reason, she's filled with panic. 'Wait. Be serious a second. You haven't been on a date? As in, not at all? Not even a coffee or a walk with a young woman? A slightly bookish, shy young woman?'

He grins, looking amused now. 'Scout's honour. I'm not there yet. I'm nowhere near.'

'Freddie isn't here,' she says, almost to herself. 'But he was here on Sunday.'

'Meg? What're you on about?'

'Sorry. I'm... Look, can you come back to the house a second? The kids...'

They walk back to the house. Inside, she leads Lucas into the kitchen, and he sits on a stool at the island.

'Right,' she says, holding up her hands. 'Bear with me.'

And she tells him the whole messy story. Well, most of it. She doesn't admit to the entrapment part. Or to Freddie's history of cheating. Or to the threats, the gaslighting, the increasing physical intimidation. She has a feeling that telling Lucas all that about his best friend would be like taking a wrecking ball to him, and he is already little more than loose bricks. And then she finds herself adding things back in, possibly because she's taken so much out, it no longer hangs together.

'Freddie and I haven't been getting on that well lately,' she says. 'Then Cat was acting all cagey. And when I found out Robbie hadn't been out with her, I jumped to a conclusion. I was convinced Freddie must've gone to meet her himself. I know that sounds crazy, but until this Sunday, I truly thought he was seeing her behind my back. Then the next day I saw your name on her phone and thought she was seeing you.'

'Right. Wait. Why did you think she was seeing me?'

'Like I said, because your name flashed up on her screen, and I realised why she'd been so evasive. It made sense that she didn't want to tell me your real name because she knew you and I were... you know, together. Once. She must've felt awkward. But if she's not seeing you, she's seeing Freddie.'

Lucas clears his throat. 'Freddie won't be seeing anyone. He'd never do that to you.' He smiles, but she's too flustered to take him on, let alone explain how wrong he is. There's a pit in her stomach and it's hardening. Something's not right. Something's really not right.

'Look,' she says, 'whoever she's seeing, she's calling him Robbie to me but she's saved his number as Lucas. So whoever he is, *she* thinks he's Lucas. And it can't be some other Lucas because she suggested you as a potential date right at the start. I told her a friend of mine had recently been released from prison, and she said why didn't I set her up with him? But I said no. I thought there was no way you'd be ready.' *Except that wasn't the reason*, she wants to add. *It was because I didn't want anyone else to have you. I don't want anyone else to—*

'So hang on,' Lucas says, 'if she's not been meeting me, who *is* she with?'

'I have no idea! It could be Freddie, but I'm worried she's been catfished or something. She's quite... young for her age. A bit odd, if I'm honest. I think she might be in danger.' Megan grabs her phone. 'Let me call her.'

Cat's phone rings, but no one answers. Megan calls Freddie. His phone is switched off. As it always is when he's meeting a woman. Could it be Cat? Did Cat actually say she'd met Robbie on Sunday? Megan tries to think. Only yesterday morning, she asked her how her weekend had gone and she said great, thanks. Megan thought she was being coy, but maybe she didn't meet anyone on Sunday after all; maybe Freddie postponed their date until this evening. When Cat said she had a date on Tuesday, Megan thought it was quite soon after the Sunday. But perhaps it was *instead of* Sunday.

'No joy?' Lucas asks.

'This is not right.' She glances up at him. 'We have to find her.'

FIFTY

ME

When we park, Lucas sits in the car for a moment, looking up at the house as if checking the upstairs for signs of life. I follow his gaze. The lights are all off.

'Coast is clear,' he says with a little laugh and gets out of the car.

I have no idea what the joke is, what he even means, so I just follow him to the door without a word.

'There we go,' he says as he opens the front door. I follow him into a dim and narrow hallway. Immediately ahead, there is a heavy door with a mortice and a Yale lock blocking where the stairs go up to the flat above. On the left-hand wall of the hall is a similar door.

'The house is split into two flats,' he explains, even though I'd worked it out for myself. He unlocks the left-hand door and gestures for me to go in ahead of him. The door gives directly onto a small room that faces the street and would have been the living room of the original house. It's still a living room, with a sofa in it. I hear a clunk-clunk and turn to see him turning the catch on the door. I catch my breath. My heart feels like it's stopped dead.

'Nice place,' I say but only to calm myself down.

The whole place smells of microwaved dinners and mould. The sofa is tan leather, resting on a beige carpet. It looks old-fashioned, like it came from a charity shop. There is a gas fire on the far wall with a framed poster above it of a guy smashing up a guitar and the words *London Calling*. The coffee table is smoked glass with brown tiles going round the edge. It looks old, as does the television with the big back that sits in the corner near the front window. It's like the one we used to have when I was a kid; there's even a DVD recorder. I didn't think anyone watched DVDs any more. A dining chair sits at an angle where the armchair would normally be.

I eye up that dining chair and think: that will do.

'Freddie let me have this place,' he says, stopping in the middle of the living-room floor. 'His charity bought up some abandoned houses a few years ago when the market crashed and gave them a bit of a makeover. They rent them out at a lower rate to the vulnerable and the homeless. The place upstairs is theirs too. It was all Freddie's idea.'

'He's amazing,' I say through gritted teeth. 'He should get an OBE or something.'

'He should.' He gestures to the back wall, where there are two doors, one of which is open, a galley kitchen visible beyond. The kitchen cupboards are beige too; I feel like I'm inside a sliced loaf. 'That door leads to the kitchen, the other one to the bedroom and the en suite.'

'It's perfect.'

'It will be,' he says, pleased with himself. 'Make yourself at home.' He leaves me to sit down while he goes into the kitchen.

So this is Lucas's flat, I think.

Wow.

My phone buzzes in my pocket. I take it out. Megan is calling, but I can't pick up.

'Do you want a drink?' he calls through. 'I'm having one.'

'Have you got any red wine?'

'Sure. Merlot OK?'

'Yeah, great, thanks.' I feel a rush of exhilaration. Red wine is good, the stronger the better. I even brought a bottle with me just in case he didn't have any in. It's in my rucksack with what looks like a murderer's toolkit, although I'm not the murderer here. I slide my hand into my pocket and feel the foil wrap of powder. Red wine will hide the taste. Another thrill passes through me. He's not going to know what hit him.

I can hear him opening and closing cupboards, humming to himself. I take out my phone and see a text from Megan:

Call me when you get this. Please x

I wonder if she's figured out what's going on. Quickly I text back – no *hi*, no message, just the name of the street and the words *Come now*. I hope she gets it. I need her to come here urgently. She's part of my plan even if she doesn't know it yet.

A second later, he appears at the door.

'Here,' he says and holds up the glasses. They're not wine glasses. They're just normal glasses you have for water or squash.

'Thanks.' I take them from him. 'Hey, have you got any chocolate?' I ask before he has a chance to sit down. This. This feels like the first part of the plan over which I've had any control. My heart starts to beat very fast.

He laughs. 'I think I've got some Kit Kats somewhere,' he says and holds up a finger. 'Wait there.'

He heads back into the kitchen. It's now or never. I put the glasses on the coffee table and draw the foil wrap out of my pocket. I'm all fingers and thumbs, but I get it open and slide the powder into one of the glasses. My hands shake. Some of the powder hits the rim of the glass. My chest goes tight. I swill the wine around. Some of it spills over and lands on my dress. I stifle a cry of exasperation. I can hear him slamming cupboard doors.

'Ah,' he says. 'Found them.'

I lick my finger and wipe off the remaining powder, swirl the glass one last time. I'm putting it on the horrible coffee table just as he comes back in. I can see tiny granules still stuck to the glass. My heart is beating fast. It will be worth it, I tell myself. He has to pay. Please God, don't let him see the powder.

He puts the chocolate bars on the table. 'Hey. Are you OK? Is it too hot in here?'

'Yes.' The word comes out like a yelp, like he's given me a shock. Oh my God, there is powder on my dress, so white on the black fabric. I fidget, brush at my lap. 'Yes, I'm OK, I mean. Not yes, it's too hot.' I try to laugh, but it sounds weird.

'You seem really on edge.'

'I told you I was anxious. I told you that right at the start.' I sip my wine, to encourage him to sip his. The thought that I've somehow mixed up the glasses flashes in my mind. Then I realise I never researched how much I'd need if someone was already quite drunk, which I think he must be after most of the bottle in the restaurant and the brandy he had with his coffee. I have no idea how to do anything other than get through the next few minutes. Or however long it takes. All I have to do is not give the game away and wait for him to become sleepy.

He picks up his glass and drinks. He hasn't noticed the powder. I try not to stare as he takes another large gulp, washing the undissolved remnants into his mouth. I take another sip and tell him the wine is really nice.

'You're really nice,' he says and strokes my cheek with his finger.

'Thanks. You too.' I pick up one of the chocolate bars and open it. 'Kit Kats,' I say. 'I love Kit Kats.' I take a huge bite, even though I'm uncomfortably full after the dinner. The chocolate almost makes me sick, but I try and focus on the fact that I don't have to play this game for much longer.

He takes two bites of his and the whole bar is gone. He

chews greedily. The motion reminds me of a washing machine, and when he smiles, his teeth are coated in slimy chocolate spit.

I look away, embarrassed, even though I'm not sure why.

'Drink your wine,' he says in that chuckle-infused paternal way he sometimes has. Most of his has already gone. He gets up, goes into the kitchen and returns seconds later with the bottle. He puts it on the coffee table and then goes to the corner of the room and switches on a cheap-looking lamp. He turns off the big light.

'Mood lighting,' he says, trying for a shy smile.

My stomach clenches. He staggers a bit, and when he sits down, he sits heavily.

He's losing balance. Losing his faculties. It will come soon. The thought of all that rich food sloshing inside him brings another wave of nausea. I swallow hard, think about how I need to get to the front door to open it. He pours more wine for himself and offers me some, but I put up my hand in a stop sign. His eyelids are low. He's looking at me as if he's trying to figure out where I am.

'Are you OK?' I ask.

'Yeah,' he says, his eyelids flickering closed then open, then closed then open. 'A little too much to drink maybe.'

'You drink and drive.'

He shrugs. 'We all break the rules sometimes.'

'What about your licence?'

'My driving licence?'

'Your prison licence. If you get caught breaking the law, won't you go back inside?'

'Oh, *that* licence,' he says, but it's game over because his eyes roll back in his head and he slides between the coffee table and the sofa, so slowly that when he hits the oatmeal carpet, he barely makes a sound.

FIFTY-ONE

HER

Megan texts Cat:

Call me when you get this. Please x

'Do you have her home number?' Lucas asks.

'I don't think she has one. Just her mobile.'

'Did she say where she was going?'

'Chester, I think. Nowhere specific though. Do you think I should call the police?'

He shakes his head. 'It's too soon for that. It sounds like a misunderstanding.'

Megan looks at Lucas, who is looking at her. 'It could be Freddie, you know. I mean, it most probably is.'

Lucas shakes his head, his face collapsing into a benign half-smile. 'It won't be. He'd never do that to you.' He meets her eyes with his. 'He's always been mad about you.'

She holds his gaze. Fuck it, she thinks. She's so done with protecting Freddie Crowther. 'He would,' she says. 'He has.'

'What?'

'More than once.' When Lucas looks nothing short of heart-broken, she goes on. 'I hate telling you, but it's true.'

He touches his fingertips to his forehead. He has gone pale. 'I can't believe it. I can't believe he'd do that to you.'

Her eyes sting. 'Me neither. Well, I couldn't at first. But I'm ashamed to say I've sort of got used to it. I did ask him to leave, but... he wouldn't. He said he'd take the kids. Which I know he can't, but these things get in your head, you know? They worm their way in. I... I've been weak.'

'Don't say that. You're not the one who's weak.' He frowns, his brow furrowing as if he can't work something out.

'What?'

'Freddie borrowed my car tonight.'

'*What*?'

'That's why I came on foot.'

Megan's phone buzzes, just once, on the counter.

She picks it up and stares at it. She's still processing what she's seeing when Lucas asks:

'Everything OK?'

'Cat's just texted. *Egerton Street. Come now*. Oh my God, what the hell? I knew something was off.' She stands up, her breath suddenly shallow. 'I need to go, but I've had half a bottle of wine. A while ago, but still. Could you drive?'

'Course.' He nods, but his cheeks redden slightly and she realises what she's just asked. She's not an expert, but she's pretty sure ex-offenders have to meet all sorts of conditions after they get out. Not driving someone else's car is very possibly one of them. He could end up back inside. And yet he's prepared to do it – for her.

'Sorry,' she says. 'I wasn't thinking. Your licence. How come you let Freddie borrow your car anyway?'

He throws up his hands and makes a *don't ask me* face. A flash of unease passes through her.

'You don't know where he is, do you? Please tell me you didn't know what he was up to?'

'He said it was for work,' he says. 'Technically the car belongs to Haven, so it's not like I was gonna say no.'

'Did he give any specifics?'

He hesitates, but Megan can see in his face that he doesn't know anything else. 'I didn't ask, sorry. He said you had the car and he needed to do a work thing. That's why I came here tonight. I knew he wouldn't be here. Not like that – I just needed to see you on my own. To talk to you... without him here.'

His eyes search hers. She wants to kiss him – so badly she feels like she might cry.

She hands him the phone and grabs the car keys from the hook. 'We have to go. I'll have to risk it. I'll be fine. Ellie drank most of the wine.'

'This message is weird,' Lucas says, staring at the phone.

'I know. It almost sounds like a threat. I don't know what the hell's going on.'

'Unless...'

Megan takes the phone back and reads it again. 'Unless what? It's so unlike her.'

'Unless someone else is using her phone?'

She stares at him. 'Oh my God. Shall I call the police?'

His teeth press together in an apologetic grimace. He sucks the air.

'No,' she says. 'Of course. Sorry. I get it. Can you even come with me? I don't want—'

'Of course I'll come with you. I'm not going to let you go without backup.'

'If you're sure. But we'll drive past, and if there's any sign of the police, you'll split, yes?'

'I'll leg it like the proverbial wind.' He winks. And despite everything, she melts as she always, always did.

They make for the hallway. Nerves flutter in her belly.

'Shit,' she says. 'The kids.'

They stand there uselessly in the dark, Lucas biting his top lip with his bottom teeth, a mannerism so familiar it makes her feel faint.

'I can stay with them,' he says, 'but they don't know me and I'm not sure you should go alone. Can you call Ellie?'

'Ellie! Good idea. Sorry. Not thinking straight.'

She calls Ellie, explains as best she can, but before she's even finished, she can hear her friend sliding into action like butter off a hot knife. 'I'll bring John,' she says, her voice squashed as if she's leaning forward to put on her shoes. 'I've got a key. I'll be there in five minutes tops. The kids'll be fine. We're literally getting in the car. Go, go, go.'

Out on the driveway, Lucas holds out his hand. 'Let me drive,' he says. 'I don't drink, and the last thing we want is for you to lose your licence.'

'But what about yours?'

'You're with me. No one's going to stop us, and if they do, you can explain.'

A thought lands, one that makes her feel sad and reassured all at once: she trusts this man. She trusts him implicitly. More, much more than her own husband.

'No one's going to stop us,' she says and hands him the keys.

FIFTY-TWO

ME

I wait, counting seconds. He doesn't stir.

From the corner of the room, I grab the plastic dining chair and bring it over. The man of many names, I think, staring down at my date collapsed between the coffee table and the sofa. Look at you now.

He's on his side, knees bent as if he's still sitting. I push the coffee table hard up against the gas fire, then shove the sofa back as far as it will go. There's only just enough space in the room to create a gap for the chair, which I place on the floor behind him and push towards his body. Leaving him and the chair spooning like lovers, I grab my rucksack and dig out the tape. It takes about five minutes to tape his ankles to the chair legs, to pull back his arms and tape his wrists together. Taping his bulky torso to the chair is tougher, but I manage, sweating by the time I've finished. The next bit is tricky too, but using the chair legs as levers and praying to God they'll hold, I manage to push him upright.

He's completely out of it. I worry I've overdosed him, especially after all the alcohol he's had. If I've killed him, I'll be sorry. That wasn't my intention, and it's no way to make this right. Justice, that's all I want. If I end up in prison, that will be bad, but it's what I deserve. I've always known prison was a possibility. Prison or death. But death is the risk I have to take for my life.

Now that he's upright, I tape up his mouth and adjust his arms, wrapping more tape around his wrists. I cut the tape from the chair legs and bind his ankles together. After a moment spent staring at him, recovering my breath, I decide to run more tape around his thick midriff so that he's well and truly bound to the chair. There's no way he can attack me now. No way. And it's a good thing too because his eyes flicker then, his head lolling all over the place.

Nerves buzz in my belly. But this is plan D, E or F or whatever letter it became when he contacted me on WhatsApp that day. It's going exactly as I imagined it. I leave him, grab my syringe from my rucksack and go into the kitchen. I'm going to need some black coffee.

I find some Nescafé in a cupboard and put the kettle on. There are two mugs upside-down on the draining board. I grab one and heap granules into it, noticing as I do a tiny bit of pink on the rim. Lipstick. I sigh and shake my head in disgust. So this is where he brings his women. I wonder how many there have been. I have no experience in these matters, but even I know he really is a prick through and through.

The kettle clicks off, making me jump. I pour in the water and stir, singing to calm my nerves. From the living room comes a stifled cry.

The beast awakes.

I leave the coffee on the counter, pick up the syringe and take it to the doorway. He looks up. His eyes fill with terror, but it's a woozy terror, a helpless terror. I smile because it makes me happy seeing him like this. Possibly this is the happiest I've felt in fifteen years. And it is only then that I realise Theodora has been very quiet since we got here. Silent, in fact.

'Hello, *Lucas*,' I say, and then I think: now *that's* ironic. 'I think it's time we had a proper chat, don't you?' I push a few drops out of the syringe for effect. His eyes go round. Grunting, he starts to struggle. I hold my breath. Doubt floods me. He can't escape, can he? I did bind him tight enough, didn't I? The chair tips. Realising he's going to topple himself over, he stops straining then, a cry of complaint stifled by the tape.

I walk towards him slowly. I can't afford to take any chances. Another grunt against the tape, which sounds like *eeeee*. His bloodshot eyes shine with tears.

I don't feel sorry for him. Not at all.

'I'm so sorry to have trussed you up like this,' I say, making my voice sweet since he likes sweetness so much. 'But the thing is, you're so much stronger than me, and what with your propensity for *violence*, I can't afford to take any chances. You're an ex-con, after all. A murderer. You could kill me with your bare hands.'

I can see in his face that he knows I'm toying with him. But he doesn't know why. He must be absolutely terrified. He must be regretting every lie he's ever told. But it's too late for him to back out. Because he doesn't know I've been on to him from the start.

I step closer, watching his terrified gaze transfer itself to the syringe. I hold it to his face. Again he bucks and struggles. The chair shifts, this time almost toppling backward. I can't help laughing as I retreat, as I tell him he's going to have to calm down. How strong my voice is. How powerful I feel. Is this all it takes, I wonder, to feel powerful? Physical advantage? To think this shaking specimen in front of me has never known anything *other* than physical advantage, and look how he's used it.

It must be such a shock to find himself the weak one.

'You're going to have to accept that I'm in charge,' I say. I need to press on. I need Megan to get here. It will be devastating, but this can't happen without her. 'I know that's hard for you.' I hold up the syringe. 'I won't use this unless I have to, but you're going to have to work for your privileges. I'm prepared to take off the tape, but only when I'm sure you've understood the rules.'

Confusion flashes across his face.

I take my phone from my pocket. Megan hasn't replied. Please God, let her be on the way.

The door! I've forgotten to open it.

I leave him grunting and straining against the ties, undo the catch on the flat door and go and open the main front door. On the way back in, I leave the inner door ajar.

'Mmm,' he groans when I return. 'Mmm, mmm.'

'I can't tell what you're saying,' I say, and go to fetch the tape. 'Do you want me to take the tape off your mouth?'

He nods.

'If you shout,' I say as quietly as I can, 'or make any loud noise at all, I will send you back to sleep so quickly you won't have time to form a sentence. Do you understand?'

He nods and closes his eyes, pushing a tear from each. I watch them run down the sides of his face. They're quite poetic. I can't help thinking there will be many more by the time I've finished with him.

'It's very important you understand, or this won't work.' I step forward and tear off the tape.

He cries out.

'What did I say?' I hold up the roll of tape. 'Do you want this back on?'

'I'm sorry.' His voice is hoarse. A bead of blood swells on his bottom lip. 'It was involuntary. It hurt when you... but I get it. You want to talk. I get that. We can talk.'

Still with the smooth talk. Habit of his life.

'So let's talk,' I say. 'Let's talk about the night at the Red Admiral, shall we? End of exams, you and Freddie and the boys, all drunk and rowdy and having a good time, right?'

'But I've told you all that,' he says, panic in his eyes. 'It's something I'll regret for the rest of my life. I didn't mean to kill him.'

I wait for him to say his pathetic little piece before I ask: 'What was his name?'

'What?'

'The boy you killed. You never told me his name. I really need to hear you say it, Lucas.'

His face drains of all colour. Perhaps now he's beginning to understand.

'Do you know who I am?' I ask.

He shakes his head wildly.

'My name is Catherine Jennings. If you had any conscience, any scrap of human decency, you would recognise that name. How about this one? Edward Jennings. Ed. He was my brother. He's the boy you killed, the boy whose name you can't even remember. You're a monster.'

What was left of the colour in his face drains away. He looks grey, grey as a dead man.

'Edward Jennings,' he says. He looks up, his eyes wild with panic. 'There's been a misunderstanding,' he adds, his voice trembling. 'I'm not Lucas.'

And then I'm laughing, laughing so hard I fear I might cry.

'Oh, I know *that*,' I say, through hysterical gasps. 'I've known that since you sent me your photo on WhatsApp, you moron.' I lean towards him, laughter dying away now, breath slowing as I cut a fresh piece of tape. I push it over his mouth, smooth it down and whisper in his ear: 'Hello, Freddie Crowther.'

FIFTY-THREE

HER

'Egerton Street's on the far side of the old town,' Megan says as she climbs into the car.

'I know.' Lucas starts the engine, pushes the driving seat back and adjusts the rear-view mirror before announcing, a little sardonically, 'I live there.'

'Oh my God, really?'

He flashes her a rueful smile. 'Really.'

'There's that pub,' she says, for something to say as Lucas pulls the car out of the driveway. 'The Wellington, isn't it? Never been in it though.'

'Me neither.'

Silence falls. The speed limit seems unbearably slow, but Lucas doesn't exceed it.

'Sorry I can't go faster,' he says. 'I can't break the law.'

'No, I get it.'

After what seems like an age, they hit the old town. It is only when they get there that it occurs to Megan that apart from that brief exchange, they have been lost in their purpose, neither saying a word. Lucas turns left along the canal. At the top of Egerton Street, he slows the car to walking pace. Megan cranes her neck, looking for signs of life. They reach a section where there are houses only on one side.

'There,' she says, pointing to an open door. 'It must be that one.'

'Hang on,' Lucas says, disbelief in his voice. 'That's my house. I live in the upstairs flat.' He leans forward, squinting through the windscreen. 'What the hell? I'll park a bit further on. We don't want them to hear the car.'

'Good point.'

Them, she thinks but doesn't have the bandwidth to get any further. Except she must. Something has gone terribly wrong. Cat is in Lucas's flat? How can she be in Lucas's flat? Her mind races back to when she and Cat first met, first talked properly, when Cat handed in her CV. She grew up round here, she said. Used the library as a kid.

'She lost her brother,' she says out loud.

'OK.' Lucas slows to a stop.

'She told me her brother died. The first time I spoke to her.'

'Did she say how?

'No. I asked her, but I don't think she ever replied. She said it was a long time ago. She was twelve, that's right, and he was seventeen. She went to our school. So I guess he must've gone to our school.'

'What's her last name?' Lucas turns off the engine, shifts to look at her in the dim light from the street lamp.

'Gallagher,' she says. 'But that's her mum's name. When I told her I had a friend who'd gone to prison, I'm pretty sure I said it was for murder. Why would she want to meet someone who'd done time for murder? She asked more than once. She was really insistent. What if you were in her sights from the start?'

'*Her* name was Catherine,' Lucas says. His brow furrows.

'Who?'

'Ed Jennings' sister. Her name was Catherine.'

'Cat.' Megan goes hot. 'What the hell?'

They throw themselves out of the car. Lucas runs ahead but stops outside. He gestures to a small white Nissan. 'That's the car I'm using.'

'Oh my God,' Megan half shrieks, heart pounding 'I told Freddie that Cat had suggested you as a date. He knew she wanted to meet you. Oh my God, he's pretending to *be* you.'

The words sound utterly ridiculous. Yet here they are. Freddie would have known that if he posed as Lucas, Cat wouldn't tell Megan. He will have thought she had some sort of fascination for bad boys or broken boys or whatever. He used Robbie's name to throw Megan off the scent. But playing an ever more dangerous game would have appealed to his arrogance, his vanity. Flying closer and closer to the sun.

But what he can't have known was that Cat was Edward Jennings' sister, nor that she was looking for Lucas all along. He won't have felt the heat on his wings.

Lucas steps inside. Megan follows. Tentatively, she calls out, 'Cat?'

'In here,' comes Cat's voice from the hallway, where another door has been left open. She sounds OK, at least physically.

'The ground floor's not mine,' Lucas whispers. 'But Freddie would have the keys to both. They both belong to Haven.'

Megan barely has time to process the fathomless immorality of that before she's at the door, peering into a drab and very small living room.

Eyes darting, she tries to make sense of what she's seeing. Cat is facing her. She is wearing a black dress, her dark hair loose over her shoulders. She looks like a teenager in a beauty contest – stunning but as if she's dressed up in an older woman's clothes. What she does not look is afraid. Quite the opposite. Her eyes are glittering. In front of her, with his back to Megan, is a man tied to a chair, hands bound behind him with thick silver tape. Megan recognises him immediately.

Freddie does not have Cat. Cat has Freddie. Cat thinks Freddie is Lucas. So this is what? Some form of revenge?

Megan feels her mouth drop open. 'What the hell?'

Freddie bucks in his chair and grunts.

Cat's expression is one Megan has never seen before. She looks like she can barely contain whatever is pushing at the very skin of her. But a second later, her eyes shift over Megan's shoulder, and almost at the same moment, her face collapses and she falls to her knees and gives a long, animal wail.

'Cat?' Megan takes a tentative step closer. For a split second, she thinks Cat might have a gun or a knife, but no, she is holding something else, a kind of vial.

'Lucas Ashton.' Cat cries the name and covers her face with her hands. Between her thumb and forefinger, the vial lolls awkwardly. Except it is not a vial – it is a syringe. 'Lucas Ashton,' she sobs through her fingers. 'Lucas Ashton. It's you.'

FIFTY-FOUR

ME

Lucas Ashton. Lucas Ashton is here. I feel my legs give way.

'Lucas Ashton,' I hear myself say, over and over as I fall to my knees.

Everyone is talking at once. Megan is asking if I'm OK. Lucas is asking Freddie if he's OK. Freddie is still grunting and bucking like a tied pig. I knew it would be Megan when I heard the car go past the window a few minutes ago because it was the right time for her to arrive and there have been no other cars. But I didn't know it would be Lucas Ashton. Once Megan arrived, I was going to get Freddie to call him and make him come here, but now I don't have to. It's like all my plans fell apart only for the stars to put them back together again at the very last second. Order from chaos. A sign to end all signs.

I put my hands over my ears and shout, 'Everyone stop talking!'

The room falls silent.

Lucas Ashton is helping me up from the floor. 'Hey,' he says in his soft Liverpool voice. 'It's all right. Whatever this is, whatever's happened, we can sort it.'

'Lucas Ashton,' I say again. His eyes are pale blue, just like I remember. His hair is shorter and longer at the same time, and his spots have gone. 'Do you know who I am?'

'I think so,' he says. 'You're Catherine Jennings, aren't you?'

I nod, choked. 'You remembered my name,' I manage. 'You remember me.'

'Of course I do. You're Ed's sister.'

He has said my brother's name. Without me having to ask, he has said it as naturally as if he has said it every day. 'Oh my God,' I hear myself say, over and over. I am holding on to him. He is holding me up.

'All right,' he says. 'It's gonna be all right. Let's all stay calm, shall we?'

'So she *is* Ed Jennings' sister?' Megan says, and I remember she's here too, that I summoned her, that she has to be here, even though what I'm about to do will ruin her life – all of their lives. When I got the WhatsApp photograph from Freddie Crowther pretending to be someone else, my new plan changed from all about Megan to all about Freddie. Freddie would lead me to Lucas. I could kidnap him and use him as bait. And then I could get Megan to bear witness. The three of them, all together. A grim and final reunion.

But that's irrelevant now because Lucas Ashton is here. He is here.

I take a deep breath, try and transmit strength to my legs.

'I've waited so long,' I say, my eyes locked on his anxious gaze. 'But you can't untie him yet. You can't take off the tape.'

Lucas eyes the syringe and holds up his hands. 'Hey, listen. I can see you're upset. I understand that. I know it probably doesn't mean anything, but I'm sorry. I know you must hate me. All I can say is I'm sorry for what I did. Truly. I never meant—'

'Wait, just...' Megan says. 'Can we untie Freddie and sort this out properly?'

'No.' It comes out louder than I mean it to. I don't mean to point the syringe at her, only realise after I've done it and seen her shrink back, eyes wide, how it might look. Both she and Lucas have their hands up now, as if I'm dangerous. I suppose I am dangerous, but not in the way they think. I shake my head, strength returning. Focus. The plan. The plan has changed again, but not in any way that matters now. The end result is the same.

Slowly, I move away from Lucas. This time when I hold up the syringe, I do mean to scare them. Physical advantage equals power. I need them to listen.

'Sit on the sofa,' I say to Megan. 'You and Lucas. You need to do what I say.'

'I should call the police.'

'Soon,' I say. 'But not yet. Just sit down. Just do what I say and no one needs to get hurt.'

Slowly, they sit. They look so scared, I almost say sorry. Megan's eyes are shining, her face flushed. Lucas reaches for her hand. Guilt floods me. But this has to be done. I can't live until it is done.

I turn to Freddie. 'I'm giving you one more chance. If you shout for help, I'll use this. You know I will.'

He nods frantically. I rip off the tape. This time he suppresses a cry of pain.

'Cat,' he whispers, trying to look at me like an injured puppy or something. 'Don't do this. Please. I can explain. I'm sorry, OK? I only said I was Lucas because—'

'Oh my God,' Megan says, staring at him. She looks like she's taken a bite of something rotten. 'You're *such* an arsehole.'

'I said I'm sorry!'

I hold up the syringe. 'No raised voices or he gets this.'

Freddie shuts up.

I turn to Lucas, who is shaking his head slowly. He looks like he's eaten something rotten too.

'Justice needs to be done,' I say. 'Here. Tonight.'

'He's served his time,' Megan pleads, her knuckles paling as she squeezes Lucas's hand. 'I'm so sorry about your brother, about Ed, but Lucas has served his sentence. Please, let it go. You'll feel better if you let it go.'

'Just stop talking, OK? Just listen. It's about that day.' I glance at Lucas. 'You remember that day, don't you? If you remember me, you remember that day.'

'Wait,' Megan says. 'You know Lucas from school?'

'We met.'

'We did,' Lucas says quietly, turning from Megan to me. 'I had words with your brother that day, didn't I? You remember.'

I nod. My eyes sting, and my throat is sore.

'But before that, in the morning, we'd met behind the bogs, hadn't we, you and me?'

Again, I nod. It is all I can manage. I can't believe he remembers it so exactly. I can see him, just as he was, leaning against the back wall of the old toilet block, smoking a cigarette, his thin tie not done up to the top like we were meant to wear them, his sandy hair a big fuzz at the front.

'You go by Cat now, yes?' He holds my gaze. 'But you were Catherine then. I'd just done my maths A level. I thought I'd messed it up and I'd gone for a fag and a minute's peace. And you were there, weren't you?'

I can't speak. The kind, lilting voice is bringing it back as if it were yesterday, and it makes me want to cry. I should have cried more, over the years. There are too many tears, built up like a big reservoir inside me. If they come out, they will wash all of us away, under the bridge and into the Mersey.

'Cat was all on her own,' Lucas goes on, maybe because he can see that I can't. 'She was upset. You were crying your eyes out, weren't you?'

I meet his gaze. 'You asked me what was up,' I say. '"What's up, littl'un?" you said.' I sniff, wipe snot from my nose with my hand. *Littl'un*. I'd loved him saying that.

His eyes are still on mine. 'Do you mind if I tell them what you said? Is it private?'

'You can say it.'

He turns to Megan. 'Her brother had been beating her up, shouting at her and threatening her. He'd been doing it for years. She rolled up her sleeve and showed me the bruises.' His gaze shifts, comes to rest on mine again. 'I wondered why you were wearing a long-sleeved shirt in summer. I said that, didn't I?'

I close my eyes, but all I see is our Ed, his face all angry and red, his fingers curling into a fist. I see me, lifting my arms to protect my head and saying, *Please no. Please, Ed, no.* I feel the punches landing over and over, but I don't feel pain. The pain always came later.

I open my eyes. Lucas is looking at me just like he did that day. '"Aren't you hot in that shirt?"' I say. 'That's what you said that day.'

'I did,' he says. 'But then when you showed me... you said you had more on your back, didn't you. You said you could show me, but I said I believed you – do you remember?'

I nod. I still can't speak. I think I might be crying, but like someone else is crying with my eyes. The tears roll down. I don't do anything, even when I feel them running down my neck and into my Year 10 prom dress.

'You said he was a bully,' he goes on.

'You remember it all,' I say, but my voice is broken. 'He didn't mean to be a bully. He was only passing on what my dad did to him.'

'I get that, but he still shouldn't have hit you.' Lucas pauses. He's looking at me now, as if we're telling this story together, like a song. 'I told you I'd sort it, didn't I? And that afternoon, I saw Ed in the yard and that's when I had a go, like.' His eyes move again, his gaze shifting between us.

'Mate,' Freddie says, but Lucas holds up his hand.

'Mate,' he says back, but it doesn't sound friendly. 'Give it a rest, yeah? I killed her brother. It's the least we can do.'

Freddie looks like a child who's been told no for the first time. But he gives a tiny, slow nod.

Lucas speaks again. 'I told Ed that if he went near her again, I'd kill him.'

'You meant *Cat*?' Megan's mouth drops open. 'You meant Cat, not me.'

'I meant Cat,' Lucas repeats softly, gazing at Megan now, his expression sad and sorry.

'But at the trial,' Megan says, her brow all wrinkled up, 'they said you meant me, and you never said otherwise.'

'What would've been the point?' Lucas says. 'If I'd told them about Cat, I would have brought her into it, and she was just a kid. A very frightened kid. It didn't make any difference to my case. I'd threatened the lad, end of. I'd killed him in front of witnesses. The threat would've counted against me whatever.' He shifts on the sofa, as if he's uncomfortable. 'I just wanted to frighten him enough that he'd stop,' he goes on, 'and I told Catherine – Cat – to come to me if he did it again. She was only a Year 7, and look at her! There was no way she could defend herself. But that night, he came to the pub. It was Freddie who saw him. Freddie, I have to say I'm surprised at you, mate. What the hell do you think you're doing, cheating on Meg? I thought you were better than that.'

Freddie has the grace to look ashamed, but it's only a moment before his face clouds with something harder, that peevish, childish expression again. 'You don't know what it's like,' he spits, 'living with someone who loves someone else. Being married to someone who loves someone else.'

'I did love you,' Megan says, earnest, but like Freddie's, her face flickers. She looks down into her lap. 'But I loved you as a friend. I understood that too late. I thought we could make it work. I tried. But you... God, Freddie, you must know how badly you've...' She shakes her head, swallows tears. 'You must know what you've done to me.'

'Only because you were cold.' Freddie's eyes narrow. 'You were so cold. I just wanted—'

'Stop,' I say. 'We're not here to talk about your marriage problems. We're here to talk about what happened to my brother.'

'But if he was such a shit,' says Freddie, 'why all this?'

Before I realise what I've done, I've slapped him hard across the face. Blood pounds in my ears. I lean forward and shout, 'You don't get to call my brother anything. You don't get to speak. Whatever he was like, he didn't deserve to die.'

'Cat,' Lucas says, throwing up his hands. 'Hey. It's all right. You're all right. We'll sort this. Come on – let's talk about it.'

I look at him, my insides flaming. 'I'm trying to. I'm trying to sort it. That's what all this is about.'

'I know. I know what happened was terrible, and I'm so, so sorry. We were all so wrecked that night. We were so young and so stupid. And your brother, he was in my face, and I had Freddie in my ear telling me Ed was after Meg, that he'd seen them together.'

'That's bullshit,' Megan says. 'I had no idea who he was.'

'But I didn't know that, did I?' Lucas frowns. 'And as I said, we were all so wasted and things kicked off, and next thing, I'd thrown a couple of punches and Ed went down the steps, and I kicked him in the head and then we all legged it. I had no idea I'd killed him. No idea at all until the police came knocking.'

'I was there,' I say.

The air stills. Like time has stopped. Like the silence has a different sound.

'*What*?' Lucas stares at me. 'You were at the pub?'

'Yes,' I say. 'I was there. I saw it all.'

FIFTY-FIVE

HER

'Oh, come on,' Freddie says, tipping his chin and wearing an expression she knows all too well. 'Guys, don't listen to her. She's insane. She didn't see shit. She's fucking mental.'

'You were there?' Lucas is scrutinising Cat in disbelief.

'Don't listen to her,' Freddie repeats. 'She's mad. She's completely insane. Look what she's done to me.'

Megan hears a rip, turns to see Cat pushing silver tape over Freddie's mouth. In an audible whisper, the girl says, 'Shut up, Freddie. Just shut up for once, can't you, lad?'

Something shifts in Megan. She has a dark feeling about what's coming. Cat is in charge. All they can do is play catch-up.

'In the trial, they said a lot of things,' Cat says. 'By the time it happened, I was in hospital, but I read about it all, years later, when I was well enough to go to the library on my own. I looked it up. It was in the national newspapers.' She moves her gaze to Lucas. 'You'd had loads of detentions at school, they said. Warnings for getting into fights. They said all that stuff about your past. Your dad. Your mum.'

Lucas nods. He looks like he wants to speak but can't remember how.

'You said you'd forgotten where you'd left your shoes,' Cat says, and Megan feels the heat of presentiment kindle in the base of her gut. 'They said you'd disposed of the evidence. You said maybe you did. You couldn't remember anything. Couldn't even remember hitting our Ed.'

'I had no idea where I'd stashed them,' Lucas says. 'Just knew I didn't have them when I woke up.' And Megan remembers him on the stand, hands clasped in front of him. He'd looked so small. 'I had no idea what had happened really. But on the tape I saw myself punching your Ed and legging it. And for that, I'll never forgive myself. If there's anything I can do to make it up to you and your family, please tell me.' He frowns, seems to be trying to read Cat's face.

In his chair, Freddie strains and whines. Lucas stands up, so suddenly Freddie rears back, looking scared. 'She told you to shut up,' Lucas says with an anger that seems like it could get a lot bigger. 'So sit still, can't you? And shut. Up. We're not finished here.'

Freddie swallows hard. But he blinks once, yes, defeated, at least for now. Megan feels a hot and illicit thrill pass through her.

'I had to find you,' Cat says to Lucas, her words half strangled as he sits back down next to Megan. 'I had to tell you myself. That's what all this has been for.' She gestures to Freddie. 'Because I was there that night. I was hiding in the car park, and I saw it all. In the trial, they said it was the blunt-force trauma to the head caused by a Timberland-style boot that killed him. And the thing is, after you and the others ran away, I saw someone else kick him in the head. So that's how I knew you didn't kill him. When I read that, I knew you hadn't killed my brother.'

'Lucas didn't... What?' Megan stares at Cat, who, since she

has started talking, has been weeping steadily without appearing to notice. She looks nothing like the shy young woman Megan has been working with. She looks like a little girl who has had her house blown away. If they wanted to overpower her and get that syringe out of her hand, now would be the moment. 'Cat,' she says instead, quietly, carefully. 'Lucas did kill Ed, love. I know he was kind to you, but—'

'That's why I needed to see you,' Cat cries without so much as a glance towards Megan. Her top lip rises over her gums, contorts her mouth with distress. Her eyes burn into Lucas. 'I had to see you face to face. It had to be face to face. But it was impossible. No matter what I did. So when Freddie pretended to be you, I...' She turns to Megan. 'I never would have cheated with him. I hope you know that.'

'Oh, you're welcome to him,' Megan says. 'You don't need to worry about that.'

'I thought I was going to ruin your life. I thought you'd be so angry with me for... everything.' Cat closes her eyes momentarily and swipes at them with bitten fingers. Her skin is blotchy, the end of her nose red raw. 'I'm so sorry.'

'Don't be,' Megan says quietly. 'You're safe, Cat. Hey. It's OK. You can tell us anything, anything at all.' She is not sure what she means, whether she can honour the promise she's not quite made. But she presumes that whatever's in that syringe is dangerous, possibly fatal, and she doesn't want Cat to stick it into Lucas.

'That night,' Cat says, recovering herself, 'you guys all ran away, but...' She turns, slowly, towards Freddie.

And in that moment, Megan knows what she has half known for some minutes now. She knows what Cat is about to say.

'It was you,' she says to her husband as her life drops around her like rocks. 'You killed Ed Jennings.'

Freddie is shaking his head, groaning softly against the tape. *No, no, no, no, no, no.*

But Cat is nodding, anger and so much else Megan can't read firing in her freckled cheeks. 'Now I can tell Lucas,' she says with ice-cold conviction to Freddie, who has started to writhe in his chair. 'This is plan A.' She turns to Lucas and draws herself up tall. 'Lucas. Freddie Crowther killed my brother. Not you.'

She takes a single step towards Freddie and rips off the tape.

'Shut up,' Freddie shouts, eyes ablaze with hate and terror. 'Shut the fuck up, you psycho bitch. Don't listen to her, Meg – she's full of shit. She came on to me. She *asked* me to bring her here.'

Megan stares at her husband, this stranger spewing bile, and wonders who the hell he is. All these years. All that fear. All that appeasement – for what? For this? This pathetic, lying, awful excuse for a human?

'I saw you!' Cat's words cut across Freddie's rambling invective and straight through Megan's scrambling thoughts. Three words into which this girl has poured years and years of pain: *I saw you*.

'Shut up,' Freddie spits. 'Shut the fuck up. I swear—'

'You waited in the shadows,' Cat goes on, her voice trembling like a muscle under stress. 'Just out of reach of the CCTV. Just where the porch light fell away, and you knew it. I bet you knew it. The others had gone. My brother was on the ground and you saw your chance. You! You kicked him in the head. I saw you, Freddie Crowther. One, two. Like that. I heard it. I still hear it. Every day. Every night. Every day and night of my life. It fills me up with poison. I'm full of poison. And no one knows. I can't tell anyone...' She closes her eyes and breathes, opens them. 'And then you ran, didn't you? Sticking to the shadows so you couldn't be seen. You kicked my brother to his grave and then you ran after Lucas and the rest. I bet they never even noticed you weren't there.'

'This is bullshit,' Freddie says, but his voice is quieter. 'Honestly, guys. She can't prove anything. It's total bullshit.'

Lucas has his face in his hands. Megan is trying to comprehend what she's hearing. She looks at Freddie, whose expression is losing conviction, whose eyes are shifting from her to Lucas, back and forth, back and forth. *She can't prove anything.* In those few words, he has given himself away. She's been trying to stick at this shitty marriage for fifteen years for the sake of the kids, and now, just like that, her life is overturned, face-down, dead in the water. Her chance at love has been lost, wasted on this bastard. This murderer. This coward.

'In the trial,' Cat goes on, 'you said you'd tried to stop him. But you didn't try to stop him at all. You egged him on. You knew our Ed had never spoken to Megan, but you said it anyway. You knew Lucas had a temper, and you used that against him. You used your own sparkly reputation against him too, knowing people would believe everything you said. My brother died from a head injury caused by a Timberland-style boot. You all wore them! There was no footage of Lucas kicking my brother in the head. There was only that sound, that horrible sound. One, two.' She breathes heavily. 'But his boots were missing, weren't they? And Lucas had no recollection of where they'd got to, which pointed to him hiding evidence, trying to get away with it. He couldn't remember. What an opportunity for you, eh? I bet they never even looked for *your* boots, did they? And maybe I'm wrong, but I've had years to think about this, and I would bet my life that it was you who got rid of Lucas's shoes that night because you knew the police would find nothing on them, no evidence, no blood, no DNA. Lucas stayed over at yours, didn't he? What did you do, sneak out in the early hours and throw them in someone's bin? Bury them in the garden? And what did you do with your own boots? The boots that would've had my brother's blood on them? Where did you hide them?' Cat's eyes blaze.

Megan's skin feels slick and hot. She can't take it in. Can't process it. And yet she does, with a thrumming of blood in her ears and the bitter taste of bile in her mouth. Freddie has gone quiet. Silence hangs.

'Freddie?' Lucas's mouth is open, his eyes red. He is staring at his best friend, at her husband, as if he doesn't know him at all. Freddie Crowther: football captain, charity worker. Saint. 'Freds?'

Freddie looks cornered. 'Lucas,' he says, but his voice shakes. 'Don't listen to her. He would have died anyway. Those steps were concrete.'

'This doesn't make me happy,' Cat interrupts, sobbing through her words. 'None of this makes me happy.' She turns back to Lucas, whose face is still a pale mask of shock. 'I'm so sorry. I wish I could go back in time. I wish it every day. I should've spoken out. I should've done something. But I ran home and hid. And when the police came and told us my brother was dead, I knew what I'd seen, but I couldn't... it was like I couldn't access it. Like it was locked away. Even after, when they'd fed me intravenously, when I started to speak again, I never told, not even in therapy.

'The night it happened, I went to bed and didn't get out. I missed years of school. I was in and out of hospital, in and out, in and out. I haven't eaten properly since that night. There's too much poison inside me. Sometimes I think I'm so full of poison I have no room for anything else. Sometimes I think I should've taken my own life for having taken yours. I should've killed myself. I've thought about it. I've wanted to, so much.'

'Oh God,' Lucas says, face in his hands. 'Oh God, oh God.'

'All the stuff about the trial I read later, when I'd got out of hospital. And that made it even worse. I should've gone to the police. But I was always hanging on by a thread. And then after uni, Mum told me you'd got out of prison and I just thought, I can't keep this inside any longer. I can't live unless I clean this... this stain from my heart. I had to find you and tell you myself and face the consequences. It was the only way I could tell you how sorry I am. That's all I wanted.' She wipes her nose with the back of her hand, chokes back a sob, and when she speaks again, her voice is small. 'I just wanted to tell you so that you would know. I didn't want to ruin anyone's life. I never did. I just didn't know what to do. I never meant to cause so much harm, but I have. You can call the police now. You can kill me if you want. I don't mind. I don't deserve your forgiveness.'

Megan can't move. Can't speak. Wouldn't know what to say if she could. For a moment, no one says a word. Lucas still has his face in his hands. She thinks he might be crying.

'Lucas?' she says.

'Just... gimme a minute.'

'I'm so sorry,' Cat sobs, fingers curled into fists at her mouth.

Lucas draws his hands from his face, which is pale with shock, damp with tears. He is standing up. Megan braces for rage, for violence, but instead, with slow tenderness, he opens his arms and takes Cat into them.

'Hey,' he says. She is so thin, his arms wrap right the way around her. 'It's all right. It's OK.'

Megan looks on in wonder. Lucas is holding the person who could have saved him from jail, the person who ruined his life. He is holding her, and instead of screaming at her, he is telling her it's OK.

'You were a kid,' he says. 'You were a frightened child in an abusive household. You and me, we're survivors, aren't we? You didn't do the right thing because you weren't able to do it at the time, but the moment you could, you did. You found me. You told me. And that's what counts.' He takes her hands and looks down into her face. 'Sounds to me,' he says, so softly Megan almost doesn't catch it, 'like we've both served a long-enough sentence.'

FIFTY-SIX

ME

One year later

I thought my life would end the day I told Lucas Ashton I'd taken his away. I thought if Lucas didn't kill me on the spot, then I would at least face prison for perverting the course of justice. I never imagined they'd dismiss all charges on the grounds of diminished responsibility due to poor mental health, let alone that I would get better.

And I am better. I am still a library assistant, though not with Megan. They moved me to the Shopping City library at the other end of town to finish my probation and I stayed there. I'm happy. It's a bigger site, more to do. I love my work, and it keeps me busy. I don't see Megan any more, but we text occasionally. When the new cultural centre opens on the canal, I will see her then and we can chat as colleagues. She bears me no ill will, she says. She is grateful for the courage I showed and for the truth. She said as much after she'd called the police that night, when she could so easily have scratched me to ribbons. I realised then that she knew nothing about what Freddie had done.

As for Lucas, I have not seen him since Freddie's trial. A couple of weeks ago, I heard he'd been retrospectively pardoned and that he has a good chance of compensation. I know he will use the money to build a good life. He is a good person. Kind. I am grateful to him, both for then and now.

Mum never saw the note I wrote before I set my plan into action. I destroyed it when I got home, the night I tied Freddie Crowther to a chair and the police came and eventually arrested him. They got a search warrant for his mum and dad's house. They found two pairs of Timberland boots wrapped in a plastic bag in the loft. Freddie is a size ten shoe. Lucas is a size nine. The right size ten one had blood on it. The blood was a match for our Ed's. Freddie confessed in the end. Megan said she wondered if it was the first time he'd ever admitted to anything. She said it was typical of him, to stash the evidence like that, then forget about it once he knew he'd got away with it. Lazy, she said. He was always arrogant and lazy.

That night, after I'd given my statement, after I got home, Mum made me scrambled eggs on toast and a cup of tea. It was nearly six in the morning. She was very shocked when I told her everything that had happened. She said I was brave. I liked her saying that. We talked it through, and we've talked about it a few times since, but we try not to talk about it too much because it makes both of us upset. It's behind us, and as she always says, we've had enough cross words and tears to last a lifetime. She's just happy I'm eating better. I still restrict when I'm stressed, still run too far on occasion, but everyone has coping strategies and these are mine. At least I'm not running away from myself any more. I am finally where I want to be. I am home.

I don't know if Megan still sees Lucas, but I hope they've managed to become friends. I know a real friendship between Megan and me is out of the question after everything that happened, and I accept that. I am responsible for her husband and the father of her children going to prison, and that's too great a burden for a new friendship to carry. It's for the best. I've been out for a drink with a girl from the library who's an LIA like me. She's not a kindred spirit but she's nice, and we both like talking about books and films. We call ourselves the book nerds and it makes us laugh.

But back to that night. That night, I told the most important truth and that's the main thing. In the run-up, there were a few half-truths in the mix of what I told Megan though. It is true that my parents moved to Frodsham after my brother died. That my parents got divorced and we had to sell the house and Dad moved to Ellesmere Port is also true. If she happens to find out that Dad is no longer living in Ellesmere Port one day, she will, I hope, only think I failed to mention that because I didn't want to talk about it.

When Mum called me at uni to say Dad had been found in the bath having taken an overdose of sleeping pills with his stout, it did set me back. But I took care of myself and I got over it. Mum never knew that what Dad did to Ed, Ed did to me. She never saw the bruises on my arms, my ribs, my legs. I never told her anything about that and I never will. I prefer to deal with things alone. It's better that way.

Mum believes I was in York the day Dad died, which is also for the best.

All I wanted was justice. For Mum, for Lucas, for me.

And justice is what I got in the end.

FIFTY-SEVEN

HER

The sound of a car pulling up has Megan wiping her hands on a tea towel and wandering into the living room to peek out of the front window. A silver vehicle is parking outside. Some sort of hybrid, she thinks, a moment later recognising Lucas's silhouette at the wheel. Her heart quickens. She hasn't seen him since a week or two ago, when they went for a walk in Delamere Forest with the kids and Lucas made them all bacon sandwiches over a camping stove, which to say they loved is an understatement. The last time she spoke to him, over the phone, he told her his solicitor was applying for compensation. She asked if he'd got himself onto a dating app yet.

'God, no,' he said, his breath escaping in an amused sigh.

'You're an innocent man,' she said. 'Your name is well and truly cleared, so there's no excuse, is there?'

'I'm not ready,' he said. 'Might move to Dorset or somewhere. A new start, like, you know?'

Megan swallowed her disappointment. It was not for her to tell him to stay. In their conversations since that night on Egerton Street, she has learnt that he did a psychology degree in prison, and that he hopes to continue towards some sort of professional practice working with offenders. Now that he has no criminal record, this is a real possibility. He will, she knows, be absolutely great at it. And how many forensic psychologists can say they've served time?

She watches him get out of the car, his face a picture of concentration as he presses the key fob to lock it before turning towards the house. That night flashes, still fresh – an image and a long film all at once. Herself reeling at Cat's revelations, how her life had fallen around her like so many bricks. But how she had known, immediately, that there was only one person really to blame.

'You,' she managed to say, turning to her husband. 'You did this. All of it.'

'What?' Freddie looked aghast, but Megan had long known his gaslighting face when she saw it. 'You actually believe this mad bitch? She's off her head, I'm telling you. You can't possibly believe her.'

'I can. And I do.' Megan switched her gaze to Cat, whose head was flat against Lucas's chest. Her eyes were closed and there were black tear tracks on her face. There was something about the set of her body, her shoulders, that had slackened or loosened even in those last few moments. And Megan knew that what she had just told them was the exorcism of a whole, complete truth, the same way she knew she'd been lying to herself for years and years and years. When there is something wrong at the heart of your existence, bringing that something out into the open is terrifying. It takes more courage than most people have. No wonder this young woman hadn't eaten properly for fifteen years. It was a wonder she could stand.

'Megs,' Freddie pleaded, and Megan saw that he, like all of them, was crying. Except he was not crying because he was sorry but because he was scared. He was crying for himself. 'Just cut me out of this chair and let's go home, eh? Come on.'

Megan remembers how slowly she stood, how she moved

towards him as if through snow, crouched down low so she could look him dead in the eye.

'Why on earth would she put herself through any of this?' she asked, gesturing to the room, returning her gaze to Cat, whose dark eyes opened and fixed on hers. She returned that fathomless stare and said, 'But that's not why I believe her. I believe her because I can *feel* she's telling the truth the same way I can feel it when you lie.' She turned back to face the man she'd made the terrible mistake of marrying. He was the something bad at the centre of her existence. For a while, she had fended that truth off, with babies, work, the payment of bills, the management of an absent, philandering husband; had tried not to sink under the weight of his cruelty, his humiliation, his violence. Somehow, he had made her believe she would lose everything if she left. In succumbing to fear, in stooping so low as to use this young woman for her own ends, she had lost herself. She saw that. She saw all of it.

'You never could stand the fact that I chose Lucas, could you?' she heard herself say. 'I wouldn't put it past you to have whipped him into a frenzy on purpose that night. And when he cracked, it's like Cat said: you saw your chance. You made sure Lucas went to prison for a long time so that you could do what you do best – swoop in and play the hero. *Don't worry, Lucas. I'll look after Meg. Meg, don't go and see Lucas if he's asked you not to. I'll look after you. Marry me, Meg. Stay there, Lucas. Stay there while I steal your girlfriend, the only thing you ever really had.*' Crying herself then, her gaze found Lucas, her darling Lucas, who looked every bit as shell-shocked as she felt.

'And you did have me,' she told him. 'I was yours – completely.'

Megan answers the door just as Lucas is passing the *For Sale* sign stuck in the lawn. He glances up at it, frowning.

'Hey,' she says, feeling herself blush at the sight of him. He is wearing a navy sweatshirt, which suits his colouring, dark navy jeans and lace-up boots. 'Look at you.'

He glances down at himself before looking up at her. 'Suited and booted. Smart casual.'

'Come in, nutter.'

'You selling up?' He steps inside, immediately bending down to unlace his boots.

'Don't bother,' she says. 'Those look pretty clean.' She remembers his old shoes, the dye that had leaked onto his white sports socks, the way he looked around her house. She has held on to what passed between them that night. She wonders if Lucas heard her when she told him she was his, whether he dismissed it, put it down to the intensity of the moment. But she knows she needs to let it go. For her own sanity, she needs to move on.

In the kitchen, she puts the kettle on and answers the question he asked as he came in.

'So, yes,' she says. 'The house is on the market.'

'How come?'

'Because Freddie's parents chose it. Because it's full of bad memories. Because I'd prefer an older place, something bumpier, with a bit of character. Enough reasons?'

He laughs. 'That'll do.'

She makes tea, and they sit at the bar and talk, as they have many times now, about what happened, about Cat. They will talk about it all until they no longer do, she thinks. Until they no longer have to.

'I would've needed more time,' she says now as they sip their tea. 'I would have lost it with her. I can't believe you didn't lose it with her.'

And he shrugs, as he has before. 'She was a kid. She'd been through hell. Can't see how me screaming at her would've helped.'

'I know, but... All I'm saying is, I'm in awe of you, that's all.'

'It is what it is.'

'And now you're a free man. With a spotless record.'

'Pillock of the community.' He smiles.

'The world is your lobster.'

'Talking of lobsters, where are the kids?'

'That's not even a joke. Ellie and John have taken them to Waterworld.'

He laughs. 'I remember that place. That slide gave me a massive wedgie.' He laughs again, looks about him, as if he's still familiarising himself with her home.

The air shifts.

We are alone, she thinks. Wonders if he's thinking it too. It is the first time they've been here without the kids – who adore him, of course. Should she risk their friendship, just come out with it, tell him she loves him, that she never stopped, that she thinks they could have a future, if only they had the courage to ask it of one another? Or should she just take him by the hand and lead him silently upstairs?

Oh, but what if he refused her?

No. No, she can't.

'Listen,' he says. 'I came to tell you something actually. I've been offered a job. Like, a proper job.'

'A job? Oh my God, that's amazing! Congratulations!' Megan claps her hands, happiness filling her. 'Tell me everything!'

But Lucas looks more preoccupied than pleased. 'Thing is, it's at HMP Edinburgh.'

She feels herself go hot from head to toe. 'Edinburgh as in Scotland?'

He nods slowly. 'It's with the mental health team. I'll be training on the job...'

Megan closes her eyes a moment. Her head spins.

'... with a view to eventually becoming a forensic

psychotherapist,' he's saying when her senses return and she manages to open her eyes once again. 'It's a fantastic opportunity. I think they must've taken pity on me or something.'

'Don't say that,' she says, though it is far from what she wants to say. 'You got the job because you're clever and kind and you know things most candidates will have had no clue about.' It is fighting talk. Megan can feel tears rising. She cannot cry in front of him. She must, must, must wait until he's gone. Because he is going. He is leaving her for the new beginning he deserves. She needs to set him free as he did her.

White roses. Not red.

'Megs?'

'Congratulations,' she says again. 'Honestly, that's so brilliant.' She takes his empty mug and turns to rinse it.

'Megs. Look at me.'

'Just let me wash these.'

'Megs. Please. Look at me.'

Pressing her mouth closed tight, she makes herself turn to face him, leans back against the counter. She still can't look at him.

'Come with me,' he says softly. 'Come to Edinburgh. We can make a fresh start. Something new. You, me and the kids.'

'What? What do you mean?' She makes herself meet his gaze. He is looking right at her. She has asked him what he means but she knows what he means. She has always known exactly what he means.

'You and me against the world, babe,' he says then, smiling in that way he always did, his eyes the palest blue. 'What do you say?'

A LETTER FROM S.E. LYNES

Dear Reader,

Thank you so much for taking the time to read *Matchmaker*. If this is your first book by me, welcome! If this is your sixteenth – phew! Thank you for still being here; I'm amazed you've made it this far, in the best way.

If you'd like to be the first to hear about my new releases, you can sign up to my newsletter using the link below. Your email address will never be shared, and you can unsubscribe at any time.

www.bookouture.com/se-lynes

For me, the memory of trying to get published is still fresh, even after almost ten years – those days and nights of thinking I would never be an actual author. So to reach so many readers, more of you year on year, for some of you to write to me and tell me how my books made you feel seen or validated in some way, or just gripped you from first page until last, means the absolute world to me.

Matchmaker is set in my home town of Runcorn, where I also set *Can You See Her?* and parts of *Mother*. The Meadows is based on the Heath Comprehensive, where I went to school, and I hope any old friends who live in Runcorn will enjoy recognising place names, as well as my main character's surname being Greenway, after the road up from the old town.

The climax of the plot occurs in Egerton Street, which is where Runcorn library was originally before it moved to the town centre. At the moment of writing this letter, I know the library is in the process of moving to the Brindley Arts Centre. I hope to be doing a talk there as part of the opening, which is an absolute honour. Special thanks go to Joanne Stevens and Trudy Jones for inviting me to take part.

Sitting down to write *Matchmaker*, I made the mistake of thinking that because I'd written a fair few psychological suspense novels, it might be easy. It wasn't. It never is. A novel of whatever kind is – and should be – a labour of love. It is not something formulaic I can write with my eyes closed or with the help of you know what (coughs *AI* into hand). A little like a child, a book takes a village to raise it, as it were, and I could not create a fully formed novel without my trusted editor, Ruth Tross... but more about that in the acknowledgements.

I know *journey* is a buzzword right now, but I really do feel like it is not only the characters who are in a different place emotionally, psychologically and often physically by the time the book reaches the end – there are obstacles for both character and author, flat characters that cry out to the author asking for better definition, moments when both character and author want to give up and turn back. I know there was a moment when Megan thought she'd never make Freddie face up to himself, just as there were moments when I never thought I'd have any success wrangling with the dark and complicated game of identity fraud; in turn, those moments when Freddie sweated and swore as he realised that using his best friend as an alias had backfired so spectacularly mirrored my own when I had forgotten he was actually Freddie and found I'd written two pages believing he was Lucas. Aargh!

But with this particular work, it was the character of Cat who moved me most. She only really came to life in about the fourth draft, when I realised she had some form of neurodiversity or relational challenges, which I have left deliberately vague. She is, above all else, a person, a traumatised young woman trapped in a state of arrested development from which the only way out is the truth, even if it means mayhem. The way she searches the world for clues made my heart ache, the casualness with which she tells us of her brutal childhood, the life she made so small in order to survive. I will confess to shedding a tear when she finally confronts Lucas. If you spotted that final twist relating to her father's death, do you wish her well or do you think she should go to prison? It is a question I'll let you answer. You are the reader. From the moment you pick up my book, the story is yours, not mine. That's the way it should be.

If you'd like to share your thoughts with me or ask me any questions, I'm always happy to chat via Instagram or my Facebook author page, so do get in touch. Writing can sometimes be a lonely business, so when a reader reaches out and tells me my work has stayed with them or that they loved it, I am truly delighted. If you enjoyed *Matchmaker*, I would be so grateful if you could spare a couple of minutes to write a review. It only needs to be a line or two, and I would really appreciate it.

I have loved making new friends online through my novels, from my debut *Valentina*, through bestsellers like *The Housewarming*, *The Baby Shower* and *The Split*, and hope to make more with *Matchmaker*.

My next book is well under way, and I hope you will want to read that one too.

Much love,

Susie

instagram.com/selynesauthor

facebook.com/Lynesauthor

ACKNOWLEDGEMENTS

As ever, first thanks go to my editor, Ruth Tross. I've done 'the firm pair of hands to my wonky shopping trolley' and 'the eraser to my pencil'... let me think... 'the satnav to my fogbound car'? Does that work? Whatever, thank you for keeping me right, curbing my excesses, the funny or kind comments in the margins, and for reminding me I'm supposed to be writing a thriller, ha.

Huge thanks go to Halton Libraries, specifically to Joanne Stevens for being so generous with her time and for helping me understand the role of a librarian. So much of this job has to do not just with literacy but with inclusion and community, much of which didn't make it into the book. Any mistakes pertaining to the running of a library are either artistic licence or my own errors.

Thank you to my agent, Veronique Baxter, my caddy on the tricky course that is the publishing industry (I think that works?); to my copyeditor, Jane Selley; my proofreader, Laura Kincaid; and all the editorial and marketing team at Bookouture, particularly Hannah Snetsinger and Jess Readett.

Thank you to all the bloggers out there who relentlessly read and shout about our books. They are not paid, but do it for the love, and they are absolutely essential to the writing and reading community. Thank you to all the fabulous book clubs on Facebook and to my unbelievably loyal and growing readership – you are too numerous now to name, but you know who you are. I love your reviews, our sporadic chats about the books online, and the readalongs when you update me where you're up to in the story – I love that!

Thank you too, as always, to my mum, Cath, for being my first reader, and to my husband, Paul, for helping me brainstorm plots, and more importantly for being nothing like Freddie Crowther except for the motorbike, the nice hair and the racket sports. (Badminton, in case you're wondering. Not squash.)

PUBLISHING TEAM

Turning a manuscript into a book requires the efforts of many people. The publishing team at Bookouture would like to acknowledge everyone who contributed to this publication.

Audio
Alba Proko

Commercial
Lauren Morrissette
Hannah Richmond
Imogen Allport

Contracts
Peta Nightingale

Cover design
Aaron Munday

Data and analysis
Mark Alder
Mohamed Bussuri

Editorial
Ruth Tross
Charlotte Hegley

Copyeditor
Jane Selley

Proofreader
Laura Kincaid

Marketing
Alex Crow
Melanie Price
Cíara Rosney
Martyna Młynarska

Operations and distribution
Joe Morris
Kiah Tooke

Production
Hannah Snetsinger
Mandy Kullar
Nadia Michael

Publicity
Noelle Holten
Jess Readett
Sarah Hardy

RAISING READERS

Books Build Bright Futures

Dear Reader,

We'd love your attention for one more page to tell you about the crisis in children's reading, and what we can all do.

Studies have shown that reading for fun is the **single biggest predictor of a child's future life chances** – more than family circumstance, parents' educational background or income. It improves academic results, mental health, wealth, communication skills, ambition and happiness.

The number of children reading for fun is in rapid decline. Young people have a lot of competition for their time, and a worryingly high number do not have a single book at home.

Hachette works extensively with schools, libraries and literacy charities, but here are some ways we can all raise more readers:

- Reading to children for just 10 minutes a day makes a difference
- Don't give up if children aren't regular readers – there will be books for them!

- Visit bookshops and libraries to get recommendations
- Encourage them to listen to audiobooks
- Support school libraries
- Give books as gifts

There's a lot more information about how to encourage children to read on our websites: **www.RaisingReaders.co.uk** and **www.JoinRaisingReaders.com**.

Thank you for reading.

hachette UK

Printed in Dunstable, United Kingdom

81912663R00194